U0687416

FE | 21 世纪高等职业教育财经类规划教材
财 务 会 计 类

工业和信息化高职高专"十二五"
规划教材立项项目

会计电算化实务——用友 ERP- U8 V10.1（财务链、供应链）

Application of Computerized Accounting-UFIDA ERP-U8 V10.1(Financial Chain & Supply Chain)

◎ 沈建红 主编　◎ 陆兴凤 刘杰颖 副主编

人民邮电出版社
北　京

图书在版编目（CIP）数据

会计电算化实务：用友ERP-U8 V10.1：财务链、供
应链 / 狄建红主编. -- 北京：人民邮电出版社，
2015.9（2019.7 重印）
21世纪高等职业教育财经类规划教材. 财务会计类
ISBN 978-7-115-39869-7

Ⅰ. ①会… Ⅱ. ①狄… Ⅲ. ①会计电算化－高等职业
教育－教材②财务软件－高等职业教育－教材 Ⅳ.
①F232

中国版本图书馆CIP数据核字(2015)第152670号

内 容 提 要

本书以理论够用、强化应用、培养技能为原则，以用友 ERP-U8 V10.1 软件为平台，以企业经济业务
活动为主线，系统讲解了 ERP 软件的基本工作原理、操作方法和工作流程。

本书既有用于各模块的任务驱动实务案例，又有提高学生综合应用能力的综合案例，案例设计科学
合理，针对性和可操作性强，附有案例利用和教学组织的规划设计，提供主要业务操作方法视频资料和
实训账套资料。

本书共分 9 个模块，内容包括了解会计电算化，系统管理，设置基础档案，总账账务核算，编制会
计报表，应收、应付款管理，固定资产管理，职工薪资管理和供应链管理。除模块一以外，其余各模块
均配有上机实训案例。

本书可作为高等职业教育财经类专业相关课程的教材，也可作为会计人员岗位培训教材，还可作为
相关财务工作者和经营管理人员的参考用书

◆ 主　编　狄建红

　　副 主 编　陆兴凤　刘杰颖

　　责任编辑　李育民

　　责任印制　张佳莹　杨林杰

◆ 人民邮电出版社出版发行　　北京市丰台区成寿寺路 11 号

　　邮编　100164　电子邮件　315@ptpress.com.cn

　　网址　http://www.ptpress.com.cn

　　北京捷迅佳彩印刷有限公司印刷

◆ 开本：787×1092　1/16

　　印张：18.75　　　　　　　　　　2015 年 9 月第 1 版

　　字数：418 千字　　　　　　　　 2019 年 7 月北京第 5 次印刷

定价：42.00 元（附小册子）

读者服务热线：**(010)81055256**　印装质量热线：**(010)81055316**
反盗版热线：**(010)81055315**
广告经营许可证：京东工商广登字20170147号

　　本书以理论知识够用，强化应用、培养技能为原则，将会计电算化课程定位于培养会计电算化系统运行的应用型人才，在教学设计上侧重于实务操作，在教学方法上以任务驱动和案例教学为主，先通过模块化教学使学生掌握会计电算化软件的基本操作技能，再通过综合实训使学生依托实训案例，在典型业务处理过程中，能够从整体上把握会计电算化软件各模块的内在联系和业务处理的流程，在此基础上形成对会计电算化更为直观深刻的认识，并具备一定的动手操作能力。

　　在教材内容设计上，本书采用模块化、分层化的编写思路，各模块内容具有相对的独立性，有利于学生结合教材内容掌握会计电算化软件各个模块的功能和操作方法，各模块均配有上机实训案例和实训要求，学生可通过实训操作培养动手能力和应用能力。教材内容编排由浅入深，并将供应链管理引入会计电算化的教学范围，满足了企业信息化发展对会计电算化技能教学的要求。

　　在教材案例设计上，本书针对高职会计电算化教学的特点，既强调案例的真实性，又兼顾学习和教学阶段简化的需要，可操作性强。案例的设计既能够应用于模块式学习，也能够应用于综合实训，便于学生在两种不同的业务处理模式中理解各模块的功能、内在联系和业务处理关系。各模块的实训均有明确的任务内容，教师可以通过查阅每位学生各自独立且不可抄袭的账套备份数据，对学生的任务完成情况进行考核和点评。

　　在教材内容编排上，为便于学生自学和提高在操作中解决问题的能力，各模块上机实训资料中均有操作步骤提示，且操作步骤提示的内容与教材目录高度吻合。学生在实训中如果对操作内容存在疑惑，可以通过查阅目录在教材中便捷地寻找解决方法，有利于促进学生自学能力的提高。

　　在对经济业务案例的处理上，本书采用新会计准则、新企业所得税法和个人所得税法的有关规定。经济业务以工业企业为背景，所选业务具有典型性和可操作性。在学习了基础会计课程后，学生能够处理案例中绝大多数的经济业务，对于一些特殊或有一定难度的经济业务，在书中均已做了适当的提示说明。

　　本书基于用友ERP-U8 V10.1版软件，为便于教学，配备有全套PPT课件、视频课件和实训账套资料，这些资源既可用于教学，也适用于学生自学，可以为教师教学和学生学习提供极大的便利。

　　本书的参考学时为96学时，其中实践环节为60～70学时，各模块的参考学时参见下面的学时分配表。

模块	课程内容	学时分配	
		讲授	实训
模块一	了解会计电算化	4	
模块二	系统管理	2	2
模块三	设置基础档案	3	4
模块四	总账账务核算	5	6
模块五	编制会计报表	2	3
模块六	应收、应付款管理	2	6
模块七	固定资产管理	2	4

续表

模块	课程内容	学时分配	
		讲授	实训
模块八	职工薪资管理	3	4
模块九	供应链管理	10	24
财务链综合实训		0	10
课时总计		33	63

本书由常州轻工职业技术学院洑建红任主编，无锡商业职业技术学院陆兴凤、长春金融高等专科学校的刘杰颖任副主编，上海建峰职业技术学院唐伟云参与了教材的编写。模块四、模块八、模块九由洑建红编写，模块一和模块二由陆兴凤编写，模块三和模块七由唐伟云编写，模块五和模块六由刘杰颖编写。全书案例设计由洑建红负责。

在编写过程中，常州市久久灵会计服务有限公司朱亚媛总经理、博格思众（常州）电机电器有限公司财务经理吴军先生参与了教材的整体设计，并对编写提供了有益的资料和宝贵的建议；本书的编写得到了用友新道科技有限公司的大力支持，参考了有关专家编写的教材和专著，在此深表感谢。

由于时间仓促，加之水平有限，书中难免存在错误和不妥之处，敬请广大读者批评指正。

作 者
2015 年 5 月

模块一

了解会计电算化

学习目标

知识目标：

- 了解会计电算化和会计信息化的概念
- 了解会计电算化的特征
- 了解 ERP 及 ERP 系统与会计信息系统的关系
- 了解 XBRL 发展历程、作用和优势
- 了解企业会计信息化工作规范
- 熟悉会计软件的配备方式和功能模块
- 了解会计软件的硬件环境、软件环境和网络环境
- 掌握安全使用会计软件的基本要求

能力目标：

- 能够根据企业情况判断其适宜的会计电算化形式
- 了解会计电算化的制度建设

工作情景

　　上海市 AAA 服装有限公司是一家服装生产企业，公司主要根据合同订单和市场预测组织各类服装的生产。自公司成立以来，经营业务稳定增长，取得了良好的经济效益。但随着经营业务的扩大，企业资产规模和员工规模也在不断扩大，企业与供应商、客户之间的往来关系变得十分复杂，会计人员核算的工作量和核算难度加大。与此同时，面

对激烈的市场竞争，企业在业务管理的精细化、核算的及时性和准确性方面的要求越来越高，传统的手工会计核算和粗放型管理模式已经成为企业进一步发展的制约因素。借鉴同行业企业发展的经验，公司决定引入 ERP 系统进行企业业务管理和会计核算。

1.1　会计电算化的概念及其特征

会计电算化是会计发展史上的一次重大革命，它不仅仅是会计发展的需要，而且是经济和科技发展对会计工作提出的要求，是一门融计算机科学、管理科学、会计学和信息科学于一体的新兴边缘学科。

1.1.1　会计电算化的相关概念

会计电算化作为一门新兴的边缘学科，其应用涉及管理和技术的多个领域，学习中尤其应对会计电算化的信息化技术有基本的理解。

1. 会计电算化

会计电算化有狭义和广义之分。狭义的会计电算化是指以电子计算机为主体的电子信息技术在会计工作中的应用；广义的会计电算化是指与实现电算化有关的所有工作，包括会计软件的开发应用及其软件市场的培育、会计电算化人才的培训、会计电算化的宏观规划和管理、会计电算化制度建设等。

2. 会计信息化

会计信息化是指企业利用计算机、网络通信等现代信息技术手段开展会计核算，以及利用上述技术手段将会计核算与其他经营管理活动有机结合的过程。

相对于会计电算化而言，会计信息化是一次质的飞跃。现代信息技术手段能够实时便捷地获取、加工、传递、存储和应用会计信息，为企业经营管理、控制决策和经济运行提供充足、实时、全方位的信息。

3. 会计软件

会计软件是指专门用于会计核算、财务管理的计算机软件、软件系统或者其功能模块，包括一组指挥计算机进行会计核算与管理工作的程序、存储数据以及有关资料。

会计软件具有以下功能。

（1）为会计核算、财务管理直接提供数据输入。

（2）生成凭证、账簿、报表等会计资料。

（3）对会计资料进行转换、输出、分析、利用。

4. 会计信息系统

会计信息系统（Accounting Information System，AIS），是指利用信息技术对会计数据进行采集、存储和处理，完成会计核算任务，并提供会计管理、分析与决策相关会计信息的系统，其实质是将会计数据转化为会计信息的系统，是企业管理信息系统的一个重要子系统。

会计信息系统根据信息技术的影响程度可划分为手工会计信息系统、传统自动化会计信息系统和现代会计信息系统；根据其功能和管理层次的高低，可以分为会计核算系统、会计管理系统和会计决策支持系统。

5. ERP和ERP系统

ERP（Enterprise Resource Planning 的简称，译为"企业资源计划"），是指利用信息技术，一方面将企业内部所有资源整合在一起，对开发设计、采购、生产、成本、库存、分销、运输、财务、人力资源、品质管理进行科学规划，另一方面将企业与其外部的供应商、客户等市场要素有机结合，实现对企业的物资资源（物流）、人力资源（人流）、财务资源（财流）和信息资源（信息流）进行一体化管理（即"四流一体化"或"四流合一"），其核心思想是供应链管理，强调对整个供应链的有效管理，提高企业配置和使用资源的效率。在功能层次上，ERP除了最核心的财务、分销和生产管理等管理功能以外，还集成了人力资源、质量管理、决策支持等企业其他管理功能。会计信息系统已经成为 ERP 系统的一个子系统。

6. XBRL

XBRL（eXtensible Business Reporting Language 的简称，译为"可扩展商业报告语言"），是一种基于可扩展标记语言（Extensible Markup Language）的开放性业务报告技术标准。

（1）XBRL 的作用与优势。XBRL 的主要作用在于将财务和商业数据电子化，促进了财务和商业信息的显示、分析和传递。XBRL 通过定义统一的数据格式标准，规定了企业报告信息的表达方法。

企业应用 XBRL 的优势主要有：①提供更为精确的财务报告与更具可信度和相关性的信息；②降低数据采集成本，提高数据流转及交换效率；③帮助数据使用者更快捷方便地调用、读取和分析数据；④使财务数据具有更广泛的可比性；⑤增加资料在未来的可读性与可维护性；⑥适应变化的会计准则制度的要求。

（2）我国 XBRL 的发展历程。我国的 XBRL 发展始于证券领域。2003 年 11 月，上海证券交易所在全国率先实施基于 XBRL 的上市公司信息披露标准；2005 年 1 月，深圳证券交易所颁布了 1.0 版本的 XBRL 报送系统；2005 年 4 月和 2006 年 3 月，上海证券交易所和深圳证券交易所先后分别加入了 XBRL 国际组织；2008 年 11 月，XBRL 中国地区组织成立；2009 年 4 月，财政部在《关于全面推进我国会计信息化工作的指导意见》中将 XBRL 纳入会计信息化的标准；2010 年 10 月 19 日，国家标准化管理委员会和财政部颁布了可扩展商业报告语言（XBRL）技术规范系列国家标准和企业会计准则通用分类标准。

1.1.2 会计电算化的特征

在会计漫长的发展历程中，手工会计一直占据着主导地位，即会计人员靠算盘等运算工具运算，用笔墨登记账簿。随着计算机技术在会计领域的广泛应用，会计数据处理技术从手工会计阶段发展到电算化会计阶段，在核算工具和数据处理方面发生了很大的变化。会计电算化呈现出以下特征。

1. 人机结合

在会计电算化方式下，会计人员填制电子会计凭证并审核后，执行"记账"功能，计算机将根据程序和指令在极短的时间内自动完成会计数据的分类、汇总、计算、传递及报告等工作。

2．会计核算自动化、集中化

在会计电算化方式下，试算平衡、登记账簿等以往依靠人工完成的工作，都由计算机自动完成，大大减轻了会计人员的工作负担，提高了工作效率。计算机网络在会计电算化中的广泛应用，使得企业能将分散的数据统一汇总到会计软件中进行集中处理，既提高了数据汇总的速度，又增强了企业集中管控的能力。

3．数据处理及时准确

利用计算机处理会计数据，可以在较短的时间内完成会计数据的分类、汇总、计算、传递和报告等工作，使会计处理流程更为简便，核算结果更为精确。此外，在会计电算化方式下，会计软件运用适当的处理程序和逻辑控制，能够避免在手工会计处理方式下出现的一些错误。

4．内部控制多样化

在会计电算化方式下，与会计工作相关的内部控制制度也将发生明显的变化，内部控制由过去的纯粹人工控制发展成为人工与计算机相结合的控制形式。内部控制的内容更加丰富、范围更加广泛、要求更加严格、实施更加有效。

1.2 会计软件的配备方式及其功能模块

1.2.1 会计软件的配备方式

企业配备会计软件的方式主要有购买、定制开发、购买与开发相结合等方式。其中，定制开发包括企业自行开发、委托外部单位开发、企业与外部单位联合开发三种具体开发方式。

1．购买通用会计软件

通用会计软件是指软件公司为会计工作而专门设计开发，并以产品形式投入市场的应用软件。企业作为用户，付款购买即可获得软件的使用、维护、升级以及人员培训等服务。

采用这种方式的优点主要有：①企业投入少，见效快，实现信息化的过程简单；②软件性能稳定，质量可靠，运行效率高，能够满足企业的大部分需求；③软件的维护和升级由软件公司负责；④软件安全保密性强，用户只能执行软件功能，不能访问和修改源程序。

采用这种方式的缺点主要有：①软件的针对性不强，通常针对一般用户设计，难以适应企业特殊的业务或流程；②为保证通用性，软件功能设置往往过于复杂，业务流程简单的企业可能感到不易操作。

2．自行开发

自行开发是指企业自行组织人员进行会计软件开发。采用这种方式的优点主要有：①企业能够在充分考虑自身生产经营特点和管理要求的基础上，设计最有针对性和适用性的会计软件；②由于企业内部员工对系统充分了解，当会计软件出现问题或需要改进时，企业能够及时高效地纠错和调整，保证系统使用的流畅性。

采用这种方式的缺点主要有：①系统开发要求高、周期长、成本高，系统开发完成后，还需要较长时间的试运行；②自行开发软件系统需要大量的计算机专业人才，普通企业难以维持一支稳定的高素质软件人才队伍。

3. 委托外部单位开发

委托外部单位开发是指企业通过委托外部单位进行会计软件开发。

采用这种方式的优点主要有：①软件的针对性较强，降低了用户的使用难度；②对企业自身技术力量的要求不高。

采用这种方式的缺点主要有：①委托开发费用较高；②开发人员需要花大量的时间了解业务流程和客户需求，会延长开发时间；③开发系统的实用性差，常常不适用于企业的业务处理流程；④外部单位的服务与维护承诺不易做好。因此，这种方式目前已很少使用。

4. 企业与外部单位联合开发

企业与外部单位联合开发是指企业联合外部单位进行软件开发，由本单位财务部门和网络信息部门进行系统分析，外单位负责系统设计和程序开发工作。开发完成后，对系统的重大修改由网络信息部门负责，日常维护工作由财务部门负责。

采用这种方式的优点主要有：①开发工作既考虑了企业的自身需求，又利用了外单位的软件开发力量，开发的系统质量较高；②企业内部人员参与开发，对系统的结构和流程较熟悉，有利于企业日后进行系统维护和升级。

采用这种方式的缺点主要有：①软件开发工作需要外部技术人员与内部技术人员、会计人员充分沟通，系统开发的周期较长；②企业支付给外单位的开发费用相对较高。

1.2.2　会计软件的功能模块

完整的会计软件的功能模块包括账务处理模块、固定资产管理模块、工资管理模块、应收管理模块、应付管理模块、成本管理模块、报表管理模块、存货核算模块、财务分析模块、预算管理模块、项目管理模块和其他管理模块。

1. 账务处理模块

账务处理模块是以凭证为数据处理起点，通过凭证输入和处理，完成记账、银行对账、结账、账簿查询及打印输出等工作。目前，许多商品化的账务处理模块还包括往来款管理、部门核算、项目核算和管理及现金银行管理等一些辅助核算的功能。

2. 固定资产管理模块

固定资产管理模块主要是以固定资产卡片和固定资产明细账为基础，实现固定资产的会计核算、折旧计提和分配、设备管理等功能，同时提供了固定资产按类别、使用情况、所属部门和价值结构等进行分析、统计和各种条件下的查询、打印等功能，以及该模块与其他模块的数据接口管理。

3. 工资管理模块

工资管理模块是进行工资核算和管理的模块。该模块以人力资源管理提供的员工及其工资的基本数据为依据，完成员工工资数据的收集、员工工资的核算、工资的发放、工资费用的汇总和分摊、个人所得税的计算和按照部门、项目、个人时间等条件进行工资分析、查询和打印输出，以及该模块与其他模块的数据接口管理。

4. 应收、应付管理模块

应收、应付管理模块以发票、费用单据、其他应收单据、应付单据等原始单据为依据，记录销售、采购业务所形成的往来款项，处理应收、应付款项的收回、支付和转账，进行账龄分析和坏账估计及冲销，并对往来业务中的票据、合同进行管理，同时提供统计分析、打印和查询输出功能，以及与采购管理、销售管理、账务处理等模块进行数据传递的功能。

5. 成本管理模块

成本管理模块主要提供成本核算、成本分析、成本预测功能，以满足会计核算的事前预测和事后核算分析的需要。此外，成本管理模块还具有与生产模块、供应链模块，以及账务处理、工资管理、固定资产管理和存货核算等模块进行数据传递的功能。

6. 报表管理模块

报表管理模块与其他模块相连，可以根据会计核算的数据，生成各种内部报表、外部报表和汇总报表，并根据报表数据分析报表，以及生成各种分析图等。在网络环境下，很多报表管理模块同时提供了远程报表的汇总、数据传输、检索查询和分析处理等功能。

7. 存货核算模块

存货核算模块以供应链模块产生的入库单、出库单、采购发票等核算单据为依据，核算存货的出入库和库存金额、余额，确认采购成本，分配采购费用，确认销售收入、成本和费用，并将核算完成的数据，按照需要分别传递到成本管理模块、应付管理模块和账务处理模块。

8. 财务分析模块

财务分析模块从会计软件的数据库中提取数据，运用各种专门的分析方法，完成对企业财务活动的分析，实现对财务数据的进一步加工，生成各种分析和评价企业财务状况、经营成果和现金流量的各种信息，为决策提供正确依据。

9. 预算管理模块

预算管理模块将需要进行预算管理的集团公司、子公司、分支机构、部门、产品、费用要素等对象，根据实际需要分别定义为利润中心、成本中心、投资中心等不同类型的责任中心，然后确立各责任中心的预算方案，指定预算审批流程，明确预算编制内容，进行责任预算的编制、审核、审批，以便实现对各个责任中心的控制、分析和绩效考核。利用预算管理模块，既可以编制全面预算，又可以编制非全面预算；既可以编制滚动预算，又可以编制固定预算、零基预算；同一责任中心，既可以设置多种预算方案，编制不同预算，又可以在同一预算方案下选择编制不同预算期的预算。预算管理模块还可以实现对各子公司预算的汇总、对集团公司及子公司预算的查询，以及根据实际数据和预算数据自动进行预算执行差异分析和预算执行进度分析等。

10. 项目管理模块

项目管理模块主要是对企业的项目进行核算、控制与管理。项目管理主要包括项目立项、计划、跟踪与控制、终止的业务处理以及项目自身的成本核算等功能。该模块可以及时、准确地提供有关项目的各种资料，包括项目文档、项目合同、项目的执行情况，通过对项目中的各项任务进行资源的预算分配，实时掌握项目的进度，及时反映项目执行情况及财务状况，并且与账务处理、应收管理、应付管理、固定资产管理、采购管理、库存管理等模块集成，对项目收支进行综合管理，是对项目的物流、信息流、资金流的综合控制。

11. 其他管理模块

根据企业管理的实际需要，其他管理模块一般包括领导查询模块、决策支持模块等。领导查询模块可以按照领导的要求从各模块中提取有用的信息并加以处理，以最直观的表格和图形显示，使得管理人员通过该模块及时掌握企业信息；决策支持模块利用现代计算机、通信技术和决策分析方法，通过建立数据库和决策模型，实现向企业决策者提供及时、可靠的财务和业务决策辅助信息。上述各模块既相互联系又相互独立，有着各自的目标和任务，它们共同构成了会计软件，实现了会计软件的总目标。

1.2.3 会计软件各模块的数据传递

会计软件是由各功能模块共同组成的有机整体，为实现相应功能，相关模块之间相互依赖，互通数据。会计软件主要功能模块的数据传递关系如图 1-1 所示。

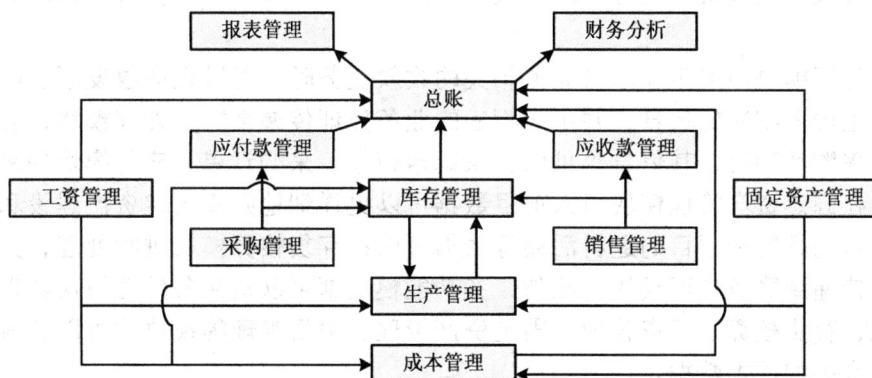

图 1-1 会计软件主要功能模块的数据传递关系

存货核算模块生成存货入库、存货估价入账、存货出库、盘亏/毁损、存货销售收入、存货期初余额调整等业务的记账凭证，并传递到账务处理模块，以便用户审核登记存货账簿。

应付管理模块完成采购单据处理、供应商往来处理、票据新增、付款、退票处理等业务后，生成相应的记账凭证并传递到账务处理模块，以便用户审核登记赊购往来及其相关账簿。

应收管理模块完成销售单据处理、客户往来处理、票据处理及坏账处理等业务后，生成相应的记账凭证并传递到账务处理模块，以便用户审核登记赊销往来及其相关账簿。

固定资产管理模块生成固定资产增加、减少、盘盈、盘亏、固定资产变动、固定资产评估和折旧分配等业务的记账凭证，并传递到账务处理模块，以便用户审核登记相关的资产账簿。

工资管理模块进行工资核算，生成分配工资费用、应交个人所得税等业务的记账凭证，并传递到账务处理模块，以便用户审核登记应付职工薪酬及相关成本费用账簿；工资管理模块为成本管理模块提供人工费资料。

成本管理模块中，如果计入生产成本的间接费用和其他费用定义为来源于账务处理模块，则成本管理模块在账务处理模块记账后，从账务处理模块中直接取得间接费用和其他费用的数据；如果不使用工资管理、固定资产管理、存货核算模块，则成本管理模块还需要在账务处理模块记账后，自动从账务处理模块中取得材料费用、人工费用和折旧费用等数据；成本管理模块的成本核算完成后，要将结转制造费用、结转辅助生产成本、结转盘点损失和结转工序产品耗用等记账凭证数据传递到账务处理模块。

存货核算模块为成本管理模块提供材料出库核算的结果；存货核算模块将应计入外购入库成本的运费、装卸费等采购费用和应计入委托加工入库成本的加工费传递到应付管理模块。

固定资产管理模块为成本管理模块提供固定资产折旧费数据。

报表管理和财务分析模块可以从各模块取数编制相关财务报表，进行财务分析。

预算管理模块编制的预算经审核批准后，生成各种预算申请单，再传递给账务处理模块、应收管理模块、应付管理模块、固定资产管理模块、工资管理模块，进行责任控制。

项目管理模块中发生和项目业务相关的收款业务时，可以在应收发票、收款单或者退款单上输入相应的信息，并生成相应的业务凭证传递至账务处理模块；发生和项目相关的采购活动时，其信息也可以在采购申请单、采购订单、应付模块的采购发票上记录；在固定资产管理模块引入项目数据可以更详细地归集固定资产建设和管理的数据；项目的领料和项目的退料活动等数据可以在存货核算模块进行处理，并生成相应的凭证传递到账务处理模块。此外，各功能模块都可以从账务处理模块获得相关的账簿信息；存货核算、工资管理、固定资产管理、项目管理等模块均可以从成本管理模块获得有关的成本数据。

1.3 企业会计信息化工作规范

1.3.1 会计软件和服务的规范

制定良好的会计电算化组织管理制度，是会计电算化工作成功的基础。我国会计电算化的软件和服务必须遵循国家有关会计电算化的法规制度和要求，主要涉及以下内容。

（1）会计软件应当保障企业按照国家统一会计准则制度开展会计核算，不得有违背国家统一会计准则制度的功能设计。

（2）会计软件的界面应当使用中文并且提供对中文处理的支持，可以同时提供外国或者少数民族文字界面对照和处理支持。

（3）会计软件应当提供符合国家统一会计准则制度的会计科目分类和编码功能。

（4）会计软件应当提供符合国家统一会计准则制度的会计凭证、账簿和报表的显示和打印功能。

（5）会计软件应当提供不可逆的记账功能，确保对同类已记账凭证的连续编号，不得提供对已记账凭证的删除和插入功能，不得提供对已记账凭证日期、金额、科目和操作人的修改功能。

（6）鼓励软件供应商在会计软件中集成可扩展商业报告语言（XBRL）功能，便于企业生成符合国家统一标准的 XBRL 财务报告。

（7）会计软件应当具有符合国家统一标准的数据接口，满足外部会计监督需要。

（8）会计软件应当具有会计资料归档功能，提供导出会计档案的接口，在会计档案存储格式、元数据采集、真实性与完整性保障方面，符合国家有关电子文件归档与电子档案管理的要求。

（9）会计软件应当记录生成的用户操作日志，确保日志的安全、完整。

（10）以远程访问、云计算等方式提供会计软件的供应商，应当在技术上保证客户会计资料的安全、完整。

（11）客户以远程访问、云计算等方式使用会计软件生成的电子会计资料归客户所有。

（12）以远程访问、云计算等方式提供会计软件的供应商，应当做好本厂商不能维持服务情况下，保障企业电子会计资料安全以及企业会计工作持续进行的预案。

（13）软件供应商应当努力提高会计软件的相关服务质量，按照合同约定及时解决用户使用中的故障问题。

（14）鼓励软件供应商采用呼叫中心、在线客服等方式为用户提供实时技术支持。

（15）软件供应商应当就如何通过会计软件开展会计监督工作，提供专门的教程和相关资料。

1.3.2 企业会计信息化的工作规范

会计电算化作为一种现代会计处理手段，对于提高会计工作质量，促进会计职能转变，提高经济效益，推动管理现代化有着十分重要的作用。企业在推进会计信息化的过程中，应注意遵守基本的工作规范。

1. 会计信息化建设

会计信息化建设是一项投资大、涉及面广、对企业管理有着深远影响的系统工程。在会计信息化建设中应注意以下方面的问题。

（1）企业应当充分重视会计信息化工作，加强组织领导和人才培养，不断推进会计信息化在本企业的应用。

（2）企业开展会计信息化工作，应当根据发展目标和实际需要，合理确定建设内容，避免投资浪费。

（3）企业开展会计信息化工作，应当注重信息系统与经营环境的契合。

（4）大型企业、企业集团开展会计信息化工作，应当注重整体规划，统一技术标准、编码规则和系统参数，实现各系统的有机整合，消除信息孤岛。

（5）企业配备会计软件，应当根据自身技术力量以及业务需求，考虑软件功能、安全性、稳定性、响应速度、可扩展性等要求，合理选择购买、定制开发、购买与开发相结合等会计软件配备方式。

（6）企业通过委托外部单位开发、购买等方式配备会计软件，应当在有关合同中约定操作培训、软件升级、故障解决等服务事项，以及软件供应商对企业信息安全的责任。

（7）企业应当促进会计信息系统与业务信息系统的一体化，通过业务的处理直接驱动会计记账，减少人工操作，提高业务数据与会计数据的一致性，实现企业内部信息资源共享。

（8）企业应当根据实际情况，开展本企业信息系统与银行、供应商、客户等外部单位信息系统的互联，实现外部交易信息的集中自动处理。

（9）企业进行会计信息系统前端系统的建设和改造，应当安排负责会计信息化工作的专门机构或者岗位参与，充分考虑会计信息系统的数据需求。

（10）企业应当遵循企业内部控制规范体系的要求，加强对会计信息系统规划、设计、开发、运行、维护全过程的控制。

（11）处于会计核算信息化阶段的企业，应当结合自身情况，逐步实现资金管理、资产管理、预算控制、成本管理等财务管理的信息化；处于财务管理信息化阶段的企业，应当结合自身情况，逐步实现财务分析、全面预算管理、风险控制、绩效考核等决策支持的信息化。

2. 信息化条件下的会计资料管理

对于信息系统自动生成且具有明晰审核规则的会计凭证，可以将审核规则嵌入会计软件，由计算机自动审核。未经自动审核的会计凭证，应当先经人工审核再进行后续处理。

分公司、子公司数量多、分布广的大型企业、企业集团应当探索利用信息技术促进会计工作的集中，逐步建立财务共享服务中心。

外商投资企业使用的境外投资者指定的会计软件或者跨国企业集团统一部署的会计软件，应当符合会计软件和服务的规范和要求。

企业会计信息系统数据服务器的部署应当符合国家有关规定。

企业会计资料中对经济业务事项的描述应当使用中文，可以同时使用外国或者少数民族文字对照。

企业应当建立电子会计资料备份管理制度，确保会计资料的安全、完整和会计信息系统的持续、稳定运行。

企业不得在非涉密信息系统中存储、处理和传输涉及国家秘密、关系国家经济信息安全的电子会计资料；未经有关主管部门批准，不得将其携带、寄运或者传输至境外。

企业内部生成的会计凭证、账簿和辅助性会计资料，如果同时满足所记载的事项属于本企业重复发生的日常业务、由企业信息系统自动生成且可查询和输出、企业对相关数据建立了电子备份制度及完善的索引体系等这些条件，可以不输出纸面资料。

企业获得的需要外部单位或者个人证明的原始凭证和其他会计资料，如果同时满足会计资料附有可靠的电子签名且电子签名经符合《中华人民共和国电子签名法》的第三方认证、所记载的事项属于本企业重复发生的日常业务、可及时在企业信息系统中查询和输出、企业对相关数据建立了电子备份制度及完善的索引体系等这些条件，可以不输出纸面资料。

企业会计资料的归档管理，遵循国家有关会计档案管理的规定。

实施企业会计准则通用分类标准的企业，应当按照有关要求向财政部报送 XBRL 财务报告。

3．会计信息化的监督管理

企业使用会计软件不符合《企业会计信息化工作规范》（以下简称《规范》）要求的，由财政部门责令限期改正。限期不改的，财政部门应当予以公示，并将有关情况通报同级相关部门或其派出机构。

财政部采取组织同行评议、向用户企业征求意见等方式对软件供应商提供的会计软件遵循《规范》的情况进行检查。省、自治区、直辖市人民政府财政部门发现会计软件不符合《规范》的，应当将有关情况报财政部。

软件供应商提供的会计软件不符合《规范》的，财政部可以约谈该供应商的主要负责人，责令限期改正。限期内未改正的，由财政部予以公示，并将有关情况通报相关部门。

1.4　会计软件的运行环境

1.4.1　会计软件的硬件环境

1．硬件设备

硬件设备一般包括输入设备、处理设备、存储设备、输出设备和通信设备（网络电缆等）。

（1）输入设备。计算机常见的输入设备有键盘、鼠标、光电自动扫描仪、条形码扫描仪（又称扫码器）、二维码识读设备、POS 机、芯片读卡器、语音输入设备、手写输入设备等。在会计软件中，键盘一般用来完成会计数据或相关信息的输入工作；鼠标一般用来完成会计软件中的各种用户指令，选择会计软件各功能模块的功能菜单；扫描仪一般用来完成原始凭证和单据的扫描，并将扫描结果存入会计软件的相关数据库中。

（2）处理设备。处理设备主要是指计算机主机。中央处理器（CPU）是计算机主机的核心部件，主要功能是按照程序给出的指令序列，分析并执行指令。

（3）存储设备。计算机的存储设备包括内存储器和外存储器。内存储器即内存，分为随机存储器 RAM（Random Access Memory）和只读存储器 ROM（Read-Only Memory），一般容量较小，但数据存取速度较快。断电后，RAM 的数据将消失。外存储器一般存储容量较大，但数据存取速度较慢。常见的外存储器有硬盘、U 盘、光盘等。会计软件中的各种数据一般存储在外存储器中。

（4）输出设备。计算机常见的输出设备有显示器和打印机。在会计软件中，显示器既可以显示用户在系统中输入的各种命令和信息，也可以显示系统生成的各种会计数据和文件；打印机一般用于打印输出各类凭证、账簿、财务报表等各种会计资料。

2. 硬件结构

硬件结构是指硬件设备的不同组合方式。电算化会计信息系统中常见的硬件结构通常有单机结构、多机松散结构、多用户结构和微机局域网络 4 种形式。

（1）单机结构。单机结构属于单用户工作方式，一台微机同一时刻只能一人使用。

单机结构的优点在于使用简单、配置成本低、数据共享程度高、一致性好；其缺点在于集中输入速度低、不能同时允许多个成员进行操作，并且不能进行分布式处理。它适用于数据输入量小的企业。

（2）多机松散结构。多机松散结构是指有多台微机，但每台计算机都有相应的输入和输出设备，每台微机仍属单机结构，各台微机不发生直接的数据联系（通过磁盘、光盘、U 盘、移动硬盘等传送数据）。

多机松散结构的优点在于输入输出集中程度高、速度快；其缺点在于数据共享性能差、系统整体效率低，主要适用于输入量较大的企业。

（3）多用户结构。多用户结构又称为联机结构，整个系统配备一台计算机主机（通常是中型机，目前也有较高档的微机）和多个终端（终端由显示器和键盘组成）。主机与终端的距离较近（0.1 千米左右），并为各终端提供虚拟内存，各终端可同时输入数据。

多用户结构的优点在于会计数据可以通过各终端分散输入，并集中存储和处理；缺点在于费用较高、应用软件较少、主机负载过大、容易形成拥塞，主要适用于输入量大的企业。

（4）微机局域网络。微机局域网络又称为网络结构，是由一台服务器（通常是高档微机）将许多中低档微机连接在一起（由网络接口卡、通信电缆连接），相互通信、共享资源，组成一个功能更强的计算机网络系统。

微机局域网络通常分为客户机/服务器结构和浏览器/服务器结构两种结构，主要适用于大中型企业。

① 客户机/服务器（C/S）结构。客户机/服务器结构模式下，服务器配备大容量存储器并安装数据库管理系统，负责会计数据的定义、存取、备份和恢复，客户端安装专用的会计软件，负责会计数据的输入、运算和输出。客户机/服务器结构的优点在于技术成熟、响应速度快、适合处理大量数据；其缺点在于系统客户端软件安装维护的工作量大，且数据库的使用一般仅限于局域网的范围内。

② 浏览器/服务器（B/S）结构。浏览器/服务器结构模式下，服务器是实现会计软件功能的核心部分，客户机上只需安装一个浏览器，用户通过浏览器向分布在网络上的服务器发出请求，服务器对浏览器的请求进行处理，将用户所需信息返回到浏览器。浏览器/服务器结构的优点在于维护和升级方式简单、运行成本低；其缺点是应用服务器运行数据负荷较重。

1.4.2 会计软件的软件环境

1. 软件的类型

配上软件的计算机才成为完整的计算机。系统一般把软件分为系统软件和应用软件两大类。

（1）系统软件。系统软件是用来控制计算机运行，管理计算机的各种资源，并为应用软件提供支持和服务的一类软件。系统软件通常包括操作系统、数据库管理系统、支撑软件和语言处理程序等。

① 操作系统。操作系统是指计算机系统中负责支撑应用程序的运行环境以及用户操作环境的系统软件，具有对硬件直接监管、管理各种计算机资源以及提供面向应用程序的服务等功能。

② 数据库管理系统。数据库是指按一定的方式组织起来的数据的集合，它具有数据冗余度小、可共享等特点。数据库管理系统是一种操作和管理数据库的大型软件。目前常用的数据库管理系统有 Oracle、Sybase、Visual-Fox-Pro、Informix、SQL-Server、Access 等。数据库系统主要由数据库、数据库管理系统组成，此外还包括应用程序、硬件和用户。会计软件是基于数据库系统的应用软件。

③ 支撑软件。支撑软件是指为配合应用软件的有效运行而使用的工具软件，它是软件系统的一个重要组成部分。

④ 语言处理程序。语言处理程序包括汇编程序、解释程序和编译程序等，其任务是将用汇编语言或高级语言编写的程序，翻译成计算机硬件能够直接识别和执行的机器指令代码。

（2）应用软件。应用软件是为解决各类实际问题而专门设计的软件。会计软件属于应用软件。

2. 安装会计软件的前期准备

在安装会计软件前，技术支持人员必须首先确保计算机的操作系统符合会计软件的运行要求。在某些情况下，技术支持人员应该事先对操作系统进行一些简单的配置，以确保会计软件能够正常运行。

在检查并设置完操作系统后，技术支持人员需要安装数据库管理系统。

会计软件的正常运行需要某些支撑软件的辅助。因此，在设置完操作系统并安装完数据库管理系统后，技术支持人员应该安装计算机缺少的支撑软件。

在确保计算机操作系统满足会计软件的运行要求，并安装完毕数据库管理软件和支撑软件后，技术支持人员方可开始安装会计软件，同时应考虑会计软件与数据库系统的兼容性。

1.4.3　会计软件的网络环境

1. 计算机网络的概念与功能

计算机网络是以硬件资源、软件资源和信息资源共享以及信息传递为目的，在统一的网络协议控制下，将地理位置分散的许多独立的计算机系统连接在一起所形成的网络。计算机网络的功能主要体现在资源共享、数据通信和分布处理三个方面。

（1）资源共享。在计算机网络中，各种资源可以相互通用，用户可以共同使用网络中的软件、硬件和数据。

（2）数据通信。计算机网络可以实现各计算机之间的数据传送，可以根据需要对这些数据进行集中与分散管理。

（3）分布处理。当计算机中的某个计算机系统负荷过重时，可以将其处理的任务传送到网络中较空闲的其他计算机系统中，以提高整个系统的利用率。

2. 计算机网络的分类

按照覆盖的地理范围进行分类，计算机网络可以分为局域网、城域网和广域网三类。

（1）局域网（LAN）。局域网是一种在小区域内使用的，由多台计算机组成的网络，覆盖范围通常局限在 10 千米之内，属于一个单位或部门组建的小范围网。

（2）城域网（MAN）。城域网是作用范围在广域网与局域网之间的网络，其网络覆盖范围通常可以延伸到整个城市，借助通信光纤将多个局域网联通公用城市网络形成大型网络，使得不仅局域网内的资源可以共享，局域网之间的资源也可以共享。

（3）广域网（WAN）。广域网是一种远程网，涉及长距离的通信，覆盖范围可以是一个国家或多个国家，甚至整个世界。由于广域网地理上的距离可以超过几千千米，所以信息衰减非常严重。这种网络一般要租用专线，通过接口信息处理协议和线路连接起来，构成网状结构，解决寻径问题。

3. 会计信息系统的网络组成部分

（1）服务器。服务器也称伺服器，是网络环境中的高性能计算机，它侦听网络上的其他计算机（客户机）提交的服务请求，并提供相应的服务，控制客户端计算机对网络资源的访问，并能存储、处理网络上大部分的会计数据和信息。服务器的性能必须适应会计软件的运行要求，其硬件配置一般高于普通客户机。

（2）客户机。客户机又称为用户工作站，是连接到服务器的计算机，能够享受服务器提供的各种资源和服务。会计人员通过客户机使用会计软件，因此客户机的性能也必须适应会计软件的运行要求。

（3）网络连接设备。网络连接设备是把网络中的通信线路连接起来的各种设备的总称，这些设备包括中继器、交换机和路由器等。

1.4.4 会计软件的安全

1. 安全使用会计软件的基本要求

常见的非规范化操作包括密码与权限管理不当、会计档案保存不当、未按照正常操作规范运行软件等。这些操作可能威胁会计软件的安全运行。

（1）严格管理账套使用权限。在使用会计软件时，用户应该对账套使用权限进行严格管理，防止数据外泄；用户不能随便让他人使用电脑；在离开电脑时，必须立即退出会计软件，以防止他人偷窥系统数据。

（2）定期打印备份重要的账簿和报表数据。为防止硬盘上的会计数据遭到意外或被人为破坏，用户需要定期将硬盘数据备份到其他磁性介质上（如 U 盘、光盘等）。在月末结账后，对本月重要的账簿和报表数据还应该打印备份。

（3）严格管理软件版本升级。对会计软件进行升级的原因主要有改错、功能改进和扩充、运行平台升级。经过对比审核，如果新版软件更能满足实际需要，企业应该对其进行升级。

2. 计算机病毒的防范

计算机病毒是指编制者在计算机程序中插入的破坏计算机功能或数据，影响计算机使用并且能够自我复制的一组计算机指令或程序代码。

（1）计算机病毒的特点。

① 寄生性。病毒可以寄生在正常的程序中，跟随正常程序一起运行。

② 传染性。病毒可以通过不同途径传播。

③ 潜伏性。病毒可以事先潜伏在电脑中不发作，然后在某一时间集中大规模爆发。

④ 隐蔽性。病毒未发作时不易被发现。

⑤ 破坏性。病毒可以破坏电脑，造成电脑运行速度变慢、死机、蓝屏等问题。

⑥ 可触发性。病毒可以在条件成熟时被触发。

（2）计算机病毒的类型。

① 按其破坏能力分类，计算机病毒可分为良性病毒和恶性病毒。良性病毒是指那些只占有系统 CPU 资源，但不破坏系统数据，不会使系统瘫痪的计算机病毒。与良性病毒相比，恶性病毒对计算机系统的破坏力更大，包括删除文件、破坏盗取数据、格式化硬盘、使系统瘫痪等。

② 按其存在方式分类，计算机病毒可分为引导型病毒、文件型病毒和网络病毒。引导型病毒是在系统开机时进入内存后控制系统，进行病毒传播和破坏活动的病毒；文件型病毒是感染计算机存储设备中的可执行文件，当执行该文件时，再进入内存，控制系统，进行病毒传播和破坏活动的病毒；网络病毒是通过计算机网络传播感染网络中的可执行文件的病毒。

（3）导致病毒感染的人为因素。

① 不规范的网络操作。不规范的网络操作可能导致计算机感染病毒。其主要途径包括浏览不安全网页、下载被病毒感染的文件或软件、接收被病毒感染的电子邮件、使用即时通信工具等。

② 使用被病毒感染的磁盘。使用来历不明的硬盘和 U 盘，容易使计算机感染病毒。

（4）感染计算机病毒的主要症状。当计算机感染病毒时，系统会表现出一些异常症状，主要如下。

① 系统启动时间比平时长，运行速度减慢。

② 系统经常无故发生死机现象。

③ 系统异常重新启动。

④ 计算机存储系统的存储容量异常减少，磁盘访问时间比平时长。

⑤ 系统不识别硬盘。

⑥ 文件的日期、时间、属性、大小等发生变化。

⑦ 打印机等一些外部设备工作异常。

⑧ 程序或数据丢失或文件损坏。

⑨ 系统的蜂鸣器出现异常响声。

⑩ 其他异常现象。

（5）防范计算机病毒的措施。防范计算机病毒的措施主要有如下几方面。

① 规范使用 U 盘的操作。在使用外来 U 盘时应该首先用杀毒软件检查是否有病毒，确认无病毒后再使用。

② 使用正版软件，杜绝购买盗版软件。

③ 谨慎下载与接收网络上的文件和电子邮件。

④ 经常升级杀毒软件。

⑤ 在计算机上安装防火墙。

⑥ 经常检查系统内存。

⑦ 计算机系统要专机专用，避免使用其他软件。

（6）计算机病毒的检测与清除。

① 计算机病毒的检测。计算机病毒的检测方法通常有人工检测和自动检测两种。人工检测是指通过一些软件工具进行病毒检测。这种方法需要检测者熟悉机器指令和操作系统，因而不易普及。自动检测是指通过一些诊断软件来判断一个系统或一个软件是否有计算机病毒。自动检测比较简单，一般用户都可以进行。

② 计算机病毒的清除。对于一般用户而言，清除病毒一般使用杀毒软件进行。杀毒软件可以同时清除多种病毒，并且对计算机中的数据没有影响。

③ 计算机黑客的防范。计算机黑客是指通过计算机网络非法进入他人系统的计算机入侵者。他们对计算机技术和网络技术非常精通，能够了解系统的漏洞及其原因所在，通过非法闯入计算机网络来窃取机密信息，毁坏某个信息系统。

3. 计算机黑客的防范

黑客的常用手段有密码破解、IP 嗅探与欺骗、攻击系统漏洞和端口扫描 4 种。

黑客通常采用的密码破解攻击方式有字典攻击、假登录程序、密码探测程序等，主要目的是获取系统或用户的口令文件。

IP 嗅探是一种被动式攻击，又叫网络监听。它通过改变网卡的操作模式来接收流经计算机的所有信息包，以便截取其他计算机的数据报文或口令。欺骗是一种主动式攻击，它将网络上的某台计算机伪装成另一台不同的主机，目的是使网络中的其他计算机误将冒名顶替者当成原始的计算机而向其发送数据。

系统漏洞是指程序在设计、实现和操作上存在的错误。黑客利用这些漏洞攻击网络中的目标计算机。

由于计算机与外界通信必须通过某个端口才能进行，所以黑客可以利用一些端口扫描软件对被攻击的目标计算机进行端口扫描，以搜索到计算机的开放端口并进行攻击。

防范黑客的措施如下。

① 制定相关法律法规加以约束。随着网络技术的形成和发展，有关网络信息安全的法律法规相继诞生，并有效规范和约束与网络信息传递相关的各种行为。

② 数据加密。数据加密的目的是保护系统内的数据、文件、口令和控制信息，同时也可以提高网上传输数据的可靠性。

③ 身份认证。系统可以通过密码或特征信息等来确认用户身份的真实性，只对确认了身份的用户给予相应的访问权限，从而降低黑客攻击的可能性。

④ 建立完善的访问控制策略。系统应该设置进入网络的访问权限、目录安全等级控制、网络端口和节点的安全控制、防火墙的安全控制等。通过各种安全控制机制的相互配合，才能最大限度地保护计算机系统免受黑客的攻击。

模块二

系统管理

学习目标

知识目标：
- 了解用友系统管理的主要功能及其与其他业务模块之间的关系
- 了解 ERP 系统安全管理的基本内容和方法
- 掌握建立账套、修改账套、备份账套、引入账套等账套管理方法
- 掌握设置用户及其权限的方法

能力目标：
- 能够根据业务要求建立账套、修改账套、备份账套和引入账套
- 能够根据业务要求设置用户及其权限

工作情景

上海市 AAA 服装有限公司已经购入了用友公司的 ERP-U8 V10.1 软件，并且在前期对财务部、采购部、销售部、仓管部等部门人员进行了 ERP 应用培训。根据公司的部署，由财务部负责 ERP 系统的实施和维护。现在，如果你是公司财务部门 ERP 应用实施的负责人，应从何处入手开展这项工作呢？

2.1 认知系统管理

用友 ERP-U8 软件是一个功能强大的企业资源管理平台。依托于用友 ERP-U8 软件，可以实现对企业财务、业务一体化的管理。由于其功能的多样性，因此用友 ERP-U8 软件是由多个模块产品组合而成的，各个产品之间既相互独立，又相互联系、数据共享，从而在对不同业务进行分别管理的同时，实现对企业的资金流、物流、信息流的实时反映和统一管理。这就要求 ERP 软件必须在统一的平台上对各个业务模块产品进行有效的集中管理，系统管理模块就是专门为此设置的管理操作平台。

1. 系统管理的主要功能

系统管理模块主要能够实现如下功能。

（1）对账套的管理，包括建立、修改、引入和输出等。

（2）对年度账的管理，包括建立、引入、输出年度账和结转上年数据，清空年度数据（用友的教学版限制了建立年度账和结转上年数据的功能，这两个菜单命令不能执行）。

（3）对用户及其功能权限的管理，包括对用户、角色和功能权限的设置。

（4）设置自动备份计划，系统根据这些设置定期进行自动备份处理。

（5）对系统运行进行实时监控，并生成上机日志，随时掌握系统的运行状况。

（6）对系统运行的异常状况进行及时的清除，实现系统运行的顺利平稳。

2. 系统管理模块的使用者

作为企业 ERP 系统的重要集中管理工具，系统管理的使用者为企业的信息管理人员（即系统管理软件中的操作员 admin）或账套主管，其他的操作人员是不能登录使用系统管理的。表 2-1 所示为系统管理员和账套主管在分工权限方面的比较。

表 2-1 系统管理员与账套主管的分工权限对比表

项目	系统管理员（admin）	账套主管
系统操作	设置账套和年度账备份计划；升级 SQL 数据库	设置年度账备份计划；升级 SQL 数据库
账套管理	建立、引入、删除、输出	修改
年度账管理	不能操作	建立、清空、引入、删除、输出
权限	增加、注销、修改、删除用户和角色；设置账套主管及其他用户权限	设置账套主管及其他权限操作
安全管理	阅读上机日志、清除异常任务、清除单据锁定	不承担
企业应用平台	不可登录	可登录，拥有全部业务权限

另外，系统管理员和账套主管登录系统管理的条件也是有差异的。系统管理员登录系统管理时只需设定服务器、操作员（admin）和密码；而账套主管登录系统管理时则需设定服务器、操作员、密码、账套和操作日期。

2.2 启动注册系统管理

系统管理是系统管理员和账套主管进行账套管理、操作员管理和系统安全管理的专用工具。企业用户第一次启动用友 ERP-U8 系统，首先应以系统管理员"admin"的身份进入【系统管理】模块，进行建立账套和增设用户（操作员）的工作。在设置了账套主管后，账套主管也可以进入【系统管理】模块进行修改账套、设置和管理年度账、管理用户权限等操作。

【例 2-1】 以系统管理员的身份注册登录系统管理。

操作步骤：

（1）单击桌面上的 开始 按钮，在弹出的开始菜单中选择【所有程序】/【用友U8V10.1】/【系统服务】/【系统管理】命令；或直接单击桌面上的【系统管理】图标，如图 2-1 所示。

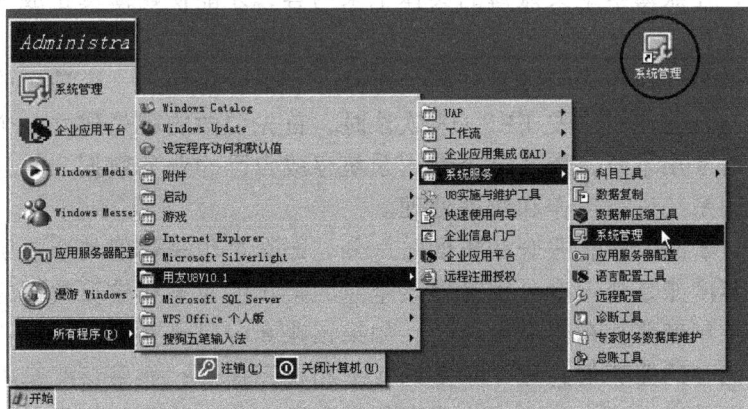

图 2-1　启动系统管理

（2）在【系统管理】窗口中，选择菜单栏中的【系统】/【注册】命令，弹出【登录】对话框，输入操作员"admin"，默认密码为空，直接单击 登录 按钮，在【系统管理】窗口中即可看到系统管理员 admin 的操作情况，如图 2-2 所示。

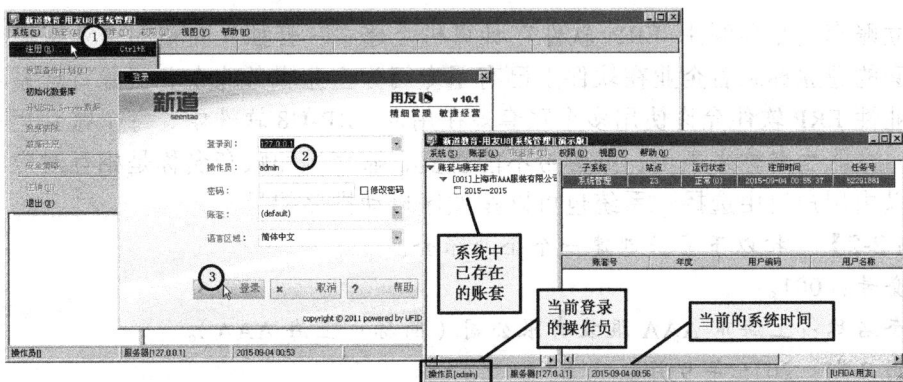

图 2-2　系统管理员 admin 注册系统管理

| 补充提醒 |

● 系统管理员可以在【登录】对话框中选择【修改密码】，对密码进行重新设置。但在学习阶段最好不要设置系统管理员密码。

> ● 系统管理员和账套主管都可以注册登录系统管理。但若要修改账套，则必须以账套主管的身份登录。

2.3 账套管理

账套是用于存放企业财务和业务数据的特定载体。用友ERP软件所提供的是管理平台和管理工具，企业用户在购买软件后必须根据企业的业务管理和核算需要进行个性化的设置，以使软件功能与企业的具体业务相衔接，这就好比从市场上买来了账簿，必须通过立账，在账簿中定义账簿的具体记录内容，才能使账簿真正成为业务核算的载体。

用友ERP-U8软件允许同时建立多个账套，一个账套代表一个独立的企业资源管理系统，所以当企业使用用友ERP-U8软件时，首先要做的就是建立一个账套来作为企业资源管理的专用系统，依托这个专用系统存放自己的业务数据，并且在业务发生时通过这个专用系统进行操作和数据处理。

用友ERP-U8的账套有账套和年度账之分。账套是用来管理某企业所有业务和核算数据的，而年度账是分年度分别管理该企业的某年度业务和核算数据的。一个账套内可以建立多个年度账。在账套输出时，如果该账套中只保存有一年的业务信息，则输出内容为该账套的账套信息和该年度的业务和核算信息；如果该账套中保存有多年的业务信息，则输出内容为该账套的账套信息和所有年度的业务信息。

对账套的管理也分为账套管理和年度账管理，功能包括建立账套、修改账套、输出账套（即备份账套）、引入账套等。其中，年度账管理由账套主管承担，系统的账套管理除了修改账套必须由账套主管承担外，其他的账套管理操作均由系统管理员执行。

2.3.1 建立账套

建立账套就是要利用ERP软件在计算机上建立一套独立完整的企业资源管理系统，账套的建立标志着企业在软件上已有了专门为企业服务的企业资源管理系统。一般的商业性ERP软件允许使用多个账套。在用友ERP-U8软件中，每个账套用一个账套号和一个账套名称来表示，账套号不能重复，账套号和账套名称是相互对应的。账套号可以由用户自由选择，系统也可以按顺序自动排序编号。

【例2-2】 按以下资料创建一个企业账套。

账套号：001。

账套名称：上海市AAA服装有限公司（简称：上海AAA）。

启用日期：2015年9月。

单位地址：上海市青年路10号。

税号：01000。

联系电话：021-55556666。

企业类型：工业。

行业性质：2007年新会计制度科目（建账时按行业性质预留会计科目）。

账套主管：demo。

进行经济业务处理时，需要对存货、客户、供应商进行分类，有外币核算。

科目编码级次为 4-2-2-2，其他编码方案采用系统默认设置。

数据精度定义的小数位采用系统默认设置，均为 2。

操作步骤如下。

（1）系统管理员注册进入系统管理后，选择菜单栏中的【账套】/【建立】命令，进入【创建账套】对话框。依次输入新建账套的账套号、账套名称等相关内容，如图2-3 所示，然后单击 下一步(N) 按钮。

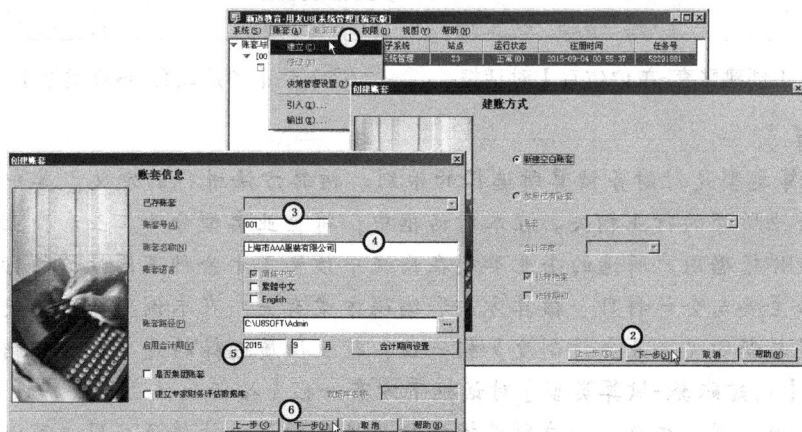

图 2-3 【创建账套-账套信息】对话框

┃说明┃

● 已存账套：单击 ▼ 按钮，打开下拉框，可以看到系统已存的账套情况。

● 账套号：输入新账套的编号。新建账套时，系统自动从"001"号开始编号，账套号不能重复。

● 账套名称：用于输入本单位的名称。

● 账套路径：即新建账套的数据库文件在计算机中存放的相对位置。系统默认的路径是"C:\U8SOFT\Admin"，用户可以单击 ▦ 按钮，重新选择账套路径，或者直接进行手工输入。

● 启用会计期：即新设置的账套将被启用的时间。规定启用会计期是为了确定计算机核算方式下总账系统核算的起始点。一般会计期具体到月份，软件默认的日期为计算机系统的时间。会计期设定后将不能再修改，因此必须谨慎设置。

● 会计期间设置：是指会计月份核算的起始和结账时间，一些企业由于业务的需要，会计期间的设定与自然月份不同。可以单击 会计期间设置 按钮，进入对话框中进行修改。

（2）在【创建账套-单位信息】对话框中，输入相关的企业信息。其中，【单位名称】必须输入，其他内容可根据实际情况进行取舍，如图 2-4 所示。输入完毕后单击 下一步(N) 按钮。

（3）在【创建账套-核算类型】对话框中，主要是对本位币、企业类型、行业性质和账套主管进行设置，如图 2-5 所示。然后单击 下一步(Y) 按钮。

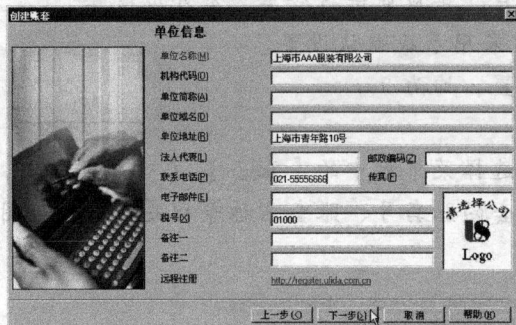

图 2-4 【创建账套-单位信息】对话框　　　　图 2-5 【创建账套-核算类型】对话框

▌说明▌

● 核算类型是对财务核算所选择的币别、核算方法进行的定义。其中，核算方法主要与企业所处的行业相关。在本对话框中，将企业类型分为工业和商业两大类，用友 ERP-U8 根据用户所选的企业类型在系统中预置了十余种不同性质的行业，行业性质的选择主要与会计科目、核算方法和编码方案有关。在本例中，为了使会计科目的编码设置与新的《企业会计制度》相一致，行业性质选择的是"新会计制度科目"。

● 在【创建账套-核算类型】对话框下方有一栏【按行业性质预置科目】单选框，如果选择该项，则系统会按用户所选择的行业性质预置会计科目，用户可以在系统预置科目的基础上对会计科目进行修改和增减，这样有利于减少会计科目输入的工作量。

● 账套主管可以在此确定，也可以通过设置用户权限进行定义。

（4）在【创建账套-基础信息】对话框中，选择相关内容，然后单击 完成(F) 按钮，在弹出的【创建账套】提示框中，单击 是 按钮，如图 2-6 所示。系统开始创建账套。

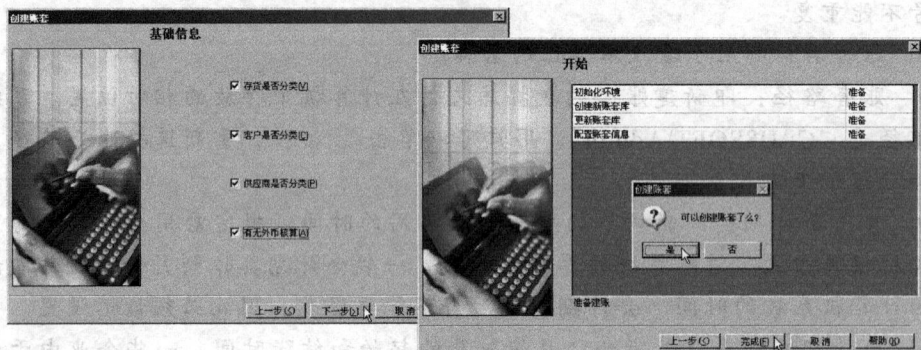

图 2-6 【创建账套-基础信息】对话框

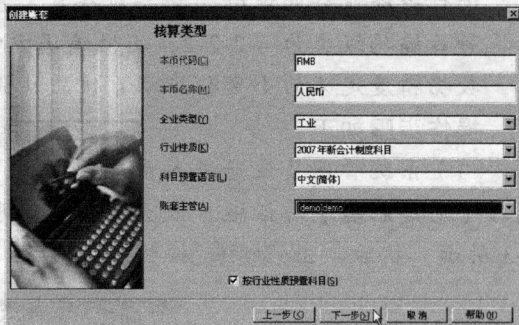

▌补充提醒▌

如果实际业务中存货较多，需要分类，那么在进行基础信息设置时，必须先设置存货分类，然后才能在账套中设置存货档案。同样，如果实际业务中客户或供应商较多，需要分类，也必须先在基础信息设置中勾选分类，然后才能在账套中设置相应的档案。

（5）账套创建运行完成后，在弹出的【编码方案】对话框中，根据事先确定的编码方案进行修改，然后单击 确定(O) 按钮，如图 2-7 所示，再单击 取消(C) 按钮，关闭该对话框。

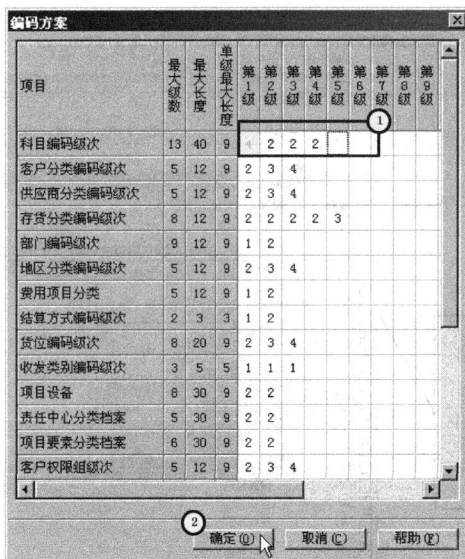

图 2-7 【编码方案】对话框

▌说明▌

　　分类编码是指为了便于有关文字资料的输入，以数字的形式对有关对象进行编号。编码一般分为几段，每段有固定的几位数。编码的分段数称为级数，每段的固定位数称为级长，编码的总长度等于各段级长的总和。编码方案是以各级的级长来表示的，如 2-3-4，即表示该编码分为 3 级，第 1 级是 2 位数，第 2 级是 3 位数，第 3 级是 4 位数，用数字表示即"** *** ****"，*代表 0～9 之间的数。编码的设计，必须根据企业的实际需要，并留有一定余地。例如，在对客户进行编码设计时，要求第 1 级是按商品品种进行分类，第 2 级是按地区分类，第 3 级是对具体客户进行编号。如果所设计的编码方案是 1-2-3，则第 1 级的级长是 1，即只能用个位数对商品品种进行分类，最多只能分为 10 类，这种编码方案虽然在现阶段可以满足企业对客户的分类需要，但随着企业经营业务的不断拓展，就可能会出现编码不能满足分类需要的问题，必须重新修改编码方案和有关客户的编码档案。如果企业的客户很多，其工作量是相当大的。因此，分类编码方案必须事先认真设计好，并保存下来，以备在以后对有关事项进行编码时，按照既定的格式输入相应的数码。

▌补充提醒▌

　　● 由于系统根据用户所选择的行业性质预置了一级会计科目，因此，科目编码的第 1 级次不能修改，除此之外的其他编码均可修改。

　　● 在编码未使用前，如果分类编码方案设置有误，可以在【企业应用平台】的【基础设置】中进行修改(具体操作方法可参考模块三 3.1 启用系统的有关内容)。

（6）在弹出的【数据精度】对话框中按实际需要进行设置，单击 确定(0) 按钮。在弹出的【创建账套】提示框中，单击 否 按钮，账套创建成功，但暂时不启用任何系统；也可单击 是 按钮，由系统管理员启用所需的系统模块，如图2-8所示。

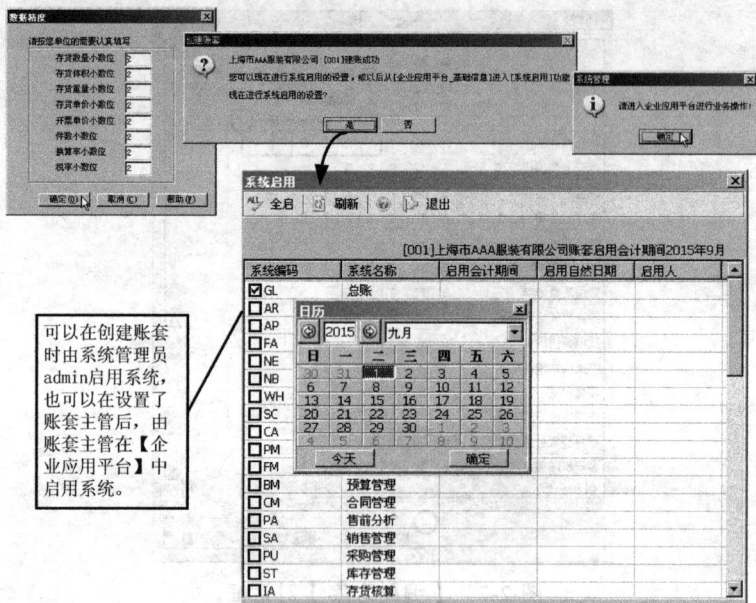

图2-8 数据精度定义和启用系统

说明

● 系统设置的数据精度的小数位数是0~6之间的整数，系统的默认值为2，可根据实际情况进行修改。账套创建完成后，也可在【企业应用平台】的【基础设置】中进行修改。

● 在【创建账套】提示框中，单击 是 按钮，可直接启用系统；单击 否 按钮，则需由账套主管登录【企业应用平台】启用系统。

● 只有在启用系统后，系统才能进行有关业务的操作。

2.3.2 修改账套

如果用户对账套初次设置的内容有不满意的地方，可以进行账套的修改，但账套的修改必须在设置了账套主管后，由账套主管操作完成。

操作步骤如下。

由账套主管在【系统管理】窗口执行【系统】/【注册】命令，打开【登录】对话框，注册登录【系统管理】窗口，执行【账套】/【修改】命令，即可对已建账套进行修改。

补充提醒

● 若当前有系统管理员正在使用系统管理，则先执行【系统】/【注销】命令。

● 系统管理员可以创建账套但不能修改账套，账套主管可以修改账套但不能创建账套。

● 账套号、账套路径、启用账套会计年度、企业类型、行业性质在账套创建后不能再被修改。分类编码方案一旦被启用，也不能再修改。

2.3.3　输出账套

账套的输出也称为账套的备份，就是把 ERP 软件系统记录的业务和核算数据以文件的形式另存起来，以保证业务和核算资料的安全、完整，这是企业 ERP 日常管理工作的重要内容。账套的输出必须在系统管理中进行，因此只有系统管理员和账套主管才有权进行操作。账套主管只能输出年度账数据，不能输出整个账套；而系统管理员只能输出账套，不能输出年度账套；但两者在操作上是类似的。这里以系统管理员为例，向读者介绍有关的操作步骤。

操作步骤如下。

（1）在硬盘中建立存储账套的文件夹，每次备份的文件均需独立保存于各自的文件夹中。如 C:/ 01 系统管理（基础档案设置完成时，建立存储路径 C:/ 02 基础档案，以此类推）。

（2）系统管理员在【系统管理】中注册后，执行【账套】/【输出】命令，如图 2-9 所示。

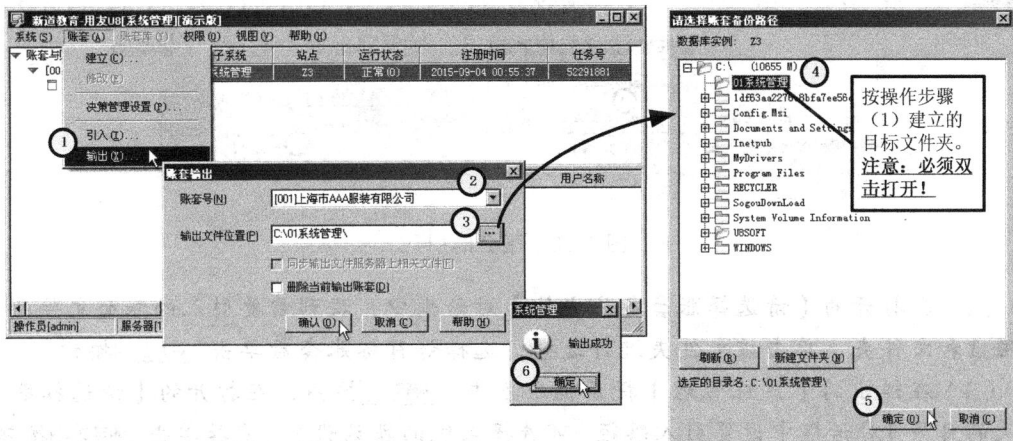

图 2-9　账套的输出

（3）在弹出的【账套输出】对话框中选择所要输出的账套【001 上海市 AAA 服装有限公司】，单击█████按钮，在弹出的【请选择账套备份路径】对话框中，选择事先设定的磁盘和文件夹（注意一定要双击打开文件夹）。然后单击 确定(O) 按钮。

（4）在【账套输出】对话框中单击 确认(O) 按钮。系统备份完成后，检查目标文件夹中是否已存有两个相应的备份文件。

▌补充提醒▐

在实验室环境下，如果计算机安装有还原软件，则每次实训活动结束前，必须进行账套的备份。在重要操作结束时，及时进行账套的备份，也有利于分段保存操作成果。

2.3.4 引入账套

账套的引入，就是把保存好的业务数据引入到软件系统中来。该功能可以用来恢复被破坏的软件系统业务记录，也可用于集团公司中母公司合并子公司数据所需。

在实验室环境下，如果计算机安装有还原软件，则每次实训上机时，需通过账套引入，将有关实验数据引入系统，才能继续后面的实训操作。

操作步骤如下。

（1）系统管理员在【系统管理】中注册，执行【账套】/【引入】命令，如图 2-10 所示。

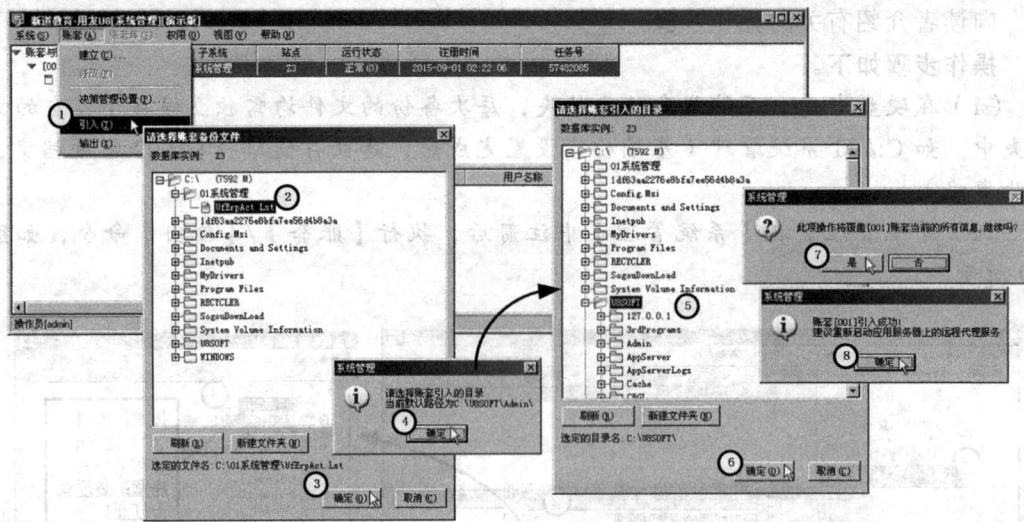

图 2-10　账套的引入

（2）在打开的【请选择账套备份文件】对话框中，找到需要引入的账套文件所在的磁盘和文件夹，单击该文件夹进行选择，选择好目标账套后单击 确定(O) 按钮。

（3）在弹出的【系统管理】提示框中单击 确定 按钮，在打开的【请选择账套引入的目录】对话框中设置引入路径，可选择系统的默认设置，直接单击 确定(O) 按钮。

（4）在下一个弹出的"是否覆盖"提示框中单击 是 按钮，最后单击 确定 按钮。

2.4　用户管理

软件的使用离不开具体的人员。企业对 ERP 软件开发利用的程度越高，渗透到企业业务的层面就越广，所涉及的用户（操作员）规模就越大，对操作员的管理要求也就越高。对操作员的管理包括在系统中进行用户的设置、对操作员进行权限的分配、对不再允许登录系统的用户进行注销等。这些工作主要由系统管理员承担。账套主管也可以对操作员的权限进行设置，但不能增设或注销操作员。

2.4.1 设置用户

设置用户（操作员）的目的在于避免与业务无关的人员对系统进行操作，保证系统数据的安全、保密。一般由系统管理员进行用户的设置。

【例 2-3】 设置上海 AAA 公司的操作员。编号为 001；姓名为吴浩；无密码。

操作步骤如下。

（1）以系统管理员的身份登录【系统管理】，在【系统管理】窗口中执行【权限】/【用户】命令，打开【用户管理】窗口。

（2）单击 增加 按钮，打开【操作员详细情况】对话框。

（3）根据事先的设计输入相关内容，如图 2-11 所示，然后单击 增加 按钮，可继续增加其他操作员。

（4）操作员设置完毕后，单击 取消 按钮，可以看到在【用户管理】对话框里显示有新增加的操作员。

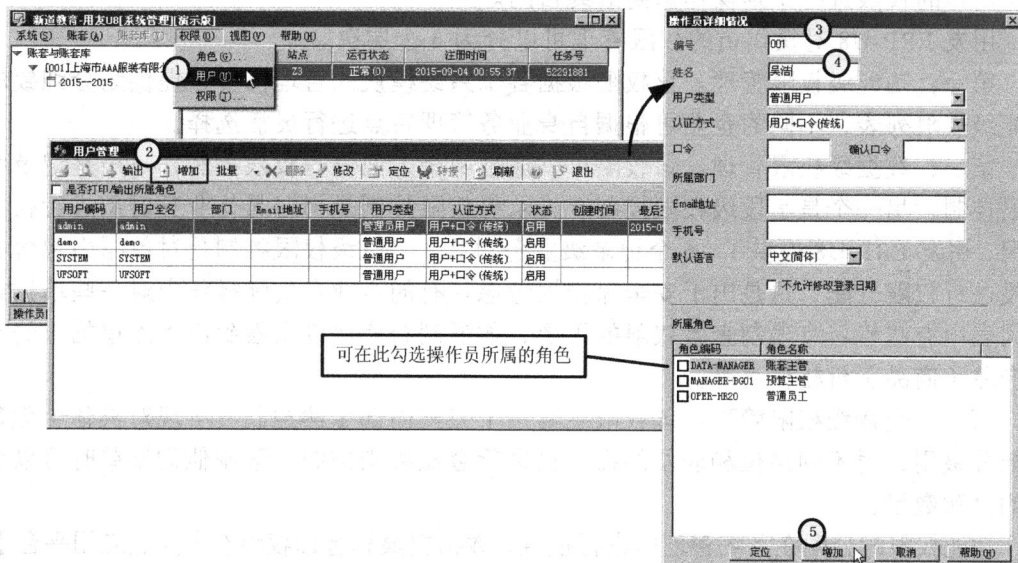

图 2-11 增设用户（操作员）

补充提醒

● 在实际工作中，可以根据需要随时增加操作员。

● 所设置的操作员在启用前，可以进行修改和删除；但操作员在软件上操作后，则只能注销，不能删除，注销的用户仍会列示在用户列表中，但已不能登录系统。

● 如果用户已被定义了角色，必须通过修改先将用户的角色选项删除，然后才能将该用户删除。

● 在增加操作员时可以对用户角色进行定义，但定义用户角色后，只有在对每个角色进行具体的权限定义后，操作员才能获得相应的权限。

● 为了保证系统安全，新增的操作员应在注册登录系统时选择【登录】窗口中的【修改密码】选项，对密码进行重新设置。

2.4.2　设置用户权限

操作员设置完毕后，必须对操作员的操作权限进行设置，以实现合理的岗位分工。操作员的权限设置只能由系统管理员和相应的账套主管来进行，其中，系统管理员还可以指定或撤销账套主管。

用友 ERP–U8 操作员的权限设置可以通过角色管理和权限管理来完成。

角色是指在企业管理中拥有某一类职能的组织，这个角色组织可以是实际的部门，也可以是由拥有同一类职能的人构成的虚拟组织，如实际工作中最常见的会计和出纳两个角色。对于操作员较少的企业来说，可以直接通过权限管理对操作员进行权限设置，而对于操作员较多的企业来说，可以通过角色管理，先设置操作员的角色，然后定义角色的权限，使具有相同角色的操作员同时具有了相同的操作权限，即实现了对多个操作员批量分配权限。此功能的好处是方便控制操作员权限，可以依据职能统一进行权限的划分。若对其中的个别操作员还要进行权限的添加、删除，则可通过对该用户的权限进行个别操作达到最终目的。

用友 ERP-U8 对操作员的权限管理可以分为 3 个层次。

第一，功能级权限管理。该权限根据各个系统模块的管理需要，提供划分细致的功能级权限列表，不同的企业可根据自身业务管理特点进行灵活选择。

第二，数据级权限管理。该权限可以通过两个方面进行权限控制，一个是记录级权限控制，另一个是字段级权限控制。记录级权限控制是指对具体业务对象进行权限分配，用友 ERP-U8 提供了 16 个记录级业务对象。字段级权限控制是对单据中包含的字段进行权限分配，这是出于安全保密性考虑。有的企业在实际操作中对一些单据或者列表中有些栏目有限制查看权限的需要，如限制仓库保管员看到出入库单据上的有关产品（商品）价格信息等。

第三，金额级权限管理。该权限主要用于完善内部金额控制，实现对具体金额数量划分级别，对不同岗位和职位的操作员进行金额级别控制，限制他们制单时可以使用的金额数量。

功能权限的分配在系统管理中进行设置，数据权限和金额权限在【企业应用平台】/【系统管理】中进行分配。对数据级权限和金额级权限的设置，必须在系统管理的功能权限分配之后才能进行。

1. 设置账套主管的权限

账套主管的权限设置有两种方法：一是在设置操作员（增设用户）时，直接将其角色定义为账套主管（详见 2.4.1 小节设置用户的有关内容），则系统自动赋予该操作员账套主管的所有权限；二是在未对操作员进行角色定义的情况下，通过权限设置赋予其权限。

操作步骤如下。

（1）系统管理员登录【系统管理】窗口，执行【权限】/【权限】命令，打开【操作员权限】对话框。

（2）选定左边列表中的目标操作员，单击窗口右上角的下拉按钮▼，选定所需设置的账套和会计年度，选中【账套主管】单选框，系统自动弹出【系统管理】提示框，

单击 是(Y) 按钮，如图 2-12 所示。在随后刷新的【操作员权限】对话框的右边列表中，将勾选出账套主管的全部权限。

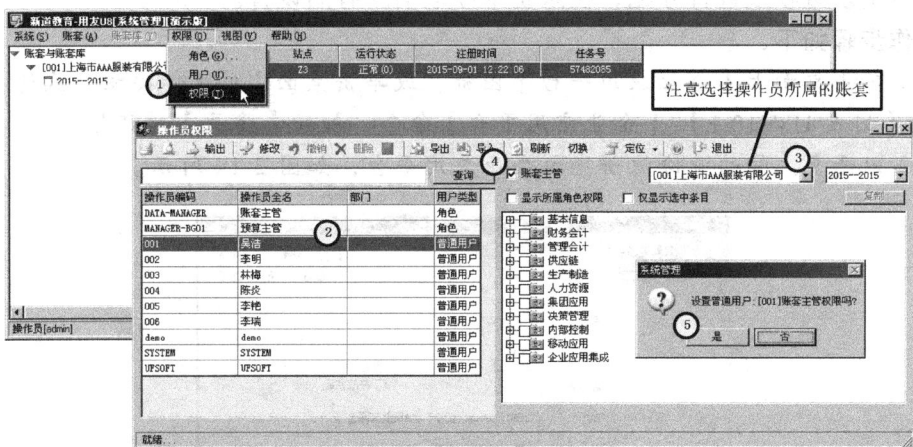

图 2-12　设置账套主管的权限

取消某位操作员账套主管权限的方法与上述操作步骤类似，只需在【操作员权限】对话框中取消【账套主管】单选框的勾选即可。

2．设置一般操作员的功能权限

【例 2-4】 设置 003 号操作员林梅的操作权限，要求使其具有总账中的出纳权限、凭证处理中的出纳签字和查询凭证权限。

操作步骤如下。

（1）在【操作员权限】对话框的左边列表中选定操作员林梅，然后单击 修改 按钮，选定所需设置的账套。

（2）在列表框中单击 ⊞ 按钮，展开总账权限明细列表，勾选列表中的"出纳""出纳签字""查询凭证"等选项，然后单击 按钮，如图 2-13 所示。

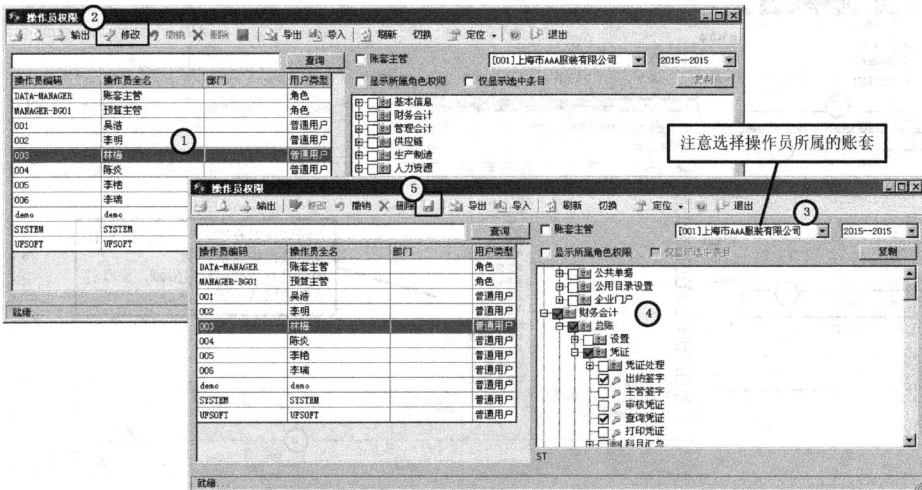

图 2-13　设置出纳员的权限

3. 设置操作员的数据级权限

在用友 ERP–U8 中，对操作员的数据级权限中的记录级权限进行了默认设置，如果不需对记录级权限进行分配，在系统中应取消原有的设置。

操作步骤如下。

（1）单击桌面上【企业应用平台】图标，或单击桌面上的 开始 按钮，执行【所有程序】/【用友 U8V10.1】/【企业应用平台】命令，打开【登录】对话框。

（2）以账套主管的身份注册登录企业应用平台，如图 2-14 所示。

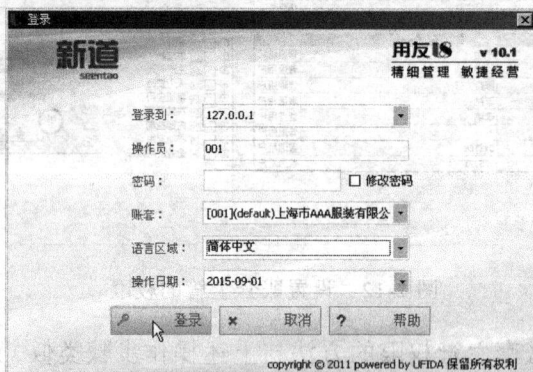

图 2-14 注册登录企业应用平台

（3）单击企业应用平台窗口左下方的【系统服务】标签，双击展开窗口左边上方菜单列表中的【权限】菜单，再双击【数据权限控制设置】命令，打开【数据权限控制设置】对话框。

（4）在【记录级】标签下，单击窗口下方的 全消 按钮，取消原来窗口中已选取的选项设置，然后单击 确定 按钮，如图 2-15 所示。

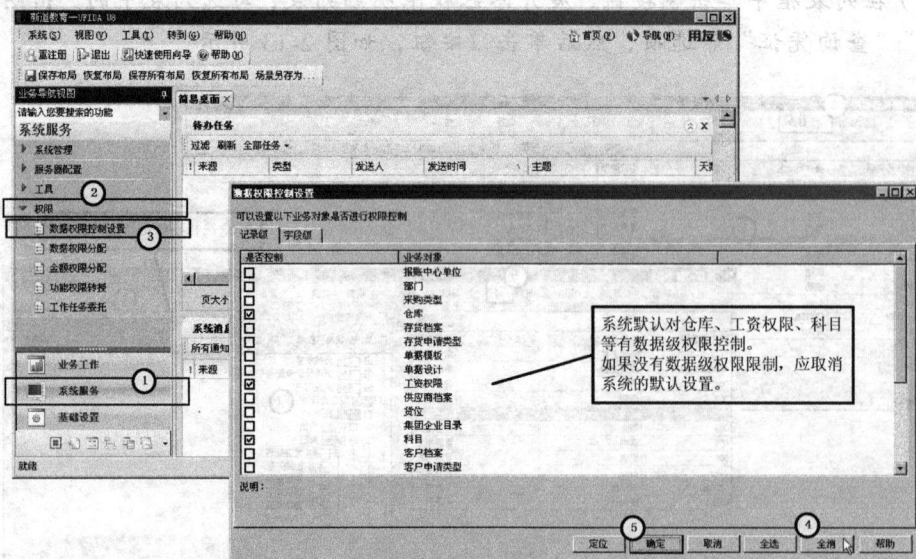

图 2-15 数据级权限控制的设置

▌补充提醒▐

● 账套主管不需要设置数据权限，系统默认账套主管拥有所有的数据权限。

● 只有在对某一对象设置了需要进行数据权限控制后，才能在数据权限设置中对用户权限进行具体授权。

● 如果对某一对象设置了需要进行数据权限控制，则必须在数据权限设置中对用户做具体授权，否则用户将因某一对象进行了权限控制而又未被具体授权导致无法操作。

2.5 系统安全管理

企业实施 ERP 后，企业的业务和财务信息的汇集处理完全依赖于 ERP 软件来完成，因此，ERP 软件的运行安全就成为保证企业日常各项工作正常进行的基础条件。ERP 系统的运行安全涉及每一个操作员。在实际工作中，保证系统安全最为重要的环节就是避免非法操作人员的介入。这就要求每一个操作员要妥善保管好自己的用户密码，并在离开时及时退出系统。

为了加强系统的安全管理，通常每个单位都会配备一位系统管理员负责系统的日常管理。系统管理员的工作通常包括系统的运行管理和系统的数据管理等内容。

2.5.1 系统的运行管理

系统运行管理的主要工作是监控系统的日常运行，及时发现和排除安全隐患。

1. 系统运行监控

系统管理员和账套主管注册登录系统管理后，可以在系统管理窗口对系统运行进行监控。监控的方式有以下两种。

（1）通过系统管理窗口监控。系统管理窗口分为上、下两个组成部分。上半部分显示已经登录正在运行的子系统，下半部分显示已经登录的操作员正在执行的系统功能。通过该窗口能够实时了解系统运行的情况。

（2）通过上机日志监控。为了保证系统的安全运行，系统随时对各个子系统的每个操作员的上下机时间、操作的具体功能等情况进行登记，形成上机日志，使所有的操作都有所记录、有迹可寻。上机日志是动态的，它随着系统的使用情况而不断发生变化。执行【视图】/【上机日志】命令，可以打开上机日志进行查看。

2. 清除系统运行异常

在 ERP 系统运行期间，遇到死机、病毒侵袭、网络阻断等意外事件，会导致系统运行异常。用友 ERP-U8 对系统运行异常有自动处理和手动处理两种方式。企业用户可在 ERP-U8 服务管理器中设置服务端异常和服务端失效的时间，提高使用中的安全性和高效性。如果用户服务端超过异常限制时间未工作或由于不可预见的原因非法退出某系统，则视此为异常任务，将在系统管理主界面显示"运行状态异常"，系统会在到达服务端失效时间时，自动清除异常任务。在等待时间内，用户也可选择手动方式，自行删除异常任务，操作方法是以系统管理员身份注册登录系统管理，执行【视图】/【清除异常任务】命令。

3. 清除单据锁定

在使用过程中，不可预见的原因可能会造成单据锁定，此时单据的正常操作将不能使用，可使用清除单据锁定功能来恢复正常功能的使用。操作方法是以系统管理员身份注册登录系统管理，执行【视图】/【清除单据锁定】命令。

2.5.2 系统的数据管理

系统的数据管理包括账套数据的备份引入和数据升级两方面的内容。系统数据的备份和引入详见 2.3.3 小节和 2.3.4 小节的有关内容。这里介绍日常系统管理工作中常用的自动备份方法。

1. 设置账套自动备份计划

账套备份在 ERP 应用过程中是极其重要的常规工作。账套备份可以手动操作完成，也可以通过在系统管理中预先设置账套备份计划定期自动完成。账套系统管理员和账套主管都具有设置账套自动备份计划的权限，其中账套主管只能设置年度账的备份计划，系统管理员则同时具有对账套和年度账设置自动备份计划的权限。

操作步骤如下。

（1）系统管理员或账套主管注册登录系统管理后，选择菜单栏中的【系统】/【设置备份计划】选项，进入【备份计划设置】对话框。

（2）单击工具栏上的 增加 按钮，打开【备份计划详细情况】对话框，如图 2-16 所示。设置计划编号、计划名称、备份类型、发生频率、开始时间、备份路径、账套等内容。设置完毕后，单击 增加 按钮。

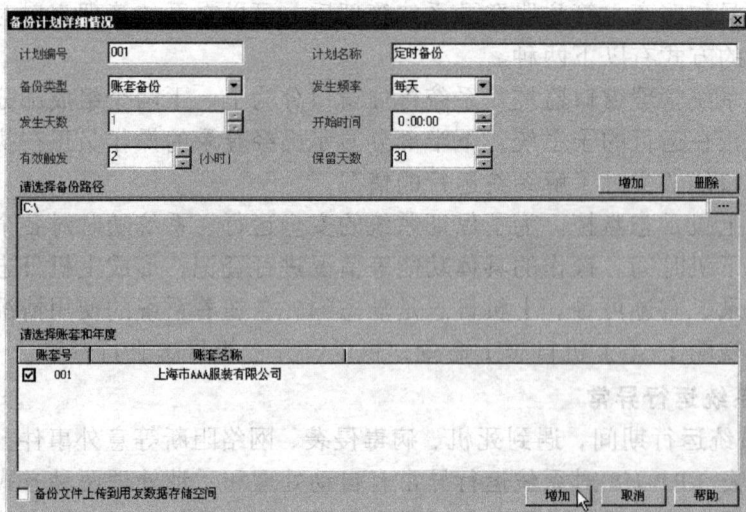

图 2-16　设置自动备份计划

2. 系统数据升级

系统数据的升级是伴随着系统的升级而进行的。在采用更为成熟、先进的新系统后，在老系统中生成的数据必须通过升级才能保证业务数据在新系统中的运用。在升级数据前，首先要将数据进行备份，并且最好是在用友技术人员的帮助下来完成数据升级工作。

常见问题

（1）备份账套的命令是灰色的。

检查【系统管理】窗口下方的操作员是否为 admin，只有系统管理员 admin 才能备份和引入账套。

（2）备份的账套文件无法引入。

① 备份的可能是年度账，在实训室计算机安装了还原系统的情况下，只能先由系统管理员 admin 引入其他的账套文件，再由账套主管引入年度账文件。

② 将不是同一账套的文件进行了配对。

③ 由于极特殊原因，输出的备份文件存在差错。

（3）引入的账套文件数据不对。

当系统中存在多个账套时，在备份账套时未选择目标账套，导致引入了其他账套数据。

（4）登录系统时，无法显示账套。

① 先将光标定位于密码文本框，再单击账套文本框的下拉按钮。

② 未设置操作员权限。

（5）启用系统时，系统提示无法连接数据库。

未调整计算机系统时间。系统时间、建立账套的时间、启用系统的时间不匹配。可将启用系统的时间前推至较早的时间点。

（6）重要提示。

① 必须按照实训要求准确设置系统时间，尤其是启用系统的时间一般应为启用月的 1 日。

② 建立账套的数据直接影响后期的业务核算和管理，且一些参数不可修改，务必操作准确。

上机实训

实训一　系统管理（实训内容详见书后所附《上机实训资料》）。

模块三

设置基础档案

➡ 学习目标

知识目标：

- 掌握启用各业务管理系统的方法
- 掌握常用基础档案的设置方法

能力目标：

- 能够根据业务要求启动相关系统
- 能够设置各类基础档案

➡ 工作情景

上海市 AAA 服装有限公司的系统管理员已经在 ERP 系统中创建了账套、设置了用户和用户权限。接下来又该做些什么呢？利用 ERP 系统有效核算和管理企业经济业务，就需要将企业的基本业务资料录入系统，这是将 ERP 软件与企业实际业务相结合的基础。这项工作的质量，对 ERP 的运行和管理效果都有着直接的影响。上海市 AAA 服装有限公司对企业基本业务资料进行了全面的归集整理，并根据 ERP 系统的设置要求对业务资料重新进行了分类设计，在此基础上形成了满足业务管理需要的基础档案资料。现在，需要由负责前期基础设置的财务部门人员将基础档案录入系统。

3.1 启用系统

启用系统是指设定用友系统中各子系统的开始使用时间，只有被启用的子系统操作员才能登录。系统启用有两种方法：一是在创建账套完成后，系统弹出"是否立即进行系统启用"的提示框，立即进行系统启用的设置；二是在企业应用平台中启用系统。

1. 登录企业应用平台

用友 ERP-U8 企业应用平台是连通用友 ERP-U8 各子系统的通道，也是企业数据资源的共享和管理平台。通过企业应用平台，企业员工可以访问他所被授权的各个子系统，还可以在企业应用平台中查询相关信息，并根据自己的业务工作，设计自己的工作流程。企业应用平台能够有效地实现信息的及时沟通、资源的有效利用及与合作伙伴的在线和实时链接，从而能够显著提高企业员工的工作效率和企业的总处理能力。

操作步骤如下。

单击桌面上【企业应用平台】图标，或单击桌面上的 开始 按钮，执行【所有程序】/【用友 U8V10.1】/【企业应用平台】命令，打开【登录】对话框。输入用户名称、密码、选择账套和登录时间后进入系统。图 3-1 所示为企业应用平台的窗口。

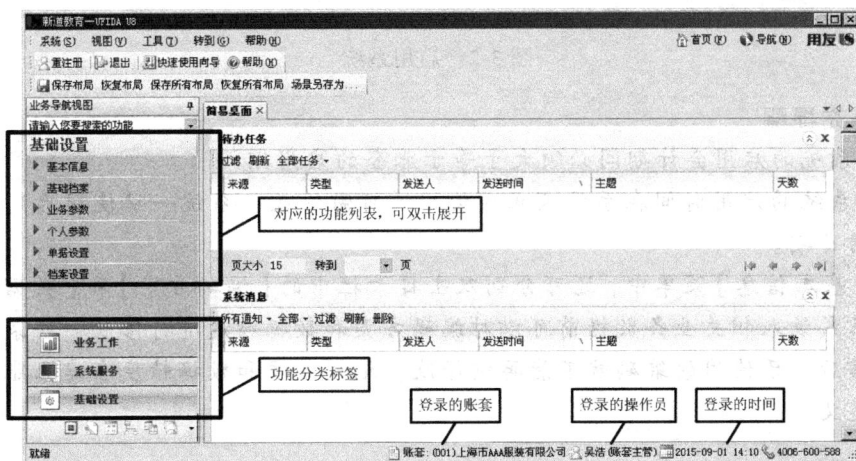

图 3-1 企业应用平台的窗口

2. 启用系统

如果在创建账套时系统管理员没有启用相关系统，则需由账套主管登录企业应用平台操作处理。

【例 3-1】 由账套主管注册登录企业应用平台，启用总账系统，启用日期为 2015 年 9 月 1 日。

操作步骤如下。

（1）由账套主管登录企业应用平台。

（2）单击企业应用平台窗口左下方的【基础设置】标签，双击展开窗口左边上方菜单列表中的【基本信息】菜单，再双击【系统启用】命令，打开【系统启用】窗口。

（3）勾选需启用的系统，在弹出的【日历】对话框中设置启用时间，单击 确定 按钮，如图 3-2 所示。

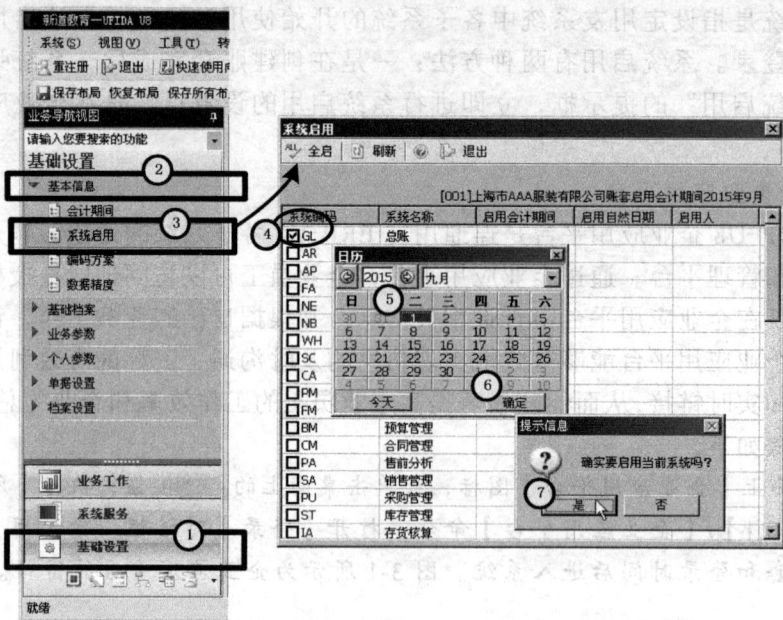

图 3-2　启用系统

▌补充提醒▐

● 系统的启用会计期间必须大于等于账套的启用期间。

● 系统的启用时间在系统未正式使用前可做修改，系统一旦使用后则不能再修改启用日期。

在【基本信息】菜单中，还可分别双击目录栏中的【编码方案】和【数据精度】，在尚未正式录入相关业务数据前可以对编码方案和数据精度进行修改，在录入相关业务数据后，已使用的编码就不能再被修改。编码方案和数据精度在建立账套时已进行了定义。

3.2　设置基础档案

用友 ERP-U8 是由若干个子系统构成的，每个子系统的运行都必须依靠一定的基础信息，这就是基础档案。基础档案可分为 30 多种，有些基础档案是各个子系统共享的共用基础信息，有些基础档案则是根据所启用子系统的情况来确定是否需要。在 ERP 的前期准备阶段，企业应根据启用系统的情况，事先做好基础档案的准备工作。在设计基础档案之前，应首先确定基础档案的分类编码方案，并根据分类编码方案进行基础档案的设计。

3.2.1 设置部门档案

部门档案在系统中是使用较为普遍的档案信息，各业务管理系统都需要调用部门档案，在总账系统中，辅助核算也需要调用部门档案。

部门档案通常是根据单位的组织结构建立的。由于组织结构具有层次性，所以在建立部门档案时，对部门编码的设置要考虑到相应的组织层次结构，按照组织结构设置部门编码是通常采用的较为简便易记的编码方式。

【例 3-2】 建立上海市 AAA 公司的部门档案。部门编码为 1；部门名称为办公室；成立日期为 2015 年 9 月 1 日。

操作步骤如下。

（1）在用友企业应用平台中执行【基础设置】/【基础档案】/【机构人员】/【部门档案】命令，打开【部门档案】窗口。

（2）单击 增加 按钮，输入部门编码、部门名称、成立日期等档案内容，单击 按钮，如图 3-3 所示。在【部门档案】对话框的左边列表中将显示新建的部门目录。

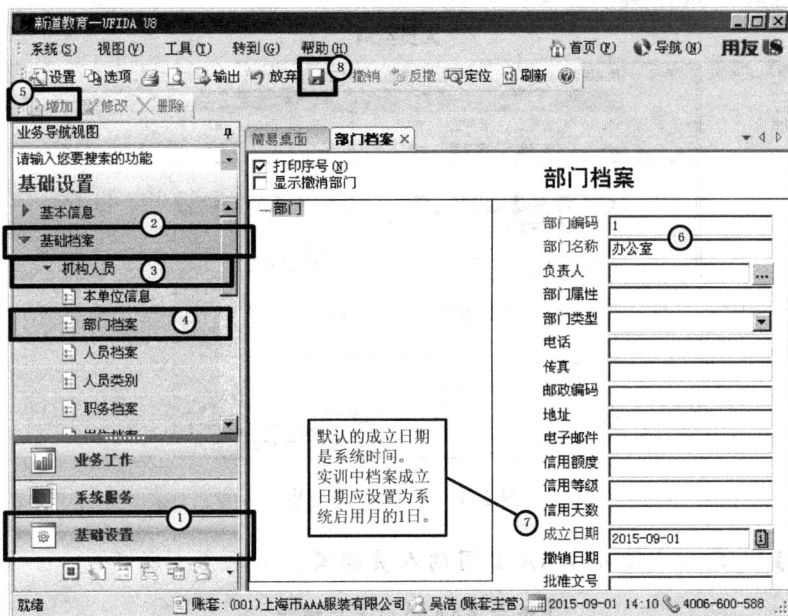

图 3-3 建立部门档案

┃补充提醒┃

● 部门编码必须与建立账套时所设置的编码方案相一致，在【部门档案】窗口下方显示有设置的编码规则。

● 在建立部门档案时，应从上级部门开始输入，然后再建立其下级部门的档案。

● 由于系统中尚未设置人员档案，所以【负责人】栏目暂时空缺。待人员档案设置完毕后，可在【部门档案】对话框中单击 修改 按钮补充录入。

● 在【部门档案】对话框中，可以通过单击 修改 和 × 删除 按钮，对已建部门档案进行删除和修改，但部门被引用后就不能再被删除和修改了。

3.2.2　设置人员档案

设置人员档案是将企业的职员个人资料录入系统，以便于在进行业务管理和业务核算时调用。建立人员档案不仅有助于加强财务业务管理，而且也能为企业加强人力资源管理提供参考信息。部门档案是设置人员档案的前提条件，在建立人员档案时，先要对人员进行分类设置，然后才能录入人员档案。

【例 3-3】　建立上海市 AAA 公司的人员类别。类别编码为 001；类别名称为高层经理。

操作步骤如下。

（1）在用友企业应用平台中执行【基础设置】/【基础档案】/【机构人员】/【人员类别】命令，打开【人员类别】窗口。

（2）单击 增加 按钮，打开【增加档案项】对话框，输入编码、名称等档案内容，单击 确定 按钮，系统将自动生成档案简称和档案简拼，如图 3-4 所示。

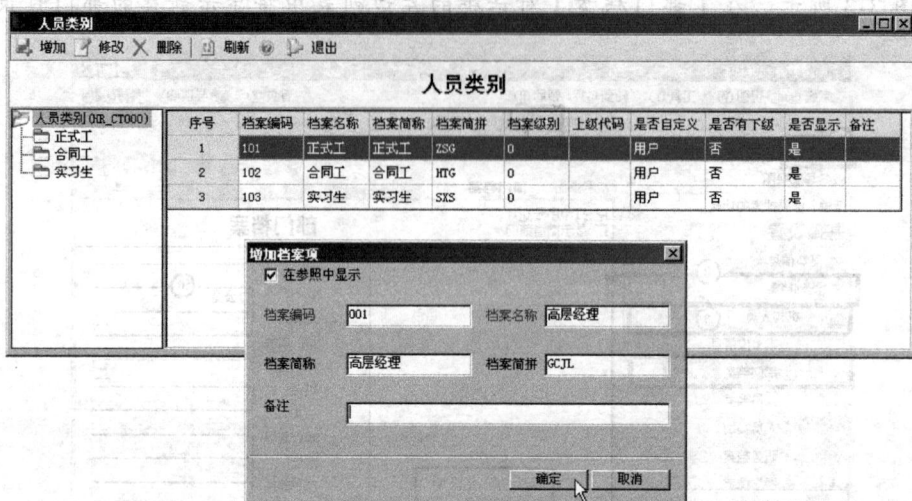

图 3-4　建立人员类别

【例 3-4】　建立上海市 AAA 公司的人员档案，如表 3-1 所示。

表 3-1　　　　　　　　　上海市 AAA 公司人员档案

人员编码	人员姓名	性别	行政部门	雇佣状态	人员类别	是否业务员	生效日期	业务或费用部门
1001	李立	男	办公室	在职	高层经理	是	2015-09-01	办公室

操作步骤如下。

（1）在用友企业应用平台中执行【基础设置】/【基础档案】/【机构人员】/【人员档案】命令，打开【人员类别】窗口。

（2）选定人员所在的部门，单击 增加 按钮，输入人员编码、人员姓名等档案内容，单击 按钮，如图 3-5 所示。人员档案设置内容较多，可使用键盘上的回车键进行文本框的下转，也可使用键盘上向下的方向键进行下拉框选项的选择。

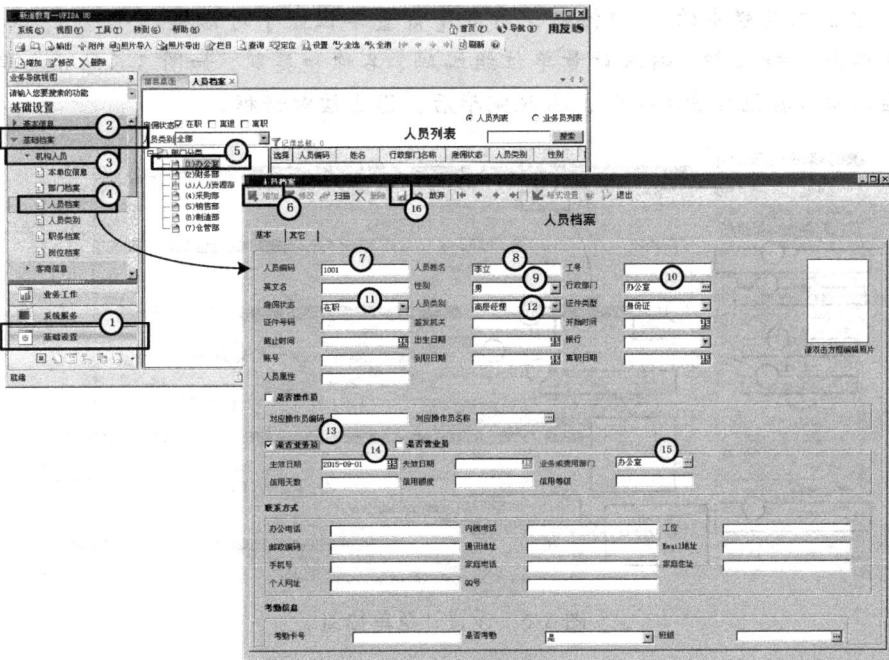

图 3-5 建立职员档案

┃ 补充提醒 ┃

● 设置【部门档案】、【人员类别】之后，才能设置【人员档案】。

● 勾选了【是否业务员】选项的人员档案才能被调用，否则在核算和业务管理中调出的人员档案不显示该人员资料。

3.2.3 设置计量单位

计量单位主要用于对应存货的实物计量。设置计量单位首先要设置好计量单位组，然后在组下再增加具体的计量单位信息。

计量单位组分无换算、浮动换算和固定换算 3 种类别。"无换算"组是指该组内所建立的计算单位之间不存在换算关系，如面料的计算单位"米"和产成品 T 恤衫的计量单位"件"之间不存在换算关系；"浮动换算"组是指该组内所建立的计算单位之间存在变动的换算关系，如 1 桶油可能是 1 千克或 5 千克。"固定换算"组是指该组内所建立的计算单位存在固定的换算关系，如 1 袋纽扣中固定地包装 100 粒纽扣。

每个计量单位组中可以设置多个计量单位，并且可以通过定义主计量单位、辅助计量单位及主辅计量单位之间的换算率，建立计量单位之间的换算关系。

【例 3-5】 设置上海市 AAA 公司的如下计量单位。

（1）计量单位组。编码为 01；名称为纽扣；类别为固定换算率。

（2）纽扣组计量单位。主计量单位编码为 0101，名称为粒；辅计量单位编码为 0102，名称为袋，换算率为 100。

操作步骤如下。

（1）在用友企业应用平台中执行【基础设置】/【基础档案】/【存货】/【计量单位】命令，打开【计量单位-计量单位组】窗口。

（2）单击工具栏中的 ⬚ 分组按钮，打开【计量单位组】对话框。

（3）单击 ⬚ 增加按钮，输入计量单位组编码、名称和类别，如图 3-6 所示，单击 ⬚ 按钮。可继续输入其他计量单位组，输入完毕后，退出该对话框。

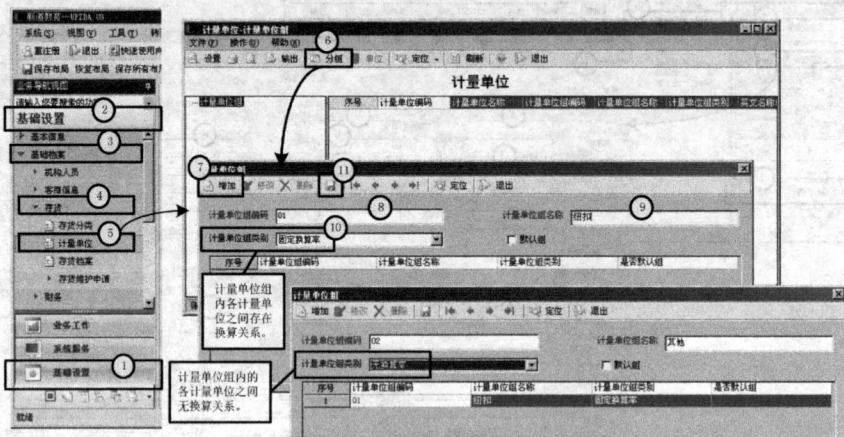

图 3-6　设置计量单位组

（4）在【计量单位-计量单位组】窗口左边计量单位组列表框中选定"纽扣"，再单击窗口上方的 ⬚ 单位按钮，打开【计量单位】对话框。

（5）单击 ⬚ 增加按钮，输入主计量单位编码和名称，选定【主计量单位标志】单选框，然后单击 ⬚ 按钮。

（6）继续输入辅计量单位编码和名称，如图 3-7 所示。

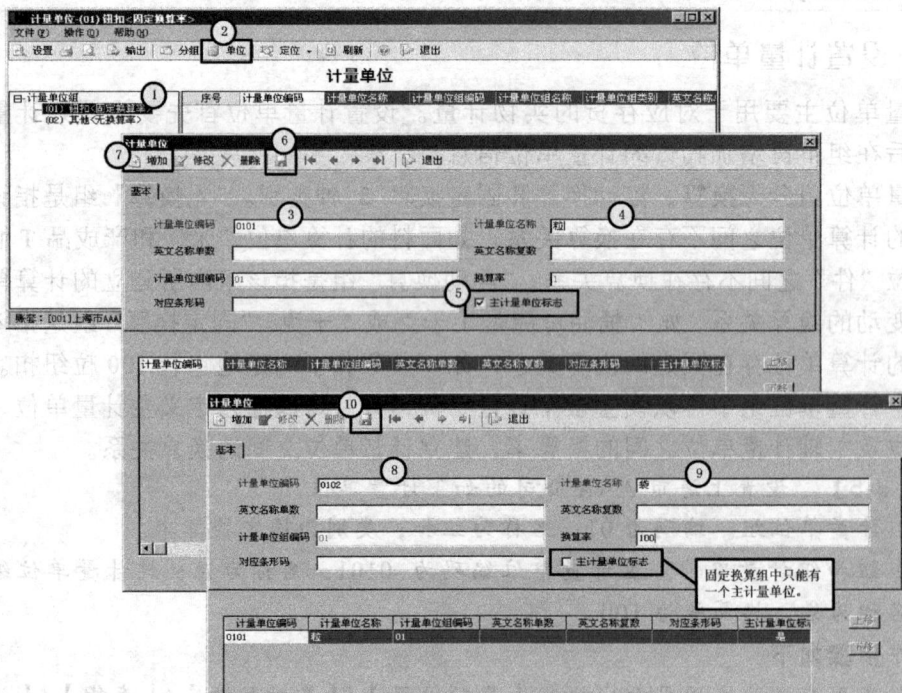

图 3-7　设置计量单位

> **说明**
>
> ● 换算率：是指辅计量单位和主计量单位之间的换算比。例如，一袋纽扣内装 100 粒纽扣，则 100 就是辅计量单位"袋"和主计量单位"粒"之间的换算比。
>
> ● 主计量单位的换算率自动置为 1。
>
> ● 换算率的小数位长需要根据数据精度表中的定义进行相应的检查。
>
> ● 主计量单位标志：只有对末级计量单位才能设置主计量单位标志，对应每一个计量单位组必须且只能设置一个主计量单位；系统自动将该组下增加的第一个计量单位设置为主计量单位。

3.2.4 设置结算方式

一般用户在日常业务中经常会采取多种结算方式。在手工会计方式下，往来资金的结算必须人工汇总，效率低且不利于资金管理。使用财务软件后，可以在业务发生和核算时录入结算方式，从而提高与银行对账的效率，对加强资金管理有着显著的作用。

【例 3-6】 设置结算方式。结算方式编码为 201；名称为现金支票。现金支票需进行票据管理。

操作步骤如下。

（1）在用友企业应用平台中执行【基础设置】/【基础档案】/【收付结算】/【结算方式】命令，打开【结算方式】窗口。

（2）单击 增加 按钮，输入结算方式编码和结算方式名称。现金支票结算方式要勾选【是否票据管理】。然后单击 按钮，如图 3-8 所示。

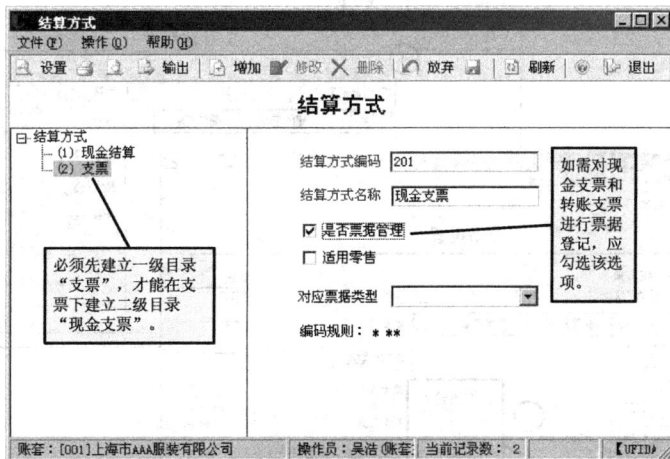

图 3-8 设置结算方式

> **说明**
>
> 票据管理是为便于出纳员加强支票管理而设置的功能。如果在总账系统中需要对支票进行登记管理，那么在结算方式设置中也应对支票类结算方式选定【是否票据管理】单选框。

3.2.5　设置外币及汇率

货币是进行财务核算的基本计量单位。对于有外币业务的用户来说，财务核算的货币计量单位可能涉及多个，企业的各种外币须换算为记账本位币进行统一核算，因此，必须在系统中设置外币及其汇率。

外币的核算有固定汇率法和浮动汇率法两种。如果使用固定汇率核算，则核算月内均根据月初汇率进行外币核算，月末再根据新的汇率值进行汇率调整并计算汇兑损益。在这种核算方式下，在每月月初应在系统中录入期初汇率（记账汇率），在月末录入调整汇率，并核算汇兑损益。如果使用浮动汇率核算，则按当天汇率进行业务核算，在这种核算方式下，每天均应在系统中录入当天的汇率值，并核算汇兑损益。

【例3-7】　设置上海市 AAA 公司的外币及汇率。币名为美元；币符为 USD；固定汇率核算。1美元 = 6.255 2元人民币。

操作步骤如下。

（1）在用友企业应用平台中执行【基础设置】/【基础档案】/【财务】/【外币设置】命令，打开【外币设置】窗口。

（2）输入外币币符和币名。汇率折算方式系统提供有两种选择，通常使用的是系统默认的"固定汇率"方式。输入完毕后，单击 确认 按钮。在【外币设置】对话框的左边列表中将显示该币种。

（3）在汇率列表中，输入该币种的汇率，然后将光标移出该单元格，单击定位在其他区域，使设置的记账汇率得以保存，如图3-9所示。

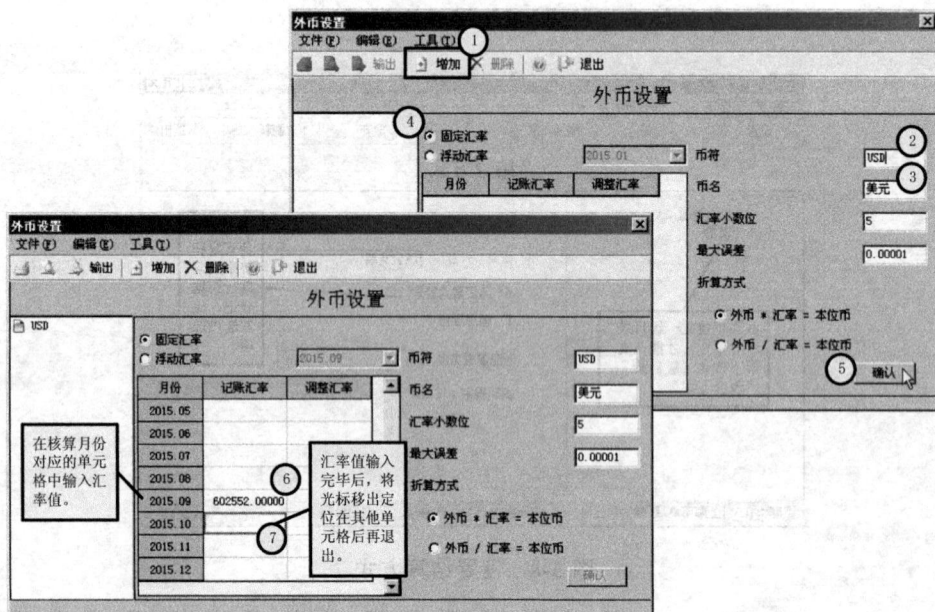

图3-9　设置外币及汇率

补充提醒

在录入汇率值时，必须将光标定位在汇率值所在单元格之外，该数据才能保存。

3.2.6　设置客户和供应商档案

客户档案和供应商档案主要用于录入往来客户和供应商的信息资料，以便于对客户和供应商进行管理和业务分析。

设置客户档案和设置供应商档案的方法类似，下面以设置客户档案为例说明设置方法。

如果企业的客户数量较少，一般不需要对客户进行分类管理，可以直接设置相关客户档案；如果企业的客户规模庞大，为了更有效地对客户进行管理和分析，一般需按一定的标准对客户进行分类，如按区域、按消费级别、按职业等都是常见的有助于对客户进行业务管理的分类方法。由此，在设置了客户分类的前提下，设置客户档案也需分两个阶段进行。首先需在系统中建立客户分类，然后才能在客户分类的基础上建立客户档案。

【例 3-8】　建立上海市 AAA 公司如下客户档案。

（1）客户分类。分类编码为 01；分类名称为上海市。

（2）客户档案。客户档案如表 3-2 所示。

表 3-2　　　　　　　　　　　　上海市 AAA 公司客户档案

编码	简称	所属分类	税号	电话	地址	开户银行	银行账号
01001	天丽公司	01（上海市）	01001	55550001	上海市 A 路10 号	中国银行上海市 A 支行	001001

操作步骤如下。

（1）在用友企业应用平台中执行【基础设置】/【基础档案】/【客商信息】/【客户分类】命令，打开【客户分类】窗口。

（2）单击 增加 按钮，输入类别编码和类别名称，然后单击 按钮返回。

（3）在用友企业应用平台中执行【基础设置】/【基础档案】/【客商信息】/【客户档案】命令，打开【客户档案】窗口。

（4）在【客户档案】窗口左边列表中显示有已设置的客户分类，选择【上海市】，然后单击 增加 按钮，打开【增加客户档案】窗口，如图 3-10 所示。

（5）输入客户编码、客户简称等档案内容。

（6）单击 联系 选项卡，可以选择性地输入客户的地址、电话、邮编等基本的联系信息。

（7）单击 信用 选项卡，可以选择性地输入客户的信用额度、信用期限和付款条件等资料；单击 其他 选项卡，可以选择性地输入该客户所属的专管部门、专营营业员和停用日期等信息资料。

（8）单击窗口左上方的 银行 按钮，可设置客户的开户银行信息；单击 地址 按钮，可设置客户的收货地址；单击 联系 按钮，可设置客户的联系人信息；单击 开票 按钮，可设置客户的开票信息。设置完毕后，单击 按钮，或单击 保存并新增 按钮，增设其他客户档案。

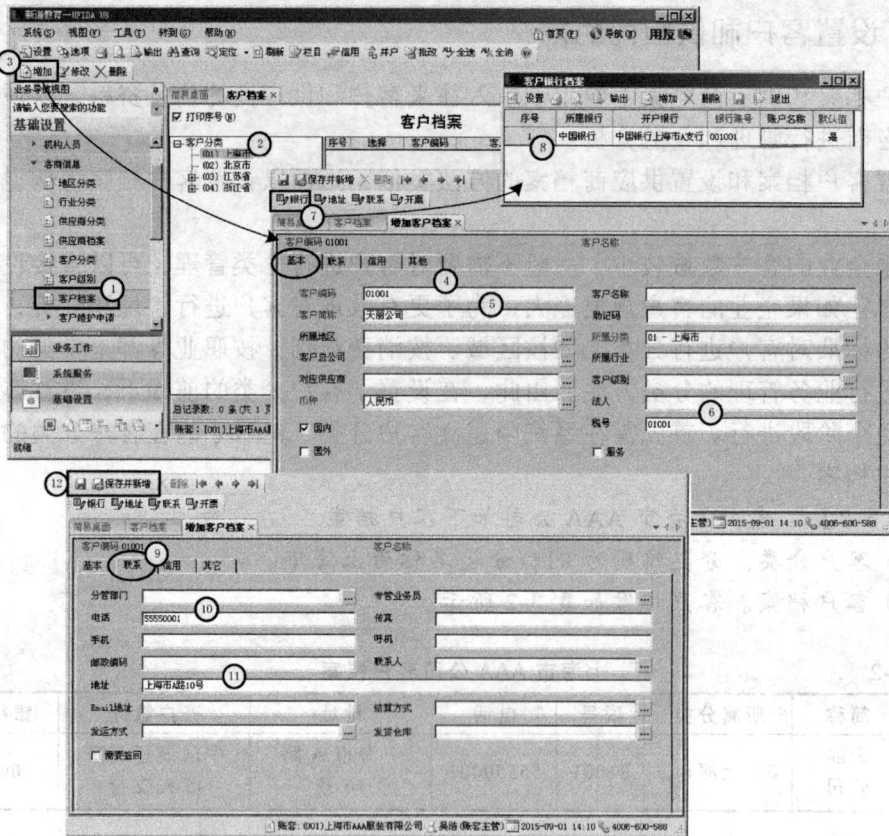

图 3-10 设置客户档案

▍补充提醒▍

● 在创建账套时，如果设置了客户无分类，可直接设置客户档案；如果设置了客户分类，则必须先设置客户分类，再设置客户档案。未设置客户档案前，可由账套主管登录【系统管理】，修改账套的客户分类设置。

● 只能在客户末级分类下增加客户档案。例如，在增设江苏省苏州市客户档案时，必须先选取"江苏省"大类下的"苏州市"末级分类，才能增加苏州市客户的档案。

● 输入客户档案时，要分清大类，如果"所属分类"设置错误，如在上海市的分类下输入北京的客户，则北京的客户档案只能归入上海市的分类项下。

3.2.7 设置存货档案

存货档案主要用于设置企业在生产经营中涉及的各类存货信息，以便于对这些存货进行资料管理、实物管理和业务数据的统计分析。设置了存货分类和计量单位之后，才能设置存货档案。

在采购管理系统中，需对采购存货所发生的运费单据进行录入与核算。运费是构成购入存货价值的组成部分，属于购入的劳务，所以，如果需启用供应链的采购管理系统，在存货档案中应建立与"运费"有关的存货档案。

【例 3-9】 设置上海市 AAA 公司如下存货档案。

（1）存货分类。分类编码为 01；分类名称为面料。

（2）存货档案。存货档案如表 3-3 所示。

表 3-3　　　　　　　　　　　上海市 AAA 公司存货档案

存货编号	存货名称	计量单位组	主计量单位	存货分类	存货属性
001	面料 001	02（其他组）	米	01（面料）	外购，生产耗用

操作步骤如下。

（1）在用友企业应用平台中执行【基础设置】/【基础档案】/【存货】/【存货分类】命令，打开【存货分类】窗口。

（2）单击 增加 按钮，输入类别编码和类别名称，然后单击 按钮返回。

（3）在【基础档案】菜单中，执行【存货】/【存货档案】命令，打开【存货档案】窗口。

（4）在【存货档案】窗口左边列表中显示有已设置的存货分类，选择【面料】，然后单击 增加 按钮，打开【增加存货档案】窗口，如图 3-11 所示。

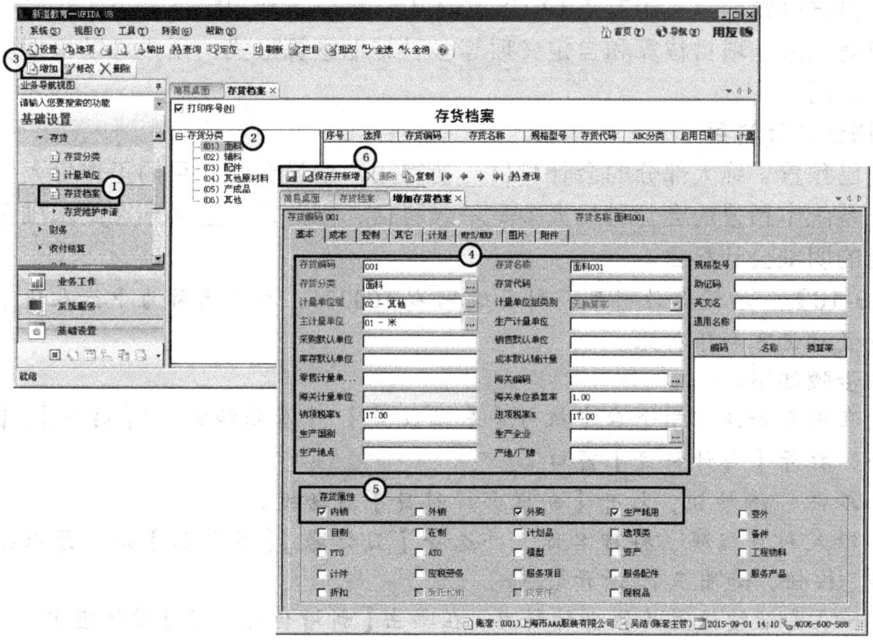

图 3-11　设置存货档案

（5）输入存货编码、存货名称等档案内容。设置完毕后，单击 按钮，或单击 保存并新增 按钮，增设其他存货档案。

▌补充提醒▐

● 存货属性决定了存货的性质和用途，必须选择，否则存货信息无法被调用。注意，产成品存货、运费存货与面料存货的属性是不同的。

● 在【成本】标签下，可设置存货的计价方式，缺省选择"全月平均"；若前面已经有新增记录，则计价方式与前面新增记录相同。

● 在【其他】标签下，可设置和查询存货的启用日期、变更日期、停用日期等资料。

3.2.8 设置会计科目

如同手工会计一样，只有建立了会计科目，计算机财务系统才能进行日常的财务核算。因此，设置会计科目不仅是手工会计中一项重要的基础工作，而且也是建立计算机财务核算系统的重要内容。

会计科目的设置内容主要包括设置科目编码、科目名称、账页格式、是否数量核算、是否外币核算、是否辅助核算、是否建立日记账和银行账以及相关受控系统等内容。与手工会计相比，财务软件在科目明细核算方面大量运用了辅助核算的方式。使用辅助核算的优点在于：一是简化了重复设置明细核算科目的工作量，如应收账款、预收账款、应收票据科目涉及对大量客户的明细核算，而在用友 ERP-U8 系统中，只需在该科目设置时设定"客户往来"的辅助核算的类型，就可以调用相关的客户基础档案，不需要再建立客户明细账；二是可以通过辅助核算功能方便地对某一类往来、部门或项目进行管理。在用友 ERP-U8 系统中，提供了部门核算、个人往来、客户往来、供应商往来、项目核算和自定义项等多种辅助核算形式，用户可以根据实际需要选择是否采用。

1. 增设会计科目

系统已预置了绝大部分的会计科目，使得用户增设会计科目的工作量大大减轻，但由于在系统中预置的会计科目大多是一级科目，因此用户还必须在此基础上增设核算所需要的明细会计科目。

【例 3-10】 增设会计科目。科目编码为 100201；科目名称为中行人民币户；该账户需设置日记账和银行账。

操作步骤如下。

（1）在用友企业应用平台中执行【基础设置】/【基础档案】/【财务】/【会计科目】命令，打开【会计科目】窗口。

（2）单击 □ 增加 按钮，打开【新增会计科目】对话框。

（3）输入科目编码、科目名称，并选择【日记账】【银行账】两个复选框，然后单击 确定 按钮，如图 3-12 所示。

（4）如果需继续设置其他会计科目，在单击【新增会计科目】对话框中的 确定 按钮后，再单击随后显示出的 增加 按钮即可以继续进行设置。

▎补充提醒▎

● 会计科目的编码设计要与建立账套时所设置的科目编码方案相一致，编码不能重复。执行【基础设置】/【基本信息】/【编码方案】命令，可打开【编码方案】对话框查看，在科目未启用前可修改科目编码。

● 增设会计科目时，要遵循先建上级科目再建下级科目的原则。

● 涉及数量核算、外币核算、辅助核算、日记账、银行账的科目，必须勾选相关选项。

● 如果会计科目只能由指定的受控系统使用，则需选择相应的受控系统。

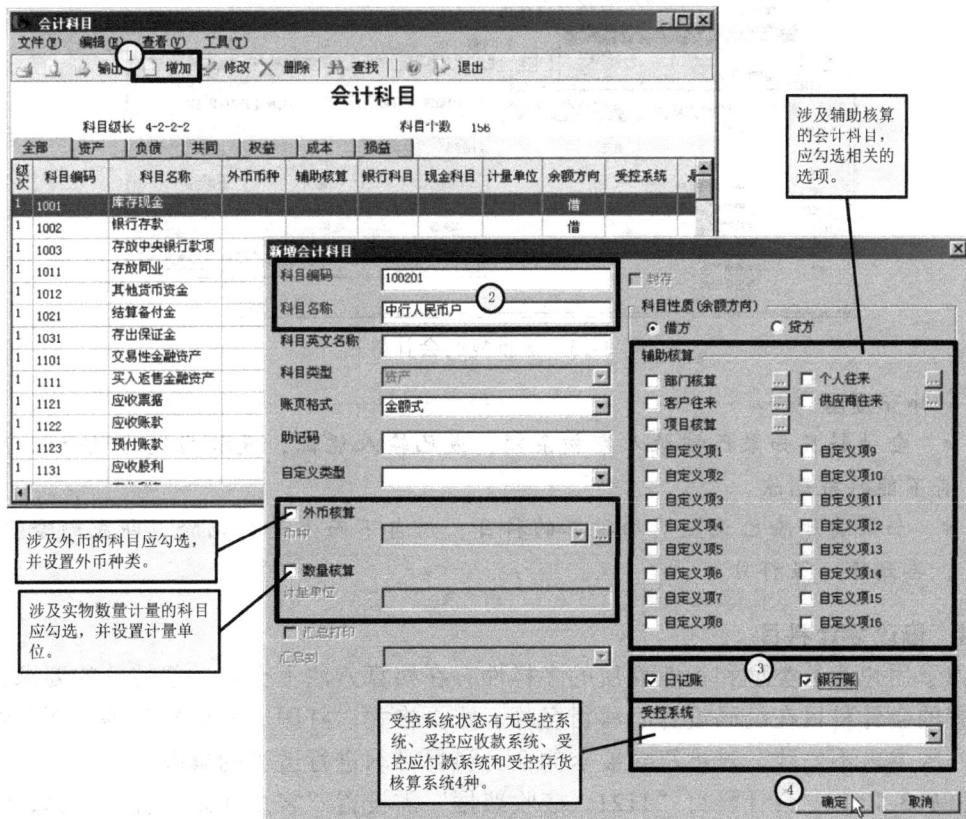

图 3-12　增设会计科目

2. 成批复制会计科目

在增设会计科目时，如果不同的总账科目下设的明细科目相同或类似，可以通过成批复制的方式实现快速录入。

【例 3-11】 将会计科目"1402，在途物资"的明细账成批复制为"1403，原材料"科目的明细账。

操作步骤如下。

在【会计科目】窗口，执行【编辑】/【成批复制】命令，打开【成批复制】对话框，设置一级会计科目编码，然后单击 确认 按钮，如图 3-13 所示。

3. 删除会计科目

如果在建立账套时选择了【按行业性质预置科目】选项，则可根据业务核算要求，删除不需要的系统预设会计科目。

【例 3-12】 删除会计科目"1003，存放中央银行款项"。

操作步骤如下。

在【会计科目】窗口，单击"1003，存放中央银行款项"所在行的任意位置，然后单击 删除 按钮，系统弹出【删除记录】提示框，单击 确定 按钮，选中的会计科目将被删除。

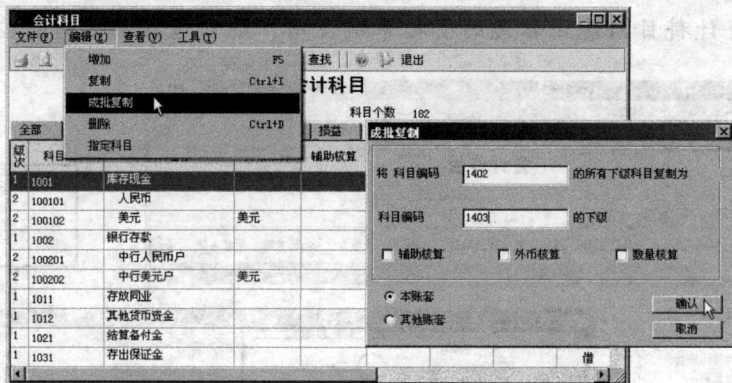

图 3-13　成批复制会计科目

┃ 补充提醒 ┃

● 会计科目如果已被录入期初余额，或已输入凭证，或被指定为现金银行科目，将不能再被删除。

● 如果要删除已设置明细核算的科目，应自下而上进行删除，即先删除明细科目，再删除一级科目。

4. 修改会计科目

由于用户业务类型和行业性质的多样性，在核算方法上会有一些特殊的要求，系统预置的会计科目在编码设计、科目名称、账页格式、打印、辅助核算等方面可能会与用户的要求不一致，对不符合要求的会计科目必须进行适当的修改。

【例 3-13】　会计科目"1121，应收票据"需设置"客户往来"辅助核算，无受控系统。

操作步骤如下。

（1）在【会计科目】窗口，选定"1121，应收票据"所在行，然后单击 修改 按钮，或者双击相应的会计科目所在行的任意位置，打开【会计科目_修改】对话框。

（2）单击对话框下方的 修改 按钮，激活【会计科目_修改】对话框。

（3）选定【客户往来】复选框，受控制系统自动设置为"应收系统"，单击 ▼ 按钮，调整为空白选项，然后单击 确定 按钮，如图 3-14 所示。

（4）在单击 确定 按钮后，在随后显示出的【会计科目_修改】对话框中单击方向按钮 ◄ 或 ► ，可选择下一个编码的会计科目进行修改。

┃ 补充提醒 ┃

● 如果科目已有余额数据，必须先将科目余额清零，再对科目进行修改，否则会导致对账不平。

● 会计科目如果已设有下级明细科目，则其编码不能被修改。只有删除其下级明细科目编码后，才能修改本级科目的编码。

● 会计科目如果已被输入凭证并记账，将不能再被修改。

5. 指定会计科目

在出纳员登录总账系统进行有关出纳管理的操作之前，必须先在系统中指定现金、银行存款总账科目，这是出纳员进行出纳管理的前提条件。

图 3-14　修改会计科目

【例 3-14】　在系统中指定出纳会计科目。现金总账科目为"1001，库存现金"；银行总账科目为"1002，银行存款"。

操作步骤如下。

（1）在【会计科目】窗口，执行【编辑】/【指定科目】命令，打开【指定科目】对话框。

（2）选定窗口左边的【现金科目】单选框，在【待选科目】列表框中选定【1001库存现金】，单击 ＞ 按钮，将【1001库存现金】移至【已选科目】列表框内，如图 3-15 所示。

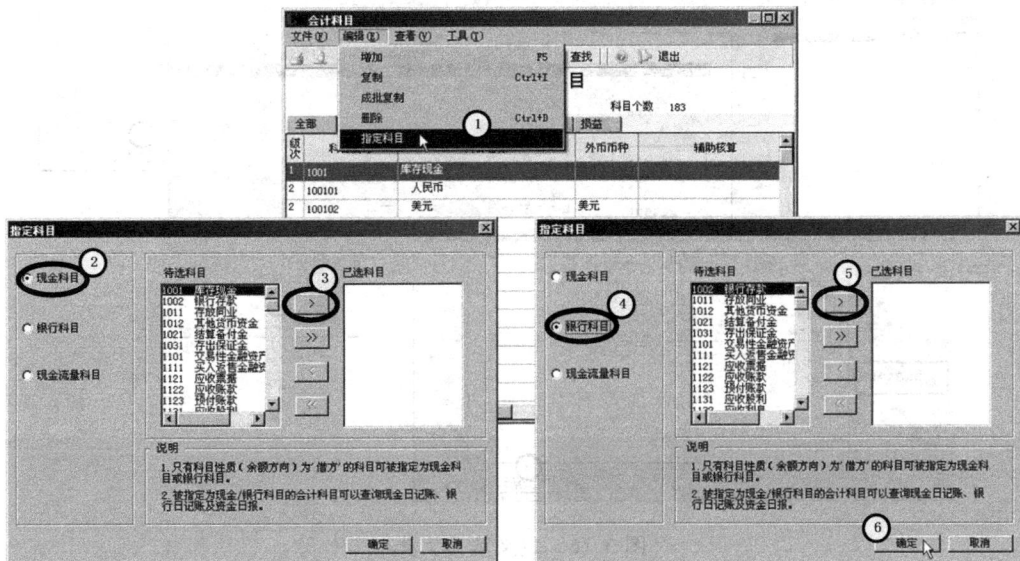

图 3-15　指定出纳会计科目

（3）选定窗口左边的【银行科目】单选框，以与步骤（2）相同的方法将左边【待选科目】列表框中的【1002 银行存款】，移至【已选科目】列表框内，然后单击 确定 按钮。

3.2.9 设置项目核算目录

项目辅助核算的应用范围比较广泛，如在建工程、合同项目、产品成本等，都可以通过建立项目辅助核算，达到对该类项目的分类管理。企业可以同时定义多个类别的项目核算。

【例 3-15】 建立上海市 AAA 公司项目核算。具体要求如下。

（1）项目大类：存货项目管理，普通项目。

（2）项目级次：1。

（3）项目栏目：默认系统设置。

（4）核算科目：1405，库存商品；1406，发出商品；5001，生产成本；6001，主营业务收入；6401，主营业务成本。

（5）项目分类：1，产成品。

（6）项目目录：001，T 恤 001；002，T 恤 002。

操作步骤如下。

（1）在用友企业应用平台中执行【基础设置】/【基础档案】/【财务】/【项目目录】命令，打开【项目档案】窗口。

（2）单击 增加 按钮，打开【项目大类定义_增加】对话框，如图 3-16 所示。

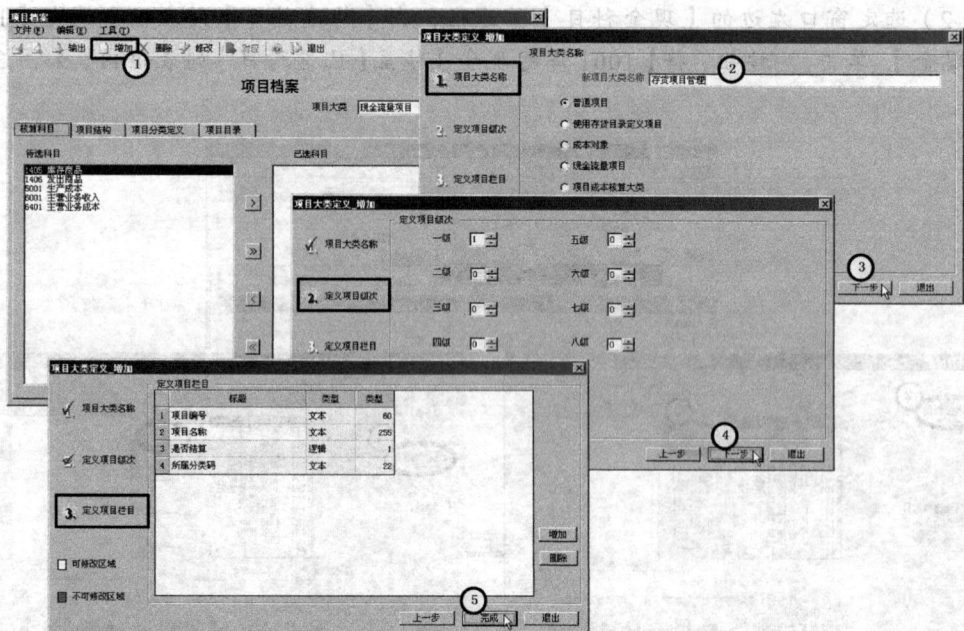

图 3-16 定义项目大类

（3）在【新项目大类名称】选项卡中输入"存货项目管理"，然后单击 下一步 按钮；在【定义项目级次】选项卡中，对项目的分类级次进行定义，本例选用默认设置，单击 下一步 按钮；在【定义项目栏目】选项卡中可对项目栏目内容进行设置，如设置存货的商品规格、存放地点等，本例采用系统的默认设置，单击 完成 按钮后返回。

（4）在【项目档案】对话框中，选定项目大类为"存货项目管理"。在【核算科目】标签下的【待选科目】列表框中显示有可供用户选择的项目核算科目，单击 ▷ 按钮可逐个将选定的科目移至【已选科目】列表框中；单击 ≫ 按钮可将【待选科目】列表框中的所有科目移至【已选科目】列表框中。选择完毕后，单击 确定 按钮，如图 3-17 所示。

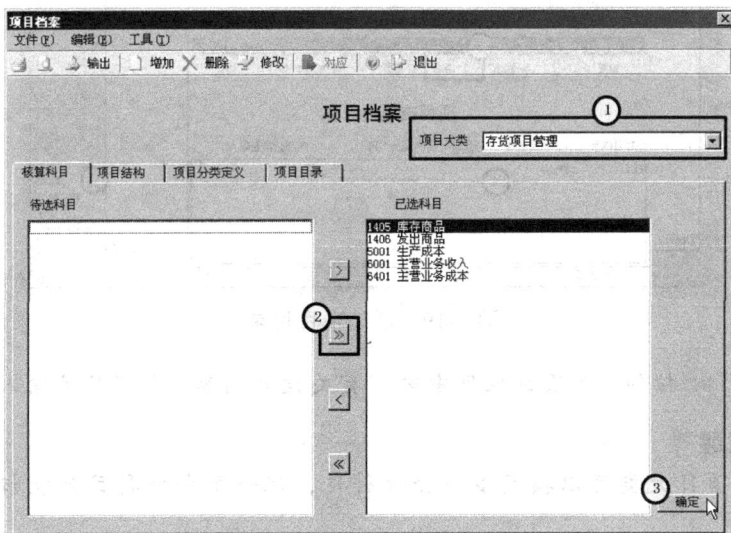

图 3-17 选择项目核算科目

（5）单击【项目分类定义】标签，在随后显示的对话框中单击 增加 按钮，接着输入项目的分类编码和分类名称，然后单击 确定 按钮，如图 3-18 所示。

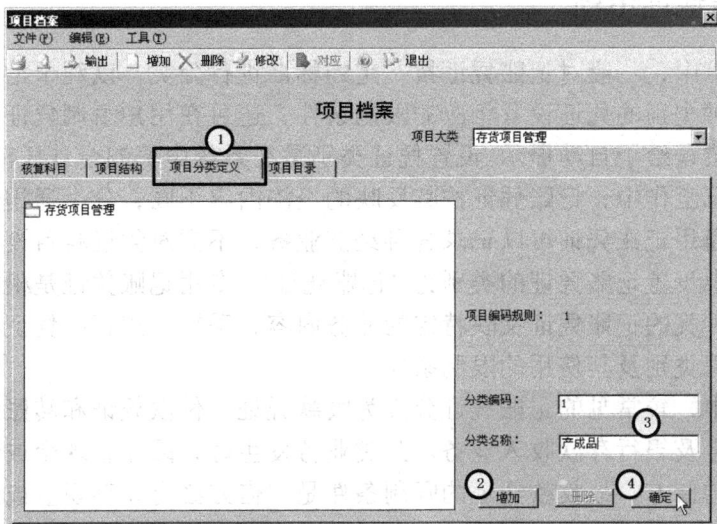

图 3-18 项目分类定义

（6）单击【项目目录】标签，在随后显示的对话框中单击 [维护] 按钮，打开【项目目录维护】窗口，如图 3-19 所示。

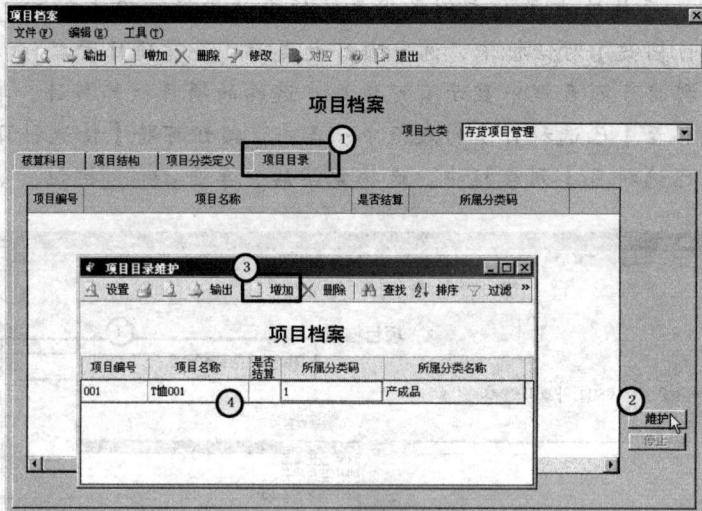

图 3-19　增设项目目录

（7）单击 [增加] 按钮，在项目栏目中输入有关设置内容，全部目录输入完毕后返回。

┃补充提醒┃

● 一个项目大类可以指定多个会计科目，但一个会计科目只能归属于一个项目大类。

● 只有设置了"项目核算"的会计科目才能显示于待选的核算科目列表框中。

● 在【项目目录维护】窗口，如果在操作过程中多增设了一行，无法正常删除或退出时，可按键盘上的"Esc"键还原。

3.2.10　设置凭证类别

在会计核算中，一般对记账凭证按一定的标准进行分类，以利于汇总、记账和管理，通过对每种类别的凭证设置相应的限制条件，还可在用户填制凭证时，对使用凭证类别发生的错误给予自动提示。设置凭证类别是在系统中填制会计凭证的前提条件。

在会计核算工作中，记账凭证按其反映的经济内容不同，分为通用记账凭证和专用记账凭证。通用记账凭证可以记录各种经济业务，不需对凭证科目设置限制条件，但仍需在系统中设置记账凭证的类别为"记账凭证"；专用记账凭证是根据一定的分类标准，使不同种类的记账凭证反映特定的业务内容，采用专用记账凭证核算，需要在系统中设置凭证类别及其使用的限制条件。

实际工作中，较常见的记账凭证分类为收款凭证、付款凭证和转账凭证。收款凭证用于反映现金及银行存款收入业务。此类业务发生时，因库存现金或银行存款的增加会记在科目的借方，故收款凭证的限制条件是"借方必有库存现金或银行存款的发生额"。与收款凭证相反，付款凭证用于反映现金及银行存款支出业务。此类业务发生时，因库存现金或银行存款的减少会记在科目的贷方，故付款凭证的限制条件是"贷方必有库存现金或银行存款的发生额"。转账凭证则用于反映不涉及现金及银行存款收付的业务，所以转账凭证的限制条件是"凭证必无库存现金或银行存款的发生额"。

【例 3-16】 设置以下凭证类别，如表 3-4 所示。

表 3-4 凭证类别

类别	限制类型	限制科目
收款凭证	借方必有	1001, 1002
付款凭证	贷方必有	1001, 1002
转账凭证	凭证必无	1001, 1002

操作步骤如下。

（1）在用友企业应用平台中执行【基础设置】/【基础档案】/【财务】/【凭证类别】命令，打开【凭证类别预置】对话框。

（2）在【凭证类别预置】对话框中选择【收款凭证 付款凭证 转账凭证】的分类方式，然后单击 确定 按钮。

（3）在随后打开的【凭证类别】对话框中，单击 修改 按钮，再双击【收款凭证】的【限制类型】单元格，窗口将显示出下拉按钮 ，选择其中的【借方必有】选项。

（4）单击【收款凭证】的【限制科目】单元格，输入限制科目的编码，可手动键盘录入，也可单击参照按钮 ，从会计科目表中逐一录入，如图 3-20 所示。

（5）重复步骤（3）～步骤（4），对付款凭证和转账凭证的限制类型和限制科目进行设置。

┃ 补充提醒 ┃

● 输入的限制科目之间应用英文标点隔开。

● 如果限制科目为非末级科目，则在填制凭证时，其所有的下级科目都将受到同样的限制。

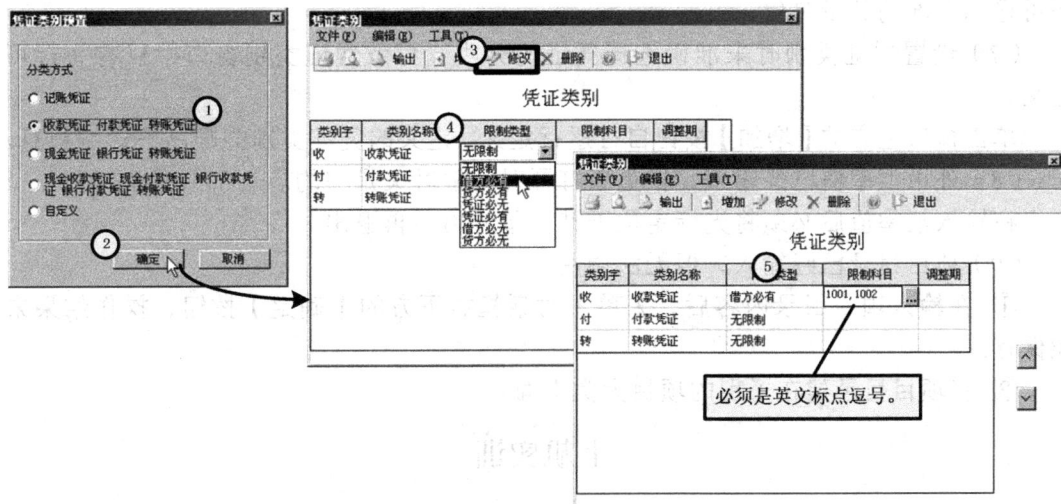

图 3-20 设置凭证类型

常见问题

（1）操作员无法登录企业应用平台。

① 将光标定位于密码框，再单击选择账套，登录的时间必须在账套启用日之后，且不能跨年度。

② 增设操作员（用户）时，实际增设的是角色。在【系统管理】窗口，执行【权限】/【用户】命令，检查用户列表中是否存在该操作员。

③ 没有对操作员进行正确的授权。在【系统管理】窗口，执行【权限】/【权限】命令，选择操作员和需登录的账套，在权限列表中检查该操作员是否被正确授权。

（2）在录入列表式基础档案时无法退出。

多次单击键盘上的"Esc"键，直至还原至可正常退出状态。

（3）无法录入数字。

检查键盘上的"Numlock"灯是否亮。

（4）无法建立客户分类、供应商分类和存货分类，无法进行外币设置。

在建立账套时未进行客户分类、供应商分类和存货分类设置，未选择外币核算。以账套主管的身份登录【系统管理】，执行【账套】/【修改】命令，修改账套的相关选项设置。

（5）已建立了部门档案、人员档案、供应商档案、客户档案、存货档案，但相关档案无法调用。

① 未将人员设置为业务员。

② 部门的成立日期、人员的生效日期、供应商和客户的发展日期、存货的启用日期在调用操作日期之后，因未到启用时间而不可使用。

（6）在【增加存货档案】窗口中设置计量单位时，单击【参照】按钮，在打开的窗口中无法全部显示计量单位。

将【计量单位】文本框中系统默认的计量单位编码删除，再单击【参照】按钮，即可显示全部的计量单位。

（7）设置凭证类别时未准确选择凭证的分类，导致凭证类别窗口中只有一行可定义。

单击窗口上方的【增加】按钮自行逐行定义。定义的凭证类别的顺序不影响核算。

（8）外币汇率值已经输入，但重新打开对话框时又是空的。

在输入汇率值后必须将光标定位于其他单元格后再退出。

（9）项目目录已经输入，但无法调用。

① 在输入项目目录内容后，未单击对话框右下方的【确定】按钮，操作结果未能保存。

② 将项目目录建在了别的项目大类下面。

上机实训

实训二　设置基础档案（详见书后所附《上机实训资料》）。

总账账务核算

➡ 学习目标

知识目标:

- 了解账务核算处理的基本内容
- 了解总账系统与其他业务管理系统的关系
- 掌握总账系统初始化的方法
- 掌握填制凭证、审核凭证、修改凭证、删除凭证、查询凭证等凭证处理方法
- 掌握记账的方法
- 掌握查询账簿的方法
- 掌握出纳业务的处理方法
- 掌握定义期末转账凭证的方法和生成自动转账凭证的方法
- 掌握期末总账系统结账的方法

能力目标:

- 能够根据业务要求设置总账系统参数
- 能够根据业务资料录入总账系统期初余额
- 能够根据业务资料进行凭证填制、审核、修改和删除等凭证处理
- 能够将已审核凭证进行记账处理
- 能够根据业务需要查询凭证和账簿
- 能够根据业务要求定义期末转账凭证

- 能够根据业务要求和已定义的转账凭证自动生成相应凭证
- 能够进行期末总账系统结账

工作情景

由于 ERP 业务模块较多，运用难度相对较大，为了稳妥地推进 ERP 管理，上海市 AAA 服装有限公司决定先启用总账系统进行会计业务核算，在总账系统运行中进一步积累经验，充分评估 ERP 对业务管理的各种要求，对业务流程完成了再造后，再逐步启用其他业务模块，实现 ERP 对企业业务的全面管理。

4.1 认知总账账务核算

账务核算是会计核算的一部分，是指以货币为计量单位，运用专门的会计方法，对生产经营活动过程及其结果进行连续、系统、全面的记录、计算和分析。账务核算的主要内容是根据实际发生的经济业务事项填制审核会计凭证，登记会计账簿。账务核算是编制会计报表的基础，只有在真实、完整、准确的账务核算前提下，才能形成真实、可靠的会计报表。

4.1.1 认知账务核算

会计账务处理工作的主要任务是要根据业务发生过程中所形成的单据，准确、完整、及时地以会计凭证和账表的形式将经济业务记录下来，以便对经济业务活动进行监督、核算和分析。无论是手工会计还是电算化会计，它们所反映的客观经济业务活动都是相同的，两者进行账务处理时所依据的会计理论、会计制度和会计准则是一致的，因此两者对经营活动所进行的账务处理结果也应该是相同的。但与手工会计相比，电算化会计在会计数据处理流程、处理方式、内部控制方式等方面又存在明显的差异。例如，在电算化会计中，手工会计中的账证核对、账账核对的内部控制制度可以省略；由于计算机的自动化处理，登记账簿的工作可以由手工会计中的多人负责改为电算化会计中的一个人完成等。因此，在运用财务软件进行账务核算处理之前，必须对电算化会计账务处理的基本内容和流程有一个总体认识。

电算化会计的账务核算处理包括系统初始设置、日常账务处理和期末处理 3 方面内容。系统初始设置包括系统参数设置和期初余额录入，在系统开发运用初期必须完成，在以后的会计核算期间不需反复进行；日常账务处理是账务核算处理的主要内容，具体包括凭证处理、记账、账簿输出和出纳管理等内容；期末处理则是在日常账务处理基础上在每期期末所进行的费用摊销预提、损益结转等账务处理以及系统的对账、结账工作。日常账务处理和期末处理在以后的会计核算期间里是反复进行的，并且是以系统的初始设置为基础的。

账务核算处理的基本流程如图 4-1 所示。

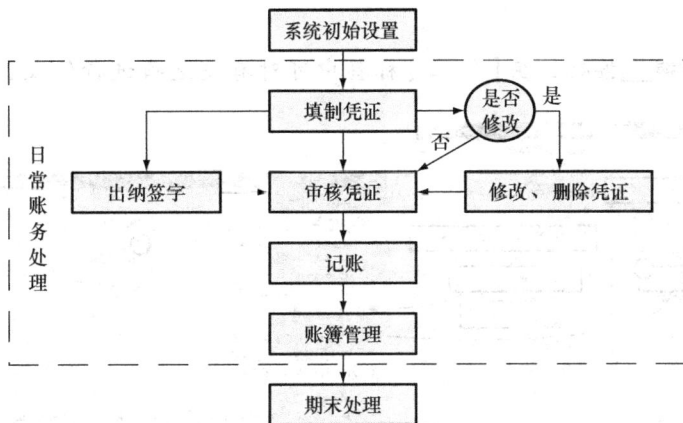

图 4-1 账务核算处理流程

4.1.2 认知总账系统

总账系统是用友财务软件的核心，是计算机财务核算体系中最为重要的内容。总账系统的主要功能是进行凭证管理、账簿管理、个人往来款项管理、部门管理、项目核算和出纳管理等。

总账系统适用于各类企事业单位，既可以单独使用，也可以接收工资、固定资产、应收应付款、购销存等业务管理系统生成的数据资料，UFO 报表系统也是基于总账系统的数据生成的。对于日常业务较为简单的用户来说，仅需依靠总账系统即可实现财务核算的基本要求；而对于日常业务较为复杂的用户来说，则必须在总账系统的基础上，依靠其他业务管理系统来实现对企业日常业务的有效管理。

总账系统与其他系统的关系如图 1-1 所示（请参考 1.2.3 会计软件各模块的数据传递）。

4.2 总账系统初始化设置

总账系统的初始化包括两个方面的内容：首先是在系统中把系统变量设置为默认值，从而使系统功能符合业务要求；其次是输入基本的业务信息，从而使业务处理具备信息基础。

4.2.1 设置总账系统参数

设置总账系统参数的目的是为总账系统配置相应的系统控制功能。这些参数的设置决定着系统处理数据的内容和形式。参数的设置包括【凭证控制】、【凭证编号方式】、【外币汇率方式】、【往来款项】等选项。参数设置后一般不能随意更改。

操作步骤如下。

（1）在企业应用平台窗口执行【业务工作】/【财务会计】/【总账】/【选项】命令，或执行【基础设置】/【业务参数】/【财务会计】/【总账】命令，打开【选项】

对话框。

（2）单击 编辑 按钮，在【凭证】标签中可对有关选项进行修改，如图 4-2 所示。

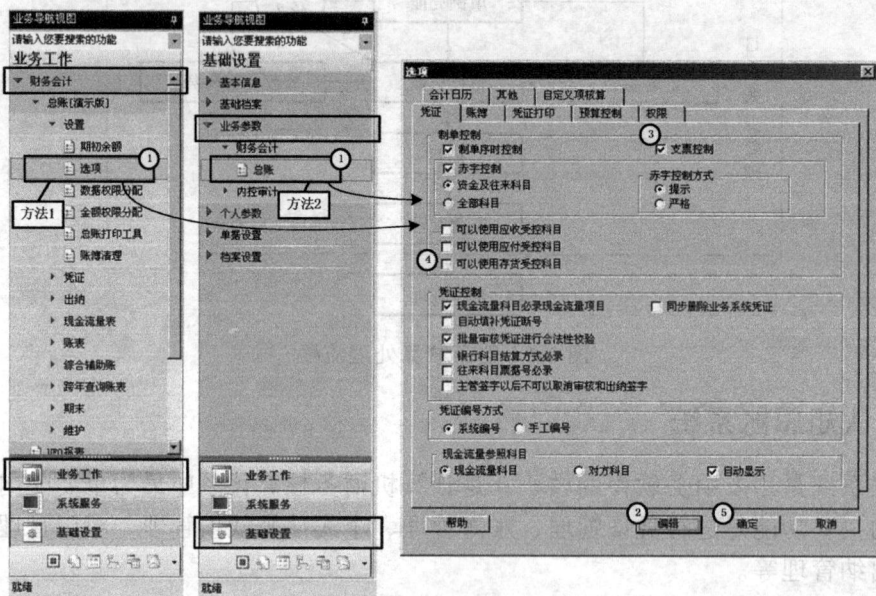

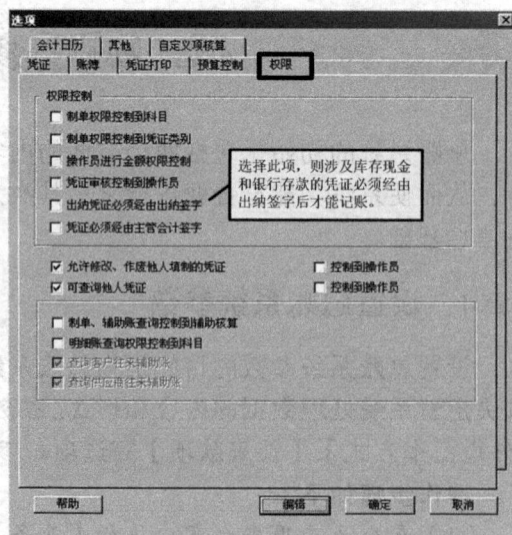

图 4-2　设置总账系统参数-凭证选项

（3）在【会计日历】标签中，可以查看启用的会计年度、启用日期，以及账套的基本信息；也可在此定义总账系统制单与查账时涉及数量、单价和本位币的输出小数位，如图 4-3 所示。

（4）在【权限】标签中，可对操作员的凭证和账簿操作权限进行设置，如图 4-4 所示。

图 4-3　设置总账系统参数-会计日历选项　　　图 4-4　设置总账系统参数-权限选项

（5）在【账簿】和【凭证打印】标签中，可设置有关账簿和凭证的打印选项。涉及预算管理的企业可在【预算控制】标签中设置有关预算的选项。在【其他】标签中可设置汇率核算方式和档案排列方式。在【自定义项核算】标签中可选择核算中所需的自定义项辅助核算。

（6）设置完毕后，单击 确定 按钮。

说明

● 制单序时控制：若选取该项，则系统规定制单的凭证编号应按时间顺序排列。例如，系统中已制单的凭证已经排到 9 月 20 日第 40 号凭证，则新填制的凭证只能从 9 月 20 日第 41 号起排序，不能插入 9 月 20 日以前的凭证。

● 支票控制：若选择此项，则在制单时使用银行科目编制凭证，系统将针对票据管理的结算方式进行登记。如果录入支票号在支票登记簿中已存，则系统提供登记支票报销的功能；否则，系统提供登记支票登记簿的功能。

● 赤字控制：若选择了此项，则在制单时，当"资金及往来科目"或"全部科目"的最新余额出现负数，系统将予以提示。

● 可以使用受控科目：受控系统涉及应收款管理系统、应付款管理系统和存货核算系统。如果勾选相关受控系统，则只能在该受控系统使用相关受控科目生成凭证，在总账系统不能使用该科目填制凭证。设置该选项的目的是为了防止重复制单，避免总账和相关业务管理系统对账不平。

● 自动填补凭证断号：如果选择系统编号方式为系统编号，则在新增凭证时，系统按凭证类别自动查询本月的第一个断号作为新增凭证的编号；如无断号则为新号，与原编号规则一致。

● 批量审核凭证进行合法性校验：批量审核凭证时对凭证做再次检查，检查的内容与保存凭证的合法性校验相同。

● 同步删除业务系统凭证：若选择此项，则外部业务系统删除凭证时，相应地将总账的凭证同步删除；若不选此项，则外部业务系统删除的凭证，在总账系统仅按作废处理，不予删除。

● 制单权限控制到科目：要在系统管理的"功能权限"中设置科目权限，再选择此项，权限设置才有效。若选择此项，则在制单时，操作员只能使用具有相应制单权限的科目制单。

● 制单权限控制到凭证类别：要在系统管理的"功能权限"中设置凭证类别权限，再选择此项，权限设置才有效。若选择此项，则在制单时，只显示此操作员有权限的凭证类别，同时在凭证类别参照中按人员的权限过滤出有权限的凭证类别。

● 操作员进行金额权限控制：选择此项，可以对不同级别的人员进行金额大小的控制。例如，财务主管可以对 10 万元以上的经济业务制单，一般财务人员只能对 5 万元以下的经济业务制单，这样可以减少由于不必要的责任事故带来的经济损失。如为外部凭证或常用凭证调用生成，则处理与预算处理相同，不做金额控制。

● 凭证审核控制到操作员：如对凭证审核范围有明确分工，则应选择此项，并进行具体的权限设置。

● 出纳凭证必须经由出纳签字：若选择此项，则涉及库存现金和银行存款的凭证必须经由出纳签字后才能记账。

● 凭证必须经由主管签字：如要求所有的凭证必须经由会计主管签字后才能记账，则应选择此项。

● 允许修改、作废他人填制的凭证：若选择了此项，则在制单时可修改或作废别人填制的凭证，否则不能修改。

● 制单、辅助账查询控制到辅助核算：选择此项，则只有被授权的操作才能进行涉及辅助项的制单和辅助账查询。

● 明细账查询权限控制到科目：在系统管理中设置了明细账查询权限，再选择此项，可控制明细账查询中的科目权限。

4.2.2　录入期初余额

在总账系统设置了业务控制参数后，还必须把用户的期初财务数据输入系统。由于用户启用财务软件的时间各有不同，因此对输入期初余额的要求也各有不同。如果用户是在年初时启用系统，则只需输入年初余额；如果用户是在年中启用系统，则需要输入启用月份的月初余额和年初到该月份的各科目借贷方累计发生额，系统将根据输入的数据自动计算出年初余额。因此，在输入期初余额前，必须事先整理科目数据，编制好科目余额表。

1. 录入一般会计科目的期初余额

一般会计科目是指未设置辅助核算、数量核算和外币核算的会计科目。非末级科目在系统中期初余额数据栏为灰底，不可直接录入科目余额，系统将根据其下级明细科目的余额自动汇总计算；末级科目的期初余额栏为白底，可以直接在期初余额栏中输入；借贷方累计发生额直接输入汇总数。

【例 4-1】　输入"1601，固定资产"的期初余额 10 678 000 元。

操作步骤如下。

（1）在企业应用平台窗口中，执行【业务工作】/【财务会计】/【总账】/【设置】/【期初余额】命令，打开【期初余额录入】窗口。

（2）单击有关科目的【期初余额】空白栏，输入期初余额数据，然后按回车键或直接单击下一个需输入科目余额的空白栏。

┃ 补充提醒 ┃

● 非末级科目不能输入期初余额，在输入该科目的下级科目余额后，系统会自动计算出该科目的期初余额。

● 输入期初余额时必须注意该科目的方向设置和余额方向。例如，坏账准备科目，是应收账款的备抵科目，余额方向一般为贷方，如果期初坏账准备为借方余额，则可在余额为零的状态下，单击【期初余额录入】窗口中的 ⬅方向 按钮，调整科目余额的借贷方向。

● 科目被录入凭证并记账后，该科目的期初余额将不能被修改。

2. 录入设有外币核算、数量核算和辅助核算的科目期初余额

如果会计科目涉及外币核算，系统在本币期初余额栏下增设有外币期初余额栏，直接在外币栏中输入外币期初余额即可。与此类似，如果会计科目涉及数量核算，系统在该科目期初余额栏下增设有数量期初余额栏，也可直接输入。如果会计科目涉及辅助核算，则系统会要求输入辅助账下的各项目余额。

【例 4-2】 输入应收票据科目的期初余额，如表 4-1 所示。

表 4-1 应收票据客户往来辅助账

日期	凭证号	客户	摘要	方向	金额（元）	业务员	票号	票据日期
2015-07-01	略	国香公司	货款	借	100 000	孙刚	12345	2015-07-01

操作步骤如下。

（1）在【期初余额录入】窗口，双击【应收票据】的【期初余额】栏，打开【辅助期初余额】窗口。单击 往来明细 按钮，打开【期初往来明细】窗口。

（2）单击 增行 按钮，在窗口中显示出一行空白栏，按期初资料设置有关内容，如图 4-5 所示。输入完毕后，单击 汇总 按钮，返回【期初余额录入】对话框。

（3）在输入过程中如需删行，可单击 删行 按钮；如无法退出时，可按键盘上的"Esc"键。

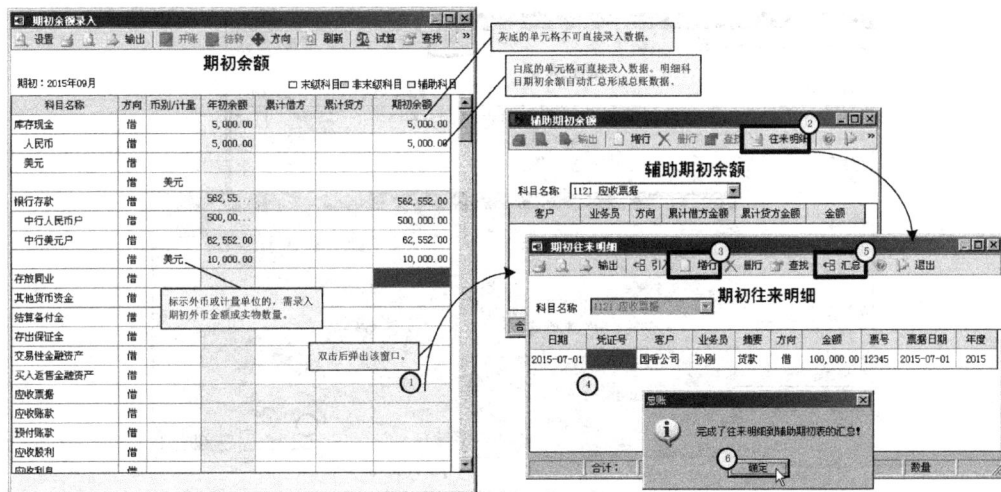

图 4-5 录入应收票据期初余额

3. 对账

为了验证期初余额是否已准确输入，可以通过对账检查上下级科目之间是否符合平衡关系。

操作步骤如下。

在【期初余额录入】对话框中，单击 对账 按钮，打开【期初对账】对话框，单击 开始 按钮，系统开始对账，随后显示出对账结果，如图 4-6 所示。如果对账发现错误，单击【对账错误】按钮，系统会将对账中发现的错误显示出来。

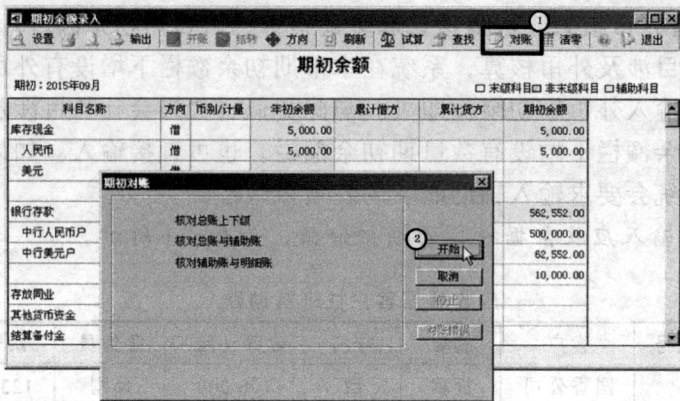

图 4-6 对账

4. 试算平衡

期初余额完成输入后必须进行试算平衡测试，以检查各级科目之间是否符合平衡关系。

操作步骤如下。

在【期初余额录入】对话框中，单击 试算 按钮，打开【期初试算平衡表】对话框，系统将显示试算结果，如图 4-7 所示。

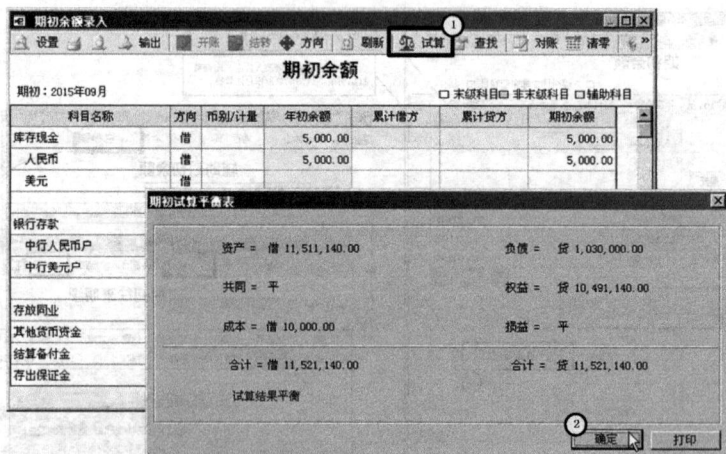

图 4-7 试算平衡

┃ **补充提醒** ┃

● 如果总账系统试算不平衡，可以填制凭证但不能记账。

● 有凭证已经记账后不能再对期初余额进行修改。

4.3 凭证处理

凭证处理是进行日常账务处理的起点，只有输入正确的凭证，总账系统才能准确地进行记账和账簿登记等日常的核算工作。在用友的总账系统中，设置有多种帮助用户进行凭证处理的功能，包括凭证的填制、修改、作废与整理、查询、审核以及汇总等。

4.3.1 填制凭证

电算化会计凭证的填制与手工会计类似，从内容上可分为凭证头和凭证体两部分。凭证头包括凭证类别、凭证编号、凭证日期和附单据数等内容。凭证体则包括摘要、科目名称、辅助信息、方向和金额等内容。

凭证类别：在总账系统初始设置时定义了凭证类别和限制科目，在填制凭证时系统会自动检查凭证类别的正确性。本书例题和实训中凭证均要求按收款凭证、付款凭证和转账凭证分类，用于说明凭证所反映的经济业务与库存现金、银行存款科目的关系。在填制凭证时必须确定凭证类别，如果所选择的凭证类别与凭证内容不符，系统会给予提示，并且凭证类别不符合要求的不能保存。

凭证编号：系统按月按凭证类别分别对所填制的凭证进行顺序编号。编号由凭证类别和凭证顺序号组成，如"收 0001"、"转 0002"等。凭证编号一般由系统自动生成，同一类别的凭证不能重号，如果有被删除的凭证，会出现凭证断号，可以通过凭证编号整理使其恢复编号的连续性。

凭证日期：凭证日期包括年、月、日，系统是按照凭证日期的顺序登记相关账簿的。如果在总账的选项设置中选择了制单序时控制，则凭证日期必须随着凭证号递增，而不允许出现凭证号递增而凭证日期倒流的现象。例如，9 月 10 日付款凭证已填到 0012 号，则填制 0012 号以后的凭证时，日期不能为 9 月 1 日至 9 月 9 日的日期，而只能是 9 月 10 日至 9 月 30 日的日期。另外，系统也不允许所填制的凭证日期超过系统中会计日历的日期。

附单据数：指所填制的凭证所附的原始凭证的张数。该内容系统允许空白，表示没有附原始单据。

摘要：用于说明本行分录所反映的业务内容。摘要是表体中每行分录必须填制的内容，摘要内容要求简洁明了，各行分录的摘要内容可以相同，也可以不同。

科目名称：填制科目名称时必须输入最末级科目。可以在科目空白栏中直接输入科目编码、中文科目名称、英文科目名称或助记码，也可以利用系统的参照功能输入相应的科目。

辅助信息：指在录入凭证内容时，需向系统说明的凭证表头表体以外的其他内容。辅助信息主要包括支票登记中结算方式和支票号的具体说明、辅助核算的具体项目说明、数量核算的数量及价格说明等。

方向：即科目的发生额方向，分为借方和贷方。如果输入的金额方向不符，可按空格键调整金额方向。

金额：即科目的发生额。金额不能为零，但可以是红字，红字金额以负数形式（键盘上的减号键）输入，会计科目的借方金额合计应等于贷方金额合计。

1．填制涉及银行存款业务的记账凭证

由于银行存款业务涉及具体结算方式的确定和支票登记的管理，所以在填制凭

证时，不是简单地输入借贷分录就能完成凭证的填制工作，在输入会计分录的同时，还需同步录入结算方式，以便进行银行对账，设置了支票控制的用户，还需进行支票登记。

【例4-3】 2015年9月1日，财务部林梅从银行提取现金3 000元备用。附单据数为1张；结算方式为现金支票；票号为10001。会计分录如下。

　　借：库存现金/人民币　　　　　　　　　　　　　　　　　　　3 000
　　　　贷：银行存款/中行人民币户　　　　　　　　　　　　　　　　3 000

操作步骤如下。

（1）在企业应用平台窗口，执行【业务工作】/【财务会计】/【总账】/【凭证】/【填制凭证】命令，打开【填制凭证】窗口，如图4-8所示。

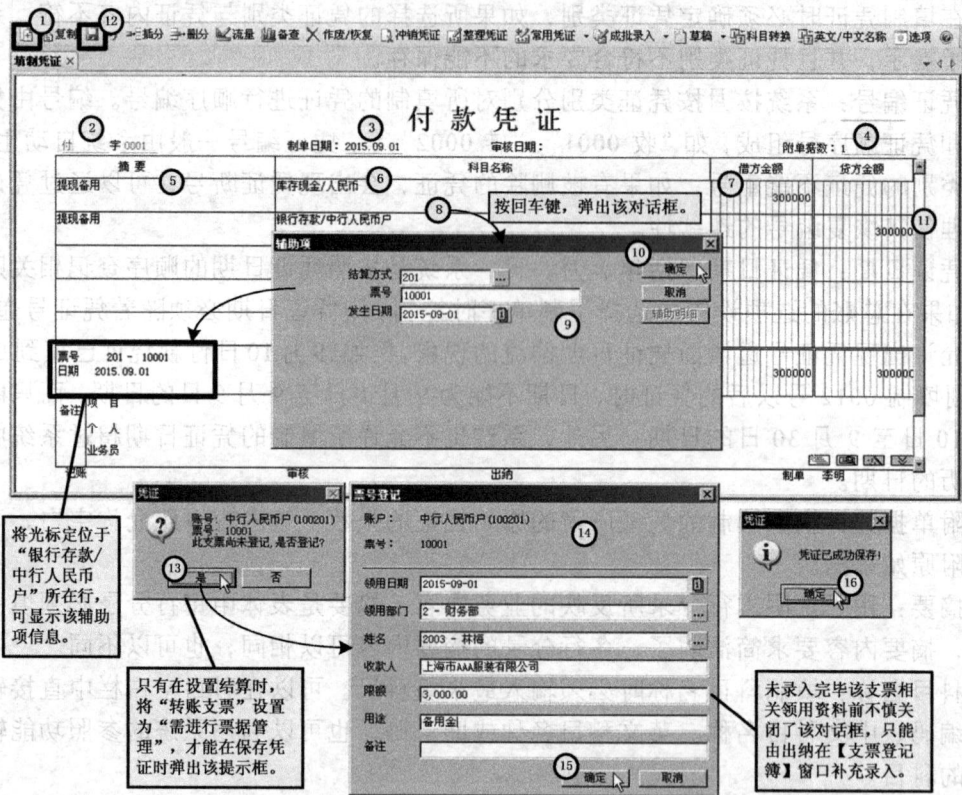

图4-8　填制涉及银行存款业务的记账凭证

（2）单击■按钮，或按"F5"键，窗口中的凭证类别从原来的【记账凭证】转为【收款凭证】（凭证类别排序系统默认为收款凭证、付款凭证、转账凭证，可在【凭证类别】窗口调整顺序），并在凭证的左上角显示"收"字，表示当前的记账凭证类型为收款凭证。

（3）单击"收"字旁边的■按钮，打开下拉框，双击凭证类别中的【付款凭证】，然后按回车键，可以看到当前窗口中显示的凭证类别改为所需的【付款凭证】。如果在总账选项设置中选择了"系统编号"，系统会按时间顺序和凭证类别自动编号；否则，需手工输入凭证编号。

（4）继续录入凭证的日期、附单据数和摘要内容。系统自动取操作员登录系统的时间为凭证填制日期，可修改；附单据数可以为空。

（5）【科目名称】栏可直接输入科目编码，或者单击▇按钮或键盘上的"F2"键参照科目列表输入。

（6）在输入"银行存款/中行人民币户"科目后按回车键，系统会弹出【辅助项】对话框。

（7）在【辅助项】对话框中输入结算方式、票号和发生日期，单击 确定 按钮，返回到【填制凭证】窗口，可以看到在凭证左下角显示有结算方式编码、支票号和发生日期。

（8）凭证输入完毕后，单击▇按钮。如果在总账选项设置中选择了"支票控制"，则会弹出"此支票尚未登记，是否登记"提示框，单击 否 按钮，可不进行支票登记，直接保存凭证；单击 是 按钮，系统将弹出【票号登记】对话框，登记支票内容后单击 确定 按钮，保存凭证。

> **补充提醒**
>
> ● 如果制单选择序时控制，则凭证的填制日期应大于等于系统的启用日期，但不超过计算机的系统日期，也不能在上一张凭证的填制日期之前。
>
> ● 在记账凭证某分录金额栏按键盘上的等号键"="，系统将根据现有借贷方差额自动计算此分录的金额。
>
> ● 红字金额按键盘上的减号键"−"输入。
>
> ● 按键盘上的空格键，可将科目金额在借方和贷方之间转换。
>
> ● 单击 增分 按钮可在光标所在行之上增行，单击 ✕ 删行 按钮可删除光标所在行。
>
> ● 凡是涉及"银行存款"科目的收付款凭证，均应输入结算方式及票据号，否则将导致期末无法与银行对账。若在输入"银行存款"科目后系统未弹出提示输入结算方式、票据号等内容的【辅助项】对话框，则说明在进行科目设置时，未在该科目中勾选【银行账】。
>
> ● 只有在总账系统初始设置中选择了【支票控制】，并且在结算方式设置中对支票选择了【票据管理标志】，才能弹出支票登记的提示框，进行支票内容登记。
>
> ● 每页凭证可填制 5 行分录，若会计分录涉及的行次大于 5 行，则在填制凭证时可继续按回车键增行填制，系统自动将凭证分页以分号表示。例如，转字 0001号 0001/0002 凭证，表示当前窗口显示的是转账凭证 0001 号，该凭证有两张分单，当前显示的是第一张分单。
>
> ● 凭证填制完成后，在未审核前可直接修改。但凭证类别、凭证编号不能被修改。

2. 填制涉及辅助核算业务的记账凭证

出于核算和业务管理的需要，一般用户会利用系统的辅助核算功能对一些会计科目设置辅助核算。这就要求操作员在填制凭证时，必须把科目的辅助核算信息同时录入到系统中。

【例4-4】 采购部业务员陈炎向兴盛公司购进面料 002 共 4 000 米，单价 45 元/

米，增值税率为 17%，开出三个月无息商业承兑汇票一张，票号为 333，附单据为 3 张。会计分录如下。

借：原材料/面料 002   180 000

      应交税费/应交增值税/进项税额   30 600

贷：应付票据（兴盛公司）   210 600

操作步骤如下。

（1）在【填制凭证】窗口中，单击 按钮，在光标所在的凭证字位置将需填制的凭证类别调整为【转账凭证】，依次输入填制日期、所付单据数和摘要。

（2）在【科目名称】栏中输入"原材料/面料002"科目，按回车键，系统弹出【辅助项】对话框，如图4-9所示。输入数量、单价，单击 [确定] 按钮。在【填制凭证】窗口下方会显示所输入的辅助项数据。

（3）继续输入凭证内容。在第三行输入贷方科目应付票据，按回车键，系统弹出【辅助项】对话框。输入供应商名称等辅助信息，单击 [确定] 按钮。全部凭证内容输入完毕后，单击 按钮。

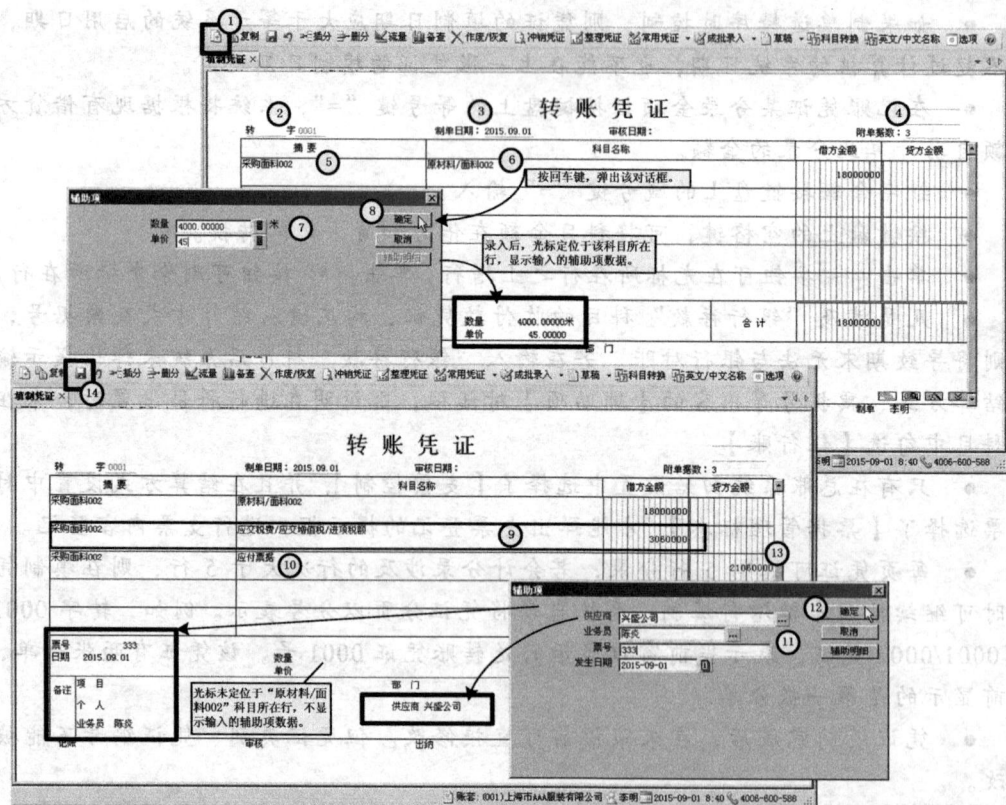

图 4-9 填制涉及辅助核算业务的记账凭证

> **补充提醒**
>
> ● 只有对科目设置了辅助核算，在填制凭证时输入该科目，系统才弹出【辅助项】对话框。

● 只有对科目设置了数量核算，在填制凭证时输入该科目，系统才弹出能输入数量和单价的【辅助项】对话框。

3. 填制涉及外币核算业务的记账凭证

按照《企业会计制度》的规定，有外币业务的企业在进行外币核算时，需对一笔外币业务进行两种货币的核算。因此，如果科目有外币发生额，则操作员在填制凭证时，既要输入记账本位币金额，还要输入外币金额。只有在建立会计科目时，为该科目设置了外币核算，才能在填制凭证时，输入外币核算数据。

【例 4-5】 开出现金支票从中国银行美元户提取现金 5 000 美元，支票号为 2002。本月初的市场汇率为 1 美元 = 6.255 2 元人民币，附单据 1 张。会计分录如下。

借：库存现金/美元（5 000 美元）

（5 000 × 6.255 2）　　　　　　31 276

贷：银行存款/中行美元户（5 000 美元）

（5 000× 6.255 2）　　　　　31 276

操作步骤如下。

（1）在【填制凭证】窗口中，单击📋按钮，将需填制的凭证类别调整为【付款凭证】，依次输入填制日期、所付单据数和摘要，如图 4-10 所示。

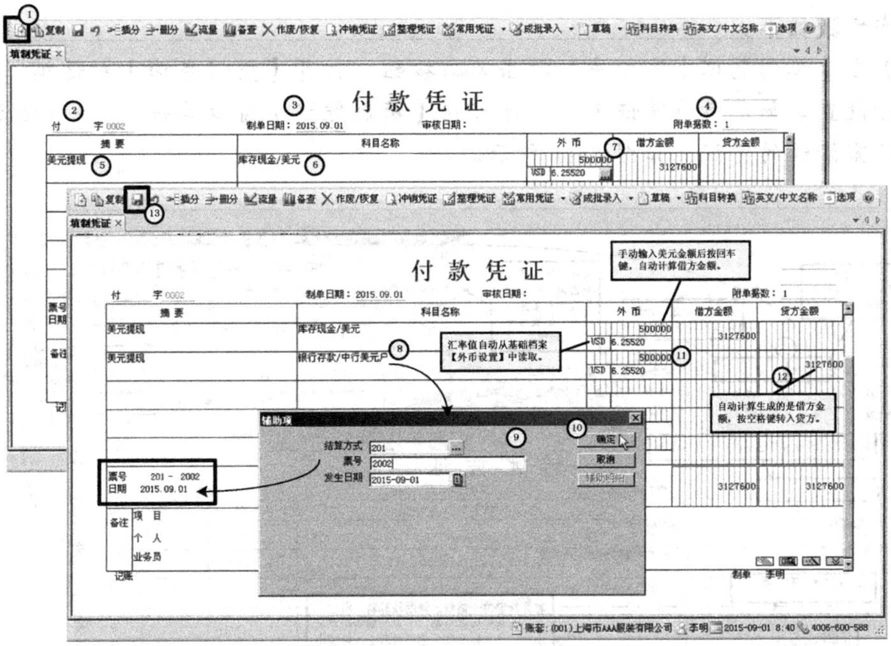

图 4-10　填制涉及外币核算业务的记账凭证

（2）在【科目名称】栏中输入科目"库存现金/美元"，按回车键。在【填制凭证】窗口的付款凭证中增加了一列【外币】栏，在【外币】栏中，输入外币金额。

（3）在下一栏有【USD】标志的栏次中可选择外币种类，汇率值自动从基础档案【外币设置】中读取，按回车键，系统在借方自动计算出人民币本位币金额。

（4）输入第二行摘要和科目名称"银行存款/中行美元户"，在系统弹出的【辅助项】对话框中输入结算方式和票号。

（5）继续输入提现的美元金额，按回车键，再按空格键将借方金额转换到贷方，凭证填制完毕后，单击圖按钮。

4.3.2　修改凭证

由于日常业务中需要输入大量的凭证，凭证输入发生错误在所难免，但错误的凭证必须及时进行修改，否则会直接影响会计账簿和会计报表的准确性。但凭证的修改要遵守财务会计制度的规定，在不同的状态和条件下，对错误的凭证有不同的修改方式。

1.　修改未经审核的记账凭证

在输入的会计凭证尚未被审核前，凭证的修改可以直接由操作员自行完成，如果有多个操作员，并且在设置总账系统参数时选择了【允许修改、作废他人填制的凭证】，那么还可以对他人填制的错误凭证进行修改，经他人修改后的凭证系统会自动更换制单人的姓名，但经他人作废并删除的凭证却不能在系统中恢复。因此，这种设置在内部控制上存在一定的风险，所以实务中最好不要选择此项设置。

【例 4-6】　将例 4-4 填制的凭证中第三行的摘要内容改为"三个月无息商业承兑汇票"。

操作步骤如下。

（1）在【填制凭证】窗口中，单击查询按钮，打开【凭证查询】对话框。对查询条件进行设置。如果所填凭证不多，也可在【填制凭证】窗口单击翻页按钮，查找出所需修改的凭证，如图 4-11 所示。

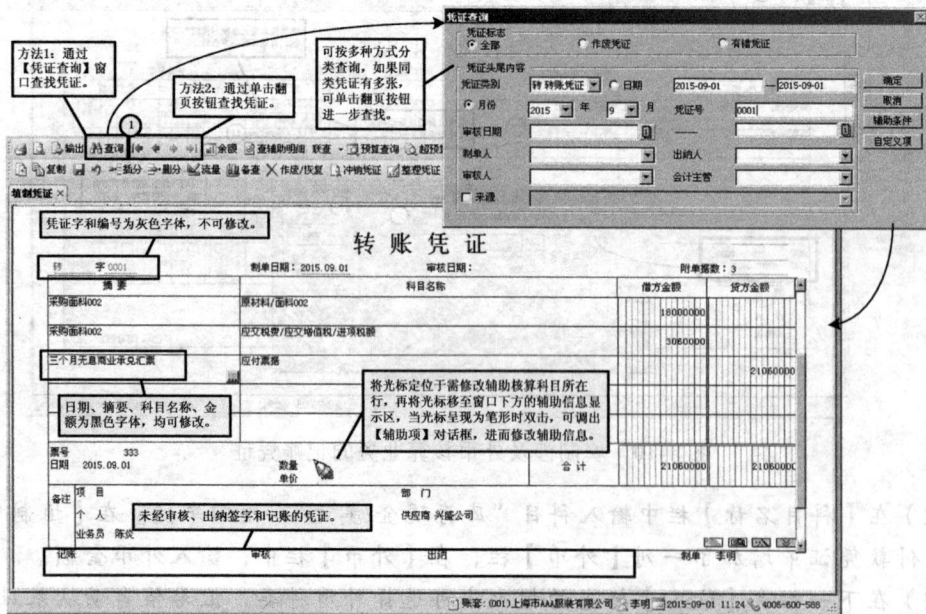

图 4-11　修改未经审核的记账凭证

（2）若凭证字和编号为灰色，则不可修改。凭证日期、附单据数、摘要、科目名称、金额均可直接修改。

（3）修改科目的辅助项信息，需将光标定位于需修改的科目所在行，再将光标移至窗口下方的辅助信息显示区，当光标呈现为笔形时双击，可调出【辅助项】对话框，进而修改辅助信息。

▎补充提醒▎

总账系统以外的其他子系统传递来的凭证不能在总账系统中修改，只能在生成该凭证的系统中进行修改。

2. 修改已经审核但未记账的凭证

已经通过审核但尚未记账的错误凭证，不能直接由操作员完成修改，在程序上必须先由审核员对错误凭证取消审核，然后再由操作员按上述"未经审核的凭证修改"的方法，在【填制凭证】窗口中修改。

【例4-7】 将例4-3中填制的已经审核的0001号付款凭证的金额修改为2 000元。

在上海市AAA公司中，李明负责日常的凭证输入工作，凭证的审核由财务主管吴浩负责。所以，该操作分两个阶段，涉及两个操作员。

操作步骤如下。

（1）财务主管取消凭证审核。

① 在企业应用平台窗口，执行【业务工作】/【财务会计】/【总账】/【凭证】/【审核凭证】命令，打开【凭证审核】对话框。对查询的凭证条件进行定义，然后单击 确定 按钮，如图4-12所示。

② 在打开的【凭证审核列表】窗口中，选择需取消审核的凭证，直接单击 取消审核 按钮，该凭证所在行即转变为未审核的白色，说明该凭证恢复为未被审核的状态。

（2）会计员修改凭证。由操作员李明注册登录系统，按前述"未经审核凭证的修改"的操作步骤进入【填制凭证】窗口，查找到该凭证并进行修改。

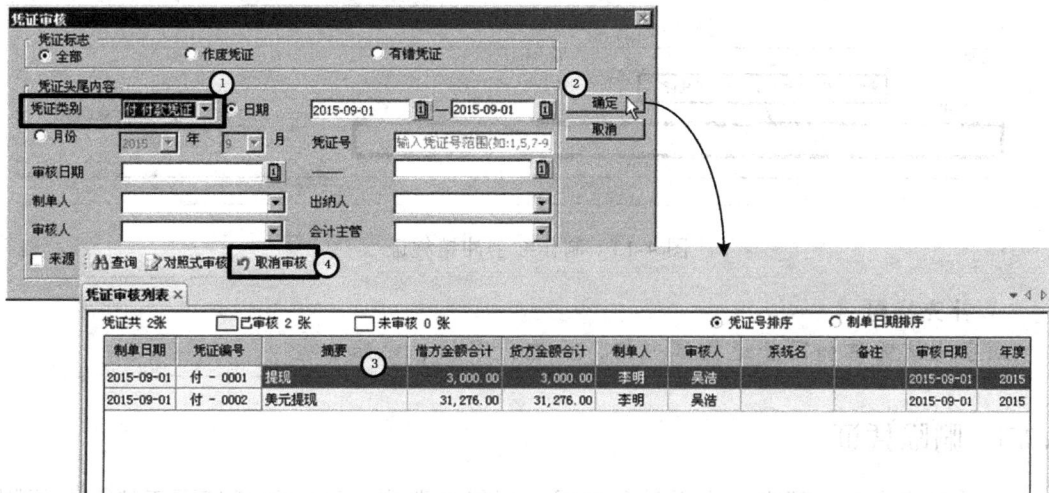

图4-12 已经审核的凭证取消审核

3. 修改已记账的凭证

如果发现已记账的凭证有错误，不允许直接修改原凭证内容，这一类凭证的修改应遵照《企业会计制度》中会计差错更正的有关规定，通过重新填制新的凭证来修正原有错误。在计算机处理方式上，与传统会计类似，可分为两种：一种是"补充登记法"，这种方法一般适用于会计科目正确但输入金额小于实际金额的情况，在做法上只需计算出少计的金额另补一张凭证即可；另一种处理方法是"红字冲销法"，即先填制一张与原来错误凭证内容一样的"红字"凭证，与原来的错误凭证相抵消，然后再根据实际业务情况填制一张正确的凭证。由于填制一般的"蓝字"凭证的方法前面已有介绍，这里主要介绍填制红字冲销凭证的操作方法。

【例 4-8】 假设例 4-4 中采购业务凭证"转字 0001"中的原材料应为面料 001，并已经过审核和记账，现需用"红字冲销法"将该凭证冲销。

操作步骤如下。

（1）在【填制凭证】窗口，单击 凭证 按钮，打开【冲销凭证】对话框。

（2）输入需冲销凭证的凭证类别和凭证号，然后单击 确定 按钮，在打开的【填制凭证】窗口中，可以看到系统已自动生成了一张红字冲销凭证，单击 按钮，如图4-13 所示。

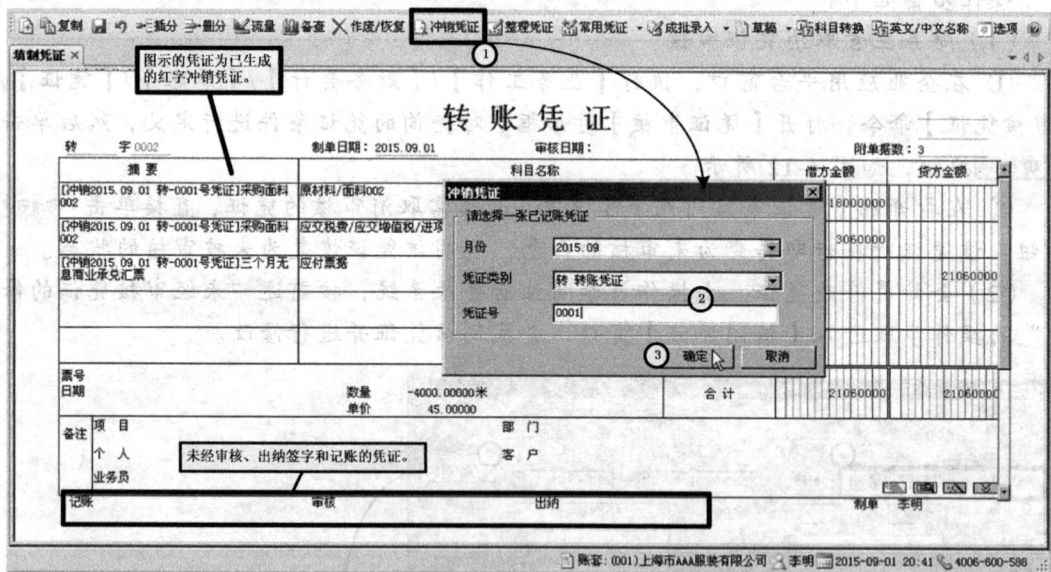

图 4-13　制作红字冲销凭证

| 补充提醒 |

红字冲销凭证如同普通凭证一样，要进行审核、记账。

4.3.3　删除凭证

在日常的账务处理中，由于种种原因，可能会遇到已填制的凭证不正确、必须删除的情况。在凭证未被审核前，可通过凭证的作废与整理的操作删除凭证；在凭证被审核后，只能先取消审核，然后才能删除该凭证；已记账的凭证，则需取消记账、取消审核，然后再删除该凭证。

【例4-9】　删除一张已填制但尚未被审核的凭证。

操作步骤如下。

（1）在【填制凭证】窗口，单击 ⟵ ← → ⟶ 翻页按钮，或通过查询功能找到需要删除的凭证，然后单击 ✕作废/恢复 按钮，该凭证即被标上"作废"，如图4-14所示。

（2）在【填制凭证】窗口中单击 整理凭证 按钮，在弹出的对话框中选择凭证期间，单击 确定 按钮。

（3）在打开的【作废凭证表】对话框中，双击需删除凭证所在行的【删除】栏，或单击 全选 按钮，打上"Y"标记，然后单击 确定 按钮。系统弹出"是否还需整理凭证断号"提示框，单击 是(Y) 按钮。

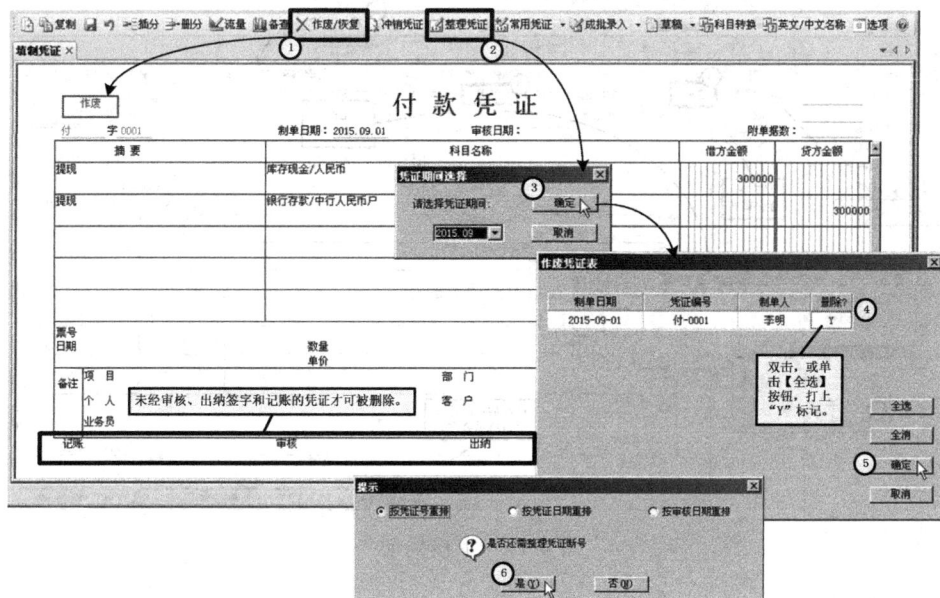

图4-14　删除凭证

┃补充提醒┃

由于凭证被删除后，留在系统中的凭证可能会存在断号，这不利于以后对凭证的保存和管理，所以在凭证被删除后，一般都需要对系统中的凭证号进行重新编排整理。

4.3.4　审核凭证

凭证的审核是指由具有审核权限的操作员对制单人填制的凭证从业务内容的真实性、会计分录的合理性和数据的准确性等方面进行的检查，目的是避免手工操作中可能出现的错误，并通过审核防止舞弊行为的发生。

操作步骤如下。

（1）在【总账】系统菜单中，执行【凭证】/【审核凭证】命令，如图4-15所示。

（2）在打开的【凭证审核】对话框中设定准备审核的凭证范围。

（3）在【凭证审核列表】窗口显示有系统中保存的待审核凭证，双击待审核凭证所在行。

（4）在打开的【审核凭证】窗口中，对已填制凭证的内容进行审核，确定准确无误后，单击 按钮，在【审核凭证】对话框下方的【审核】栏中，即显示出审核员的姓名；如果凭证内容有误，可单击 标错 按钮，在错误凭证的左上方标上【有错】字框，由负责填制凭证的操作员在【填制凭证】窗口改正。一张凭证审核完毕，系统会自动跳转到下一张凭证。

（5）若需要对多张凭证成批审核，可单击 批处理 下拉按钮，执行【成批审核凭证】命令，系统即对符合条件的凭证进行成批审核。

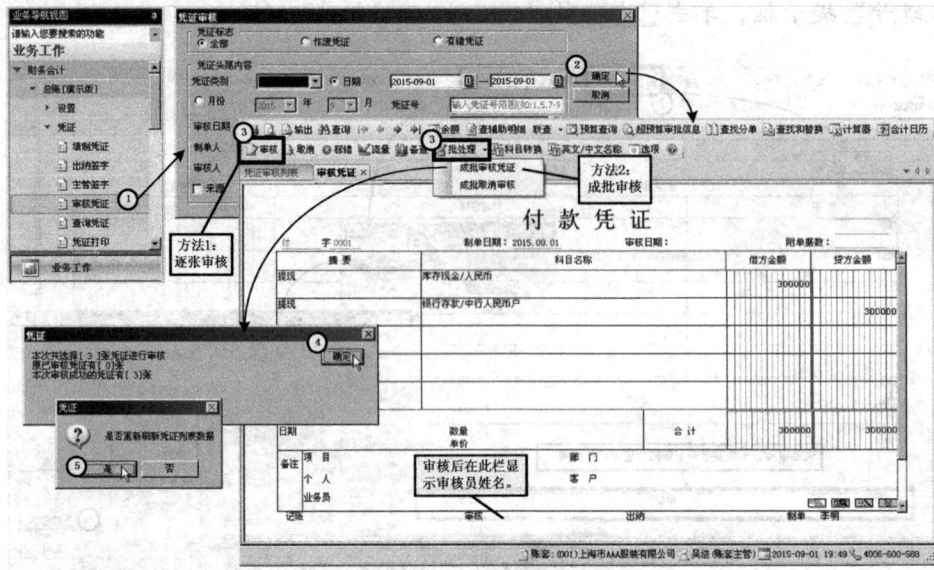

图 4-15　审核凭证

4.3.5　查询凭证

在日常账务处理过程中，常常需要查询会计凭证的处理状况，以了解已记账凭证或未记账凭证的情况。用友总账系统有专门的查询凭证功能，通过设置查询条件，即可查询到有关凭证，并可调阅凭证内容。

操作步骤如下。

（1）在【总账】系统菜单中，执行【凭证】/【查询凭证】命令，打开【凭证查询】对话框，设置查询范围，如图 4-16 所示。

（2）在弹出的【查询凭证列表】窗口中，列示有系统中保存的符合条件的凭证，双击凭证所在行，可以打开显示相应的凭证内容。

> **补充提醒**
>
> 在【查询凭证】窗口只能查看凭证内容，不能对凭证进行修改、审核、删除、冲销等操作。

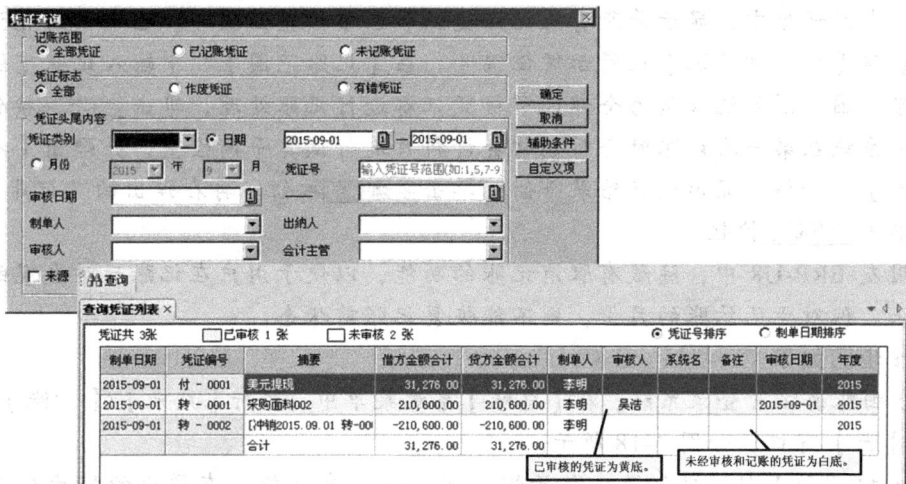

图 4-16 查询凭证

4.4 记 账

记账，就是登记账簿，通常也被称为登账或过账，是指将已审核的记账凭证逐笔登记到各类账簿，并按期计算出各科目的发生额和余额的过程。

在进行记账前，用户首先要检验上月是否结账，如果上月未结账，则本月不能进行记账处理，在第一次记账时，若期初余额试算不平衡，系统也不允许记账；其次要对已输入的凭证进行审核，凭证未经审核不能进行记账处理。

【例 4-10】 将已填制的并经审核的记账凭证进行记账处理。

操作步骤如下。

（1）在【总账】系统菜单中，执行【凭证】/【记账】命令，打开【记账】对话框，如图 4-17 所示。

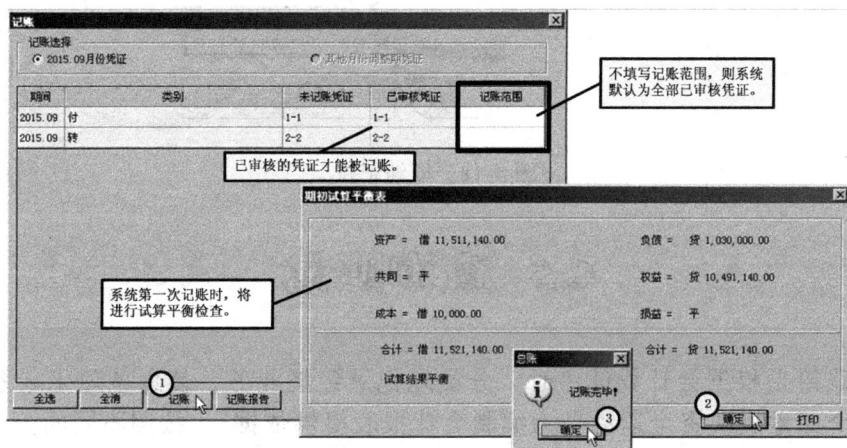

图 4-17 记账

（2）在对话框中，显示着所有未记账凭证和已审核凭证编号。已审核的凭证才可记账，参照【已审核凭证】栏所示凭证编号，在【记账范围】栏中输入记账范围，不填写记账范围，则系统默认为全部已审核凭证都进行记账处理，单击 记账 按钮。

（3）系统在第一次记账时会对期初会计科目进行试算平衡检查，并弹出【期初试算平衡表】对话框，显示试算结果平衡，单击 确定 按钮。再在弹出的"记账完毕"提示框单击 确定 按钮。

在用友 ERP-U8 中，隐藏有取消记账的功能，以便于用户在记账后对发现的错误进行修正。但对于已结账的月份，则不能恢复记账前状态。

操作步骤如下。

（1）由账套主管登录系统，在【总账】系统菜单中，执行【期末】/【对账】命令，打开【对账】窗口，如图 4-18 所示。

（2）按"Ctrl+H"组合键，激活恢复记账前状态功能，在弹出的提示框中单击 确定 按钮。

（3）在【总账】的【凭证】命令菜单中，可以看到新增了【恢复记账前状态】选项，双击该命令，系统弹出【恢复记账前状态】对话框。

（4）选择恢复记账方式，单击 确定 按钮。

（5）在弹出的【输入】提示框中输入主管口令（即该账套主管的登录密码），单击 确定 按钮。

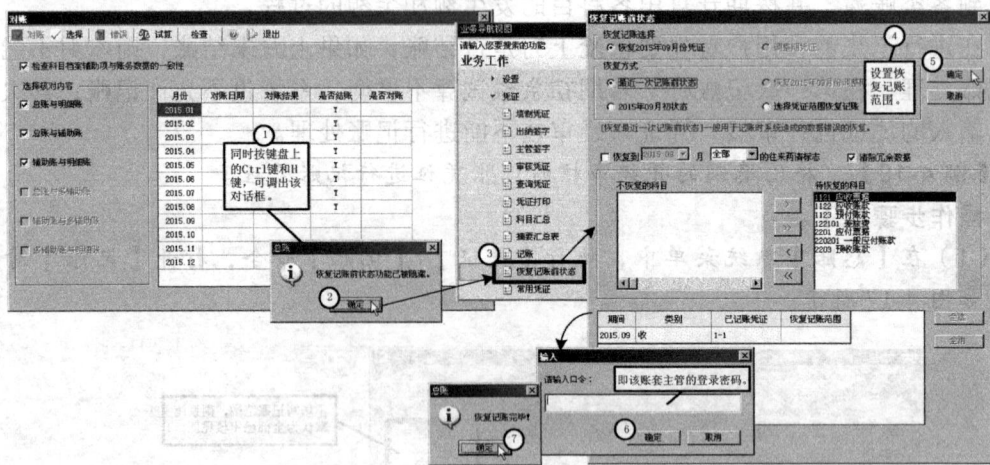

图 4-18　取消记账

4.5　查询账簿

会计账簿是根据会计凭证序时、分类地记录经济业务，使之条理化、系统化，从而系统全面地反映资金运动，为编制会计报表提供依据。按照不同的分类标准，账簿可以分为不同的种类。在电算化会计中，账簿分为科目账和辅助核算账两大类。科目账包括总账、余额表、明细账、序时账、多栏账、日记账和日报表等。辅助核算账包括供应商往来辅助账、客户往来辅助账、个人往来辅助账、部门辅助账、项目辅助账等。

在电算化会计中，填制凭证是唯一的数据入口，从输入会计凭证到输出会计报表，一切中间过程都由计算机代为处理，账簿管理的内涵已不是手工会计中逐笔登记会计业务、逐笔核对和手工计算的概念，电算化会计中账簿管理的主要内容是根据各种需要查询账簿数据，以及从系统中输出打印有关账页，尤其是依靠系统强大的账簿查询功能，能够随时满足用户的多种查询需要。

4.5.1 查询总分类账和余额表

总账是对企业全部经济业务进行总分类登记和核算的账簿，总分类账是账簿中最能全面、综合地反映单位经济业务的账簿形式。余额表是对当期各级科目的本期发生额、累计发生额和余额的汇总表，其功能与总账类似，两者都是编制会计报表的主要依据。

在查询方法上两种账簿类似，以下介绍总账的查询方法。

操作步骤如下。

（1）在【总账】系统菜单中，执行【账表】/【科目账】/【总账】命令，打开【总账查询条件】对话框，如图 4-19 所示。

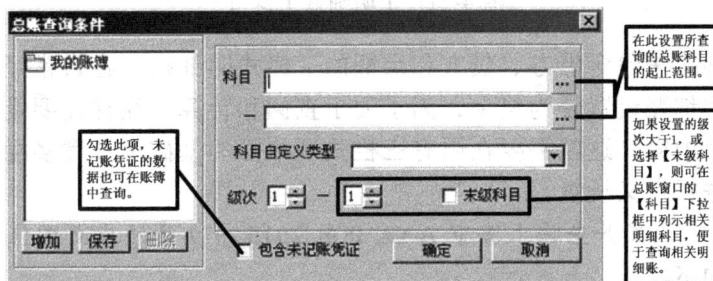

图 4-19 查询总账

（2）输入查询条件，单击 确定 按钮，进入【总账】窗口，如图 4-20 所示。

（3）单击【科目】下拉框按钮 ，可选择需要查看的会计科目。

（4）单击工具栏中的 明细 按钮，可联查到该科目当前月份的逐笔登记明细账。

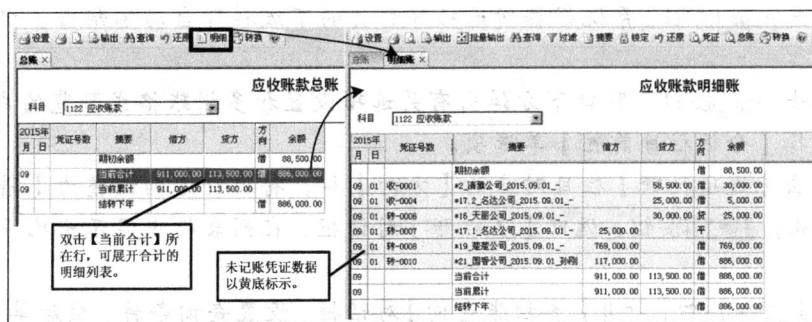

图 4-20 【总账】窗口

4.5.2 查询明细账和多栏账

明细账是根据总分类科目所属的明细科目，对某一类经济业务进行分类登记、提供明细核算而开设的账簿。在用友 ERP-U8 总账系统中，明细账可以进行三栏式、多栏式、综合多栏式等多种设置，并可设置多种条件组合对明细账进行查询。图 4-21 所示为【明细账】窗口，在窗口右上方单击下拉框按钮 ▼，可调整明细账的账簿格式；双击某行或单击 凭证 按钮，可查看到相应的凭证。

图 4-21 【明细账】窗口

普通的明细账是包含借方、贷方和余额的三栏式明细账。在日常经营业务中，某些会计科目的明细账设置较为复杂，为了便于查阅和计算，往往需要设置更为详细的栏目来反映科目内容，这就需要在原有三栏式明细账的基础上设置多栏账。多栏账的格式需由用户进行定义设置。

【例 4-11】 设置并查询上海市 AAA 公司 2015 年 9 月的应交增值税多栏账。

操作步骤如下。

（1）在【总账】系统菜单中，执行【账表】/【科目账】/【多栏账】命令，打开【多栏账】对话框，如图 4-22 所示。

（2）单击 增加 按钮，打开【多栏账定义】对话框。

（3）单击【核算科目】列表框中的 ▼ 按钮，选择【222101 应交增值税】，在【多栏账名称】文本框中自动显示出"应交增值税多栏账"。

（4）单击 自动编制 按钮，系统根据所选核算科目的下级科目自动编制出多栏账的分析栏目。

（5）单击 选项>> 按钮，窗口下方弹出有关选项设置和多栏账格式预览的内容。

（6）选择【分析栏目前置】单选项。

（7）双击【进项税额】栏目对应的【方向】栏，将栏目方向调整为【借】。

（8）单击 确定 按钮，返回【多栏账】对话框，在列表框中显示出已设置的多栏账名称。

（9）单击 查询 按钮，打开【多栏账查询】对话框。设置查询条件，然后单击 确定 按钮，进入【多栏账查询】窗口，如图 4-23 所示。

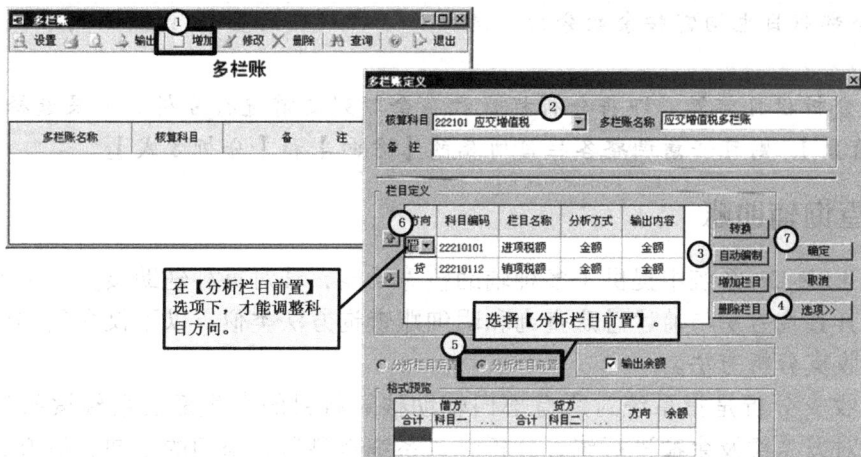

图 4-22 设置多栏账

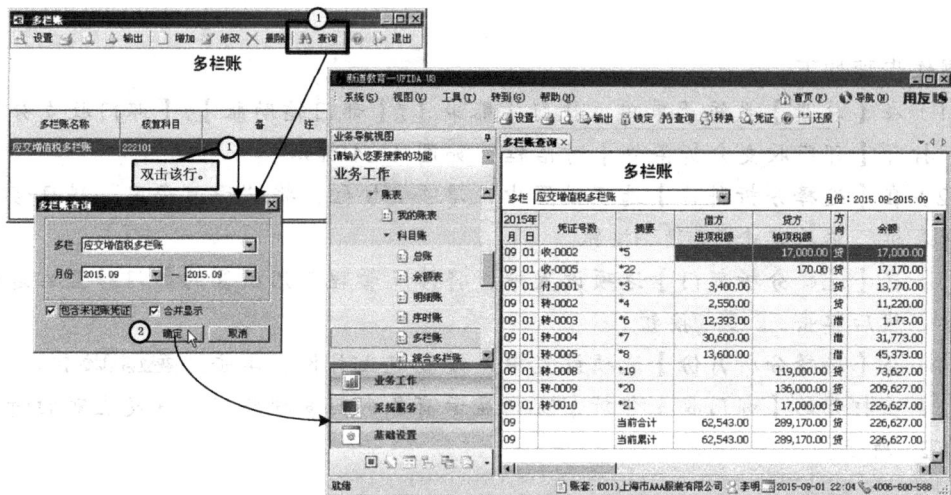

图 4-23 查询多栏账

▌说明▐

● **方向**：用于确定分析所选科目的分析方向是"借方分析"还是"贷方分析"。借方分析即分析科目的借方发生额，贷方分析即分析科目的贷方发生额。

● **分析方式**：有金额和余额两种选择。若选择按金额分析，则系统只输出其分析方向上的发生额；若选择按余额分析，则系统对其分析方向上的发生额按正数输出，其相反发生额按负数输出。

● **输出内容**：栏目的输出内容有金额、数量金额、外币金额和数量外币 4 种选择，用户可以根据科目的核算类型进行选择。

● **分析栏目后置**：即将分析栏目放在余额列之后进行分析，与手工多栏账保持一致。若选择【分析栏目后置】，则所有栏目的分析方向和分析方式必须相同。若选择【借方分析】，则分析方向必须为【借】；若选择【贷方分析】，则分析方向必须为【贷】。若栏目选择按金额分析，则全部科目均需按金额分析；若按余额分

析，则全部科目也均需按余额分析。选择【分析栏目后置】，则输出内容只能选择
【金额】。

● 分析栏目前置：即将分析栏目放在余额列之前进行分析。如果选择了【分
析栏目前置】，则可任意调整各栏目所属的【方向】和【分析方式】。

4.5.3 查询辅助账

用友 ERP-U8 系统中提供了多种辅助核算功能，针对每种辅助核算都设置了相应
的账簿，其查询方法与前述总账查询和明细账查询方法类似。以下仅介绍部门辅助账
中的部门收支分析方法。

部门收支分析是指系统对所有部门辅助核算科目的发生额及余额按部门进行的
分析。在对发生额及余额进行统计分析时，系统将科目、部门的期初、借方、贷方、
余额一一列出，从而使用户可以一目了然地进行比较分析，掌握各部门的收支情况。

【例 4-12】 对上海市 AAA 公司 2015 年 1～9 月各部门管理费用发生额进行分
析。

操作步骤如下。

（1）在【总账】系统菜单中，执行【账表】/【部门辅助账】/【部门收支分析】
命令，打开【部门收支分析条件】对话框，如图 4-24 所示。

（2）在【选择分析科目】选项设置中，单击 > 按钮，将"管理费用"科目移至右
边的列表框，然后单击 下一步 按钮。

（3）在【选择分析部门】选项设置中，将涉及管理费用核算的部门移至右边的列
表框中，然后单击 下一步 按钮。

（4）在【选择分析月份】选项设置中，设置起止月份，单击 完成 按钮。

（5）在打开的【部门收支分析】窗口显示有各部门管理费用科目发生额的情况，
如图 4-25 所示。

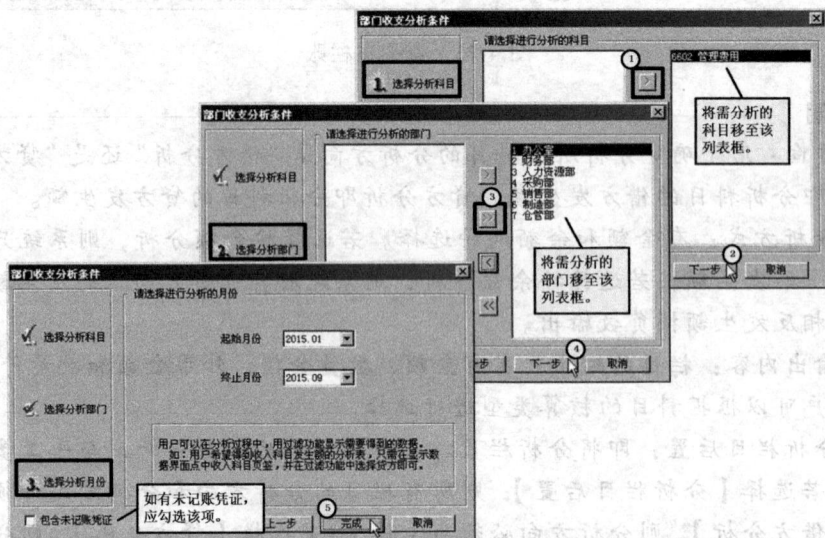

图 4-24 设置部门收支分析

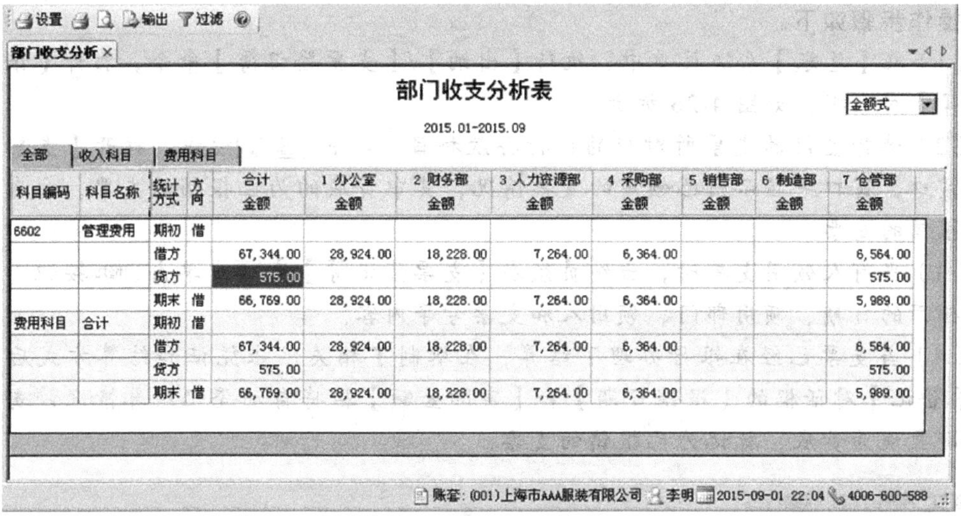

科目编码	科目名称	统计方式	方向	合计	1 办公室	2 财务部	3 人力资源部	4 采购部	5 销售部	6 制造部	7 仓管部
				金额	金额	金额	金额	金额	金额	金额	金额
6602	管理费用	期初	借								
		借方		67,344.00	28,924.00	18,228.00	7,264.00	6,364.00			6,564.00
		贷方		575.00							575.00
		期末	借	66,769.00	28,924.00	18,228.00	7,264.00	6,364.00			5,989.00
费用科目	合计	期初	借								
		借方		67,344.00	28,924.00	18,228.00	7,264.00	6,364.00			6,564.00
		贷方		575.00							575.00
		期末	借	66,769.00	28,924.00	18,228.00	7,264.00	6,364.00			5,989.00

图 4-25　【部门收支分析】窗口

4.6 出纳管理

出纳工作是以货币资金、票据、有价证券为对象，反映和监督本单位货币资金运动，并对货币资金、票据和有价证券进行整理和保管的工作。日常出纳工作主要包括出纳签字、支票管理、日记账查询、银行对账等。使用系统中的出纳管理功能，需在系统中指定现金、银行存款总账科目（设置方法详见 3.2.8 设置会计科目的有关内容），这是出纳员进行出纳管理的前提条件。

4.6.1　出纳签字

在电算化会计中，凭证的审核不仅包括一般所指的审核员对凭证的审核，还包括出纳员对有现金和银行存款科目发生额的收付款凭证的签字审核。

操作步骤如下。

（1）出纳员登录总账系统，在【总账】系统菜单中，执行【凭证】/【出纳签字】命令，打开【出纳签字】对话框。

（2）设定准备签字的凭证范围。

（3）在【出纳签字列表】窗口显示有系统中保存的待签字凭证，双击待签字凭证所在行。

（4）在打开的【出纳签字】窗口中，对已填制凭证内容进行签字。出纳签字方法与审核凭证方法类似，可逐张签字也可批量签字。

4.6.2　支票管理

支票管理是出纳人员工作的重要内容。通过建立支票领用登记簿来登记支票的领用情况，包括支票领用人、领用日期、支票用途和是否报销等内容。

操作步骤如下。

（1）在【总账】系统菜单中，执行【出纳】/【支票登记簿】命令，打开【银行科目选择】对话框，如图 4-26 所示。

（2）选择登记的支票所对应的银行存款科目，单击 确定 按钮。打开【支票登记簿】窗口，窗口中显示出已领用的支票情况，其中黄底的为已报销的支票，白底的为尚未报销的支票。

（3）当有人领用支票时，出纳员须在【支票登记簿】窗口中单击 增加 按钮，登记支票领用的日期、领用部门、领用人和支票号等内容。

（4）当支票已经在银行办理了结算，在填制了相关记账凭证和结算方式后，在【支票登记】对话框的【报销日期】和【实际金额】栏将自动登记结算情况，支票所在行即呈现为黄底，标记为已报销的支票。

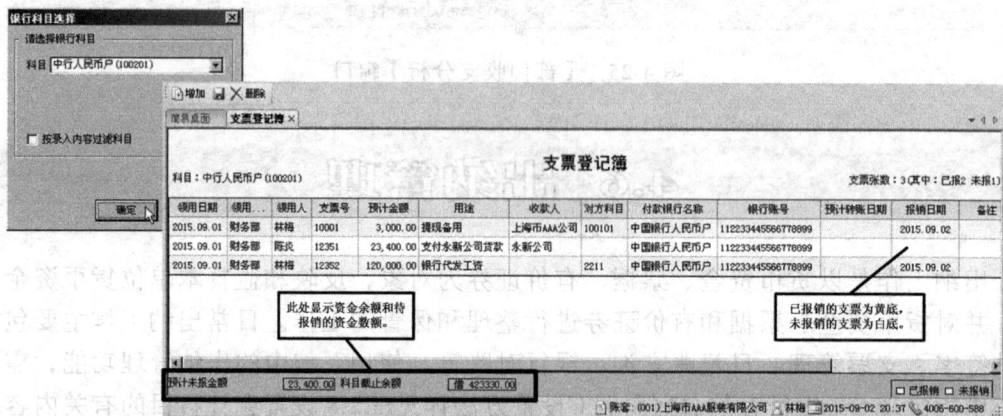

图 4-26 支票登记管理

补充提醒

● 只有在会计科目设置中设有银行账的科目才能使用支票登记簿，并且在【结算方式】设置中对需使用支票登记簿的结算方式要选定【票据管理标志】单选框。

● 支票登记簿中报销日期为空时，表示该支票未报销，否则系统认为该支票已报销。已报销的支票不能进行修改。若想取消报销标志，只需将光标定位于报销日期处，按空格键后删掉报销日期即可。

● 删除报销日期后，单击 按钮，使支票转为未报销状态，即可以对支票内容进行修改。

4.6.3 银行对账

银行对账是指期末将银行的对账单与企业的银行账进行核对，以检查账款是否相符，这是企业财务管理的一项重要工作。系统可根据输入的银行对账单与总账中的银行日记账数据进行自动核对，并生成银行存款余额调节表。

1. 录入期初未达账项

银行对账是总账系统中具有相对独立性的功能系统。在启用银行对账时，为了保证银行对账的正确性，必须为系统设置一个启用日期，并录入与该启用日期相对应的最近一次对账企业方与银行方的调整前余额，以及启用日期之前的单位日记账和银行对账单的未达账项。等所有未达账录入正确后启用此账户，再开始进行日常银行存款业务的银行对账。

【例 4-13】　银行对账启用日期为 2015 年 9 月 1 日，中行人民币存款账户期初企业日记账调整前余额为 500 000 元，银行对账单调整前余额为 440 000 元，未达账项一笔，系 2015 年 8 月 31 日企业已收银行未收的转账支票 60 000 元（支票号：20000），为丽人公司支付的剩余货款。

操作步骤如下。

（1）在【总账】系统菜单中，执行【出纳】/【银行对账】/【银行对账期初录入】命令，打开【银行科目选择】对话框，如图 4-27 所示。

（2）单击【科目】文本框中的 ▼ 按钮，将科目选定为"中行人民币户"，单击 确定 按钮，打开【银行对账期初】对话框。

（3）在对话框右上方单击 按钮，将银行对账启用日期设置为"2015.09.01"，分别在【单位日记账调整前余额】和【银行对账单调整前余额】中输入期初调整前余额，然后单击 日记账期初未达项 按钮，打开【企业方期初】对话框。

（4）单击 增加 按钮，在列表框中增设出一行空白栏，录入企业已收银行未收的转账支票内容。退出后，在【银行对账期初】对话框中显示出调整后余额。

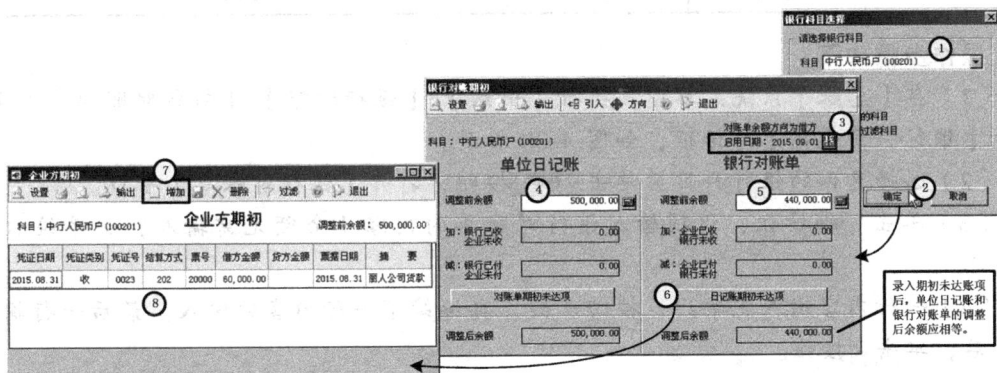

图 4-27　录入期初未达账项

补充提醒

● 录入的银行对账单、单位日记账期初未达项的发生日期不能大于等于此银行科目的启用日期。

● 在录入完成单位日记账、银行对账单期初未达项后，不要随意调整启用日期，尤其是向前调，这样可能会造成启用日期后的期初数不能再参与对账。

● 若某银行科目已进行过对账，在期初未达项录入中，对于已勾对或已核销的记录不能再修改。

2. 录入银行对账单

银行对账单是银行定期发送给单位存款用户的用于核对银行存款账项的账单，它是各单位进行银行对账的主要依据。银行对账单可从相关数据源引入，或由操作员手工录入。

【例 4-14】 按表 4-2 输入上海市 AAA 公司 9 月的银行对账单，其中余额栏数字由系统自动计算生成。

表 4-2 上海市 AAA 公司 9 月银行对账单

日期	结算方式	票号	借方金额（元）	贷方金额（元）	余额（元）
2015-09-01	转账支票	20000	60 000		略
当前操作日	转账支票	5555	117 000		
当前操作日	电汇	7777	57 330		
当前操作日	商业汇票	12345	100 000		
当前操作日	电汇	2468	25 000		
当前操作日	转账支票	12351		23 400	
当前操作日	转账支票	12352		120 000	
当前操作日	现金支票	10001		3 000	
当前操作日	电汇	2233		117 000	
当前操作日	商业汇票	54321		80 000	
当前操作日	委托收款	6666		2 600	
当前操作日	委托收款	8888		30 000	
当前操作日	电汇	9999		10 000	

操作步骤如下。

（1）在【总账】系统菜单中，执行【出纳】/【银行对账】/【银行对账单】命令，打开【银行科目选择】对话框，如图 4-28 所示。

（2）选择具体的银行科目后单击 确定 按钮，打开【银行对账单】窗口。

（3）单击 增加 按钮，逐项输入银行对账单的内容（余额无需输入，由系统自动生成）。

（4）一行内容输入完毕后，按回车键，再继续下一行内容的输入。最后一行输入完毕后，单击 按钮。

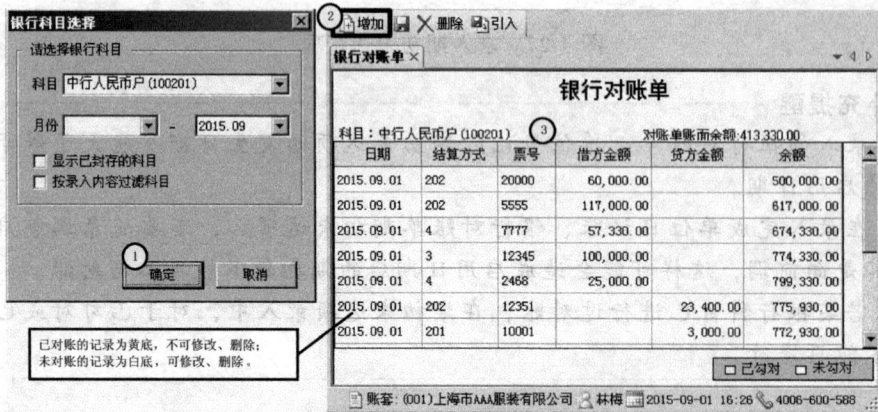

图 4-28 录入银行对账单

3．银行对账

银行对账是指将系统中的银行日记账与输入的银行对账单进行核对，以检查两者是否相符。银行对账分为自动对账与手工对账两种方式。自动对账是计算机根据对账条件自动进行的核对勾销。对账条件可由用户根据需要选择，其中，【方向，金额相同】是必选条件，其他可选条件有【票号相同】、【结算方式相同】、【日期相差（天）之内】。对于已核对相符的银行业务，系统将自动在银行存款日记账和银行对账单双方打上两清标志，并视为已达账项；对于在两清栏未打上两清符号的记录，系统则视其为未达账项。手工对账是对自动对账的补充，用户使用完自动对账后，可能还有一些特殊的已达账没有对出来，而被视为未达账项，为了保证对账更为彻底和正确，用户可用手工对账来进行调整。

操作步骤如下。

（1）在【总账】系统菜单中，执行【出纳】/【银行对账】/【银行对账】命令，打开【银行科目选择】对话框，选择银行对账科目，然后单击 确定 按钮，打开【银行对账】窗口，如图4-29所示。

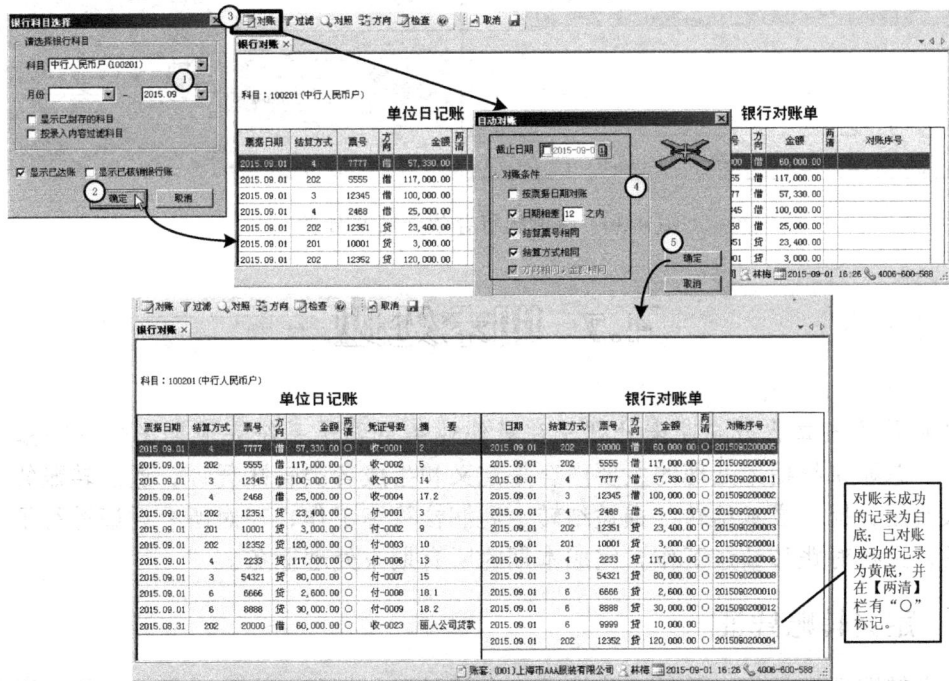

图4-29 银行对账

（2）单击 对账 按钮，打开【自动对账】对话框，在【截止日期】文本框中输入对账截止日期，并根据业务需要设置自动对账条件，单击 确定 按钮，系统开始按照用户设定的对账条件进行对账。

（3）如果对账单中有记录同当前日记账相对应却未勾对上，则在当前单位日记账的【两清】栏双击鼠标左键，将当前单位日记账标上两清标记【Y】，同样用鼠标双击银行对账单中对应的对账单的【两清】栏，标上两清标记。

4. 编制银行存款余额调节表

银行存款余额调节表是月末证实银行日记账与银行实有存款账实相符的主要账表，编制和输出银行存款余额调节表是月末银行对账工作的成果体现。用户在对银行账进行两清勾对后，便可查询并输出系统自动生成的银行存款余额调节表，并检查对账是否正确。

【例 4-15】 编制上海市 AAA 公司 9 月中行人民币户存款余额调节表。

操作步骤如下。

（1）在【总账】系统菜单中，执行【出纳】/【银行对账】/【余额调节表查询】命令，打开【银行存款余额调节表】窗口，如图 4-30 所示。

（2）单击"中行人民币户（100201）"所在行，然后单击 查看 按钮；或者直接双击该行，系统即显示出所生成的银行存款余额调节表。

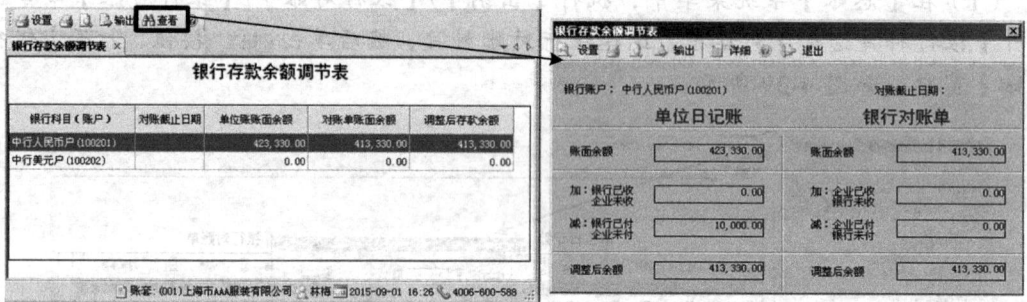

图 4-30　编制银行存款余额调节表

4.7　期末处理

总账系统核算业务的期末处理是在其他业务管理子系统完成期末处理的基础上进行的。总账系统期末处理的主要内容是定义和生成各类转账凭证，通过转账凭证完成期末费用计提、成本结转、损益结转、利润核算等工作，在对所有凭证进行了记账处理后，进行对账和结账工作，完成本期的所有期末处理业务。

4.7.1　定义转账凭证

定义转账凭证是将有关凭证的摘要、会计科目、借贷方向和金额公式输入系统。在用友 ERP-U8 系统中，提供了自定义转账、对应结转、销售成本结转、汇兑损益结转、期间损益结转、费用摊销和预提等多种自动转账模式。自动转账一次定义后基本不需改动，以后每月可直接调用，能起到事半功倍的作用。

1. 设置自定义转账

自定义转账是指用户根据企业的实际业务情况和成本计算的需要，对费用分摊、税金计算结转和辅助核算结转所进行的转账定义。此种转账凭证定义的自由度较大，是适用范围最广的自动转账凭证定义方式。

【例 4-16】　设置上海市 AAA 公司期末计提短期借款利息的自动转账，借款年利率为 6%。

借：财务费用（6603）　　　　　　　　　　JG()

　　贷：应付利息（2231）　　　　　　　　　QM(2001,月) * 0.06 / 12

操作步骤如下。

（1）在【总账】系统菜单中，执行【期末】/【转账定义】/【自定义转账】命令，打开【自动转账设置】对话框，如图 4-31 所示。

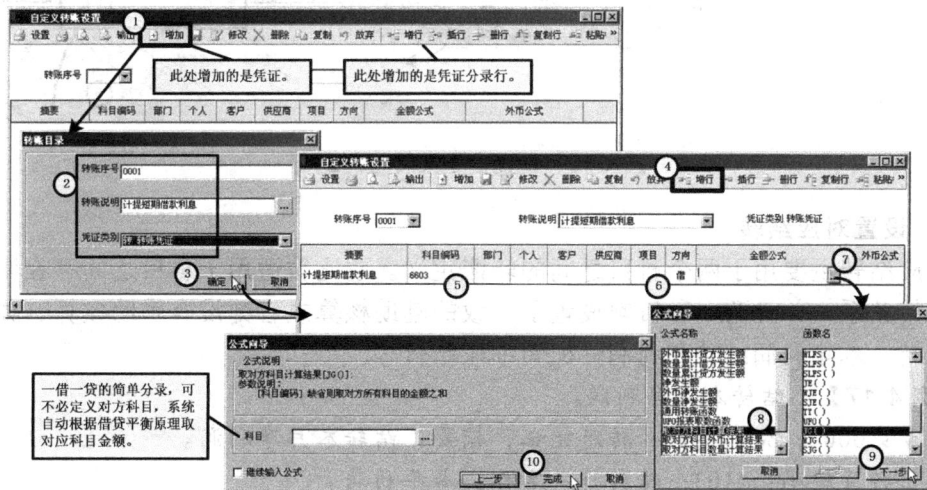

图 4-31　设置自定义转账（1）

（2）单击 _{增加} 按钮，打开【转账目录】对话框，依次输入转账序号、转账说明和凭证类别，单击 确定 按钮，返回【自定义转账设置】对话框。

（3）单击 增行 按钮，在【科目编码】栏中输入"6603"，双击【方向】空白栏，选择【借】。

（4）将对话框下方的滚动条向右移动，双击【金额公式】栏，单击随后显示出的 按钮，打开【公式向导】对话框。

（5）在左边列表框中选择相应的公式，单击 下一步 按钮，打开下一个【公式向导】对话框。

（6）在【科目】栏输入科目代码，单击 完成 按钮。

（7）在【自定义转账设置】对话框中单击 增行 按钮，按步骤（2）～（4）输入贷方分录的摘要、科目编码和方向，并打开【公式向导】对话框，按公式向导设置公式内容，并手动输入公式其余内容，如图 4-32 所示。

▌ **补充提醒** ▐

● 如果用户对分录的金额公式表达式能够熟练掌握或金额公式已明确，可直接在【金额公式】栏输入公式。金额公式的输入应在半角英文标点状态下进行。

● 函数公式中如不对科目方向进行定义，则系统根据科目性质确定所取金额的正负；如定义了科目方向，则只取符合该方向条件的金额。

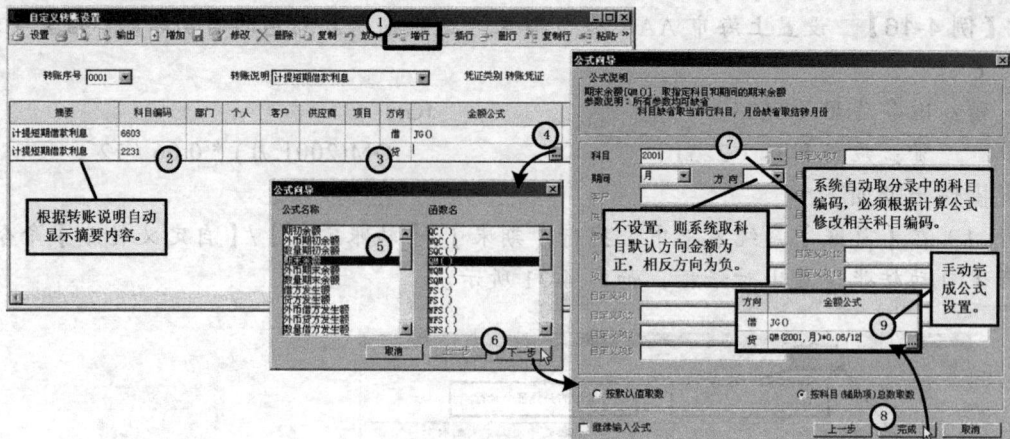

图 4-32　设置自定义转账（2）

2. 设置对应结转

对应结转主要用于两个科目之间的转账定义。它比较适用于科目之间存在明确的对应结转关系，并且两个科目都设置了一致的辅助核算或者都没有辅助核算，如制造费用结转、本年利润结转和利润分配明细账结转等。

【例 4-17】　结转本月净利润。

编号：0001；凭证类别：转账凭证；摘要：结转本月净利润。

转出科目编码：4103；转出科目名称：本年利润。

转入科目编码：410401；转入科目名称：未分配利润；结转系数：1。

操作步骤如下。

（1）在【总账】系统菜单中，执行【期末】/【转账定义】/【对应结转】命令，打开【对应结转设置】对话框，如图 4-33 所示。

（2）单击 增加 按钮，逐项设置对应结转的编号、凭证类别、摘要和转出科目。

（3）单击 增行 按钮，再设置转入科目和结转系数。设置完毕后，单击 按钮。

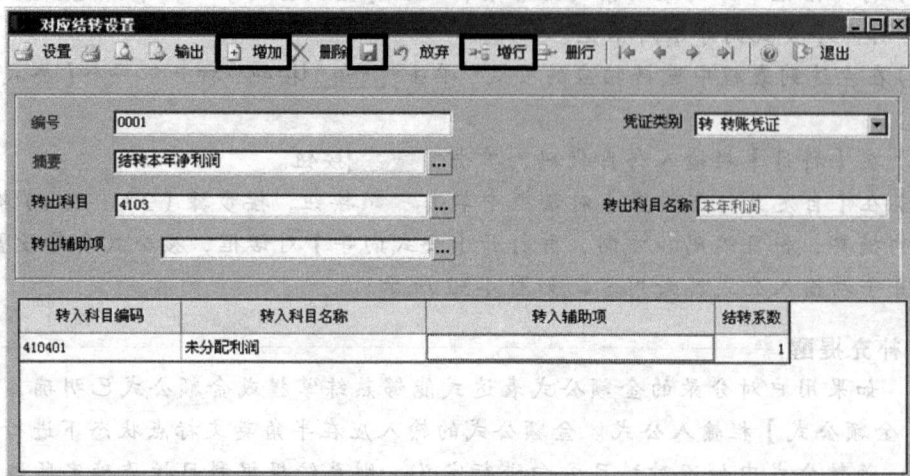

图 4-33　设置对应结转

3．设置销售成本结转

销售成本结转是将月末商品（或产成品）的销售数量乘以库存商品（或产成品）的平均单价计算出各类商品的销售成本并进行结转。设置销售成本结转，要求库存商品（产成品）科目、商品（产品）销售收入科目和商品（产品）销售成本科目具有相同的明细科目结构，库存商品科目和商品销售收入科目下的所有明细科目必须都有数量核算，辅助核算类型要一致，并且不能带有往来辅助核算。如果上述条件不能满足，可通过自定义转账进行结转。

【例 4-18】　设置上海市 AAA 公司的商品销售成本结转。

操作步骤如下。

（1）在【总账】系统菜单中，执行【期末】/【转账定义】/【销售成本结转】命令，打开【销售成本结转设置】对话框。

（2）将凭证类别调整为转账凭证，逐项设置结转相关科目，然后单击[确定]按钮，如图 4-34 所示。

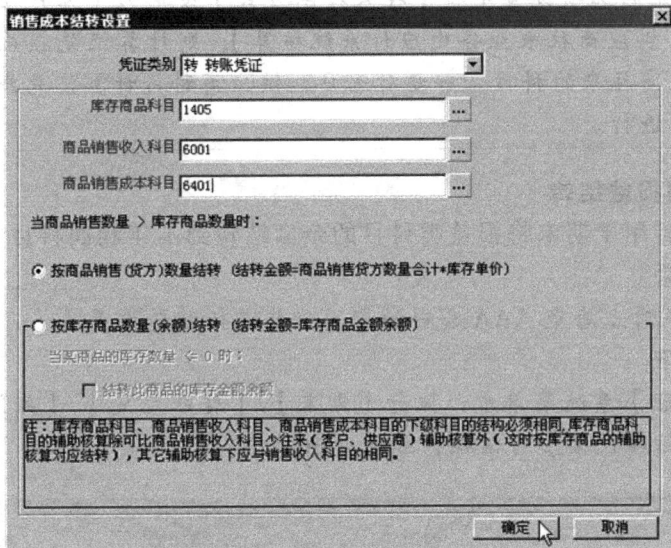

图 4-34　设置销售成本结转

4．设置汇兑损益结转

汇兑损益结转主要用于期末自动计算外币账户的汇兑损益，并在转账生成中自动生成汇兑损益结转凭证。汇兑损益只处理以下外币账户：外汇存款户、外币现金、外币结算的各项债权和债务，但不包括所有者权益类账户、成本类账户和损益类账户。

【例 4-19】　对上海市 AAA 公司的汇兑损益进行结转设置。

操作步骤如下。

（1）在【总账】系统菜单中，执行【期末】/【转账定义】/【汇兑损益】命令，打开【汇兑损益结转设置】对话框，如图 4-35 所示。

（2）在【汇兑损益入账科目】文本框中输入汇兑损益科目编码，将光标移到要计算汇兑损益的外币科目上，双击选择科目，然后单击[确定]按钮。

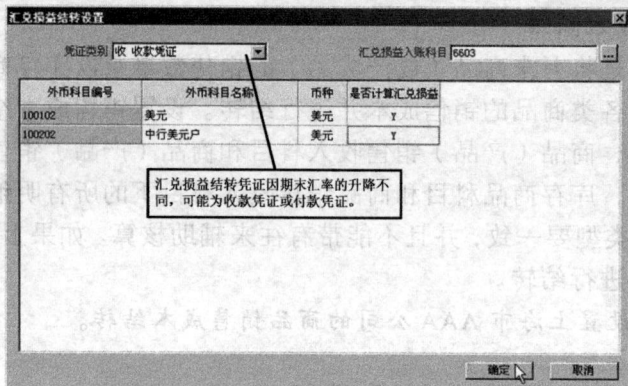

图 4-35　设置汇兑损益结转

┃ 说明 ┃

● 汇兑损益入账科目不能是辅助账科目或有数量外币核算的科目。

● 若在总账的选项设置中将【往来控制方式】设定为【客户往来业务由应收系统核算】或【供应商往来业务由应付系统核算】，则计算汇兑损益的外币科目不能是客户或供应商往来的科目。若要对客户、供应商科目计算汇兑损益，应在应收或应付款系统中进行。

5. 设置期间损益结转

期间损益结转用于期末将损益类科目的余额结转到本年利润科目中，从而及时反映企业的经营成果。

【例 4-20】　对上海市 AAA 公司的期间损益进行结转设置。

操作步骤如下。

（1）在【总账】系统菜单中，执行【期末】/【转账定义】/【期间损益】命令，打开【期间损益结转设置】对话框，如图 4-36 所示。

图 4-36　设置期间损益结转

（2）将凭证类别调整为转账凭证，在【本年利润科目】文本框中输入"本年利润"科目编码，单击下方列表框中的任意位置，将显示设置的内容，单击 确定 按钮。

6. 设置费用摊销和预提凭证

费用摊销和预提凭证用于期末进行费用的摊销和预提核算，也可利用自定义转账凭证功能进行相关凭证的设置。使用该功能设置凭证时，可根据摊销期和预提期进行费用总金额和总期数的界定，能更准确地与实际业务情况相匹配。

【例4-21】 摊销本月铺面租金，总租金12 000元，按6个月摊销。分录内容如下。

借：销售费用（6601）　　　　　　　　　　　　　　　　2 000

　　贷：其他应收款/租金　　　　　　　　　　　　　　　　　　2 000

操作步骤如下。

在【总账】系统菜单中，执行【期末】/【转账定义】/【费用摊销和预提】命令，打开【费用摊销和预提设置】对话框，按业务要求设置凭证内容，如图4-37所示。

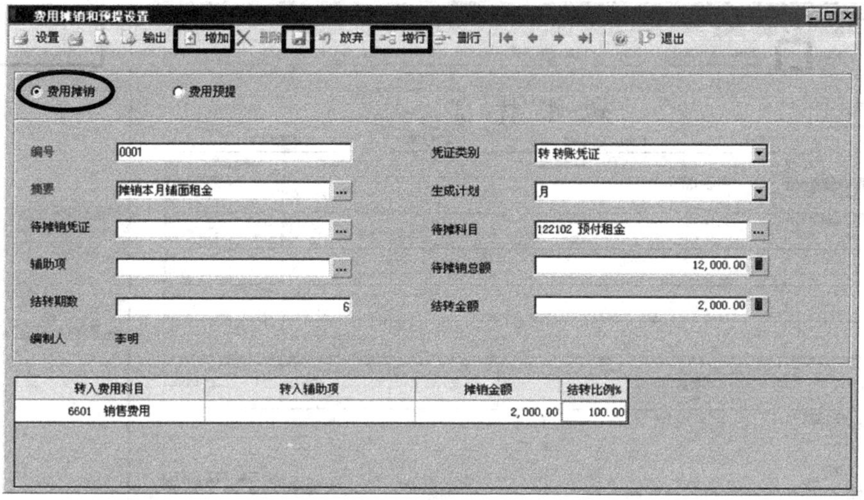

图4-37　设置费用摊销结转

4.7.2　生成转账凭证

自动转账定义完成后，每月月末只需利用系统自动生成转账凭证的功能，就可有选择地将已定义的自动转账生成相应的凭证，并自动追加到未记账凭证中去。

在执行月末自动转账时，必须遵循这样一个原则，即转账业务相互之间无关联性时可以同时转账并生成记账凭证，有前后关联性的转账业务则应严格按顺序结转。这是因为自动转账功能生成的会计凭证中的借贷金额来源于已记账的账簿数据，执行转账功能后生成的仅仅是会计凭证，还未经审核记账，如果将前后相关的转账业务同时结转，会直接导致后续转账业务从账簿上获取的数据不完整、不准确。

1. 生成自定义转账凭证、对应结转凭证、费用摊销和预提凭证

自定义转账凭证、对应结转凭证、费用摊销和预提凭证的生成方式类似，在前期已经进行了相关转账定义的前提条件下，按业务核算需要调取相关设置生成凭证。

【例4-22】 生成本期计提短期借款利息的自定义转账凭证。

操作步骤如下。

（1）在【总账】系统菜单中，执行【期末】/【转账生成】命令，打开【转账生成】对话框，如图 4-38 所示。

（2）选定【自定义转账】单选框，在右边列表框中显示有已设置的自定义转账凭证。双击【是否结转】栏，选择自动生成的转账项目，单击 确定 按钮。

（3）系统开始自动生成凭证，在打开的【转账】窗口中显示有已生成的转账凭证。单击 按钮，在凭证左上角将显示出"已生成"字样，系统自动将当前凭证追加到未记账凭证中。

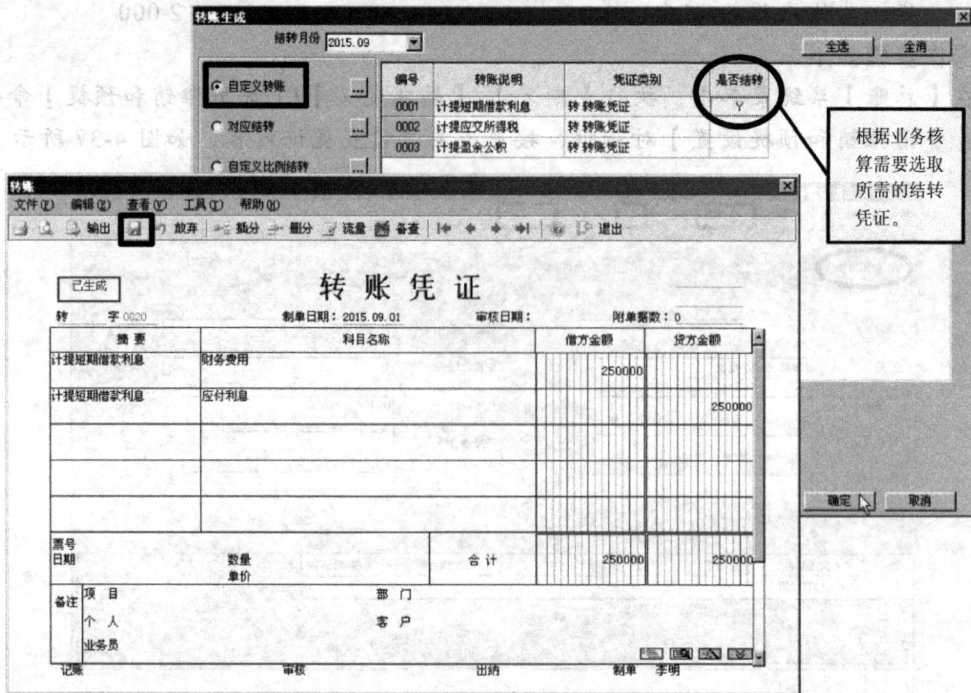

图 4-38 生成自定义转账凭证

2．生成汇兑损益结转凭证

使用固定汇率法核算外币的企业，需要在期末根据期末汇率计算本月因汇率变化所形成的汇兑损益；如果使用浮动汇率核算，则按当天汇率进行业务核算，在这种核算方式下，每天均应在系统中录入当天的汇率值，并核算汇兑损益。汇兑损益的计算是根据汇率变化，计算涉及外币的账户余额在换算成本位币时形成的差额。汇兑损益的计算涉及的基本要素是期初汇率值、期末汇率值、会计科目的外币期末余额。本期若有外币科目的发生额，则必须对相关凭证进行记账处理后再进行汇兑损益的核算。

【例 4-23】 2015 年 9 月的期末美元对人民币汇率为 1 美元=6.259 2 元人民币，按此计算并生成本月的汇兑损益结转凭证。

操作步骤如下。

（1）在企业应用平台窗口，执行【基础设置】/【基础档案】/【财务】/【外币设置】命令，打开【外币设置】窗口，如图 4-39 所示。

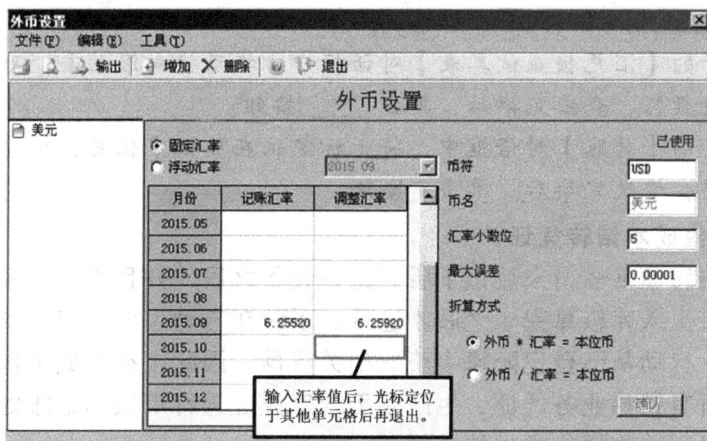

图 4-39 设置期末汇率值

（2）单击【调整汇率】空白栏，输入期末汇率值，光标移出定位于其他单元格后，再单击 退出 按钮返回。

（3）在企业应用平台窗口，执行【业务工作】/【财务会计】/【总账】/【期末】/【转账生成】命令，打开【转账生成】对话框，如图 4-40 所示。

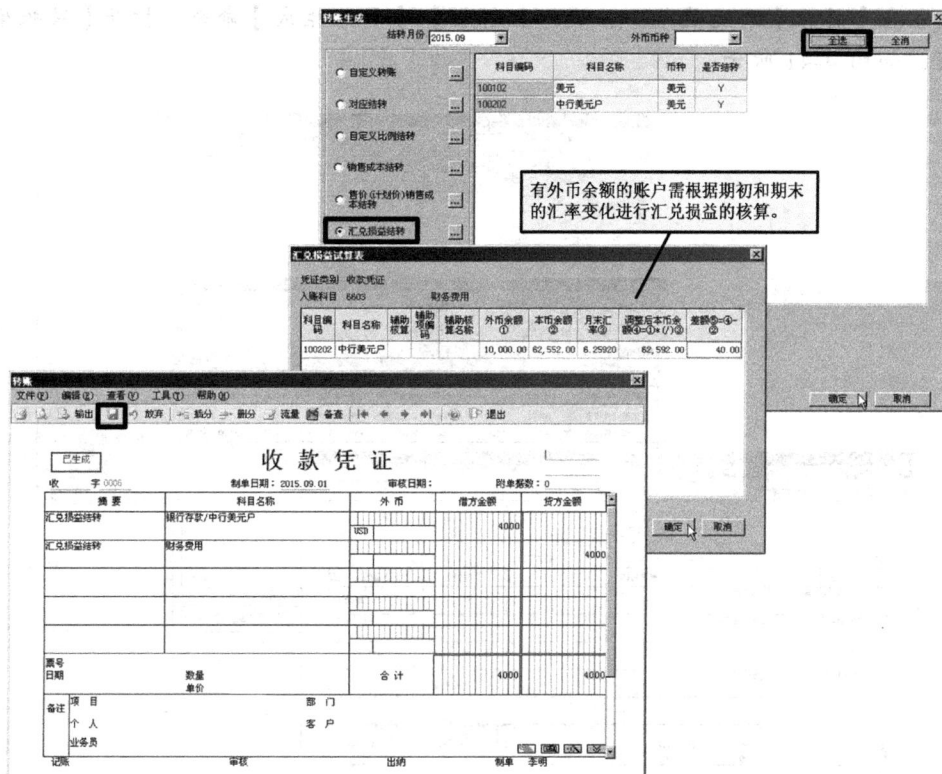

图 4-40 生成汇兑损益结转凭证

（4）选定左边列表中的【汇兑损益结转】单选框，单击窗口右上角的 全选 按钮，然后单击 确定 按钮。

（5）在打开的【汇兑损益试算表】对话框中，拖动横向滚动条，可以查看系统所生成的汇兑损益数据，查看完毕后，单击 确定 按钮。

（6）在打开的【转账】对话框中，将光标定位在凭证字位置，根据凭证内容进行凭证类别的调整，修改完毕后，单击 按钮。

3. 生成销售成本结转凭证

销售成本结转通常在月末登记了所有销售收入之后，并且所有与库存商品成本计算有关的生产完工入库核算完毕之后才进行。系统在自动生成销售成本结转凭证时，按照事先设置，自动从已登记账簿中获取相关数据。因此，在生成销售成本结转凭证之前，必须将所有销售业务凭证、生产完工入库凭证进行审核和记账处理，在此基础上系统才能生成正确的销售成本结转凭证。

销售成本结转金额是根据本期产品销售数量和库存商品发出单价计算的。本期产品销售数量取自主营业务收入账户所记录的销售数量，所以该账户应进行数量核算，并且填制凭证时必须输入产品的销售数量；库存商品的发出单价是根据该存货档案或所属仓库档案中所确定的发出计价方法、期初单价和数量、本期生产完工入库单价和数量、本期销售数量等因素确定的。

操作步骤如下。

（1）在【总账】系统菜单中，执行【期末】/【转账生成】命令，打开【转账生成】对话框，如图 4-41 所示。

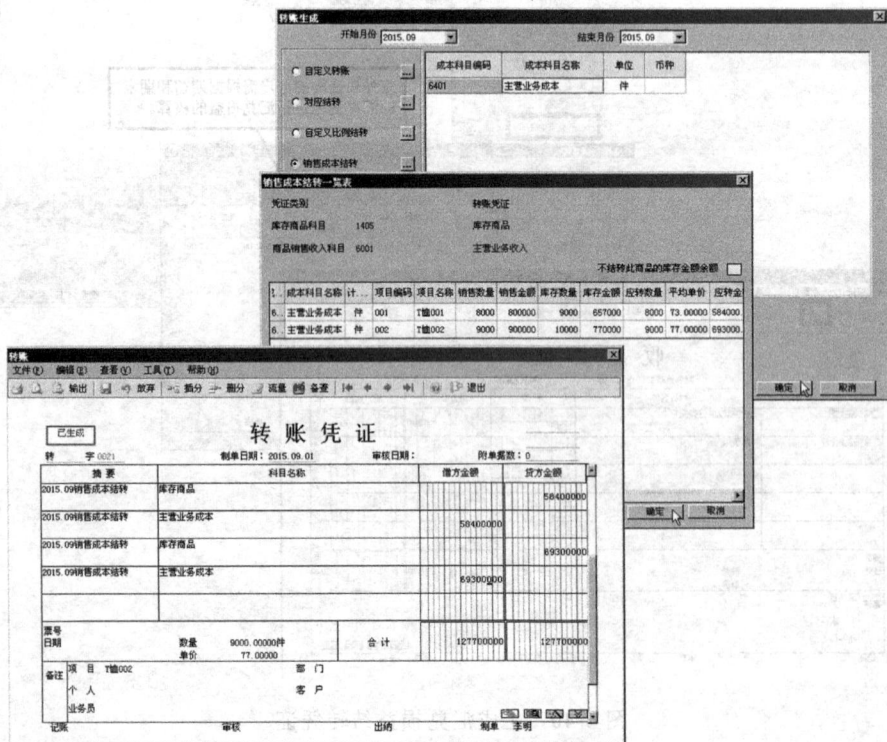

图 4-41 生成销售成本结转凭证

（2）选定左边列表中的【销售成本结转】单选框，对话框右边显示有已设置好的凭证内容，单击 确定 按钮。

（3）在打开的【销售成本结转一览表】对话框中，拖动横向滚动条，可以查看系统所生成的销售成本结转数据，查看完毕后，单击 确定 按钮。

（4）在打开的【转账】对话框中显示有已生成的转账凭证，单击 按钮。

4. 生成期间损益结转凭证

期间损益结转是指将损益类科目余额结平，转入本年利润科目进行后续利润核算的业务处理。期间损益结转应在月末将所有损益类科目凭证全部登记入账后才进行，因此，在系统生成期间损益结转凭证之前，应先将所有的未记账凭证全部进行审核和记账处理。

操作步骤如下。

（1）在【总账】系统菜单中，执行【期末】/【转账生成】命令，打开【转账生成】对话框，如图 4-42 所示。

（2）选定左边列表中的【期间损益结转】单选框，在对话框右边窗口显示有所有的损益类会计科目，单击对话框上方【类型】下拉按钮▼，将【类型】设置为"收入"。

（3）再单击对话框上方的 全选 按钮，然后单击 确定 按钮。

（4）系统自动生成收入类账户的损益结转凭证，单击 按钮。

（5）返回【转账生成】对话框中，将【类型】设置为"支出"，再继续生成支出类账户的损益结转凭证（在生成支出类科目结转凭证前，由于已生成了收入类科目的结转凭证，因此有"未记账凭证"，但由于该记账凭证是否记账对支出类科目结转不造成影响，因此可暂不做审核和记账处理）。

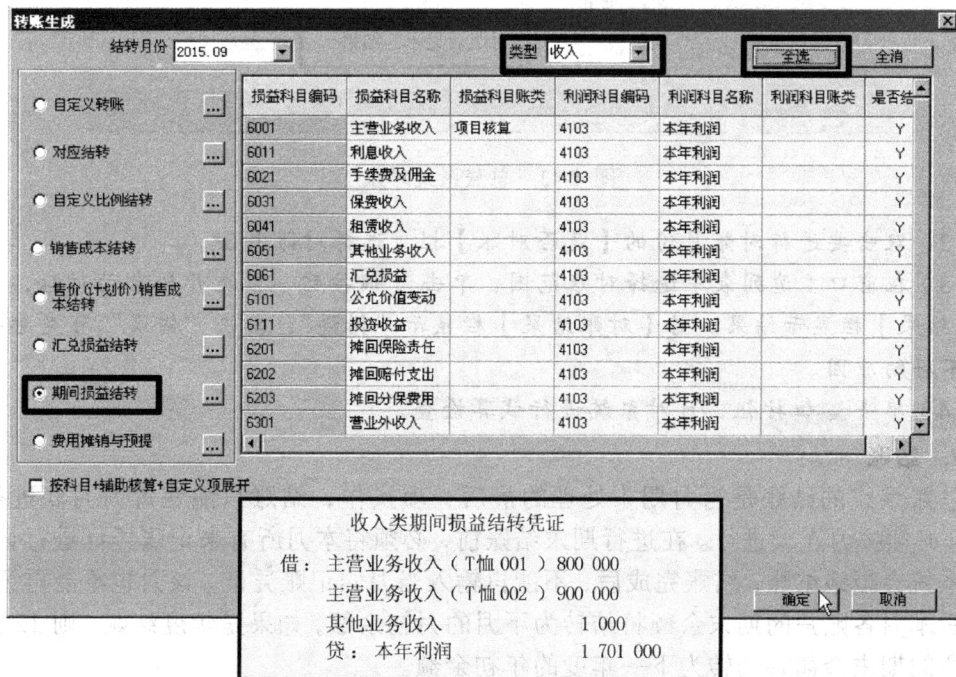

图 4-42 生成期间损益结转凭证

4.7.3 结账

会计期末，在对所有经济业务进行了凭证填制、审核和记账后，在开始下一期账务核算处理之前，还必须进行总账系统的对账和结账，其目的首先是要检查本期账务核算处理的正确性，其次是通过结账将有关信息转入下期，成为下期的期初信息。

1. 对账

对账是对账簿数据进行核对，以检查记账是否正确以及账簿是否平衡，主要是通过核对总账与明细账、总账与辅助账数据来完成账账核对。在进行对账时，还可进行试算平衡检查，以检验系统所进行的会计数据处理的正确性。

操作步骤如下。

（1）在【总账】系统菜单中，执行【期末】/【对账】命令，打开【对账】对话框，如图 4-43 所示。

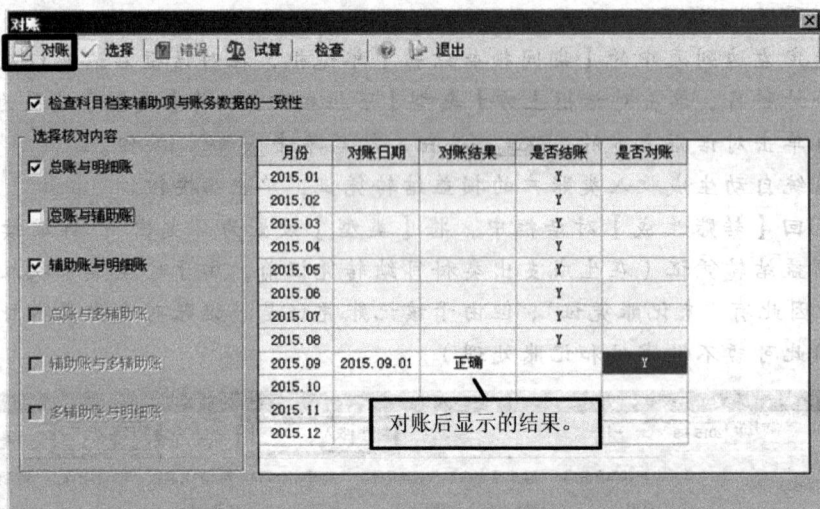

图 4-43　总账系统对账

（2）双击要进行对账月份的【是否对账】栏，选择对账月份。

（3）在窗口左边列表中选择对账范围，单击 对账 按钮，系统开始自动对账，并在【对账结果】栏显示结果。若【对账结果】栏显示"错误"，单击"错误"可查看引起账账不符的原因。

（4）单击 试算 按钮，可对系统进行试算检查。

2. 结账

总账系统的结账是当月期末处理的最后一项操作，结账只能在每月月底进行一次，且必须按月连续进行。在进行期末结账前，必须将本月所有未记账凭证进行记账，否则系统会拒绝结账；结账完成后，不能再输入当月的记账凭证，该月也不能再记账。结账后本月各账户的期末余额将结转为下月的月初余额，如果是年度结账，则 12 月末各账户的期末余额将结转为下一年度的年初余额。

若同时启用了多个业务系统，则相关业务系统结账后，总账系统才能结账。

操作步骤如下。

（1）在【总账】系统菜单中，执行【期末】/【结账】命令，打开【结账】对话框，如图 4-44 所示。

（2）在【结账—开始结账】对应的对话框中，选定要结账的月份"2015.09"，单击 下一步 按钮。

（3）在【结账—核对账簿】对应的对话框中，单击 对账 按钮，系统开始对有关账簿进行账账核对，并在下面的文本框中显示出对账结果，单击 下一步 按钮。

（4）在【结账—月度工作报告】对话框中显示有当前系统账务处理的状态和试算平衡结果，单击 打印月度工作报告 按钮，可进行打印输出。

（5）单击 下一步 按钮，进入【结账—完成结账】对话框，单击 结账 按钮，系统将进行结账。

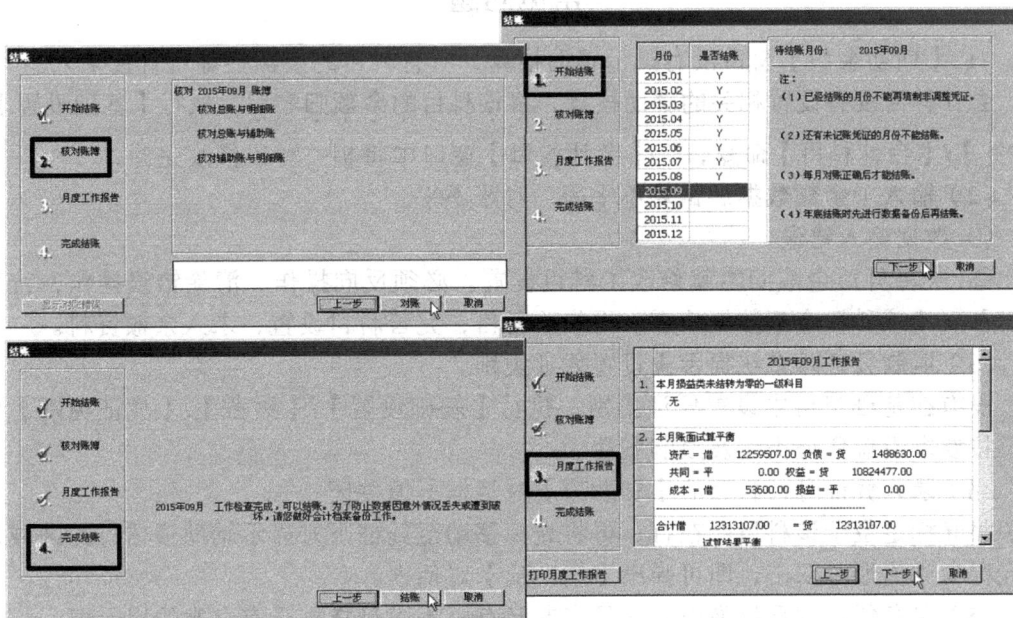

图 4-44　总账系统结账

▌**补充提醒** ▌

● 系统在结账前会自动对核算状态进行检查，系统中有未记账的凭证不能结账；上月未结账的，本月不能结账；账账不相符的不能结账；损益类账户未全部结转完毕的不能结账；其他业务管理系统未全部结账的，总账系统不能结账。

● 可翻看【月度工作报告】了解系统是否具备结账条件。

● 在用友 ERP-U8 系统中隐藏有反结账功能，以便于用户在学习演练中能够修正错误，操作方法是：账套主管登录系统，在【结账】对话框中选择最近已结账的月份，按"Ctrl+Shift+F6"组合键，在系统弹出的【确认口令】对话框中输入账套主管登录系统的密码（口令），单击 确定 按钮，如图 4-45 所示。【结账】对话框中"2015.09"对应的【是否结账】栏中的"Y"将被取消。

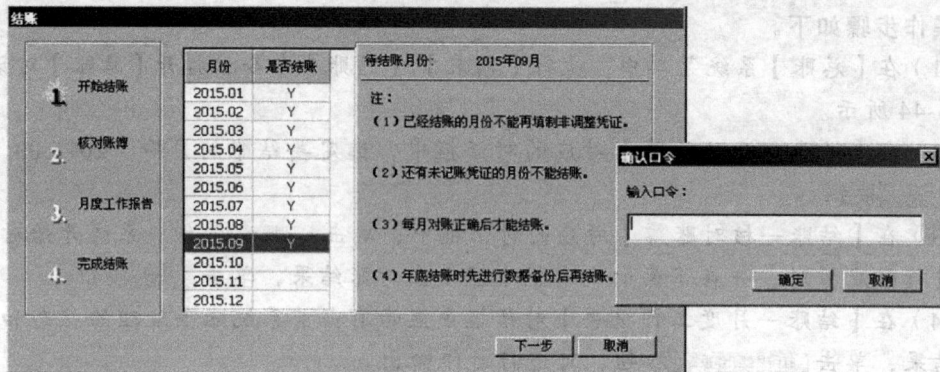

图 4-45　取消结账

常见问题

（1）【期初余额】窗口没有提示辅助核算，所有科目的余额栏都可直接录入。

会计科目没有设置相关的辅助核算，将该科目的余额归零后，执行【基础设置】/【财务】/【会计科目】命令，在【会计科目】窗口中将相关科目修改完善。

（2）输入了余额数据后试算不平衡、对账不平。

① 数据输入错误。

② 未将科目余额归零就修改了科目设置。必须反向操作，清除错误操作，直至将已录入的该科目余额数据清零，再修改科目，完善科目设置，录入余额资料。

（3）填制凭证时系统提示未设置凭证类别。

没有在基础资料中设置凭证类别，执行【基础设置】/【财务】/【凭证类别】命令，按要求设置凭证类别及限制条件。

（4）录入凭证时，科目的【辅助项】对话框不慎关闭。

将光标定位于该科目所在行，再将光标移动至凭证下方显示辅助项信息的区域，当光标变成笔形时双击，即可弹出【辅助项】对话框。

（5）保存凭证时系统弹出不满足借方必有、不满足贷方必有之类的提示框。

① 所填凭证的凭证字设置不正确。

② 所填凭证的凭证字设置正确，但凭证类别设置错误。

（6）保存凭证时没有弹出是否登记支票的提示框。

① 在总账选项设置中没有勾选"支票登记"。

② 在结算方式设置中，现金支票和转账支票没有勾选"支票控制"。

（7）没有登记支票或支票内容没有登记完整就误关了对话框。

制单员未完成的支票登记内容只能由出纳员执行【总账】/【出纳】/【支票登记簿】命令，在【支票登记簿】窗口中进行处理。

（8）无法生成销售成本结转凭证。

① 凭证未记账。

② 涉及销售收入核算的凭证未录入销售数量和单价。

（9）能生成销售成本结转凭证，但单价错误。

① 期初库存商品金额或数量录入错误。

② 本期生产完工产品入库凭证录入错误。

（10）生成的汇兑损益凭证错误。

① 未录入外币的期初余额。

② 录入外币汇率时未将光标移出至其他单元格就退出，导致期初汇率或期末汇率未成功写入。

（11）生成计提利息的凭证时系统提示无法生成凭证或数据为零。

① 没有录入期初余额，本期凭证没有记账。

② 计提利息的转账凭证设置错误，可能科目的方向都设成了借方。

（12）在生成自定义转账凭证时，无法生成计提企业所得税凭证和盈余公积凭证。

不能根据转账凭证定义类型将所有该类型的凭证一次生成。转账凭证是根据业务核算的需要进行选择的。期末的业务核算顺序是：成本费用的核算→期间损益结转核算→计提所得税核算→所得税费用结转核算→利润分配核算→利润分配明细账结转核算。

（13）系统提示账套演示期满，无法进行操作。

使用用友教学演示版的用户有效操作期为 3 个月，即系统仅允许自账套启用月起三个月内可进行业务处理。如果登录时间在账套启用月起三个月后，且进行了凭证处理，则退出系统后将无法再次登录。

上机实训

实训三　总账系统初始化。

实训四　总账系统日常业务核算。

实训五　总账系统自动转账凭证定义。

实训六　总账系统自动转账凭证生成。

以上实训内容，请详见书后所附《上机实训资料》。

模块五

编制会计报表

工作情景

在手工会计核算中，在对本期所有经济业务进行了记账核算的基础上，月末会计人员要对总分类账簿和明细分类账簿进行对账和结账，然后根据总分类账簿和明细分类账簿编制会计报表，这是一项较为复杂的工作。在使用总账系统进行会计核算的电算化会计中，同样需要依据总账系统数据编制会计报表，这项工作需要通过会计报表系统完成。与手工会计核算相比较，通过在会计报表系统中设置报表公式，可以由系统自动从账套中取数计算生成所需的会计报表和业务统计分析表，编制报表变得更加准确、高效和轻松。

5.1　了解UFO会计报表系统

编制会计报表是会计核算的一项专门方法，会计报表能够更为综合、系统、全面地反映企业的财务和业务情况。企业不仅需要编制规范的对外报表，还要根据经营管理需要编制大量的内部报表。利用 UFO 报表系统可以高效地生成各类报表。

5.1.1　UFO 会计报表系统的主要功能

UFO 会计报表管理系统是用友财务软件中专门用来编制各种会计报表的子系统。它具有强大的报表编制和数据处理功能，与总账等业务管理系统之间有接口关系，能够根据总账中的账簿数据、业务管理系统中的业务数据，按照报表的公式定义自动生成所需报表。

UFO 会计报表系统的主要功能如下。

（1）提供各行业报表模板。提供 33 个行业的标准财务报表模板，可轻松生成复杂的报表。

（2）文件管理功能。能够进行不同文件格式的转换：文本文件、*.MDB 文件、EXCEL 文件、LOTUS1-2-3 文件。使用"导入"和"导出"功能，还可以实现与其他财务软件的数据交换。

（3）格式管理功能。具有丰富的格式设计功能，可以制作各种报表，还可对报表数据进行图形制作，生成直方图、饼图、折线图等多种分析图表。

（4）数据处理功能。能够在一个报表文件中建立大量不同的表页，并且在每张表页之间建立有机的联系；提供了种类丰富的函数，可以从账务、应收、应付、薪资、固定资产、销售、采购、库存等系统中提取数据，生成财务报表；并可对报表进行排序、审核、舍位平衡、汇总。

（5）打印功能。提供"打印预览"，可以随时观看报表或图形的打印效果，可以打印格式或数据，可以设置表头和表尾，可以缩放打印，可以横向或纵向打印。

（6）二次开发功能。提供批命令和自定义菜单，可将有规律性的操作过程编制成批命令文件，据此可在短时间内开发出本企业的专用系统。

5.1.2　UFO 会计报表系统的基本操作流程

对会计报表的操作和管理可分为两个阶段：一是报表编制阶段，主要对会计报表的格式、内容、数据来源和公式运算进行定义，这是生成会计报表的模板；二是报表日常处理阶段，主要任务是生成报表数据、审核报表、汇总分析及输出打印。

会计报表的前期编制工作是日常报表管理工作的基础，只有在正确编制会计报表的基础上，才能在日常报表管理中实现对报表数据的正确采集和运算，生成准确的会计报表。通常，会计报表按用户需要编制完成后，在日常工作中无需进行修改，用户可以将其作为报表文件保存起来。

5.1.3 UFO 会计报表系统的基本概念

（1）格式状态和数据状态。UFO 的报表编制分为报表格式设计和报表数据处理两大部分，这两部分工作必须在相应的系统状态下进行，在 UFO 会计报表管理系统窗口中通过单击 格式 / 数据 按钮来实现两种系统状态之间的转换。

① 格式状态。在格式状态下可进行有关报表格式和公式设置的操作，主要设置内容包括表尺寸、行高和列宽、单元属性、单元风格、组合单元、关键字、可变区、单元公式、审核公式、舍位平衡公式等设置。在格式状态下所做的操作对本报表所有的表页都发生作用，但在格式状态下不能进行数据的录入、计算等操作。

② 数据状态。在数据状态下可对报表数据进行编辑和管理，主要操作内容包括输入或采集数据、增加或删除表页、审核数据、舍位平衡、制作图表、汇总、合并报表等。在数据状态下不能修改报表的格式。

（2）单元。单元是具体的行、列交叉而形成的组成报表的最小单位，单元名称也以具体的行列号来表示，如 C5 即表示第 3 列第 5 行对应的单元格。单元分为数值单元、字符单元和表样单元三种。

① 数值单元。数值单元用于存放报表的数据。数值单元的数据可以由单元中存放的单元公式运算生成，也可以在数据状态下直接输入。建立一个新表时，系统将所有的单元类型默认为数值单元。

② 字符单元。字符单元也是报表的数据，内容可以是汉字、字母、数字及各种键盘可以输入的符号。字符单元可以由单元公式生成，也可以在数据状态下直接输入。

③ 表样单元。表样单元是报表的格式，用于定义一个没有数据的空表所需的所有文字、符号或数字。一旦单元被定义为表样，那么在其中输入的内容对所有表页都有效。表样单元的内容在格式状态下输入和修改，在数据状态下不允许修改。

（3）组合单元。组合单元由相邻的两个以上的同一类型的单元组成。UFO 在处理报表时将组合单元视为一个单元。组合单元的名称可以用区域的名称或区域中单元的名称来表示，如 D3 到 D5 的组合单元可以表示为"D3"、"D4"、"D5"和"D3:D5"。

（4）区域。区域是指由一组相邻的单元组成的矩形块。区域是二维的，最大的区域是一个表页的所有单元，最小的区域是一个单元。区域一般用起点单元与终点单元来表示，中间用"："连接，如从 A1 单元到 F5 单元的矩形区域可以用"A1:F5"来表示。

（5）表页。表页是由许多单元组成的具体页面。一个 UFO 报表文件可以包含多张表页，所有的表页具有相同的格式，但其中的数据不同。表页在报表中的序号在表页的下方以标签的形式出现，称为"页标"。

（6）关键字。关键字是一种特殊的单元，它可以唯一标识一个表页。关键字不仅用于在大量表页中快速选择表页，而且可以通过在表页中定义关键字取值，确定该表页所反映的报表数据。UFO 提供了 6 种关键字，即"单位名称"、"单位编号"、"年"、"月"、"季"、"日"、"日期"，此外，用户还可以根据需要设置自定义的关键字。每个报表可以有多个关键字。

关键字的定义分为显示位置定义和具体数值定义。显示位置定义在格式状态下进行，而具体的数值定义则是在数据状态下输入的。

（7）二维表、三维表和四维表。确定某一数据位置的要素称为"维"。按照确定数据位置所需的要素数量，可将报表分为二维表、三维表和四维表。

① 二维表。通过行和列来定位数据的表，如第 2 列第 5 行单元表示为 B5。

② 三维表。通过列、行和表页号来定位数据，由多个相同的二维表构成，如将 1~12 月的利润表中的某类指标及其数值按月份递增的顺序叠放在一个报表文件中，就构成了一个三维表，而第 2 个月的利润表的 B5 单元表示为 B5@2。

③ 四维表。通过列、行、表页和表名来定位数据，由系统中多个不同的三维表构成，如第 2 个月的利润表的 B5 单元用四维表表示即为"利润表"→B5@2。

（8）固定区和可变区。固定区是组成一个区域的行数和列数的数量是固定的数目。一旦设定好以后，在固定区域内其单元总数是不变的。可变区是屏幕显示一个区域的行数或列数是不固定的数字，可变区的最大行数或最大列数是在格式设计中设定的。在一个报表中只能设置一个可变区，或是行可变区或是列可变区。行可变区是指可变区中的行数是可变的；列可变区是指可变区中的列数是可变的。设置可变区后，屏幕只显示可变区的第一行或第一列，其他可变行列隐藏在表体内。有可变区的报表称为可变表，没有可变区的表称为固定表。

5.2　编制会计报表

编制会计报表是指在 UFO 会计报表管理系统中根据需要创建报表、设置报表格式和对会计报表进行公式编辑，以使 UFO 会计报表管理系统在以后的各个会计期间根据所编制的报表，达到能够根据实际的会计期间和相应的经营业务自动取数、计算和生成报表的功能。

5.2.1　创建新表

创建新表就是在 UFO 会计报表管理系统中建立一个新的报表文件，这是编制会计报表的前提。

操作步骤如下。

（1）在企业应用平台窗口，执行【业务工作】/【财务会计】/【UFO 报表】命令，打开【UFO 报表】窗口。

（2）系统弹出【日积月累】对话框，关闭后，单击□按钮，或执行【文件】/【新建】命令，系统自动生成一个名为【report1】的报表文件，如图 5-1 所示。

图 5-1　新建的 UFO 报表

5.2.2　设计报表格式

设计报表格式是指对报表行数、列数、标题、表头、表体、表尾以及报表内各个单元属性和风格等内容的定义。报表格式设计是报表编制的基础，它决定了报表的外观、结构和数据录入的属性。

设计报表格式的操作流程如图 5-2 所示。可变表需设置可变区，固定表则无此步骤。

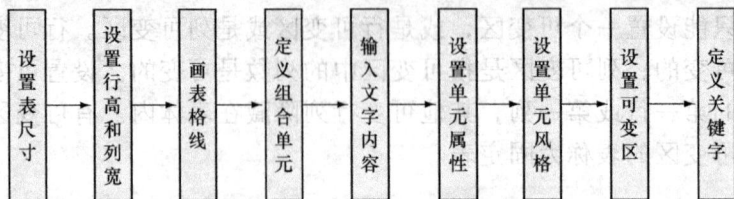

图 5-2　设计报表格式的操作流程

1．设置表尺寸

设置表尺寸是指设定报表的行数和列数。报表的行数，是将报表的标题、表头、表体、表尾所占的行数加总求和所得的行数，报表的列数是指报表所设的栏目数。

【例 5-1】　按图 5-3 所示表格格式自定义上海市 AAA 公司产品销售分析表。

上海市 AAA 公司产品销售分析表

单位：元

	T 恤 001	T 恤 002
产品销售收入		
产品销售成本		
毛利		
毛利率		

制表人：

图 5-3　上海市 AAA 公司产品销售分析表

操作步骤如下。

（1）在【UFO 报表】窗口格式状态下，执行【格式】/【表尺寸】命令，打开【表尺寸】对话框。

（2）输入行数和列数，单击 确认 按钮，如图 5-4 所示，窗口即显示出所设行数和列数的报表。

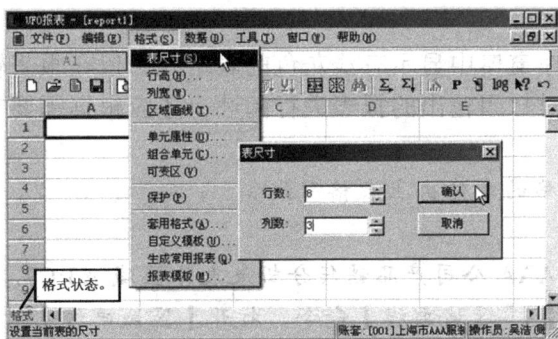

图 5-4 设置表尺寸

补充提醒

对报表表尺寸可进行修改。①通过重新设置表尺寸来修改;②执行【编辑】/【插入】命令,可在选定行的上方增加行或选定列的左方增加列;③执行【编辑】/【追加】命令,可在报表的最后一行或最后一列后面增加行或列;④执行【编辑】/【删除】命令,删除选定的行或列。在进行了以上操作后,需注意对有关的报表公式进行调整。

2. 设置行高和列宽

在一张报表中,出于美观的考虑,对不同的行可能会设置不同的行高,对列宽的设置也要考虑到相应的单元内容,尤其是数据单元,其列宽应能放下本栏中最宽的数据。

系统默认的行高值是 5mm,列宽值是 25mm。对行高和列宽的设置有两种方式:一是在窗口中直接将鼠标光标放在行标间或列标间,然后按住鼠标左键拖动鼠标进行调整,这种设置方法比较直观,但不够精确,比较适用于对个别行高或列宽的调整;二是通过执行菜单命令,对选定区域进行整体行高或列宽的设置,这种方法设置精确,且易于实现整体格式的统一。

【例 5-2】 将"上海市 AAA 公司产品销售分析表"的标题行行高设置为 15mm。

操作步骤如下。

在格式状态下,选取标题所在行的任意单元,执行【格式】/【行高】命令,打开【行高】对话框,输入行高"15",单击 确认 按钮,如图 5-5 所示。

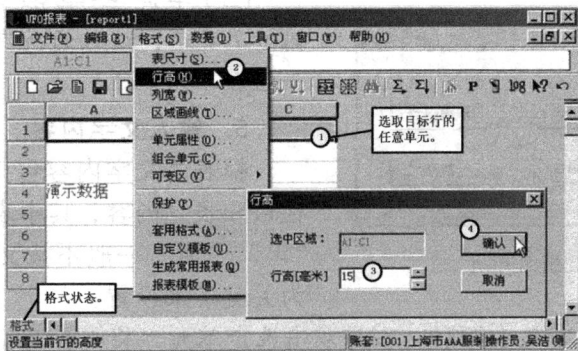

图 5-5 设置行高

3．画表格线

新建的报表虽然在窗口中显示有浅灰色的表格线，但在报表输出时，是没有任何表格线的，为了便于对打印输出的报表进行阅读，还应根据需要在报表适当的位置上添加上表格线。

【例 5-3】 将表格的表体画上表格网线。

操作步骤如下。

（1）选定上海市 AAA 公司产品销售分析表表体区域 A3:C7。

（2）执行【格式】/【区域画线】命令，打开【区域画线】对话框。

（3）选定【网线】单选框，单击 确认 按钮，如图 5-6 所示。

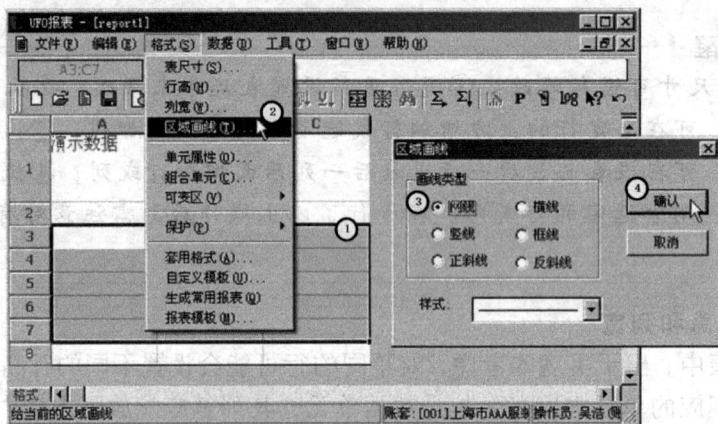

图 5-6　画表格线

4．定义组合单元

定义组合单元就是将几个单元合并为一个单元。通常报表的标题、表头和表尾的设置会用到组合单元。在一些比较复杂的报表表体中也会用到组合单元。

【例 5-4】 将标题所在第 1 行定义为组合单元。

操作步骤如下。

（1）单击行标 1 按钮，刷黑利润表标题所在的第一行。

（2）执行【格式】/【组合单元】命令，打开【组合单元】对话框。

（3）单击 整体组合 按钮或 按行组合 按钮，如图 5-7 所示，该行的所有单元将被合并为一个组合单元。

5．输入文字内容

报表的文字内容包括标题、表头、表体栏目和表尾内容，其中表头的"编制单位"、"年"、"月"一般不按文字内容输入，而作为关键字来设置。

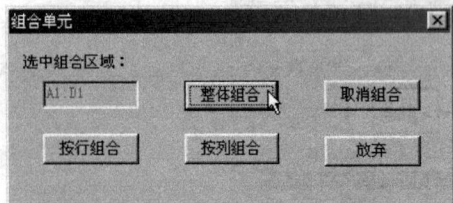

图 5-7　定义组合单元

文字内容输入的方法有两种：一是双击选定单元，将光标定位在单元格中，直接在单元中输入内容；二是选定单元后，将光标定位在窗口上方的编辑栏中进行输入。

6. 设置单元属性

单元属性是对单元性质和表现形式进行的规定，包括单元类型、字体图案、对齐、边框等内容。单元类型分为数值单元、字符单元和表样单元3种类型。在格式状态下已输入文字内容的单元，系统自动将其属性设置为表样单元；未输入文字内容的单元，系统自动将其属性设置为数值单元，字符单元则需另行设置。其中，数值单元的属性设置还包括数值表示方式的内容。

【例 5-5】 将表格中 B4:C6 区域设置为数值单元，并要求不保留小数点，数值用千位分隔符表示。

操作步骤如下。

（1）选取 B4:C6 区域，执行【格式】/【单元属性】命令，打开【单元格属性】对话框。

（2）在【单元类型】列表框中选定【数值】选项，选定【逗号】复选框，单击【小数位数】文本框中的 ▼ 按钮，将【小数位数】调整为【0】，然后单击 确定 按钮，如图 5-8 所示。

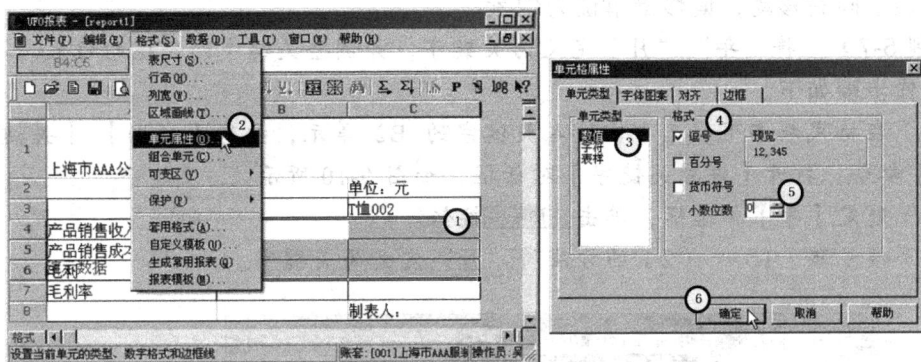

图 5-8 设置单元类型

7. 设置单元风格

单元风格是指表格单元内容在字体、字号、字型、颜色、对齐方式等方面的设置内容。设置单元风格的目的是使表格外观更加美观，符合阅读习惯。

【例 5-6】 将表格标题"上海市 AAA 公司产品销售分析表"设置为黑体加粗，14 号字，水平和垂直方向均为居中设置。

操作步骤如下。

（1）选定标题所在组合单元，执行【格式】/【单元属性】命令，打开【单元格属性】对话框。

（2）打开【字体图案】选项卡，分别在【字体】、【字型】、【字号】列表框中按要求进行设置。

（3）打开【对齐】选项卡，选定【水平方向】和【垂直方向】对应的【居中】单选框，然后单击 确定 按钮，如图 5-9 所示。

8. 设置关键字

如果设计的报表是由多张表页组成的，则为了便于区别表页和对表页进行公式取值，应考虑将报表中的某些关键性的文字定义为特殊的关键字，使其具有标识表页和取值的功能。

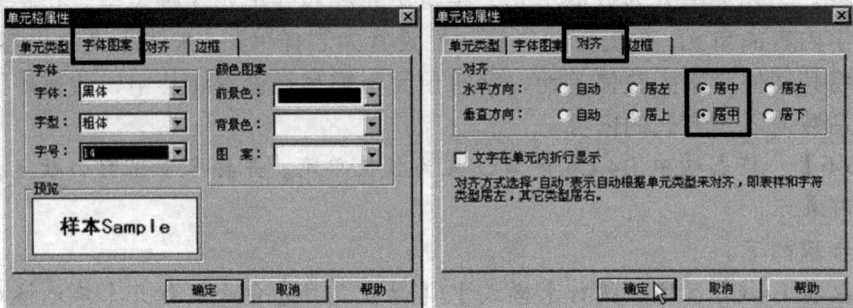

图 5-9 设置单元字体和对齐方式

定义多个关键字后，可能有些关键字会被叠放在一起，因此还需调整关键字的位置，关键字的位置是通过设置关键字的偏移量来调整的，偏移量为负值表示向左移动，正值则表示向右移动，偏移量单位为像素。

【例 5-7】 将"年"、"月"定义为关键字，并调整关键字到合适的位置。

操作步骤如下。

（1）在格式状态下，选中需输入关键字的 B2 单元，执行【数据】/【关键字】/【设置】命令，打开【设置关键字】对话框，如图 5-10 所示。

（2）选定【年】单选框，单击 确定 按钮。

（3）按步骤（1）～（2）的方法将"月"定义为关键字。

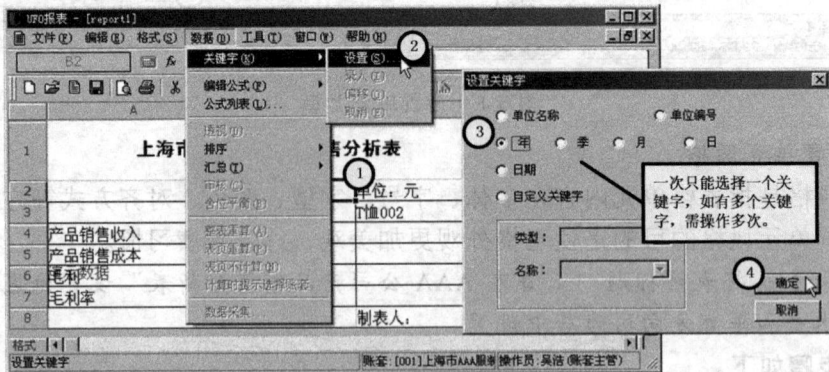

图 5-10 设置关键字

（4）执行【数据】/【关键字】/【偏移】命令，打开【定义关键字偏移】对话框。

（5）在【年】、【月】等需要调整位置的关键字文本框中输入偏移值，如图 5-11 所示，然后单击 确定 按钮。

▌ 补充提醒 ▐

如果关键字内容定义错误或位置定义错误，可执行【数据】/【关键字】/【取消】命令，取消该设置错误的关键字，再重新定义。

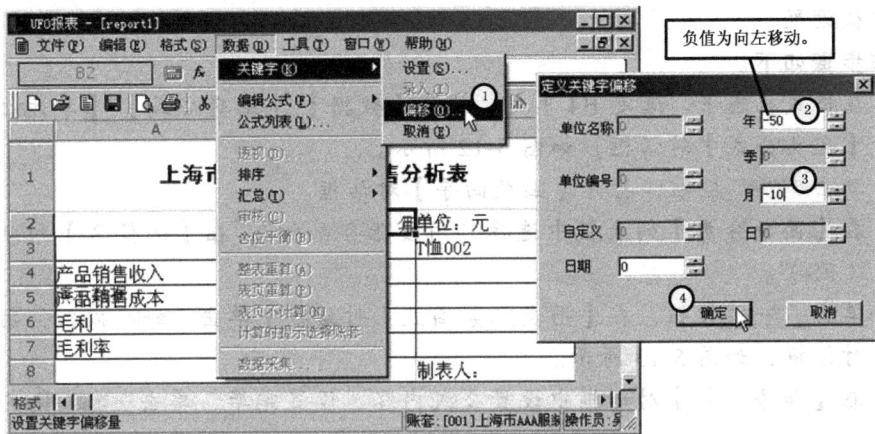

图 5-11 调整关键字位置

5.2.3 编辑报表公式

公式的编辑必须在格式状态下进行。UFO 会计报表管理系统提供有 3 类公式，分别是计算公式（单元公式）、审核公式和舍位平衡公式。

1．计算公式

计算公式也称为单元公式，用于定义报表数据来源以及运算关系。计算公式可以取本表页中的数据，也可以取账套中的数据，还可以取其他表页以及其他报表中的数据。

① 账务、业务取数。UFO 报表可以从总账、应收、应付、薪资、固定资产、销售、采购、库存等系统中提取数据，共提供有 230 个业务函数。由于函数多，且要说明具体的科目、期间、发生额或余额等取数对象的基本特征，所以业务函数的表达式十分复杂，一般采用引导输入法，在计算机系统的提示下，逐步完成公式的设置。

② 表内取数。数据源限于表内，通过加减乘除或统计函数、数学函数的运算生成数据。例如，资产负债表中的涉及合计的数据，利润表中的营业利润、利润总额、净利润数据都是通过表内单元的加减运算生成的。

③ 本表他页取数。日常编制报表时，通常将有密切联系的报表叠放在一起，形成一个三维表，如将本年度的经营分析表放在一个报表文件中，这样既有利于查阅对比各期的报表数据，也有利于通过编辑本表他页取数公式而在报表之间直接取数。例如，本月经营分析表中的 B 列单元数值取上月表页中 C 列的数值，其公式表达式为：B=SELECT（C,月@=月+1），即表示将"月"表中的 C 列数值取到"月+1"表的 B 列。

④ 他表取数。他表取数公式用于在不同报表之间定义取数关系。适用于报表文件存放于同一磁盘中的情况。例如，取"资产负债表"文件第 3 页的 D6 单元数值到当前表页的 C8 单元，其公式表达式为：C8="资产负债表"→D6@3。

【例 5-8】 输入上海市 AAA 公司产品销售分析表中 T 恤 001 的产品销售收入的计算公式：B4 =6001 科目贷方月发生额，辅助核算项目取"T 恤 001"，账套号和会计年度为默认设置。

操作步骤如下。

（1）在格式状态下，选定 B4 单元，执行【数据】/【编辑公式】/【单元公式】命令，打开【定义公式】对话框，如图 5-12 所示。

（2）单击 函数向导... 按钮，打开【函数向导】对话框。

（3）在【函数分类】列表框中选择"用友账务函数"，在【函数名】列表框中选择"发生（FS）"。

（4）单击 下一步 按钮，在【用友账务函数】对话框中单击 参照 按钮，打开【账务函数】对话框，如图 5-13 所示。

（5）在【账务函数】对话框中设置公式内容，设置完毕，单击 确定 按钮返回。

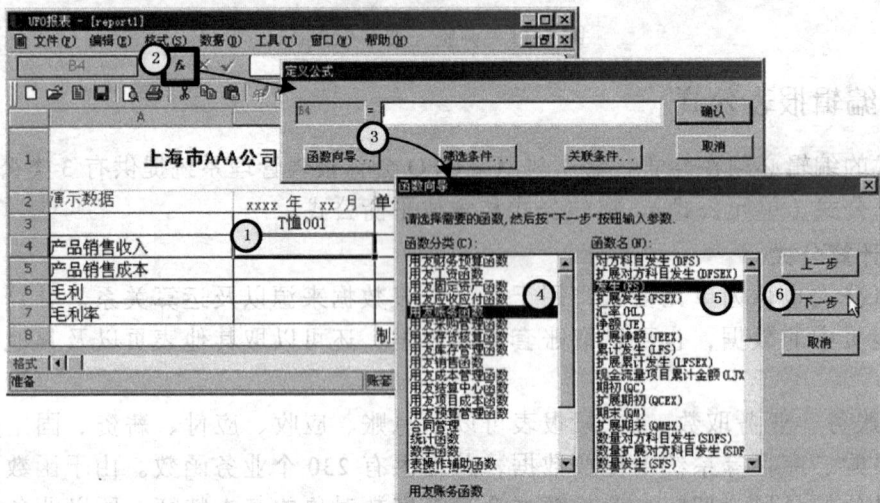

图 5-12 输入计算公式（1）

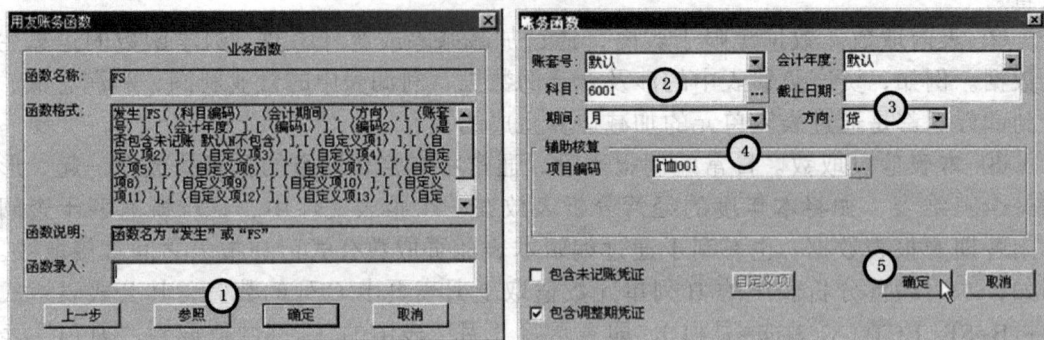

图 5-13 输入计算公式（2）

2. 审核公式

审核公式是 UFO 报表系统提供的用于检查报表数据之间勾稽关系的公式。通过验证报表数据的逻辑关系来提高报表数据的准确性。审核公式由验证关系公式和提示信息两部分组成，其基本表达式为：

<审核关系式>

MESS "提示信息"

【例 5-9】　在资产负债表中要求反映期初资产总计的 C38 单元应等于反映期初负债和所有者权益合计的 G38 单元，该检验内容相应的审核公式为：

C38=G38

MESS "期初数据不符合平衡关系！"

操作步骤如下。

在格式状态下，执行【数据】/【编辑公式】/【审核公式】命令，打开【审核公式】对话框，在文档框中输入公式内容，如图 5-14 所示。

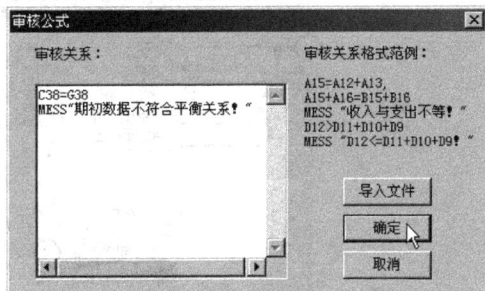

图 5-14　设置审核公式

3. 舍位平衡公式

舍位平衡公式主要用于对有关会计报表的汇总。在进行报表汇总时，可能会存在各个报表计量单位不一致的问题，这就需要对部分报表数据进行进位处理，如将原来的以"元"为单位，转换为以"千元"或"万元"为单位，或者进行小数点数据取整等。在这种情况下，可能会导致由于进位而打破原有的数据平衡关系，为此，在 UFO 报表系统中，通过设置舍位平衡公式，对进位后的数据按设置的舍位平衡公式进行微调，以使经过进位处理后的数据自动恢复平衡关系。

例如，将资产负债表数据计量单位由元进位到万元，由此形成的报表命名为"SW1"，舍位范围为 C7:H38，平衡公式为 C38=C18+C37，D38=D18+D17，G38=G18+G37，H38=H18+H37。其设置方法如图 5-15 所示。注意输入平衡公式时，每个公式一行，公式之间用半角英文标点逗号分隔，最后一行不用写逗号。

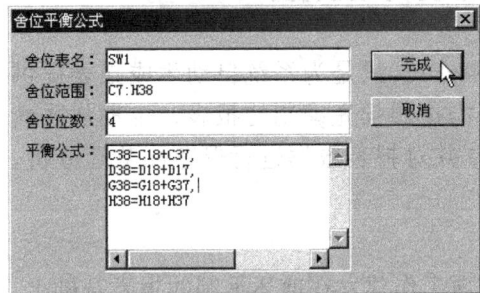

图 5-15　设置审核公式

5.2.4　应用报表模板

UFO 会计报表管理系统提供了多种常用的对外报表模板。利用系统中的会计报表模板，结合企业的实际业务情况稍加修改来编制报表，可以最大限度地减轻用户报表编制的工作量。

【例 5-10】　利用 UFO 会计报表系统模板生成一张上海市 AAA 公司的利润表。

操作步骤如下。

（1）在【UFO 报表】窗口中格式状态下，执行【文件】/【新建】命令，生成一张新的空白表，如图 5-16 所示。

（2）执行【格式】/【报表模板】命令，打开【报表模板】对话框。

（3）单击【您所在的行业】下拉列表框中的▼按钮，选择下拉列表中的"2007 年新会计制度科目"，以同样方法将【财务报表】选择为"利润表"，单击 确认 按钮。

（4）在弹出的"模板格式将覆盖本表格式，是否继续"提示框中单击 确定 按钮，窗口显示出模板中的利润表。

▌补充提醒▐

选择报表模板时，所在行业的选择应与账套的行业选择相一致。

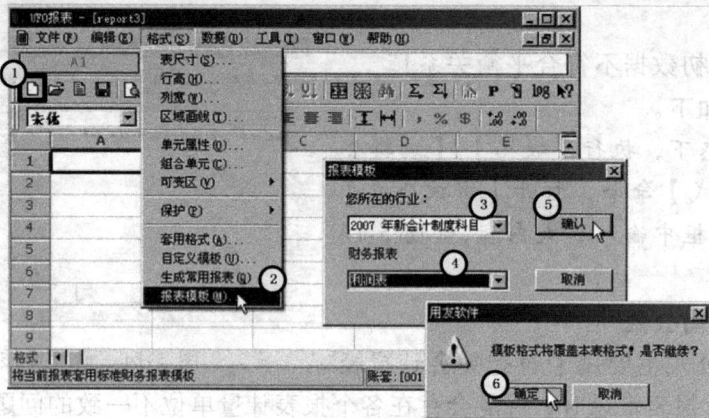

图 5-16　利用模板生成利润表

5.3　生成和保存会计报表数据

在 UFO 会计报表管理系统中编制报表格式和公式，只是为系统自动生成报表提供了基本条件，随着日常经营业务的进行，用户还需按照预先编制的报表，定期从账套中采集有关账簿数据，生成相应的会计报表数据，并对报表数据进行保存和整理分析。

5.3.1　生成报表数据

生成报表是会计报表日常管理的主要工作，这项工作建立在前述编制的报表基础上，系统根据报表文件，自动根据账套、会计期间和报表计算公式采集数据并进行公式运算。

【例 5-11】　生成上海市 AAA 公司 2015 年 9 月的产品销售分析表。

操作步骤如下。

（1）在【UFO 报表】窗口数据状态下，执行【数据】/【关键字】/【录入】命令，打开【录入关键字】对话框，如图 5-17 所示。

（2）分别在文本框中输入相应的关键字值，单击　确认　按钮，系统弹出"是否重算第 1 页"提示框，单击　是(Y)　按钮。

▌补充提醒▐

在从格式状态转入数据状态，系统提示表页计算时，UFO 系统默认按计算机系统时间为关键字值计算生成报表数据。

5.3.2　保存报表数据

报表在完成了格式设置之后，即可将报表保存起来。在生成了报表数据后，也可以通过保存将报表数据以其他文件格式输出保存起来。

图 5-17　生成报表数据

【例 5-12】　将上海市 AAA 公司产品销售分析表数据以 Excel 的格式保存起来。操作步骤如下。

（1）在【UFO 报表】窗口格式状态下，执行【文件】/【保存】命令，或按键盘上的"Ctrl+S"组合键，打开【保存为】列表框。

（2）将文件类型选择为"Excel 文件"，设置好文件名，指定好磁盘路径后，单击 另存为 按钮，在弹出的提示框中单击 是(Y) 按钮，如图 5-18 所示。

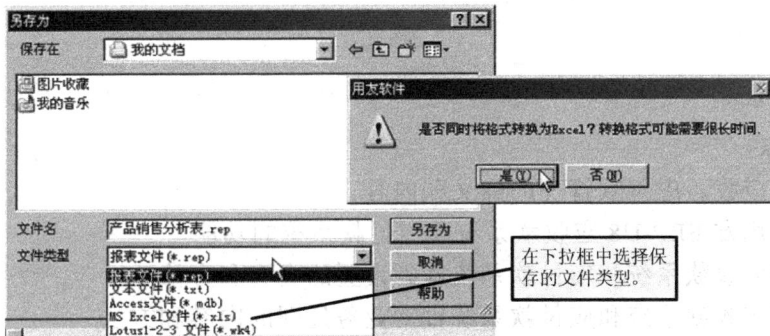

图 5-18　保存输出报表数据

常见问题

无法在数据状态下生成报表数据。

报表系统是以当前计算机系统时间为默认的会计期间，如果系统时间不是核算月，则无法生成该月报表。解决方案如下。

① 调整计算机系统时间，保持其与核算月一致。

② 在格式状态下设置"年"、"月"为关键字，再在数据状态下将关键字值设置为核算的年份和月份，重算报表即可生成数据。

上机实训

实训七　UFO 会计报表的编制（请详见书后所附《上机实训资料》）。

应收、应付款管理

知识目标：

- 了解应收、应付款管理的意义和内容
- 了解用友 ERP-U8 应收款系统和应付款系统的功能
- 掌握应收款系统和应付款系统基础设置的内容和方法
- 掌握应收款系统和应付款系统日常业务处理的内容和方法
- 掌握应收款系统和应付款系统期末业务处理的内容和方法

能力目标：

- 能够按业务要求设置应收款系统和应付款系统选项
- 能够完成应收款系统和应付款系统的基础设置
- 能够根据业务发生情况进行单据录入、核销、转账、票据管理、制单和坏账等业务处理
- 能够对应收款系统和应付款系统进行结账处理

工作情景

上海市 AAA 服装有限公司的经营业务以订单为主，围绕客户订单组织原材料采购和产品生产。随着生产能力的扩大，公司的客户规模也在增大，与更多的供应商建立了合作关系，同时，由采购业务带来的付款结算业务和由销售业务带来的收款结算业务也变得越来越复杂。一些应付款项由于超期未付，影响了企业的信用；一些应收

款项由于未及时催收增大了坏账风险。往来款项核算的准确性、及时性、风险管理和信用管理显得越来越重要。对于往来款项关系较为复杂的上海市 AAA 服装有限公司来说，在对 ERP 系统积累了必要的运行经验的基础上，可以通过启用金蝶 K/3 系统中的应收款管理系统和应付款管理系统来加强对往来款项的核算和管理。

6.1 认知应收、应付款管理

在传统的会计核算中，应收、应付款是通过建立往来款项明细账的方式进行往来账款的核对与管理的。其最大的缺陷是往来账款的记录分散于多个明细账户中，难以对往来账项进行汇总和管理，如果经营中客户或供应商较多，款项往来比较频繁，就可能会造成往来账款核销关系混乱，账款催收不及时等问题，不仅资金利用效率低，还易导致坏账损失。使用应收款管理系统和应付款管理系统进行往来款项业务管理和核算，可以在供应商管理、客户管理、业务核算管理等方面显著提高效率。

6.1.1 应收款管理系统、应付款管理系统简介

根据用户往来账款业务量及核算与管理程度的不同，对应收、应付款的管理与核算有以下 3 种模式。

（1）在总账系统中核算往来账款。这种方案适用于往来业务较少，往来关系比较简单的企业。企业可以选择在总账系统中建立客户往来和供应商往来辅助核算，利用辅助核算功能对往来账款进行核算和管理。本书实训三至实训六，即总账账务核算的有关实训要求按此方式核算应收和应付款项。

（2）使用应收款系统、应付款系统核算往来账款，但不使用供应链系统。这种方案适用于往来业务量大、往来关系较为复杂的企业。由于不使用供应链系统进行业务管理，所以销售业务中的有关发票单据均在应收款系统中录入，并生成应收款，进而生成会计凭证；同样，采购业务中的有关发票单据均在应付款系统中录入，并生成应付款，进而生成会计凭证。通过应收款系统和应付款系统管理往来款项，在对客户和供应管理方面功能更强，在对往来账核算方面可以便捷地进行核销和凭证的自动生成，在往来账分析方面可以由系统根据设置的参数进行账龄分析。本书实训八至实训十一，即应收款管理和应付款管理的有关实训要求按此方式处理应收和应付款项核算和管理。

（3）使用应收款管理系统、应付款管理系统和供应链系统核算往来账款。这种方案适用于信息化基础较好、充分应用 ERP 系统进行业务管理的企业。与仅使用应收款系统、应付款系统核算往来账款的模式相比，供应链的运用，使得销售业务和应收款管理紧密关联、采购业务和应付款管理紧密关联。销售发票在销售管理系统中生成并传递到应收款系统，应收款系统据此生成应收单据并进行后续管理和核算；采购发票在采购管理系统中生成并传递到应付款系统，应付款系统据此生成应付单据并进行后续管理和核算。系统之间的数据传递关系如图 6-1 和图 6-2 所示。

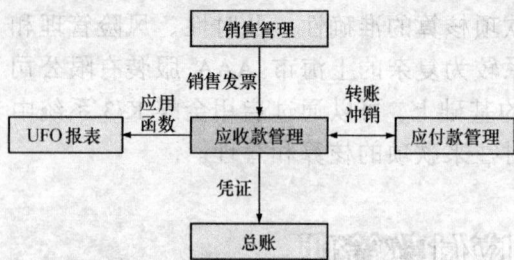

图 6-1 应收款系统与其他系统的关系　　　图 6-2 应付款系统与其他系统的关系

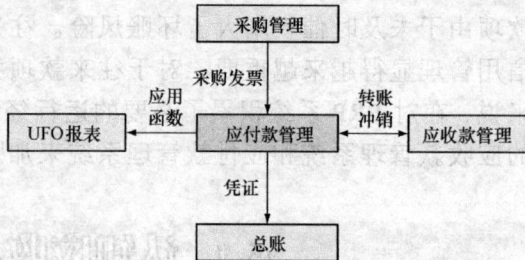

需要注意的是，对往来账管理和核算的模式不同，科目的设置内容也有区别。如果仅使用总账系统核算往来账，则与往来账有关的科目，如应收账款、应收票据、预付账款、应付账款、应付票据、预收账款等在设置为客户往来或供应商往来辅助核算时，其受控系统应为"无"；而在使用后两种模式对往来账进行管理时，与往来账有关的科目设置为客户往来或供应商往来辅助核算时，其受控系统应为相应的"应收系统"或"应付系统"。在业务处理上，与往来账有关的凭证输入和款项的查询也在应收、应付款系统中进行，总账系统不再对与往来账有关的凭证进行凭证填制的业务处理。

6.1.2 应收、应付款管理系统操作流程

应收款管理系统和应付款管理系统的操作流程基本类似，其主要差别是：在应收款管理系统中涉及坏账的处理，而应付款管理系统无需进行坏账处理，所以本书将两个业务管理子系统合并在一起介绍。如图 6-3 所示为应收款管理系统的操作流程。

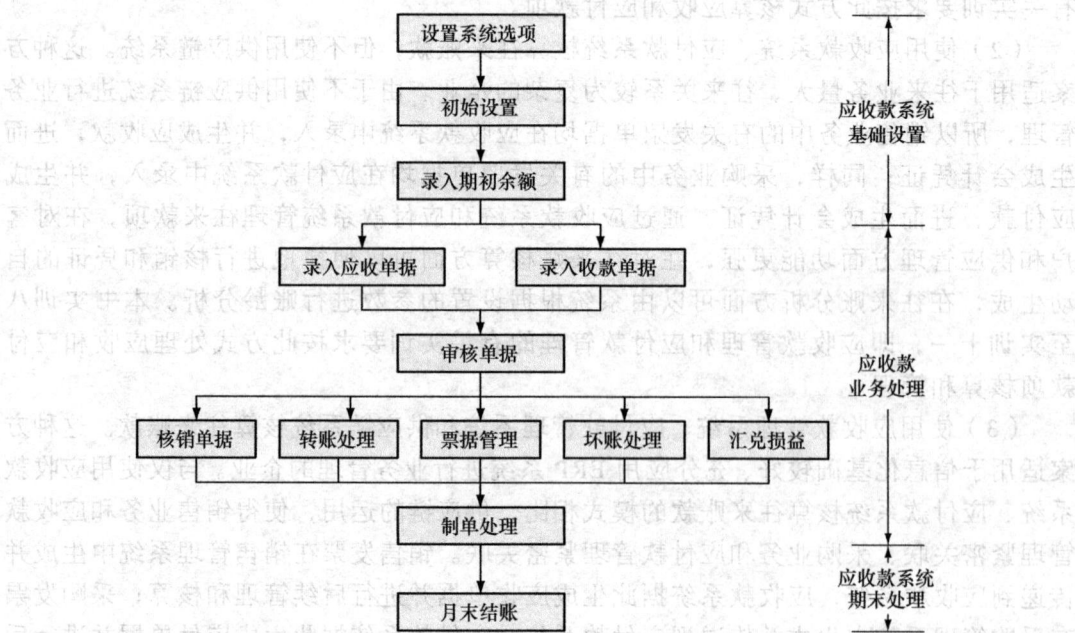

图 6-3 应收款管理系统操作流程

6.2　应收、应付款管理系统基础设置

应收、应付款管理系统基础设置是指在进行应收款和应付款业务处理之前必须完成的系统功能设置和基础资料的录入，主要包括启用系统、设置基础档案、设置系统选项、初始设置和录入期初余额。启用应收款系统和应付款系统的方法在模块三设置基础档案的3.1节启用系统中已做介绍，这里不再赘述。

6.2.1　设置系统选项

启用应收、应付款系统进行业务管理，首先要为业务处理制定基本的规则，如坏账的处理方式、汇兑损益的处理方式、系统的制单方式等，这一过程也称为系统的初始化，是通过设置账套选项的方式来完成的。

【例6-1】　设置上海市AAA公司应收款系统账套选项。

操作步骤如下。

（1）在企业应用平台窗口执行【业务工作】/【财务会计】/【应收款管理】/【选项】命令，或执行【基础设置】/【业务参数】/【财务会计】/【应收款管理】命令，打开【选项】对话框。

（2）单击 编辑(E) 按钮，激活对话框。分别对【常规】、【凭证】、【权限与预警】及【核销设置】标签下各参数进行选择设置，如图6-4所示。完成设置后单击 确定 按钮。

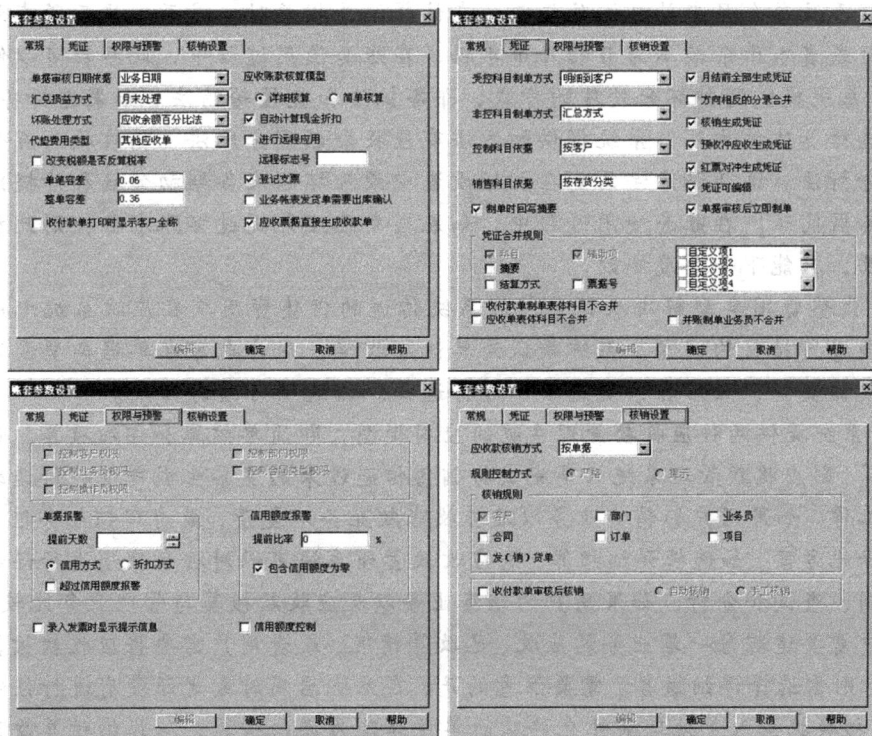

图6-4　设置应收款系统账套选项

▌ 说明 ▌

● 系统提供的应收款核销方式有两种，即按单据核销和按产品核销。如选择按单据核销，则系统将满足条件的未结算单据全部列出，由用户选择要结算的单据，并根据所选择的单据进行核销。如选择按产品核销，则系统将满足条件的未结算单据按存货列出，由用户选择要结算的存货，并根据所选择的存货进行核销。对于单位价值较高的存货，企业可以采用按产品核销，即收款指定到具体存货上。对于一般企业，选择按单据核销即可。在账套使用过程中，该参数的设置可以随时修改。

● 系统提供的单据审核日期有两种，即单据日期和业务日期。如选择单据日期，则在单据处理功能中进行单据审核时，自动将单据的审核日期（即入账日期）记为该单据的单据日期。如选择业务日期，则在单据处理功能中进行单据审核时，自动将单据的审核日期（即入账日期）记为当前业务日期（即登录日期）。因为单据需经审核后才能记账，故单据审核日期依据单据日期还是业务日期，决定了业务总账、业务明细账、余额表等的查询期间取值。如果用户使用单据日期为审核日期，则月末结账时单据必须全部审核，因为下月无法以单据日期为审核日期。业务日期则无此要求。在账套使用过程中，可以随时将选项从按单据日期改成按业务日期。但若需要将选项从按业务日期改成按单据日期，则需要判断当前未审核单据中有无单据日期在已结账月份的单据。若有，则不允许修改；反之，才允许修改。

● 系统提供的汇兑损益方式有两种，即外币余额结清时计算和月末处理。选择外币余额结清时计算，则系统仅当某种外币余额结清时才计算汇兑损益，在计算汇兑损益时，界面中仅显示外币余额为0且本币余额不为0的外币单据。选择月末计算，则系统每个月末计算汇兑损益，在计算汇兑损益时，界面中显示所有外币余额不为0或者本币余额不为0的外币单据。在账套使用过程中，此参数可以修改。

● 系统提供两种坏账处理的方式，即备抵法和直接转销法。如果选择备抵法，则还需选择具体的方法，系统提供的方法有应收余额百分比法、销售收入百分比法和账龄分析法。这3种方法需要在初始设置中录入坏账准备期初余额和计提比例或输入账龄区间等。在账套使用过程中，如果当年已经计提过坏账准备，则此参数不可以修改，只能下一年度修改。

● 代垫费用类型解决从销售管理系统传递的代垫费用单在应收系统中用何种单据类型进行接收的问题。系统默认为其他应收单，用户也可在单据类型设置中自行定义单据类型，然后在系统选项中进行选择。该选项可随时修改。

● 系统提供两种应收款管理系统的应用模型，即简单核算和详细核算。如选择简单核算，则应收款管理系统只是完成将销售传递过来的发票生成凭证并传递给总账这样的工作。如果用户的销售业务以及应收账款业务不复杂，或者现销业务很多，则可以选择此方案。如选择详细核算，则应收款管理系统可以对往来款项进行详细的核算、控制、查询和分析。如果用户的销售业务以及应收款核算与管理业务比较复杂，或者用户需要追踪每一笔业务的应收、已收等情况，或者用户需要将应收款核算到产品一级，则需选择详细核算。需要注意的是，在系统启用时或者还没有进行任何业务（包括期初数据录入）处理前才允许从简单核算改为详细核算；从详细核算改为简单核算随时可以进行，但用户要慎重，一旦有数据，简单核算就改不回详细核算了。

- 是否自动计算现金折扣：若选择自动计算，则需在发票或应收单中输入付款条件，则在核销处理界面中系统就会依据付款条件自动计算该发票或应收单可享受的折扣，用户可输入本次折扣进行结算。在账套使用过程中可以修改该参数。
- 是否登记支票：选择登记支票，则系统自动将具有票据管理结算方式的付款单登记在支票登记簿。若不选择登记支票，则用户也可以通过付款单上的【登记】按钮，进行手工填制支票登记簿。该选项可以随时修改。
- 应收控制科目是指在会计科目中设置的、所有带有客户往来辅助核算并受控于应收系统的科目。
- 系统对于受控科目提供两种制单方式，即明细到客户和明细到单据。如选择明细到客户，则当用户将一个客户的多笔业务合并生成一张凭证时，如果核算多笔业务的控制科目相同，系统会自动将其合并成一条分录。这种方式的目的是使用户在总账系统中能够根据客户来查询其详细信息。如选择明细到单据，则当用户将一个客户的多笔业务合并生成一张凭证时，系统会将每一笔业务形成一条分录。这种方式的目的是使用户在总账系统中也能查看到每个客户的每笔业务的详细情况。
- 系统对于非受控科目提供3种制单方式，即明细到客户、明细到单据和汇总制单方式。如选择明细到客户，则当用户将一个客户的多笔业务合并生成一张凭证时，如果核算这多笔业务的非受控制科目相同，且其所带辅助核算项目也相同，则系统自动将其合并成一条分录。这种方式的目的是在总账系统中能够根据客户来查询其详细信息。如选择明细到单据，则当用户将一个客户的多笔业务合并生成一张凭证时，系统会将每一笔业务形成一条分录。这种方式的目的是在总账系统中也能查看到每个客户的每笔业务的详细情况。如选择汇总制单，则当用户将多个客户的多笔业务合并生成一张凭证时，如果核算这多笔业务的非控制科目相同，且其所带辅助核算项目也相同，则系统自动将其合并成一条分录。这种方式的目的是精简总账中的数据，用户在总账系统中只能查看到该科目的一个总的发生额。
- 系统提供3种控制科目的依据，即按客户分类设置、按客户设置和按地区分类设置。按客户分类设置是指用户根据一定的属性将往来客户分为若干大类，如用户可以根据时间将客户分为长期客户、中期客户和短期客户，也可以根据客户的信用将其分为优质客户、良性客户、一般客户和信用较差的客户等。在这种方式下，用户可以针对不同的客户分类设置不同的应收科目和预收科目。按客户设置是指针对不同的客户在每一种客户下设置不同的应收科目和预收科目。按地区分类设置是指针对不同的地区分类设置不同的应收科目和预收科目，如将客户分为华东、华南、东北等地区，在不同的地区分类下设置科目。
- 控制科目如果按客户分类设置，则在【设置科目】-【控制科目设置】中系统列示客户分类，进行控制科目设置；如果按客户设置，则在【设置科目】-【控制科目设置】中系统列示客户明细，进行控制科目设置；如果按地区设置，则在【设置科目】-【控制科目设置】中系统列示地区分类，进行控制科目设置。对单据制单时，若单据上有科目，则直接取单据上的科目；若无，则取【控制科目设置】中设置的科目。若在【控制科目设置】设置处未设置控制科目，则系统将取【设置科目】-【基本科目设置】中设置的应收科目。若在【基本科目设置】中未设置科目，则需用户手工输入凭证科目。

● 系统提供了两种设置销售科目的依据，即按存货分类和按存货设置。在此设置的销售科目，是系统自动制单科目取值的依据。如选择按存货分类设置，则用户需根据存货的属性将存货划分成若干大类，然后在这些存货分类下设置不同的科目。如选择按存货设置，则用户需直接针对不同的存货设置不同的科目。

● 设置销售科目依据是为了在【产品科目设置】中可以针对不同的存货（存货分类）设置不同的产品销售收入科目和应交增值税科目。对单据制单时，若单据上未带科目，则系统将取在【产品科目设置】设置处设置的产品科目；若未设置产品科目，则系统将取【设置科目】-【基本科目设置】中设置的销售科目及税金科目；若在【基本科目设置】中未设置科目，则需手工输入凭证科目。

● 月末结账前是否需要全部制单：如果选择了月末结账前需要将全部的单据和业务处理进行制单，则在进行月末结账时将检查截止到结账月是否有未制单的单据和业务处理。若有，系统将提示不能进行本次月结处理，但可以详细查看这些记录；若没有，才可以继续进行本次月结处理。如果选择了在月末结账前不需要将全部的单据和处理进行制单，则在月结时只是允许查询截止到结账月的未制单单据和业务处理，不进行强制限制。

● 方向相反的分录是否合并：如选择合并，则在制单时若遇到满足合并分录的要求，且分录的情况如上所描述的，则系统自动将这些分录合并成一条，根据在哪边显示为正数的原则来显示当前合并后分录的显示方向。如选择不合并，则在制单时即使遇到满足合并分录的要求，且分录的情况如上所描述的，也不能合并这些分录，还是根据原样显示在凭证中。需要注意的是，即使选择合并分录，在坏账收回制单时也不合并应收账款科目，即该选项对坏账收回制单无效。

● 核销是否生成凭证：如选择否，则不管核销双方单据的入账科目是否相同均不需要对这些记录进行制单。如选择是，则需要判断核销双方的单据其当时的入账科目是否相同，不相同时，需要生成一张调整凭证。如发票的入账科目为 113101，收款单冲销的入账科目为 113102，则当这张收款单核销这张发票后，应该生成如下凭证。

借：113 102 科目

贷：113 101 科目

● 红票对冲是否生成凭证：如选择是，则对于红票对冲处理，当对冲单据所对应的受控科目不相同时，需要生成一张转账凭证。如选择否，则对于红票对冲处理，不管对冲单据所对应的受控科目是否相同均不需要生成凭证。选择需要生成凭证的情况下，月末结账时需要对红票对冲处理分别检查有无需要制单的记录；在选择不需要生成凭证的情况下，月末结账时不需要检查红票对冲处理制单情况。

6.2.2 初始设置

在账套参数设置完毕后，应收、应付款系统即可使用，但要实现系统功能还要为系统做一些功能设置。例如，为了简化日常核算中填制凭证的工作，可以预先将应收、应付款业务中常用的会计科目设置好；为了加强应收、应付款的管理，要分别对坏账准备、账龄区间和报警级别进行设置。这些工作集中在应收款系统和应付款系统中的

【初始设置】窗口中。

【例6-2】 对上海市AAA公司的应收款系统进行初始设置。

操作步骤如下。

（1）在企业应用平台窗口中，执行【业务工作】/【财务会计】/【应收款管理】/【设置】/【初始设置】命令，打开【初始设置】窗口。

（2）在【初始设置】窗口的左边列表框中显示有各初始设置选项的文件夹，单击该文件夹，即可在右边的对话框中进行编辑设置，如图6-5所示。

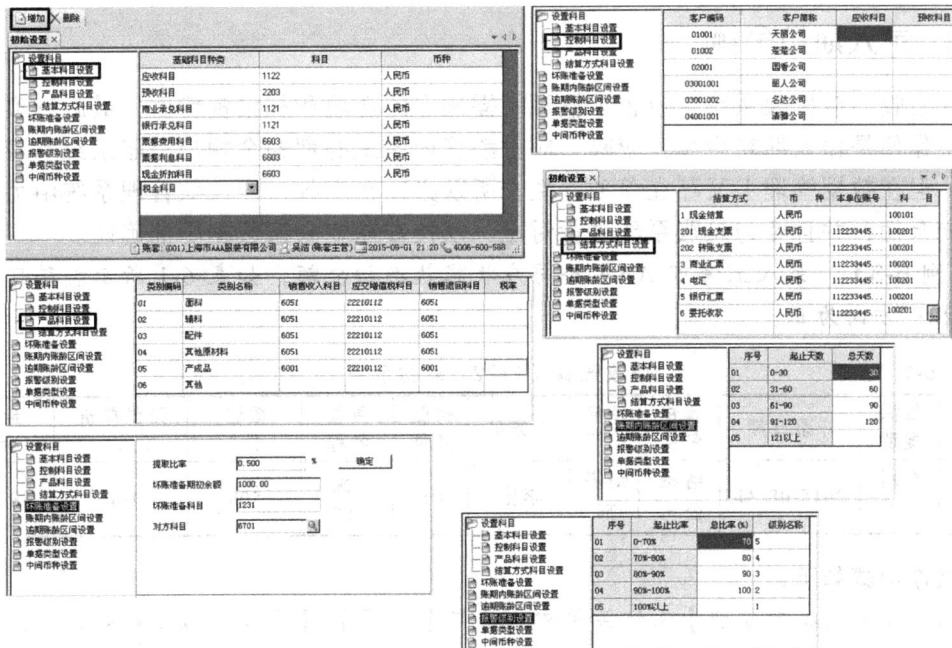

图6-5 应收款系统初始设置

说明

● 基本科目是指在核算应收款项时经常用到的科目。在系统中设置了基本科目，系统便会在生成凭证时自动填制相关的会计科目。如果用户未在此设置基本科目，则在系统生成凭证时，需由操作员手工输入相关的会计科目。

● 在应收款系统中，如果用户为不同的客户（客户分类、地区分类）分别设置了应收款核算科目和预收款核算科目，则可以不在【基本科目设置】中输入应收款和预收款核算科目，而在【控制科目设置】中按不同的客户分别设置这些科目。同样，在应付款系统中，如果用户为不同的供应商（供应商分类、地区分类）分别设置了应付款核算科目和预付款核算科目，则也不必在【基本科目设置】中输入这些科目。

● 在应收款系统中，如果用户为不同的存货（存货分类）分别设置了销售收入核算科目，则可以不在【基本科目设置】中输入这些科目，而在【产品科目设置】中按不同的存货类别分别设置销售收入和销售税金科目。同样，在应付款系统中，如果用户为不同的存货（存货分类）分别设置了采购核算科目，则也不必在【基本科目设置】中输入这些科目。

- 应收和预收科目必须是有客户往来辅助核算的科目，并且受控于应收款系统。同样，应付和预付科目必须是有供应商往来辅助核算的科目，并且受控于应付款系统。
- 只有设置了应收票据、应付票据（银行承兑、商业承兑）科目，才可以使用票据登记簿功能，才能在期初余额中录入期初应收单据。
- 应收票据科目必须是有客户往来辅助核算的科目，并且受控于应收款系统；应付票据必须是有供应商往来辅助核算的科目，并且受控于应付款系统。

6.2.3　录入期初余额

在应收、应付款系统中设置了核算所需确定的选项和档案资料后，最后一项基础设置工作便是输入期初余额。应收、应付款管理系统的期初余额与总账系统有着对应关系，但在数据管理上又存在着独立性，所以必须在应收、应付款管理系统中另行录入期初余额，并且要与总账系统进行对账，以检查期初余额数据的准确性。

【例 6-3】　录入上海市 AAA 公司应收账款期初余额，如表 6-1 所示。科目编码为 1122；方向为正。

表 6-1　　　　　　　　　　　　应收账款（1122）期初余额

单据名称	单据类型	开票日期	客户名称	销售部门	业务员	付款条件	货物名称	数量（件）	无税单价（元）	金额（元）
销售发票	专用发票	2015-08-31	清雅公司	销售部	李艳	01	T恤002	500	100	58 500

操作步骤如下。

（1）在【应收款管理】系统菜单中，执行【设置】/【期初余额】命令，打开【期初余额—查询】对话框，如图 6-6 所示。

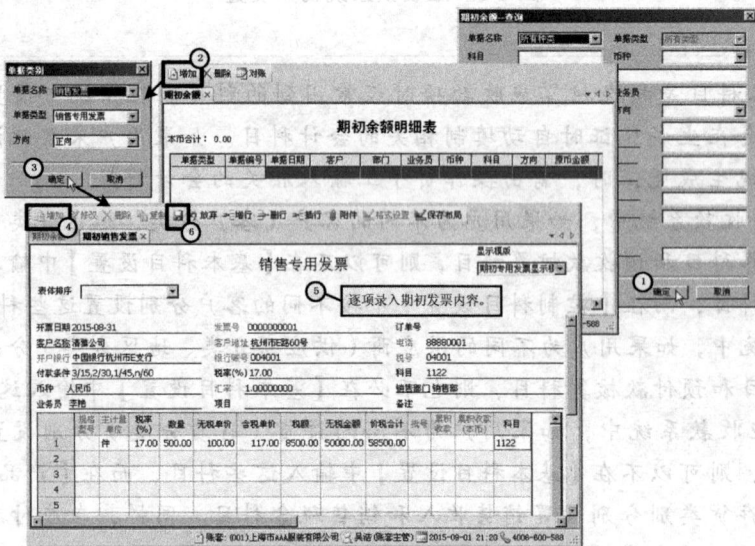

图 6-6　录入期初余额

（2）直接单击 [确定] 按钮，打开【期初余额】窗口。

（3）单击 [增加] 按钮，打开【单据类别】对话框。

（4）将【单据名称】选定为【销售发票】，【单据类型】选定为【销售专用发票】，【方向】选定为【正向】，表示期初余额为正数。然后单击 [确定] 按钮，打开【期初销售发票】窗口。

（5）单击 [增加] 按钮，按表6-1逐项输入发票内容，然后单击 按钮。

全部期初余额单据输入完毕，在【期初余额】窗口单击 [对账] 按钮，可以与总账系统输入的期初余额进行对账检查，以验证所输入期初余额的准确性，如图6-7所示。

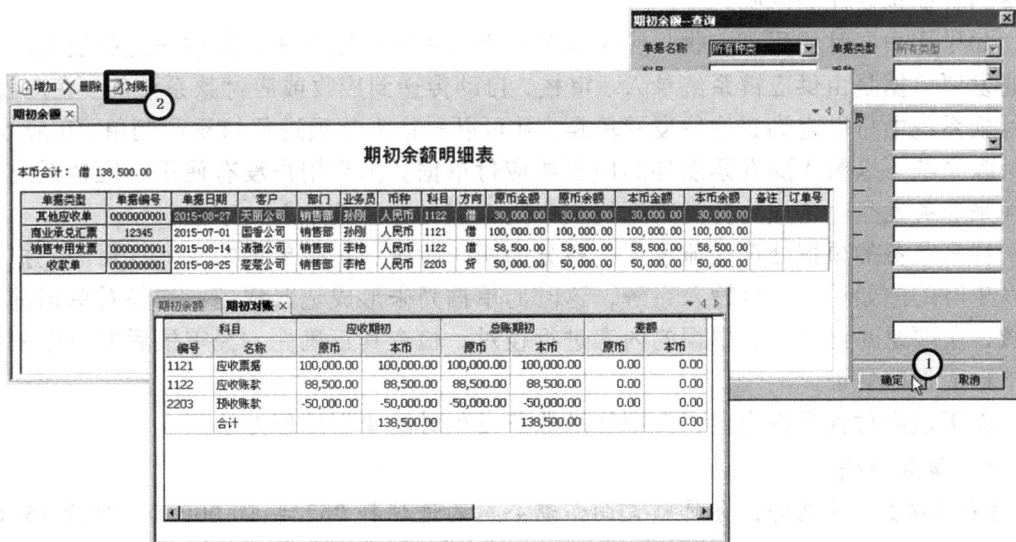

图6-7 对账

应付账款、预付账款和应付票据的期初余额在【应付款管理】中输入，方法与上述应收款期初余额输入类似，这里不再赘述。

清除期初余额的方法：在【期初余额】窗口，单击选定需删除的期初余额项目所在行，然后单击 [删除] 按钮。如果期初余额单据已被核销制为凭证，则需先删除凭证、取消核销后才能删除有关的期初余额单据。

6.3 应收、应付款业务处理

在使用应收款系统、应付款系统管理往来款项的条件下，用户日常往来业务形成的单据，如发票、费用单、结算单等全部在应收款系统或应付款系统中输入并生成凭证，系统根据录入的原始单据，自动记录和汇总与各往来单位的款项数据，并向用户提供对往来账款的统计分析。

应收款系统是用来核算与客户之间资金往来关系的，应收账款、应收票据和预收账款的有关单据均在应收款系统中输入。相应地，应付款系统是用来核算与供应商之间资金往来关系的，应付账款、应付票据和预付账款的有关单据在应付款系统中输入。

6.3.1 应收单据和应付单据处理

往来业务的发生是指由于赊销或赊购等原因导致应收款或应付款的增加。应收业务发生时，一般会生成销售发票或应收单据；应付业务发生时，一般会生成采购发票或应付单据。其中，发票单据又可分为专用发票和普通发票两类；应收应付单据在实务中主要是指运费等代垫款项。往来业务的日常处理以这些原始单据的录入为起点，往来业务发生时录入的单据和凭证是往来账款结算和核销的对象，坏账的处理与坏账准备的计提也以此为基础。

如果用户同时使用了应收、应付款管理系统和供应链系统，则往来业务发生时生成的发票单据是由供应链系统录入、审核，自动传递到应收或应付款系统的。在应收、应付款系统中可以查询到这些发票单据，并可以对往来款项进行核销和制单。在应收、应付款系统可以录入除发票以外的应收或应付单据。如果用户没有使用供应链系统，则往来业务发生时生成的各类单据均在应收或应付款系统录入并审核。

往来业务的单据处理在流程上一般分为两个阶段：一是单据的录入，目的是把业务发生时的原始单据资料输入系统，这时的单据尚未形成记账凭证；二是对单据进行审核，主要是对已录入的单据的内容进行校对，检查其正确性，经审核后的单据才能制单形成记账凭证。

以下以应付款系统为例，介绍往来业务发生时的单据处理方法。

1. 录入单据

【例 6-4】　采购部业务员陈炎向新新公司购进辅料 002 共 10 000 套，单价 15 元/套，价款 150 000 元，增值税税率为 17%，货款未付，不享受现金折扣。

操作步骤如下。

（1）在【应付款管理】系统菜单中，执行【应付单据处理】/【应付单据录入】命令，打开【单据类别】对话框，如图 6-8 所示。

（2）选择需输入的单据名称和类型，单击　确定　按钮。

（3）在打开的【采购发票】窗口，单击 增加 按钮，逐项输入单据内容，然后单击 按钮。

图 6-8　录入应付单据

2. 审核单据

录入的单据必须经过审核才能进行后续的核销、转账、制单等处理。在应收、应付款管理系统中，单据的填制与审核可以由同一人进行，但在实务中，单据的填制与审核最好能由不同的操作员承担，通过操作员之间的相互检查，可以有效减少单据填制可能出现的差错和防止舞弊行为的发生。

（1）由单据填制人自己审核单据。在填制的单据被保存后，[✓审核]按钮被激活，对录入的单据进行校对检查，确认准确无误后，单击[✓审核]按钮。

（2）由其他操作员审核单据。在企业应用平台窗口中，执行【业务工作】/【财务会计】/【应付款管理】/【应付单据处理】/【应付单据审核】命令，在单据的【选择】栏打上"Y"标记，然后单击[✓审核]按钮，如图 6-9 所示。在该窗口中还可删除已录入的应付单据。

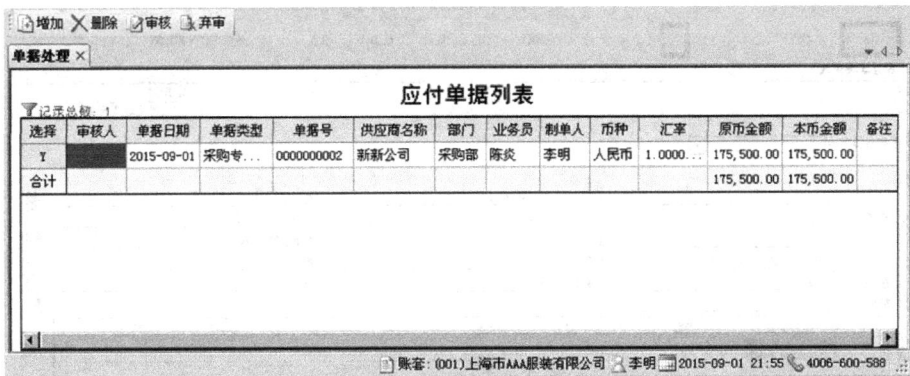

图 6-9　审核应付单据

单据在未被审核前，可以由操作员自行修改和删除。如果要修改和删除已经审核的单据，则必须先取消审核，然后再对单据进行修改和删除。单据的名称和类型、税率、币种是不能进行修改的，如果这些单据内容出现错误，只能删除该单据，然后再重新填制一张正确的单据。

3. 删除单据

录入的单据在未审核之前，可以手动删除。如果单据已经制成凭证或已经审核、核销，则必须先删除凭证、取消核销、取消审核，才能删除单据。

删除单据的方法与审核单据的方法类似，这里不再赘述。

6.3.2　收款付款结算单据处理

往来款项的结算与往来业务的发生是相对应的，有往来款项的增加，必然伴随着往来款项的结算与核销。在填制单据时，必须分清填制的单据属于何种业务类型。往来款项结算时，会生成收款单据或付款单据，涉及具体的结算方式和资金的实际增减；而往来款项发生时，不涉及资金结算，但会有往来科目的发生额。

应收款结算单据是以收款单的形式录入的，日常业务中收到货款、预收货款按应收款结算单据录入；应付款结算单据是以付款单的形式录入的，日常业务中支付采购货款、预付采购货款按应付款结算单据录入。

往来款项的结算分为两个阶段：一是收款单或付款单的录入，任务是把实际发生的资金结算业务数据录入系统；二是对往来款项进行核销，也就是要指定所录入的收（付）款单是对哪笔往来业务款项进行结算。明确了核销关系后，可以及时将已完成结算的往来账进行清理，以便更准确地管理未结算账款。

【例 6-5】 以电汇方式（票号为 2233）支付上月欠兴盛公司的货款 117 000 元。操作步骤如下。

（1）在【应付款管理】系统菜单中，执行【付款单据处理】/【付款单据录入】命令，打开【收付款单录入】对话框，如图 6-10 所示。

（2）单击 📋增加 按钮，根据实际发生的付款结算业务逐项输入单据内容，然后单击 💾 按钮。

图 6-10 录入付款结算单据

录入的收款单、付款单等结算单据必须经过审核才能进行后续的核销、转账、制单等处理。操作方法与应收单据、应付单据的审核方法类似，可以由填制单据的操作员在保存单据后直接审核，也可以由其他操作员执行【付款单据审核】命令进行审核。

6.3.3 核销单据

核销单据是指在收到货款时确认其所对应的应收款项，或在支付货款时确认其所对应的应付款项。在操作上即是在录入收款单后，确认该收款单与之前开出的发票、应收款之间的对应关系，或是在录入付款单后，确认该付款单与之前收到的发票、应付款之间的对应关系。

单据核销有录入兼核销、手动核销和自动核销 3 种操作方法。

1. 录入兼核销

这种方法适用于在结算单据录入保存后，直接进行核销处理。

操作步骤如下。

（1）在结算单据录入保存后，单击【结算单录入】对话框上方的 ☑核销·按钮，系统弹出【核销条件】对话框，可直接单击 ▨确定 按钮，打开【单据核销】窗口。

（2）在本次付款所需核销单据的【本次结算】栏中输入金额，也可单击 ▨分摊▾ 按钮，由系统自动输入金额，然后单击 ▨ 按钮，如图 6-11 所示。

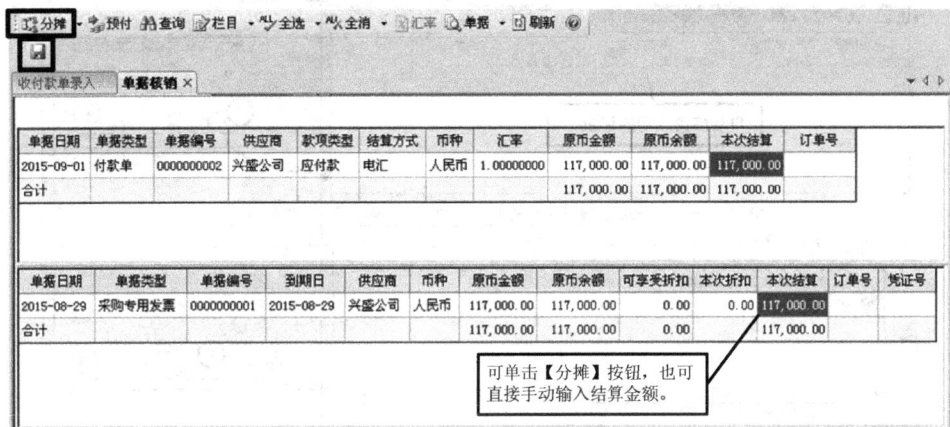

单据日期	单据类型	单据编号	供应商	款项类型	结算方式	币种	汇率	原币金额	原币余额	本次结算	订单号
2015-09-01	付款单	0000000002	兴盛公司	应付款	电汇	人民币	1.00000000	117,000.00	117,000.00	117,000.00	
合计								117,000.00	117,000.00	117,000.00	

单据日期	单据类型	单据编号	到期日	供应商	币种	原币金额	原币余额	可享受折扣	本次折扣	本次结算	订单号	凭证号
2015-08-29	采购专用发票	0000000001	2015-08-29	兴盛公司	人民币	117,000.00	117,000.00	0.00	0.00	117,000.00		
合计						117,000.00	117,000.00	0.00		117,000.00		

可单击【分摊】按钮，也可直接手动输入结算金额。

图 6-11　核销单据

2. 手动核销

这种方法适用于关闭【结算单录入】对话框后，有针对性地进行核销。

操作步骤如下。

（1）在企业应用平台窗口中，执行【业务工作】/【财务会计】/【应付款管理】/【核销处理】/【手工核销】命令，打开【核销条件】对话框。

（2）在【核销条件】对话框中，选择所要进行核销的供应商，然后单击 ▨确定 按钮。

（3）系统弹出【单据核销】窗口，在本次付款所需核销单据的【本次结算】栏中输入金额，或单击 ▨分摊▾ 按钮，由系统自动输入金额，然后单击 ▨ 按钮。

3. 自动核销

这种方法适用于关闭【结算单录入】对话框后，由系统自动进行核销。

操作步骤如下。

（1）在【应付款管理】系统菜单中，执行【核销处理】/【自动核销】命令，打开【核销条件】对话框，如图 6-12 所示。

（2）选择所要进行核销的供应商，单击 ▨确定 按钮，系统弹出"是否进行自动核销"提示框，单击 ▨是 按钮，系统弹出【自动核销报告】对话框，直接关闭对话框退出。

┤补充提醒├

如果因业务处理错误需要取消核销，可在【应收款管理】或【应付款管理】系统菜单中执行【其他处理】/【取消操作】命令，在【取消操作条件】对话框中设置操作类型为"核销"，单击 ▨确定 按钮后，在打开的【取消操作】窗口选择单据，再单击 OK确认 按钮，如图 6-13 所示。

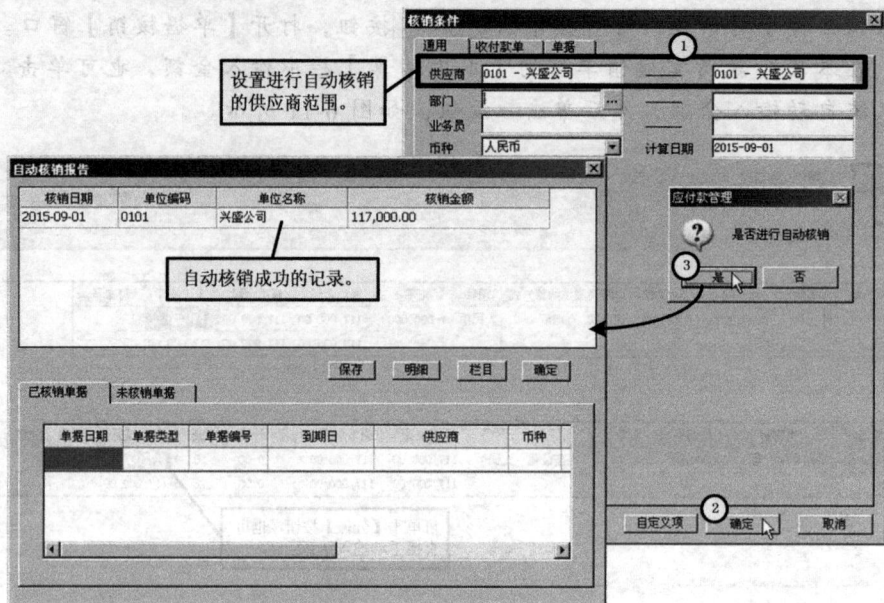

图 6-12　自动核销

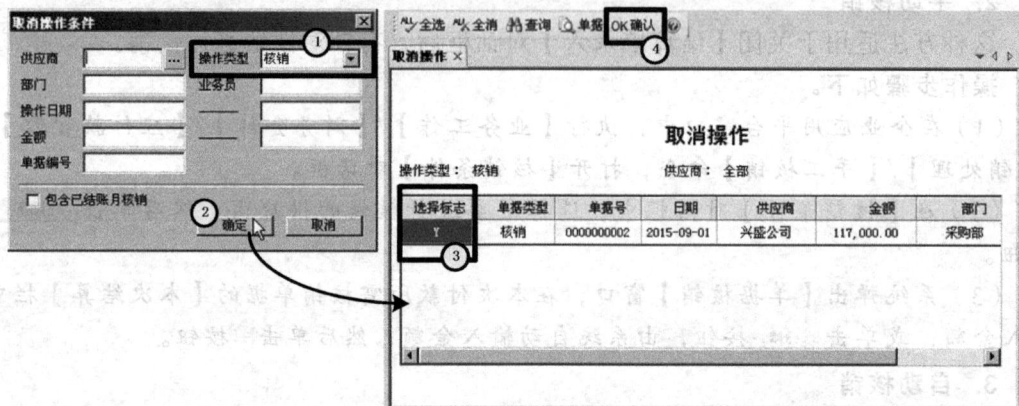

图 6-13　取消核销

6.3.4　选择收款和选择付款

使用应收款管理系统中的"选择收款"功能，可以一次对多个客户、多笔款项进行收款并核销的业务处理；同样，在应付款管理系统中也可通过"选择付款"功能，对多个供应商、多笔款项进行付款并核销，从而达到简化日常工作的目的。

【例 6-6】　以电汇方式（票号为 2233）支付上月欠兴盛公司的货款 117 000 元。用选择收款功能进行业务处理。

操作步骤如下。

（1）在【应付款管理】系统菜单中，执行【选择付款】命令，打开【选择付款—条件】对话框，如图 6-14 所示，设置选择条件，单击 确定 按钮。

（2）在打开的【选择付款—单据】窗口，输入付款金额，单击 OK确认 按钮。

（3）在打开的【选择付款—付款单】窗口，输入结算方式、票据号、摘要等资料，单击 确定 按钮。

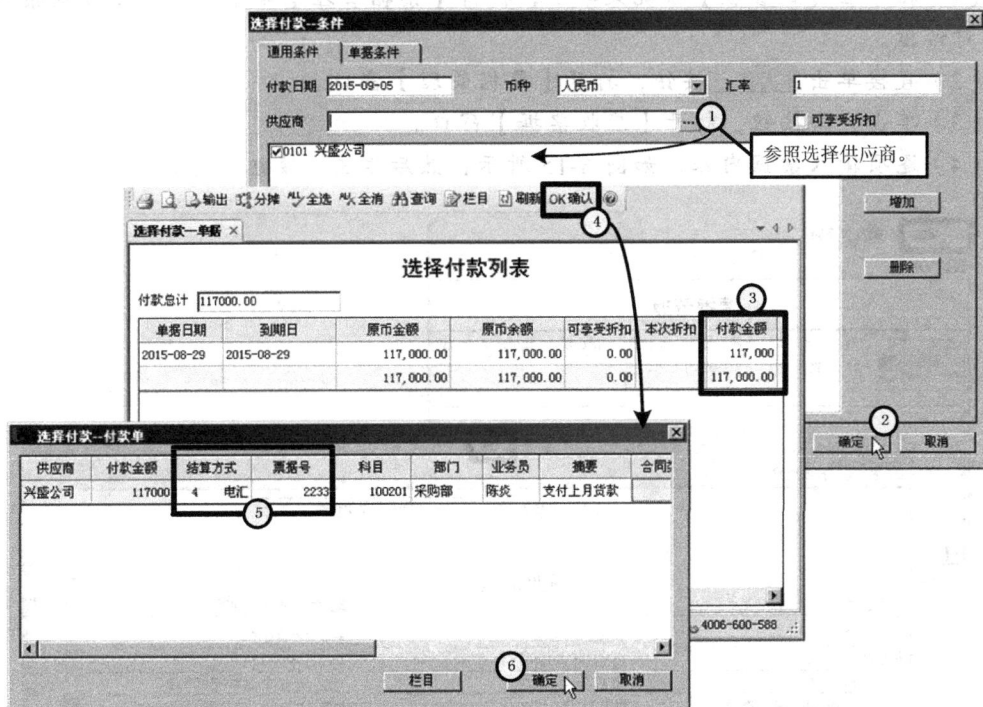

图 6-14 选择付款

┃补充提醒┃

如果所执行的选择付款操作有误，可以在应付款管理系统菜单中执行【其他处理】/【取消操作】命令，选择操作类型为"选择付款"，可恢复到操作前状态。如果已根据该处理制单，则应先删除该凭证，再取消操作。

6.3.5 票据管理

企业在日常经营业务结算中，往往会采用银行承兑汇票或商业承兑汇票的结算方式，这就形成了应收票据和应付票据。对票据的管理是企业日常资金管理的重要组成部分。在应收款系统和应付款系统中都设置有票据管理功能，供用户记录票据的详细信息，包括票据金额、利率、日期、贴现、背书、计息、结算和转出等内容，并可以灵活地设置查询条件，找到所要查询的票据。

1. 增加票据

票据按形成的时间区段分为期初票据和日常经营形成的票据，相应地，增加票据的方式也分为两种，即期初票据的录入和日常票据的录入。期初票据的录入方法在 6.2.3 录入期初余额中已有介绍，这里仅介绍日常票据的录入方法。

【例 6-7】 销售部孙刚销售给丽人公司 T 恤 002 共 8 000 件，收到两个月无息商业承兑汇票一张，票据编号为 13579，承兑单位是丽人公司，票据面值 936 000 元，收到日和出票日均为 2015 年 9 月 1 日，到期日为 2015 年 12 月 1 日。

操作步骤如下。

（1）在【应付款管理】系统菜单中，执行【票据管理】命令，打开【查询条件选择】对话框。

（2）直接单击 确定 按钮，打开【票据管理】窗口。

（3）单击增加按钮，打开【应收票据】窗口。

（4）逐项输入票据内容，如图 6-15 所示，然后单击 按钮。

图 6-15　增加票据

2. 票据管理

票据管理是指对企业现存的应收和应付票据的处理情况所进行的控制和核算。对票据的处理包括票据的贴现、背书、转出、结算和计息等内容。对票据的处理在【票据管理】窗口中进行，有关业务核算的会计分录如下。

（1）收到票据。

借：应收票据

　　贷：应收账款

（2）票据计息。

借：应收票据

　　贷：财务费用

（3）票据贴现。

借：贴现科目
　　　贷：应收票据

（4）票据背书。

借：应付账款
　　　贷：应收票据

（5）票据结算。

借：结算科目
　　　贷：应收票据

（6）票据转出。

借：应收账款
　　　贷：应收票据

【例6-8】　国香公司的商业承兑汇票款 100 000 元到期，款项已划入银行账户。

操作步骤如下。

（1）在【票据管理】窗口，单击需结算票据的【选择】栏，打上"Y"标记，单击 结算 ▾按钮，打开【票据结算】对话框，如图 6-16 所示。

（2）输入结算内容，然后单击 确定 按钮。

（3）系统弹出"是否立即制单"提示框，单击 是 按钮，可立即生成凭证。

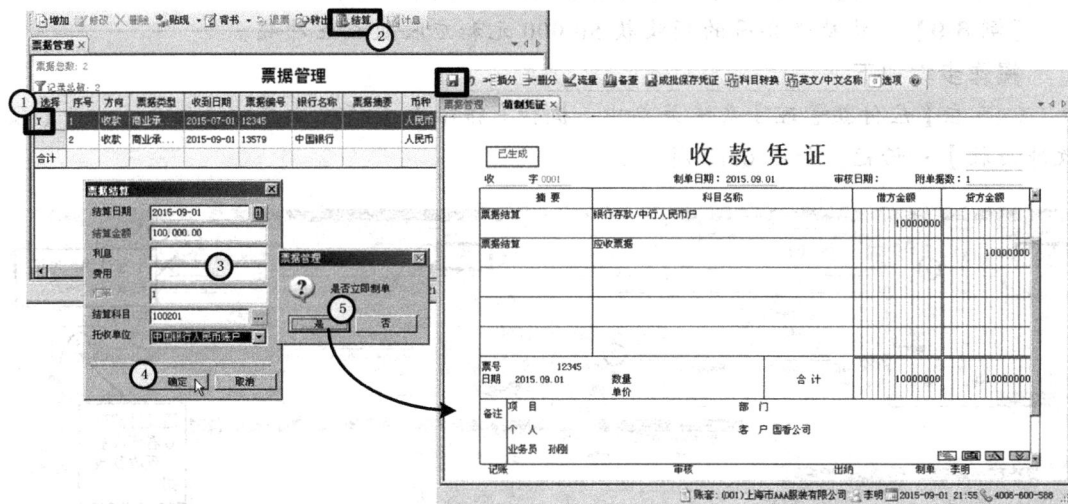

图 6-16　票据结算

▌补充提醒▐

　　如果因业务处理错误需要取消票据贴现、背书、转出、结算和计息操作，可在【应收款管理】或【应付款管理】系统菜单中执行【其他处理】/【取消操作】命令，在【取消操作条件】对话框中设置操作类型为"票据"，单击 确定 按钮后，在打开的【取消操作】窗口选择单据，再单击 OK确认 按钮。

6.3.6 转账处理

在日常往来业务中，由于往来款项发生频繁，在账面上对一个往来单位可能既存在债权关系，又存在债务关系，如果不及时清理，一方面会导致往来账过于庞大，另一方面也不利于理清与往来单位的债权债务关系。通过系统的转账处理功能，可及时对多头挂账的往来账进行转账冲销。

1. 应收款系统的转账处理

应收冲应收：将某客户所欠的应收款转入到另一客户名下。

预收冲应收：某客户有预收款时，可用收取的该客户的预收款冲其所欠的应收款。

应收冲应付：若某客户同时又是供应商，则可以用对该客户的应收款冲减对该单位的应付款。

红字对冲：当发生退货时，可用红字发票对冲蓝字发票。

2. 应付款系统的转账处理

应付冲应付：将对某供应商的欠款转入到另一供应商名下。

预付冲应付：若对某供应商已支付了预付款，则可以用预付款冲减对该供应商的应付款。

应付冲应收：若某供应商同时又是客户，则可以用对该供应商的应付款冲减其所欠的应收款。

红票对冲：当发生退货时，可用红字发票对冲蓝字发票。

【例 6-9】 将楚楚公司的预收款 50 000 元和应收款相互冲销。

操作步骤如下。

（1）在【应付款管理】系统菜单中，执行【转账】/【预收冲应收】命令，打开【预收冲应收】对话框，如图 6-17 所示。

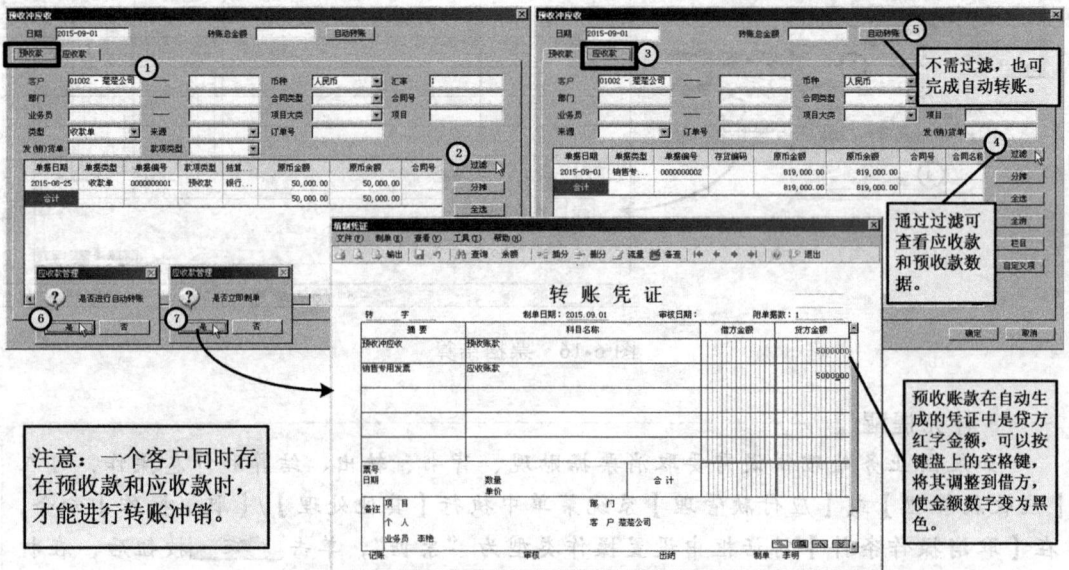

图 6-17 转账处理－预收冲应收

（2）在【预收款】标签下输入客户名称，单击 过滤 按钮，在列表框中显示出对客户"楚楚公司"当前的预收款情况。

（3）单击【应收款】标签，单击 过滤 按钮，在列表框中显示出对客户"楚楚公司"当前的应收款情况。

（4）单击对话框上方的 自动转账 按钮，系统弹出"是否进行自动转账"提示框，单击 是(Y) 按钮，系统提示"是否立即制单"，单击 是(Y) 按钮。

（5）在打开的【填制凭证】对话框中，将凭证类型调整为转账凭证，将光标定位在红字金额数字上，按空格键，调整金额方向，最后单击■按钮。

> **补充提醒**
>
> 如果因业务处理错误需要取消转账冲销操作，可在【应收款管理】或【应付款管理】系统菜单中执行【其他处理】/【取消操作】命令，在【取消操作条件】对话框中选择相关转账操作类型，单击 确定 按钮后，在打开的【取消操作】窗口选择单据，再单击OK确认按钮。

6.3.7 坏账处理

坏账的处理包括坏账发生、坏账收回和坏账计提。其中，坏账的发生和收回是根据往来款项业务情况在日常核算中进行的，而坏账的计提则只在年末进行，并且是由应收款系统根据用户对坏账计提方法的设置自动计算的。

1．发生坏账

【例6-10】 天丽公司因经营不善破产清算，其所欠货款30 000元已无法收回，经批准做坏账处理。

操作步骤如下。

（1）在企业应用平台窗口中，执行【业务工作】/【财务会计】/【应付款管理】/【坏账处理】/【坏账发生】命令，打开【坏账发生】对话框，如图6-18所示。

（2）输入客户名称等基本信息，单击 确定 按钮，打开【发生坏账损失】对话框。

（3）在【本次发生坏账金额】栏输入坏账金额，然后单击OK确认按钮，系统提示是否制单，可根据情况选择是否立即生成凭证。

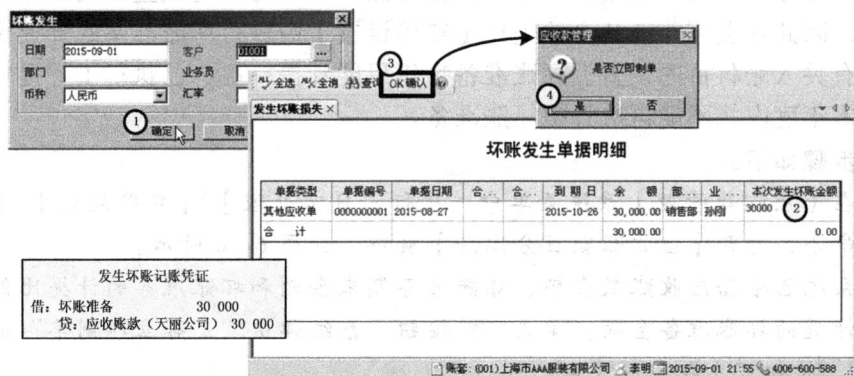

图 6-18 发生坏账的处理

2. 收回坏账

【例 6-11】 名达公司前欠货款 25 000 元已做坏账处理，现该公司已电汇归还了所欠货款。

操作步骤如下。

（1）录入结算单据。在【应收款管理】系统菜单中，执行【收款单据处理】/【收款单据录入】命令，按前述录入结算单据的方法录入收款单内容并保存（不需审核），如图 6-19 所示。

（2）进行坏账收回的处理。在【应收款管理】系统菜单中，执行【坏账处理】/【坏账收回】命令，打开【坏账收回】对话框。

（3）输入客户名称，单击结算单号栏的 ··· 按钮，在打开的【收款单参照】对话框中显示有之前已录入的收款单据，选择后返回，单击 确定 按钮。

（4）系统提示是否立即制单，可根据情况进行选择。

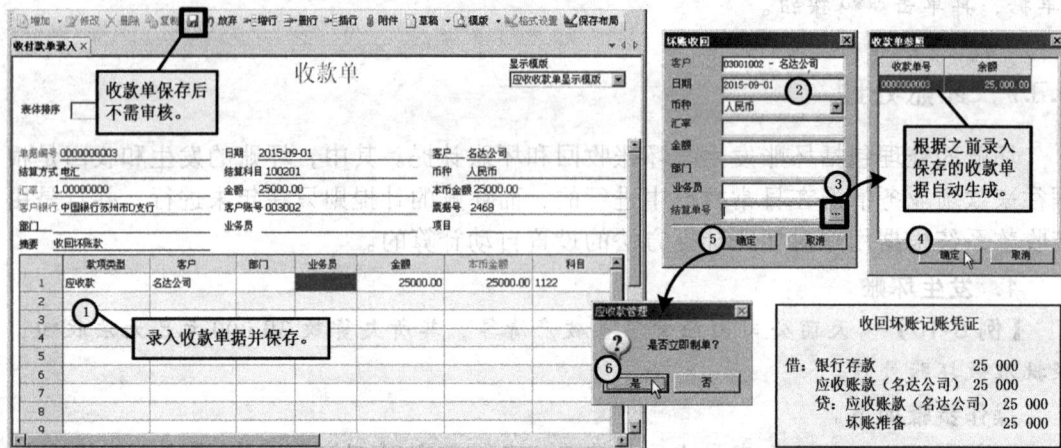

图 6-19 收回坏账

3. 计提坏账准备

按照会计制度的有关规定，每至年终，都要进行坏账准备的计提和调整。在电算化会计中，坏账准备是根据用户对坏账准备计提方法和比例的设置自动计算和生成有关凭证的，因此计提坏账准备必须先在【初始设置】中进行坏账准备的计提比例、期初余额和有关入账科目的设置。坏账准备每年只能计提一次，已执行了计提坏账准备的操作，本年度内将不能再次计提坏账准备。

操作步骤如下。

（1）在【应收款管理】系统菜单中，执行【日常处理】/【坏账处理】/【计提坏账准备】命令，打开【应收账款百分比法】窗口，如图 6-20 所示。

（2）系统已根据应收账款余额、坏账准备期末余额和坏账准备的计提比例自动计算出本年计提的坏账准备金额。单击 OK确认 按钮，系统弹出"是否立即制单"提示框，单击 是(I) 按钮可立即生成凭证。

图 6-20　计提坏账准备

┃ 补充提醒 ┃

● 系统弹出【应收账款百分比法】对话框是因为在应收款系统初始设置时，将坏账准备的计提方法设置为【应收账款百分比法】。

● 如果已计提的坏账准备尚未生成凭证，可以通过执行【工具】/【取消操作】命令，在【取消操作条件】对话框中，将【操作类型】设置为"坏账处理"，单击 ▭确定▭ 按钮，在【取消操作】对话框中进行取消计提坏账准备操作的处理。如果计提的坏账准备已生成凭证，但在总账系统尚未进行审核、记账处理，可以在应收款系统删除该凭证，再取消"坏账处理"操作，使系统恢复到未计提坏账准备的状态。

6.3.8　制单处理

制单就是将录入的原始单据制作成记账凭证。通过制单，应收、应付款系统生成的往来业务数据才能传送到总账系统，实现应收、应付款系统与总账系统信息的共享。

制单处理分为立即制单和批量制单。立即制单就是在进行单据处理、转账处理、票据处理及坏账处理的操作过程中，当系统提示是否立即制单时，单击 ▭是(Y)▭ 按钮，立即进行制单生成凭证。批量制单是指在所有业务处理完成之后，使用系统的制单功能集中进行制单处理。

【例 6-12】　在应收款系统中，将已核销的对兴盛公司的付款业务生成凭证。

操作步骤如下。

（1）在【应付款管理】系统菜单中，执行【制单处理】命令，打开【制单查询】对话框，如图 6-21 所示。

（2）在【制单查询】对话框左边列表中勾选【收付款单制单】和【核销制单】，然后单击 ▭确定▭ 按钮。

（3）在打开的【制单】对话框中列示有尚未进行制单处理的付款单据和核销记录，双击【选择标志】栏，对需制单的发票单据进行选择并排序，然后单击 ▭合并▭ 按钮，再单击 ▭制单▭ 按钮，系统即根据业务单据生成凭证。

┃ 补充提醒 ┃

● 付款单在保存后直接审核，可立即制单生成凭证，但之后对付款单的核销记录无法再制单，由此导致期末因未完成单据处理而无法结账，所以应在付款单据核销后，将付款单与核销记录合并制单。

● 需要对生成的凭证补充【辅助项】数据时，可将光标定位于相关科目所在行，再将光标移至凭证下方相关辅助项区域，当光标变成笔形时双击，可弹出【辅助项】对话框进行编辑。

● 外部凭证在总账系统中不能进行修改、删除、作废的处理，在应收、应付款系统生成的凭证只能在应收、应付款系统中进行删除处理，被删除的凭证处于"作废"状态，需在总账系统中进行凭证整理。

● 删除已生成的凭证的方法是在应收或应付款系统中执行【单据查询】/【凭证查询】命令，打开【凭证查询】窗口，选定需删除的凭证，然后单击 ✕ 删除 按钮（被删除的凭证处于作废状态，应在总账系统做整理凭证的处理）。

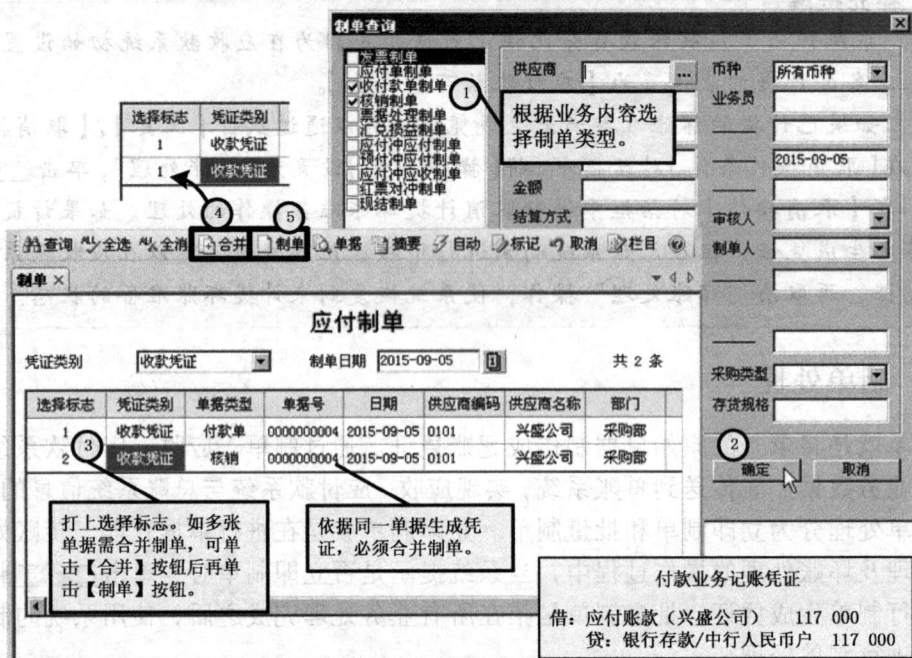

图 6-21　制单

6.4　应收、应付款管理系统期末结账

应收、应付款系统进行期末结账必须在本月单据全部记账和本月结算单全部核销的条件下才能进行。在进行结账时，系统会对相关工作内容进行检查，在确定完成了本月各项业务单据处理后准予结账。以下以应收款管理系统为例说明结账方法。

操作步骤如下。

（1）在【应收款管理】窗口系统菜单中，执行【其他处理】/【期末处理】/【月末结账】命令，打开【月末处理】对话框，如图 6-22 所示。

（2）双击结账月份的【结账标志】空白栏，打上【Y】标志，单击 下一步 按钮，系统显示月末结账的检查结果，单击 完成 按钮。

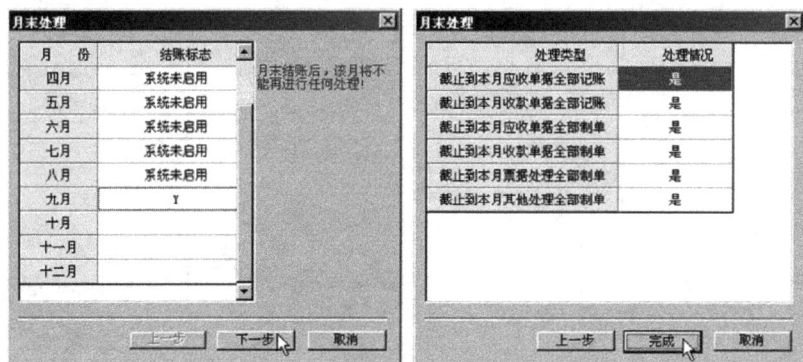

图 6-22 应收款系统月末结账

┃ 补充提醒 ┃

● 如果这个月的前一个月没有结账，则本月不能结账。

● 如果是本年度最后一个期间结账，应将本年度进行的所有核销、坏账和转账等处理全部制单。

● 在【应收款系统】系统菜单中，执行【其他处理】/【期末处理】/【月末结账】命令，可取消存在错误的月份结账，但如果总账系统已经结账，则不能执行此命令取消结账。

常见问题

（1）进行供应商往来科目设置时系统提示应为应付受控科目。

使用采购管理系统、应付款系统进行业务管理的模式下，应付账款、应付票据和预付账款这三个科目应设置为供应商往来辅助核算，受控系统为"应付系统"。

（2）预付冲应付时无法完成自动转账。

选择供应商后，分别在预付款和应付款两个标签下单击【过滤】按钮，预付和应付均有金额时才能进行冲销转账。如果没有经过过滤查询就单击了【自动转账】按钮，也能完成转账处理。已经完成转账处理后，预付款和应付款金额相应减少。

（3）生成的应付或应收业务凭证只有金额，科目栏为空。

没有在系统中进行科目设置。解决方法详见 6.2.2 初始设置的相关内容。

（4）在应付款管理系统中只能填制其他应付单，不能填制专用发票。

如果启用了采购管理系统，采购专用发票只能在采购管理系统中填制生成，在应付款管理系统中只能填制其他应付单。

上机实训

实训八 应付款管理系统基础设置。

实训九 应收款管理系统基础设置。

实训十 应付款管理系统业务处理。

实训十一 应收款管理系统业务处理。

以上实训内容，请详见书后所附《上机实训资料》。

模块七

固定资产管理

➡ 学习目标

知识目标：

- 了解用友 ERP-U8 固定资产系统的功能和操作流程
- 掌握固定资产系统基础设置的内容和方法
- 掌握固定资产业务处理的内容和方法
- 掌握固定资产系统期末对账和结账方法

能力目标：

- 能够按业务要求设置固定资产账套
- 能够完成固定资产类别、部门对应折旧科目、增减方式对应入账科目、录入固定资产原始卡片等基础设置
- 能够根据业务发生情况进行计提折旧、增加固定资产、减少固定资产、计提固定资产减值准备等业务处理
- 能够完成固定资产系统期末对账和结账

➡ 工作情景

手工会计中，对固定资产的核算通常使用固定资产卡片详细记录每一项固定资产从形成到处置的相关事项。如果企业的固定资产种类不多、规模不大，使用手工的固定资产卡片即可及时、全面地对固定资产业务进行记录和管理。如果企业固定资产数量较多、品种较杂、使用部门多且较为分散，或持有期间需要维修的事项较多，则使用手工卡片

往往很不方便，业务核算容易出现疏漏或卡片记录混乱，且不便于对固定资产业务进行数据分析。对于上海市 AAA 服装有限公司来说，伴随着企业的迅速发展，使用 ERP 的资产管理系统，加强对固定资产业务的核算、分析和管理，就成了必然的选择。

7.1 认知固定资产管理

固定资产通常是指使用期限超过一年的房屋、建筑物、机器、机械、运输工具以及其他与生产经营有关的设备、器具和工具等。固定资产是企业开展日常业务必备的物质基础，固定资产核算对企业财务状况和经营成果都有着重大影响，固定资产管理是企业财务管理的重要内容。

固定资产管理的主要特点是资产的价值大、种类多、分布较为分散。加强固定资产的核算和管理，最大限度地杜绝资产的浪费和流失，促进资源的有效利用是一项重要而艰巨的管理任务。利用固定资产管理系统进行固定资产的日常核算和管理，不仅可以帮助这类用户便捷地实现固定资产增减变动和折旧核算，而且能够自动生成有关的固定资产账表，及时提供固定资产管理所需的信息。

固定资产管理系统适用于企业和行政事业单位，其操作流程有所不同，如图 7-1 所示是企业使用固定资产管理系统的操作流程。

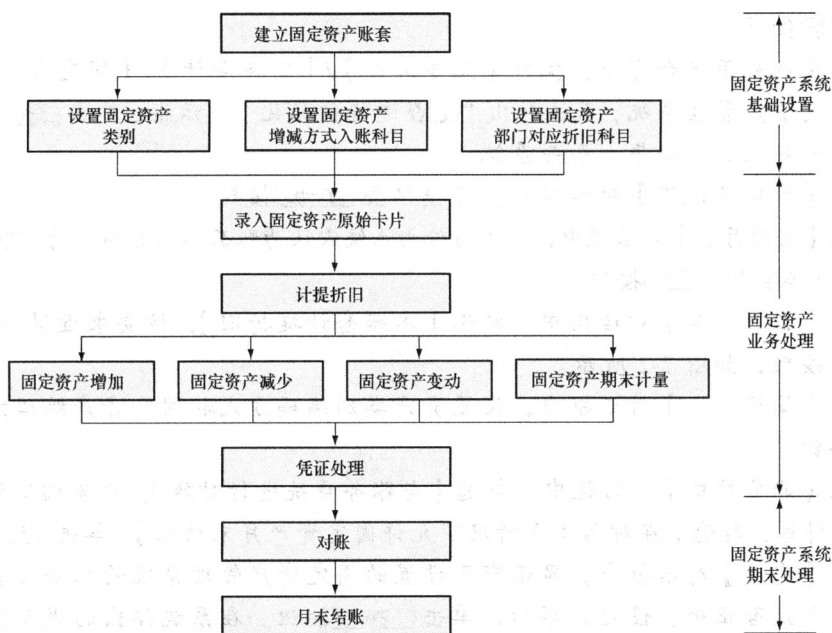

图 7-1 固定资产管理系统操作流程

7.2 固定资产系统基础设置

固定资产系统基础设置是指在进行固定资产业务处理之前必须完成的系统功能

设置和固定资产核算数据的录入，主要包括启用固定资产系统、建立固定资产账套、设置固定资产类别、设置固定资产核算默认科目和录入固定资产原始卡片。

7.2.1　设置固定资产系统账套

在使用固定资产管理系统之前，首先要根据企业固定资产核算的具体情况，在系统中建立基本的业务处理方法。业务处理方法是通过在系统中选择相应的业务控制选项建立的。在固定资产管理系统中，涉及的业务控制选项主要有启用月份、折旧信息、编码方式、账务接口、凭证制作等方面的内容。这些参数的设置有些是通过固定资产系统初始化建立账套完成的，还有一些要在系统启用后通过选项设置来完成。

【例 7-1】　按平均年限法（一）计提折旧，折旧分配周期为 1 个月，固定资产编码方式：按"类别编码+部门编码+序号"自动编码，类别编码规则为 2-1-1-2，卡片序号长度为 2；固定资产对账科目为 1601，固定资产；累计折旧对账科目为 1602，累计折旧；要求与账务系统进行对账，在对账不平情况下允许固定资产月末结账。

固定资产缺省（默认）入账科目为 1601，固定资产；累计折旧缺省入账科目为 1602，累计折旧；固定资产减值准备缺省入账科目为 1603；增值税进项税额缺省入账科目为 22210101；固定资产清理缺省入账科目为 1606。业务发生后要立即制单，月末结账前一定要完成制单登账业务，已注销的卡片 5 年后删除，录入固定资产卡片时自动连续增加卡片。

操作步骤如下。

（1）在企业应用平台窗口，执行【业务工作】/【财务会计】/【固定资产】命令，首次启动固定资产管理系统，系统弹出"是否进行初始化"提示框，单击 是(Y) 按钮，系统进入【初始化账套向导】引导系统。

（2）在【约定及说明】对话框中，直接单击 下一步 按钮。

（3）在【启用月份】对话框中，启用月份由系统默认为账套启用月份，为"2015.09"，不可修改，直接单击 下一步 按钮。

（4）在【折旧信息】对话框中，勾选【本账套计提折旧】，按要求设置折旧方法，单击 下一步 按钮，如图 7-2 所示。

（5）在【编码方式】对话框中，设置资产类别编码方式和固定资产编码方式，单击 下一步 按钮。

（6）在【账务接口】对话框中，勾选【与账务系统进行对账】，设置固定资产和累计折旧对账科目，勾选【在对账不平情况下允许固定资产月末结账】，单击 下一步 按钮。

（7）在【完成】对话框中，显示有已设置的固定资产管理系统的账套设置参数。检查各项设置是否正确，设置完毕后，单击 完成 按钮。在系统弹出的提示框中单击 是(Y) 按钮，再单击 确定 按钮，固定资产系统正式启用。

（8）在【固定资产】系统菜单中，执行【设置】/【选项】命令，打开【选项】对话框。

（9）单击 编辑 按钮，使对话框处于可编辑状态，在【与账务系统接口】标签下，勾选【业务发生后立即制单】和【月末结账前一定要完成制单登账业务】两个复选框，输入固定资产、累计折旧、减值准备、增值税进项税额、固定资产清理的缺省入账科目，如图 7-3 所示。

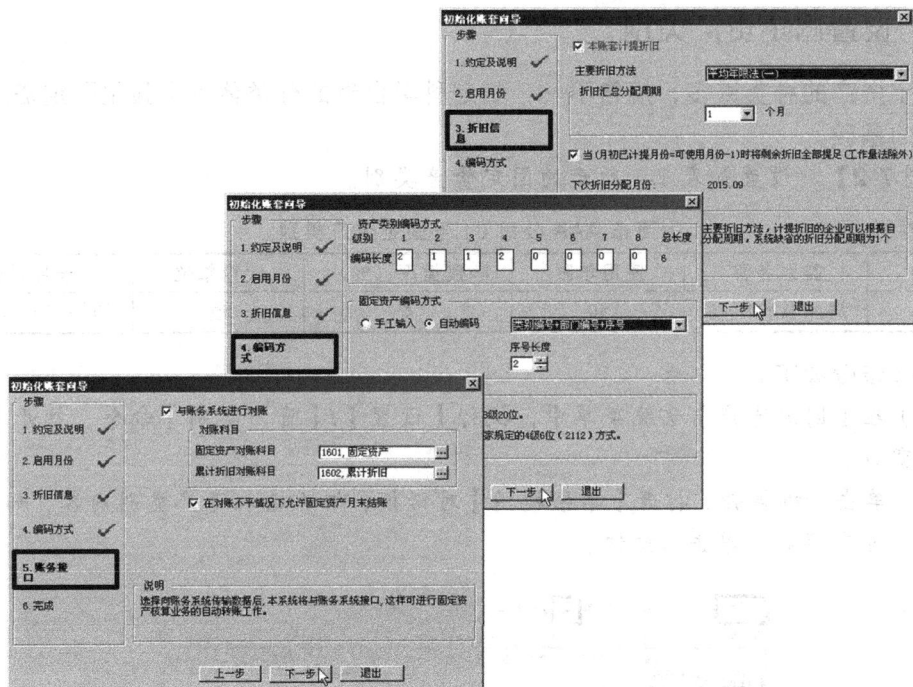

图 7-2　建立固定资产系统账套

（10）在【其他】标签下，可设置已发生资产减少卡片可删除时限，勾选【自动连续增加卡片】复选框，最后单击 ██确定██ 按钮。

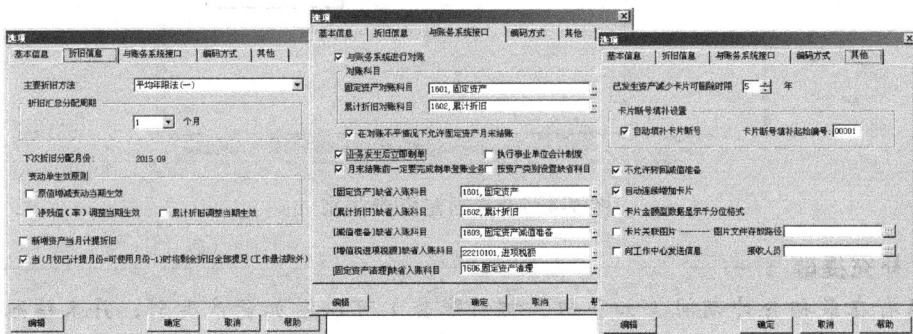

图 7-3　设置固定资产系统选项

▍补充提醒▍

● 系统提供了 4 种固定资产编码方式，用户可在"类别编号＋序号""部门编号＋序号""类别编号＋部门编号＋序号"和"部门编号＋类别编号＋序号"之间进行选择，但在系统初始化设置完成后，固定资产编码方式将不能再被修改，所以要谨慎设置。

● 设置缺省入账科目是为了提高日常业务处理中凭证填制的工作效率。固定资产系统在制作记账凭证时，会自动按用户所设置的缺省入账科目填制凭证中有关的会计科目。如果缺省入账科目设置为空，则凭证中的相关科目也为空，届时需由操作员手工填制。

7.2.2　设置固定资产类别

固定资产的种类繁多，规格不一，制定科学合理的分类体系是强化固定资产管理和核算的基础。

【例 7-2】　设置如表 7-1 所示的固定资产类别。

表 7-1 上海市 AAA 公司 01 号固定资产类别

编码	类别名称	使用年限	净残值率（%）	计量单位	卡片样式
01	房屋及构筑物	50	4	幢	通用样式（二）

操作步骤如下。

（1）在【固定资产】系统菜单中，执行【设置】/【资产类别】命令，打开【资产类别】窗口。

（2）单击 🗎增加 按钮，打开【单张视图】对话框，依次输入资产类别内容，如图 7-4 所示。设置完毕后，单击 🖫 按钮。

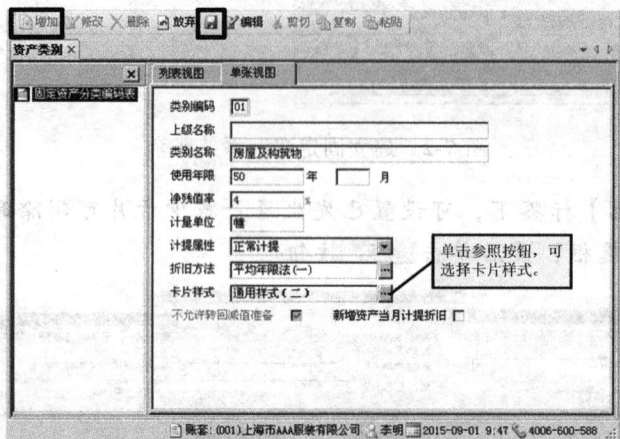

图 7-4　设置固定资产类别

┤ **补充提醒** ├

只有在最初会计期间（如年初、初创账套）可以增加资产类别，月末结账后则不能增加。

7.2.3　设置部门对应折旧科目

部门对应折旧科目是指折旧费用的入账科目。一般情况下，某一部门内的资产折旧费用将归集到一个比较固定的科目。设置部门对应折旧科目的目的有两个：一是为了在录入固定资产原始卡片时，由系统自动生成部门对应折旧科目的内容，以减少手工录入的工作量；二是为了在生成部门折旧分配表时，由系统自动按部门折旧科目汇总，从而制作记账凭证。

【例 7-3】　设置上海市 AAA 公司部门对应折旧科目。以办公室为例，办公室固定资产对应折旧科目为 6602，管理费用。

操作步骤如下。

（1）在【固定资产】系统菜单中，执行【设置】/【部门对应折旧科目】命令，打开【部门对应折旧科目】窗口。

（2）在【固定资产部门编码目录】列表框中选择【办公室】，然后单击 修改 按钮。

（3）在打开的【单张视图】对话框中，输入对应折旧科目，单击 按钮，如图7-5所示。

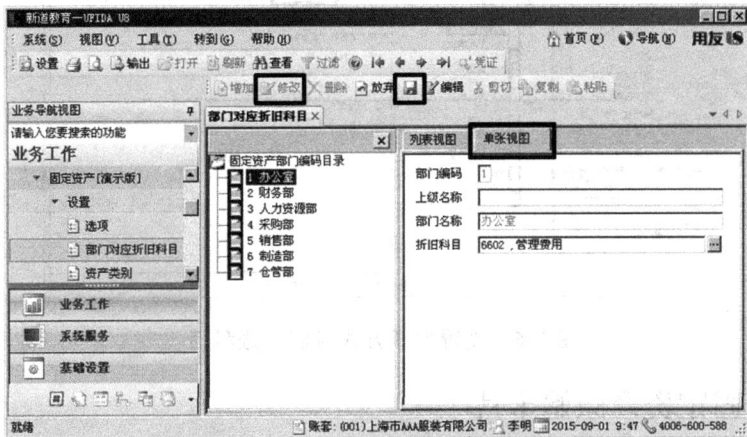

图7-5　设置部门对应折旧科目

7.2.4　设置增减方式对应入账科目

增减方式对应入账科目是指在发生固定资产增减变化时，在会计分录中与固定资产科目相对应的入账科目。

固定资产增减方式很多，固定资产增加时，资金来源性质的不同，决定了各种固定资产增加方式对应的入账科目也不同，并且即使是相同的增加方式，其对应的会计科目也不一定是唯一的。例如，在直接购入增加固定资产的方式下，可能会涉及银行存款和库存现金两个会计科目；又如，在投资者投入增加固定资产的方式下，可能会涉及实收资本和资本公积两个会计科目。由于每种增加方式只能输入一个对应折旧科目，所以通常情况下只选择输入该增加方式下必然有发生额的会计科目。如果一笔固定资产增加业务只涉及该对应科目，则系统会根据增加的固定资产净额自动生成该对应科目的发生额；如果一笔固定资产增加业务涉及两个以上的对应科目，则在系统自动生成凭证后，还需手动输入有关的会计科目并调整科目的发生额。

固定资产减少核算涉及的业务包括出售、转让、报废等。固定资产盘亏时，对应的核算科目为"待处理财产损溢"。固定资产报废、投资、捐赠、毁损等，均通过"固定资产清理"科目进行核算。在进行固定资产减少处理时，系统会自动计算该固定资产已发生的累计折旧，并按固定资产净值生成"固定资产清理"的发生额。

【例7-4】　设置上海市AAA公司固定资产增减方式对应入账科目。以直接购入为例，其对应入账科目为100201，银行存款/中行人民币户。

操作步骤如下。

（1）在【固定资产】系统菜单中，执行【设置】/【增减方式】命令，打开【增减方式】窗口。

（2）在【增减方式目录表】列表框中双击展开【增加方式】，选定其中的【101 直接购入】，单击 *修改* 按钮，在【单张视图】中录入对应入账科目编码，单击 按钮，如图 7-6 所示。

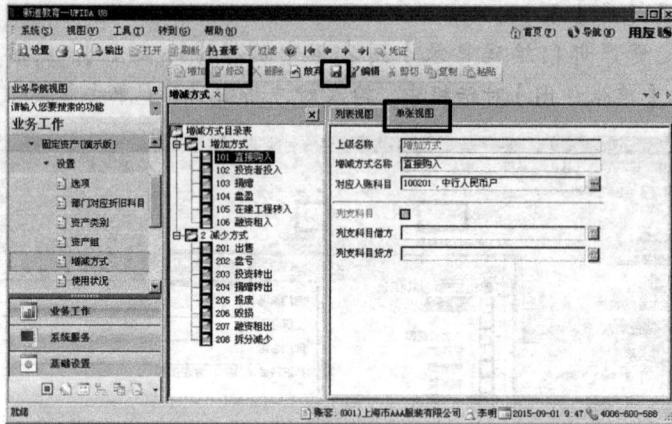

图 7-6　设置增减方式对应入账科目

7.2.5　录入固定资产原始卡片

进行固定资产管理的一项重要内容是要建立固定资产原始卡片，通过卡片的建立可以详细了解每项资产的由来、价值、折旧、所属部门和存放地点等重要信息。

【例 7-5】　录入上海市 AAA 公司的固定资产原始卡片。以第一张卡片"办公楼"为例，如表 7-2 所示。

表 7-2　　　　　　　　上海市 AAA 公司办公楼固定资产原始卡片

编码	名称	所在部门	使用年限	开始使用日期	原值（元）	净残值率	累计折旧（元）	对应折旧科目
01101	办公楼	办公室	50	2010-08-30	2 500 000	4%	240 000	管理费用

操作步骤如下。

（1）在【固定资产】系统菜单中，执行【卡片】/【录入原始卡片】命令，打开【固定资产类别档案】窗口，如图 7-7 所示。

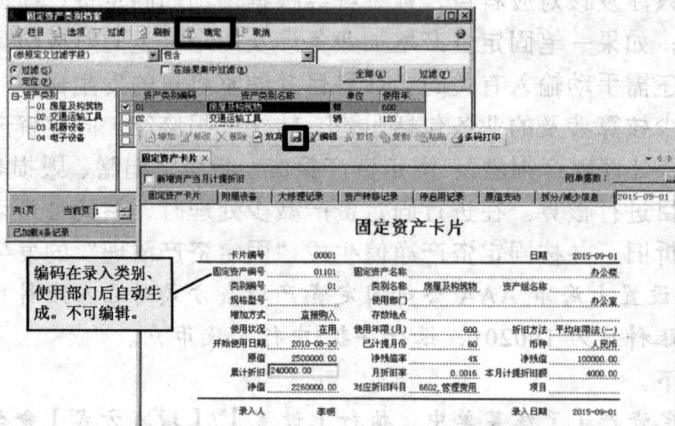

图 7-7　录入固定资产原始卡片

（2）勾选需录入原始卡片所属资产类别，单击 ⬚ 确定 按钮，打开【固定资产卡片】窗口。

（3）输入固定资产卡片内容，输入完毕后单击 🔲 按钮。

▍补充提醒 ▍

● 由于在固定资产系统初始化设置时对固定资产编码设定了按"类别编码＋部门编码＋序号"自动编码，所以在录入固定资产卡片时，【固定资产编号】栏不可编辑，编号由系统自动生成。

● 修改或删除已录入的卡片的方法：在【固定资产】系统菜单中执行【卡片】/【卡片管理】命令，在【卡片管理】窗口中进行操作。如果删除的卡片不是最后一张，则系统将保留该卡片的空号，如图7-8所示。

图7-8　删除固定资产卡片

7.2.6　与总账系统对账

由于固定资产系统与总账系统既有相对的独立性，同时又要保持在核算上的统一性，因此在输入固定资产卡片后，必须对输入的数据进行对账检查，以验证两者是否平衡。如果用户在固定资产选项设置中规定在对账不平的情况下不允许月末结账，则期初录入数据的错误会直接影响日后核算业务的进行。

操作步骤如下。

在【固定资产】系统菜单中，执行【处理】/【对账】命令，系统弹出【与账务对账结果】提示框，显示对账结果，如图7-9所示。

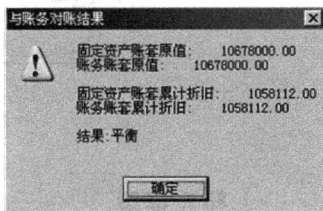

图7-9　对账

7.3　固定资产业务处理

固定资产日常业务的主要内容包括固定资产的增加、减少、调拨、计提折旧和计提固定资产减值准备等。其中，计提折旧在电算化会计中处理的时间和手工会计有所不同。手工会计通常在月末计提折旧，而电算化会计在对业务处理时，通常应先计提折旧，尤其是在发生固定资产减少业务时，由于减少的固定资产按会计制度的规定，当月仍需计提折旧，所以只有先计提折旧，才能进行固定资产减少的操作。

7.3.1　计提折旧

计提固定资产折旧是固定资产核算的重要内容。在固定资产系统中，折旧核算是由系统自动计算，自动进行折旧分配，并自动生成记账凭证的。

【例 7-6】　计提上海 AAA 公司本月份固定资产折旧。

操作步骤如下。

（1）在【固定资产】系统菜单中，执行【处理】/【计提本月折旧】命令，系统弹出"是否要查看折旧清单"提示框中，单击 ![是(Y)] 按钮，可查看计提折旧情况，也可不查看，不影响计提折旧的结果，如图 7-10 所示。

（2）系统弹出"本操作将计提本月折旧，并花费一定时间，是否要继续"提示框，单击 ![是(Y)] 按钮。

（3）在选择了要查看折旧清单的情况下，系统打开【折旧清单】对话框，查看折旧情况后，单击 ![退出] 按钮，打开【折旧分配表】窗口。

（4）将折旧分配选定为【按部门分配】，单击 ![凭证] 按钮，可直接生成凭证；也可直接退出，系统会提示"计提折旧完成"。

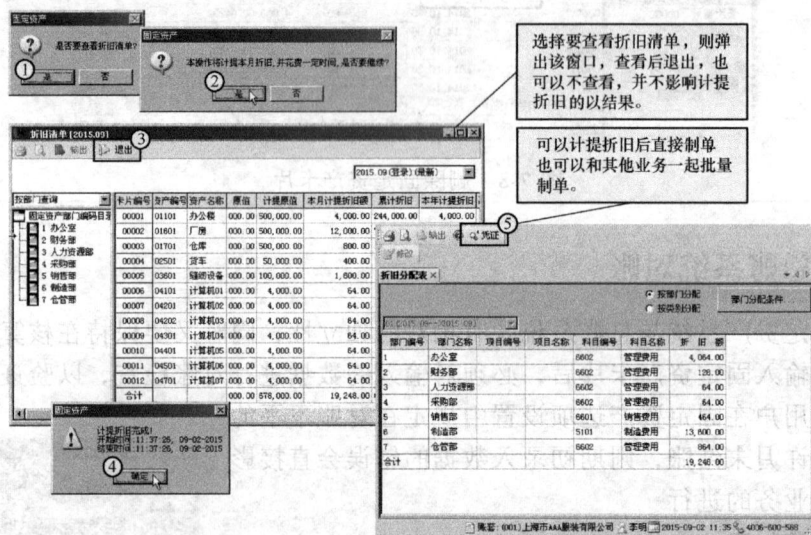

图 7-10　计提固定资产折旧

┃ **补充提醒** ┃

● 按照会计制度的有关规定，固定资产在新增当月不计提折旧，减少的固定资产当月仍需计提折旧。因此，固定资产的变动不会改变当月的折旧金额，从下个月开始才按更新的数据计提折旧。

● 如需取消计提折旧的操作，只需在固定资产系统中删除计提折旧的凭证（操作方法详见 7.3.5 凭证处理的相关内容）。

7.3.2　增加固定资产

固定资产增加可分为直接购入、接受捐赠、盘盈、在建工程转入和融资租入等多种方式。在固定资产增加时，首先要填制增加的固定资产卡片，然后再进行凭证处理。

【例 7-7】 经批准，采购部陈炎从华腾电子科技有限公司购入计算机 1 台，不含税价为 3 000 元/台，增值税为 510 元/台，货款以转账支票（支票号为 12353）付讫。计算机交付给办公室保管使用，固定资产名称为计算机 08、资产编码为 04102，折旧方法与其他电子设备类固定资产相同。

操作步骤如下。

（1）在【固定资产】系统菜单中，执行【卡片】/【资产增加】命令，打开【固定资产类别档案】对话框，如图 7-11 所示。

（2）勾选【电子设备】类别，单击 确定 按钮，进入【固定资产卡片】窗口。

（3）输入新增的固定资产卡片内容，然后单击 按钮，系统自动打开【填制凭证】窗口。如仅新增一项固定资产，可立即制单生成凭证；如同时新增多项资产且一并进行结算，则不应在此逐项生成凭证，而应通过批量制单，合并生成凭证（详见 7.3.5 凭证处理的相关内容）。

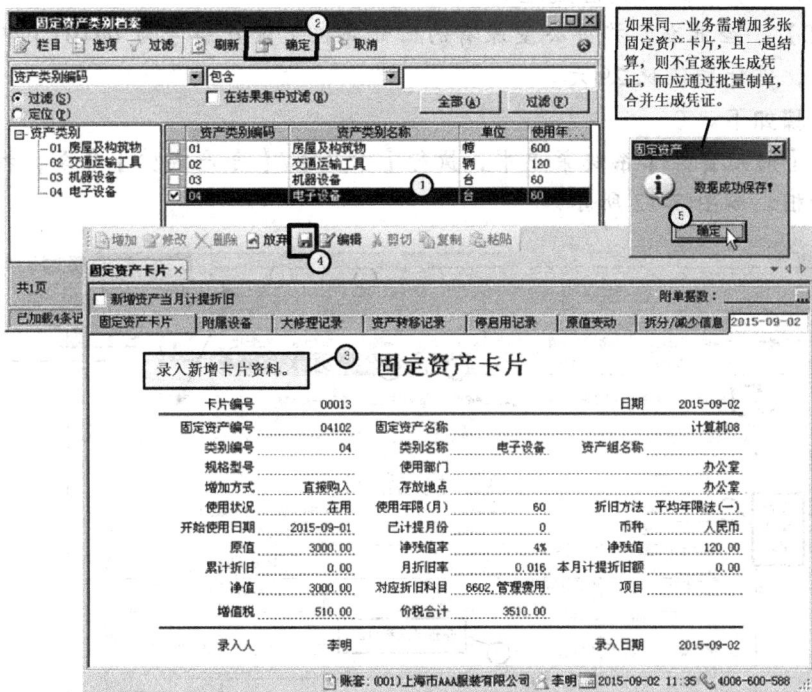

图 7-11 新增固定资产

▌ 补充提醒 ▌

● 只有在固定资产系统的【选项】设置中选择了【业务发生后立即制单】，系统才在新增固定资产卡片后自动弹出【填制凭证】窗口；否则，必须在固定资产系统菜单中执行【批量制单】命令，在【批量制单】窗口进行凭证处理。

● 只有在固定资产系统的【选项】设置中定义了缺省入账科目，在【填制凭证】窗口中才会自动生成相关会计科目名称。

● 只有在【增减方式】中定义了固定资产增减的对应入账科目，在【填制凭证】

窗口中才会自动生成与"固定资产"相对应的会计科目名称。

● 录入的固定资产卡片是属于原始卡片还是本期资产增加，关键要看资产的开始使用日期。新增固定资产时，开始使用月份应在账套启用月份以后。

● 删除已录入的新增卡片的方法：在【固定资产】系统菜单中，执行【卡片】/【卡片管理】命令，在【在役资产】的固定资产卡片列表中选定需删除卡片所在行，单击 ✕ 删除 按钮，如图 7-8 所示。

7.3.3 减少固定资产

在企业的日常经营中，不可避免地会由于出售、盘亏、投资转出、捐赠转出、报废、毁损和融资租出等原因发生固定资产的减少。由于固定资产在减少当月仍需计提折旧，所以固定资产减少的核算必须在计提了当月的固定资产折旧以后才能进行。与固定资产增加的核算类似，在固定资产减少时，首先要从固定资产原始卡片中将该资产卡片去除，然后再进行凭证处理。

【例 7-8】 经批准，将办公室原有的旧计算机（资产编号为 04101）售出，收到现金 200 元，需计增值税 29 元。

操作步骤如下。

（1）在【固定资产】系统菜单中，执行【卡片】/【资产减少】命令，打开【资产减少】对话框，如图 7-12 所示。

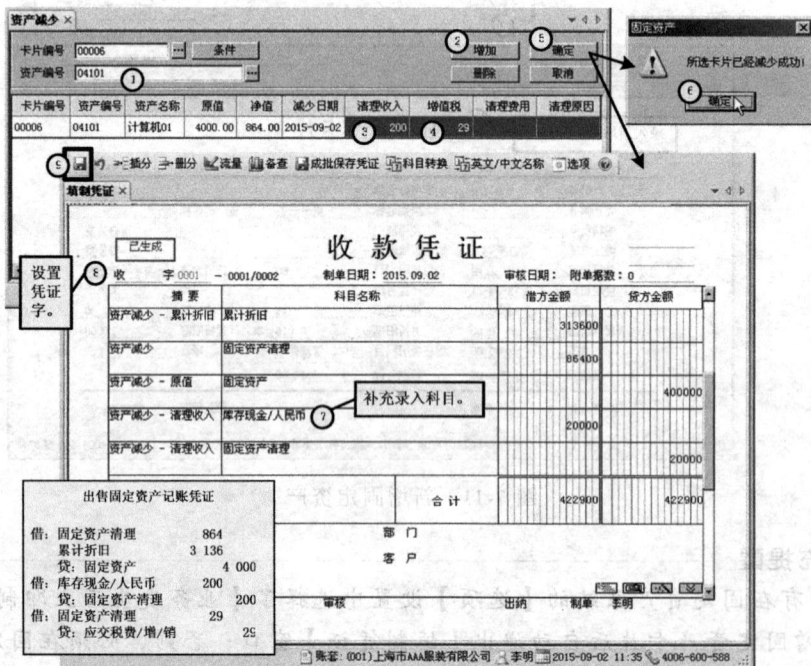

图 7-12　固定资产减少核算

（2）在【资产编号】文本框中输入减少的固定资产相应的编码，单击 增加 按钮，对话框下方列表框中将显示出该固定资产相应的卡片编号、资产编号和资产名称等内容。

（3）输入清理收入、增值税金额，然后单击 确定 按钮。系统提示"所选卡片已减少成功"，并自动进行凭证处理，打开【填制凭证】窗口。

（4）将凭证类型定义为转账凭证，补充录入未自动生成的会计科目，修改完毕后，单击 按钮。

▎补充提醒▎

● 在【资产减少】对话框中输入的清理收入和清理费用金额将被保存在【固定资产卡片】中的【减少信息】档案中，但增值税不包含在内。该数据一旦录入，不可修改，也不可补录。

● 恢复已减少的固定资产卡片的方法：首先，在固定资产系统中删除该业务的相关凭证；其次，在【固定资产】系统菜单中执行【卡片】/【卡片管理】命令，在【已减少资产】的固定资产卡片列表中选定需恢复卡片所在行，单击 撤销减少 按钮，如图 7-13 所示。

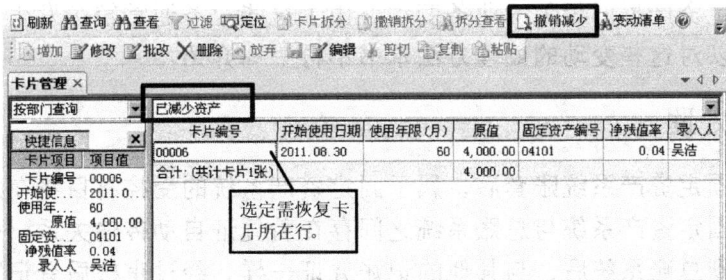

图 7-13　恢复减少的固定资产卡片

7.3.4　计提固定资产减值准备

固定资产减值是指固定资产的可收回金额低于其账面价值。企业在期末应当判断固定资产是否存在可能发生减值的迹象，并按照可收回金额低于账面价值的金额计提减值准备。

【例 7-9】　上海市 AAA 公司因毁损计提厂房（资产编号为 01601）20 000 元减值准备。操作步骤如下。

（1）在【固定资产】系统菜单中，执行【卡片】/【批量变动】命令，打开【批量变动】窗口，如图 7-14 所示。

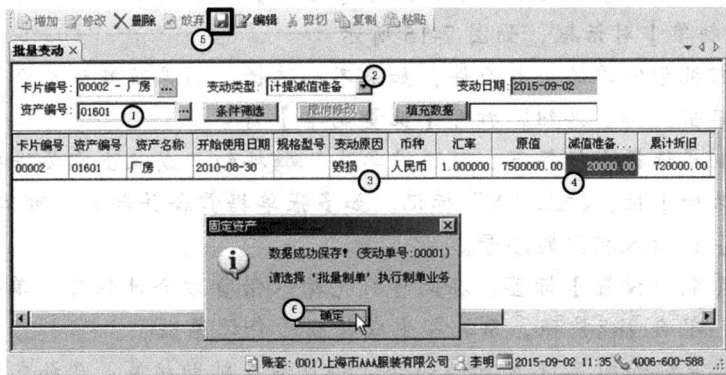

图 7-14　计提固定资产减值准备

（2）设置【变动类型】为"计提减值准备"，在【资产编号】栏输入厂房的资产编号，按回车键后，系统自动调出厂房的固定资产卡片信息，在【变动原因】栏输入计提减值准备的原因，在【减值准备金额】栏输入减值金额"20 000"。然后，单击【固定资产】窗口上方的■按钮，系统提示"数据保存成功"，计提固定资产减值准备的业务需通过批量制单才能生成凭证。

> ▌补充提醒▐
>
> 取消已计提的固定资产减值准备的方法：在【批量变动】窗口，选定需取消计提固定资产减值准备的单据所在行，单击✕■■按钮。

在用友 ERP-U8 固定资产系统中，涉及的固定资产变动的业务处理功能较为丰富，包括原值调整、使用年限调整、使用状况变动、折旧方法调整以及资产类别调整等与计提和分配固定资产折旧相关的业务变动。由于这些业务通常较少发生，且操作方法较为简明，所以对这些变动的处理方法本书不再一一介绍。

7.3.5 凭证处理

在启用了固定资产系统账套后，属于固定资产系统的受控科目将在固定资产系统中生成凭证。固定资产系统与总账系统之间存在着凭证自动传输关系。由固定资产生成的凭证传输到总账系统后，与其他的记账凭证一样，经过审核后登记账簿，最后汇总成报表数据。

1. 批量制单

固定资产系统在制作凭证时有两种方法：第一种是在业务进行处理时"立即制单"，这需要在进行固定资产选项设置时就选择【业务发生后立即制单】选项；另一种方法是"批量制单"，这通常适用于在固定资产选项设置时没有选择【业务发生后立即制单】选项，或者在系统自动生成凭证时凭证内容不够完整，不宜即时保存的情况。

【例 7-10】 本月在同一批购进了两台计算机，根据相关单据合并生成相应的凭证。
操作步骤如下。

（1）在【固定资产】系统菜单中，执行【处理】/【批量制单】命令，打开【查询条件选择-批量制单】对话框，如图 7-15 所示

（2）设置需批量制单的业务条件，如果不加选择，则系统默认为全部业务范围，设置完毕后，单击 ■确定(E) 按钮，打开【批量制单】窗口。

（3）在【制单选择】标签下，可通过单击 ✎全选 按钮，或双击需要进行凭证制单的业务相应的【选择】栏，打上"Y"标记。如多张单据需合并制单，可单击 合并 按钮，或在【合并号】栏输入相同的序号。

（4）单击【制单设置】标签，在此可补充输入借贷方会计科目。单击■按钮，可以保存该设置，单击 ◦凭证 按钮，系统即生成相应的会计凭证。

（5）生成的凭证如图 7-16 所示，如会计科目涉及辅助核算，需补充输入辅助项信息，然后再单击■按钮。

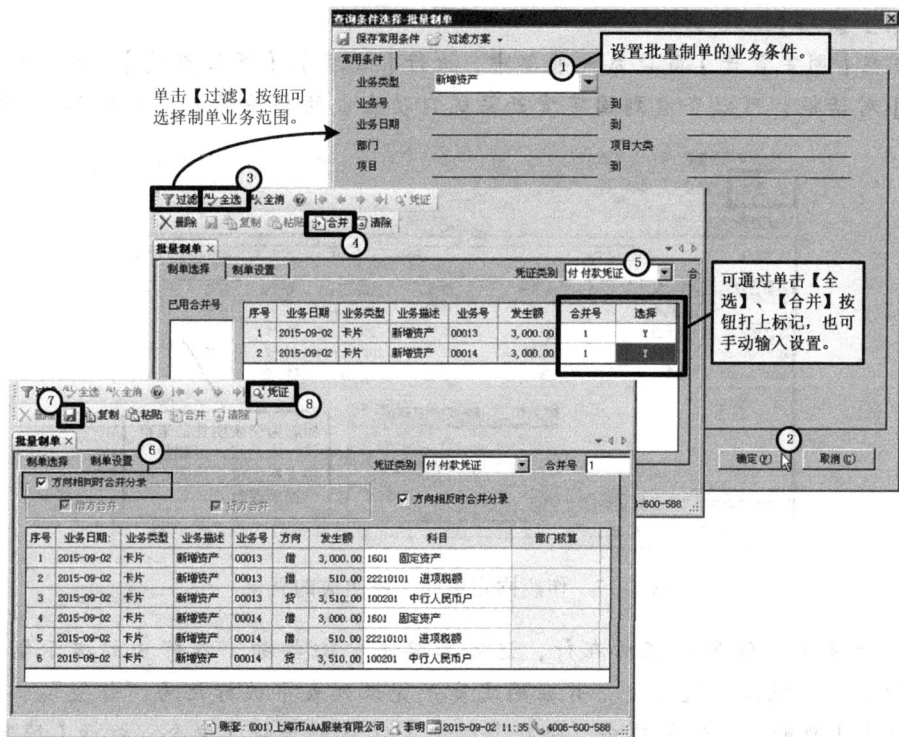

图 7-15 批量制单

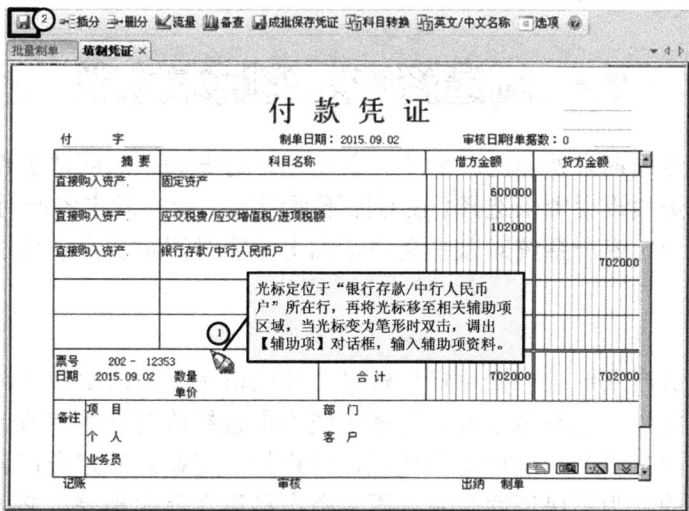

图 7-16 批量制单生成的凭证

2. 凭证作废与删除

固定资产系统生成的凭证可供查询。对于错误的凭证，也可以及时进行作废处理；但如果要彻底删除错误凭证，则必须先在固定资产系统将该凭证作废后，再在总账系统进行凭证整理处理。

【例 7-11】 删除固定资产系统生成的"折旧计提"转账凭证。

操作步骤如下。

（1）在【固定资产】窗口系统菜单中，执行【处理】/【凭证查询】命令，打开【凭证查询】对话框，可以查看到固定资产系统自动生成的相关凭证，如图 7-17 所示。

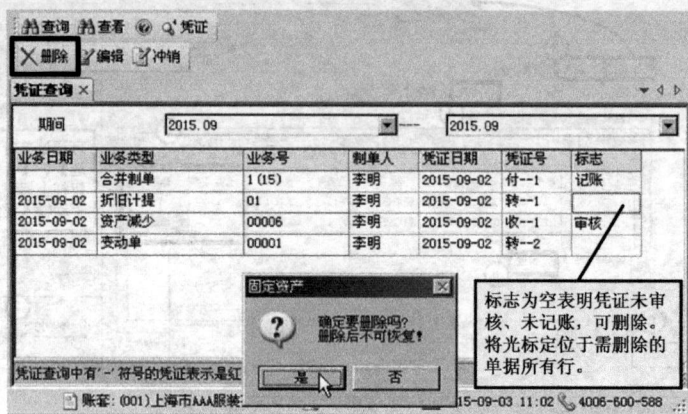

图 7-17 作废固定资产系统生成的凭证

（2）单击需删除的凭证所在行，选定后单击 ╳ 删除 按钮，在弹出的提示框中单击 是 按钮。该凭证即被作废，并在固定资产凭证列表中被标记为"作废"。

（3）在【总账】系统菜单中，执行【凭证】/【填制凭证】命令，打开【填制凭证】对话框，找到需要做删除处理的作废凭证，执行【制单】/【整理凭证】命令，通过整理凭证，将该凭证彻底删除。

7.4 固定资产系统期末处理

固定资产业务的期末处理比较简单，主要进行对账和结账两项工作。如果用户在固定资产系统的选项设置中未选择【在对账不平情况下允许固定资产月末结账】，则必须在实现总账与固定资产系统对账平衡的基础上才能对固定资产系统进行结账。

7.4.1 对账

在使用固定资产系统进行固定资产核算管理的情况下，固定资产和累计折旧科目的核算全部在固定资产系统中进行，总账系统不再直接填制有固定资产和累计折旧科目的凭证，只对固定资产系统传送的凭证进行审核、记账。固定资产科目的核算是在两个系统中进行的，为了保证两个系统固定资产科目数值的相等，必须在期末结账前进行对账检查。

使用固定资产系统的对账功能，必须在固定资产系统的选项设置中选择【与账务系统对账】选项，并且由于对账是在总账账簿数值与固定资产系统的有关数值之间进行核对，所以在对账前，必须先在总账系统中对有关固定资产科目的凭证进行审核和记账。

操作步骤如下。

在【固定资产】系统菜单中，执行【处理】/【对账】命令，系统开始进行对账，并打开【与账务对账结果】窗口显示对账结果，单击 确定 按钮，如图 7-18 所示。

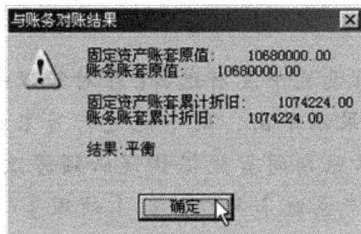

图 7-18 固定资产期末对账

┤ 补充提醒 ├

在进行固定资产系统模块练习时，如果没有同时对生成的凭证在总账系统进行凭证的审核和记账，则固定资产系统与总账系统的对账结果是不平衡的。

7.4.2 结账

结账是在完成当期业务核算的基础上进行的，所以结账前系统会自动检查当月是否进行了折旧计提核算，并且所有核算业务是否已制单生成凭证，经检查符合结账的基本条件后，才能进行月末结账。如果用户要求对账不平衡不允许固定资产月末结账，则还需进行对账检查。

操作步骤如下。

（1）在【固定资产】系统菜单中，执行【处理】/【月末结账】命令，打开【月末结账】对话框。

（2）单击 开始结账 按钮，系统开始进行结账处理，并弹出【与账务对账结果】对话框，单击 确定 按钮。

（3）系统弹出"月末结账成功完成"提示框，单击 确定 按钮。

（4）系统弹出结账情况说明提示框，单击 确定 按钮，完成结账，如图 7-19 所示。

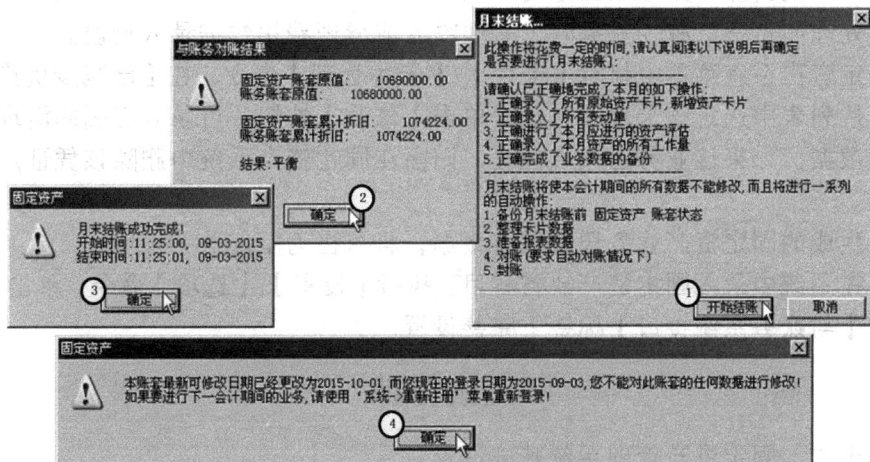

图 7-19 固定资产期末结账

▌补充提醒▐

- 如果在固定资产选项设置中没有选择【在对账不平情况下允许固定资产月末结账】单选框，并且对账结果不平衡，则不能进行月末结账。
- 月末结账后发现已结账期间有数据错误必须修改，并且总账系统尚未进行月末结账，可通过在【固定资产系统】窗口执行【处理】/【恢复月末结账前状态】命令，将数据恢复。
- 恢复记账前状态必须以要恢复的月份登录，如要恢复到1月底，则以1月份登录。
- 不能跨年度恢复数据，即年末结转后不能恢复年末结转前状态。
- 恢复到某个月月末结账前状态后，固定资产账套内对该结账后所做的所有工作都无痕迹删除。
- 月末结账前和恢复数据前一定要进行数据备份，以防数据丢失。

常见问题

（1）录入固定资产卡片时无法录入增值税数据。

在设置固定资产类别时，没有正确选择卡片类型，需要反映增值税的固定资产，应选择"含税卡片"。

（2）已录入原始卡片，但【卡片管理】窗口没有原始卡片。

① 查询条件中"开始使用日期"系统默认为核算月1日，原始卡片的开始使用日期在此之前，不包含在查询条件范围内。要查询原始卡片，需取消开始使用日期的勾选。

② 登录日期在上次操作日期之前，即操作时间不序时，系统因此不允许进行业务操作，也无法查询原始卡片。

（3）处理固定资产减少业务时，增值税数据录入错误或漏录。

在固定资产系统菜单中执行【卡片】/【卡片管理】命令，在【已减少资产】的固定资产卡片列表中选定该卡片所在行，单击【撤销减少】按钮，删除错录或漏录的业务记录，然后重新操作处理该固定资产减少业务。

（4）处理固定资产减少业务时，清理收入或清理费用数据录入错误。

在固定资产系统菜单中执行【卡片】/【卡片管理】命令，在【已减少资产】的固定资产卡片列表中选定该卡片所在行，单击【修改】按钮，可录入正确的清理收入和清理费用数据。如果该业务已生成凭证，则需在固定资产系统中删除该凭证后再进行上述操作。

（5）生成的固定资产业务凭证只有金额，科目栏为空。

没有在系统中录入固定资产缺省科目。执行【设置】/【选项】命令，单击【编辑】按钮，在【与账务系统接口】标签下完善设置。

上机实训

实训十二　固定资产管理系统基础设置。

实训十三　固定资产管理系统业务处理。

以上实训内容，请详见书后所附《上机实训资料》。

模块八

职工薪资管理

➔ 学 习 目 标

知识目标：

- 了解用友 ERP-U8 薪资管理系统的功能
- 掌握薪资管理系统基础设置的内容和方法
- 掌握日常职工薪资业务处理的内容和方法
- 掌握薪资管理系统期末结账的方法

能力目标：

- 能够按业务要求设置薪资管理系统账套
- 能够完成工资类别、人员档案、工资项目和计算公式等基础设置
- 能够根据业务发生情况进行人员变动调整、工资数据录入、个人所得税计算、银行代发文件制作
- 能够进行薪资费用分摊和凭证处理
- 能够完成薪资管理系统的期末结账

➔ 工 作 情 景

上海市 AAA 服装有限公司是一家以生产经营服装为主的劳动密集型企业。公司员工多、流动性大，不同岗位的员工适用不同的薪酬政策，在员工管理和薪酬计算方面的工作量很大。在熟悉了用友 ERP-U8 系统后，公司决定使用用友 ERP-U8 的薪资管理系统加强对员工薪酬的核算和管理。

8.1 认知职工薪资管理

所谓薪酬管理就是企业管理者对企业员工报酬的支付标准、发放水平、要素结构进行确定、分配和调整的过程。职工薪酬管理是企业绩效管理的核心，是企业人力资源管理的重要内容。

用友薪资管理系统拥有比较全面的功能设计，这表现在以下几点。

（1）提供了多个工资类别处理的设置，有利于用户对不同类型的人员工资进行分类计算和管理。

（2）可以自由设置工资项目和计算公式，并可对平时发生的工资变动进行调整。

（3）可以自动计算个人所得税，自动进行扣零处理，生成的工资文件可以直接供银行代发工资。

（4）可以自动计算汇总工资数据，自动完成工资费用的分摊，自动进行转账业务处理。

（5）可以便捷地进行工资数据查询和分析，有利于对职工薪酬的评价比较。

在启用了薪资管理系统后，有关薪资的核算业务将在薪资管理系统中进行。薪资管理系统与总账系统在数据上建立有共享关系，薪资管理系统的工资分摊结果会通过转账凭证传输给总账系统。如果用户启用了成本核算系统，薪资管理系统还会将工资费用分摊的数据传输给成本核算系统。

薪资管理系统可以设置单个工资类别和多个工资类别，图 8-1 所示的是多个工资类别下进行工资核算的操作流程。尤其需要注意的是，如果是多个工资类别，在操作过程中，应分别在各个工资类别中按业务流程执行相应的步骤。

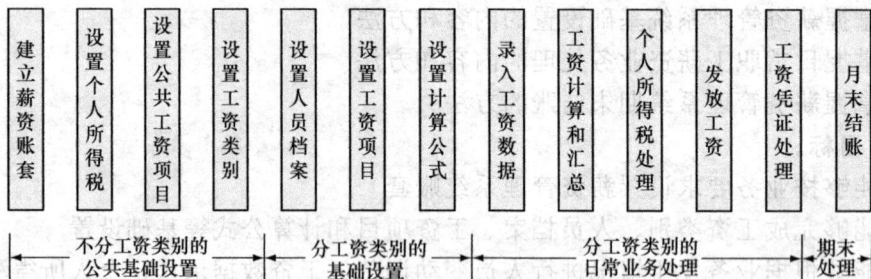

图 8-1　薪资管理系统操作流程

8.2 薪资管理系统基础设置

薪资管理系统的基础设置是指在进行工资业务处理之前必须在系统中完成的功能设置和档案录入，主要包括启用薪资管理系统、建立薪资账套、设置工资类别、设置人员档案、设置工资项目和设置工资计算公式等内容。

8.2.1　建立薪资管理系统账套

启用薪资管理系统必须为系统建立业务处理的基本控制参数，具体包括参数设置、扣税设置、扣零设置和人员编码 4 个方面的内容。

【例 8-1】　设置如下工资业务控制参数：工资类别为多个；币别为人民币；代扣个人所得税；不进行扣零处理。

操作步骤如下。

（1）在用友企业应用平台窗口，执行【业务工作】/【人力资源】/【薪资管理】命令，系统进入【建立工资套】引导系统，如图 8-2 所示。

图 8-2　建立工资账套

（2）在【参数设置】选项下，选择工资类别为"多个"，币别为"人民币"，单击 下一步 按钮。

（3）在【扣税设置】选项下，勾选【是否从工资中代扣个人所得税】，单击 下一步 按钮。

（4）在【扣零设置】选项下，不勾选【扣零】，单击 下一步 按钮。

（5）在【人员编码】选项下，不需要设置人员编码，直接单击 完成 按钮。

▍**说明**▍

● 工资类别个数：如果用户需要分别对不同人员设置工资项目，工资发放的计算公式也有很大不同，如果一个月内多次发放工资，则应选择多种类别工资，以对不同人员或各期的工资进行分别管理；如果不同类别人员的工资在项目设置和计算公式上具有统一性，则应选择单个工资类别。

● 扣零：是指每次发放工资时将零头扣下，滚动至下次积累取整。这种设置一般适用于以现金发放工资的单位。如果采用银行代发工资的形式，则无需此项设置。

● 工资账套、工资类别和人员类别是三个容易混淆的概念。工资账套是用来进行工资管理的系统，一个核算账套下只能建立一个工资账套；工资类别是按工资项目的不同而设置的工资数据管理类别，一个工资账套下可设置多个工资类别；人员类别是按工资分配政策或核算中计入会计科目的不同而对人员进行的分类。

8.2.2 设置工资类别

如果企业在薪酬分配方面涉及多个标准，不同的部门或岗位适用不同的工资政策，或者企业在一个月里，工资需多次发放，且各期发放的工资性质也有很大不同，则宜通过建立多个工资类别，对不同性质和标准的工资分别进行管理和计算。

在建立工资账套后，即可接着进行工资类别的设置，在以后的工资管理中，还可随时根据工资业务管理需要，添加新的工资类别。

【例 8-2】 设置两个工资类别：管理岗位工资，适用于所有部门；生产工人工资，适用于制造部。

操作步骤如下。

（1）在【薪资管理】系统菜单中，执行【工资类别】/【新建工资类别】命令，打开【新建工资类别】对话框，如图 8-3 所示。

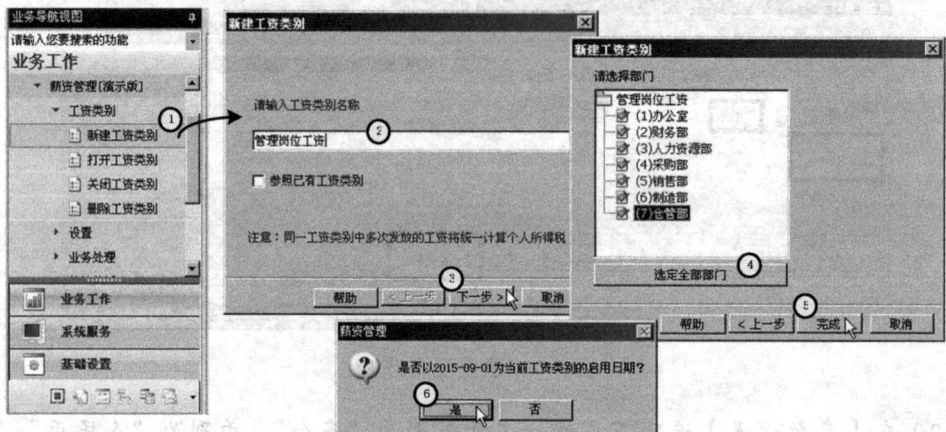

图 8-3 设置工资类别

（2）输入工资类别名称"管理岗位工资"，单击 下一步 按钮。

（3）在下一个对话框中勾选其所适用的部门，单击 完成 按钮。在弹出的提示框中单击 是(Y) 按钮。

（4）执行【工资类别】/【关闭工资类别】命令，再重新单击随后显示的【新建工资类别】，继续按步骤（2）～（3）设置"生产工人工资"类别。

补充提醒

● 在对工资进行了多类别设置后，需对不同的工资类别分别进行管理，所以在以下的操作中，涉及具体的工资类别时，应先打开相应的工资类别，操作方法是：执行【工资类别】/【打开工资类别】命令，选择打开某一工资类别，在该工资类别处于打开的状态下，可以有针对性地对其进行设置和业务处理。

8.2.3 设置人员档案

薪资的管理离不开具体的人员，人员档案设置的内容越全面，越有利于日后对人员工资的管理。

【例 8-3】 设置上海 AAA 公司"管理岗位工资"类别下的人员档案，人员包括办公室、财务部、人力资源部、采购部、销售部和仓管部的所有人员，以及制造部的部门主管吕忆和钱红。开户银行均为中国银行，银行账号与人员编号相同，进入日期均为 2015 年 9 月 1 日。

操作步骤如下。

（1）在薪资管理系统菜单中，执行【工资类别】/【打开工资类别】命令，打开【打开工资类别】对话框，选择"管理岗位工资"，然后单击 确定 按钮，如图 8-4 所示。

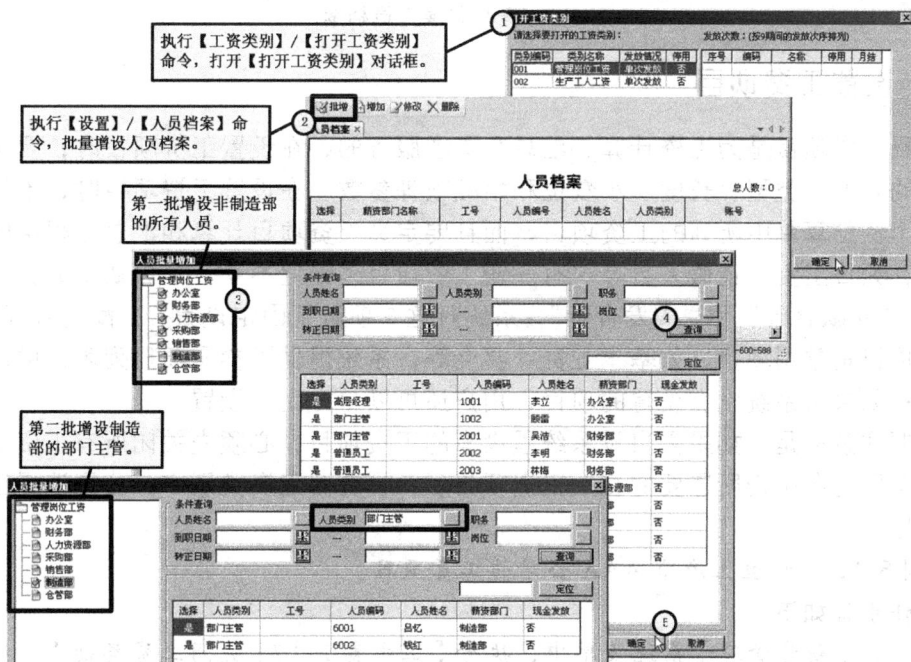

图 8-4 批量增设人员档案

（2）在薪资管理系统菜单中，执行【设置】/【人员档案】命令，打开【人员档案】窗口。

（3）单击 批增 按钮，打开【人员批量增加】对话框。

（4）第一批增设非制造部的所有人员。先勾选相关部门，其他条件无需设置，默认为全部，单击 查询 按钮，窗口即显示符合条件的人员，单击 确定 按钮。以同样的方式增设第二批制造部的部门主管。

（5）在【人员档案】窗口，光标定位于人员列表中的第一行，单击 修改 按钮，打开【人员档案明细】对话框，如图 8-5 所示。

（6）补充完善人员档案内容。录入进入日期、银行名称和银行账号，单击 确定 按钮，弹出【写入该人员档案信息吗？】提示框，单击 确定 按钮。继续完善其他的人员档案。

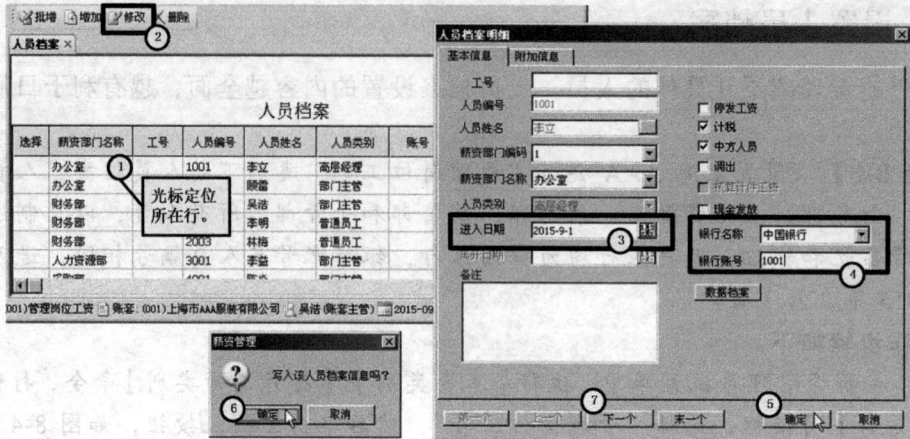

图 8-5　修改完善人员档案

8.2.4　设置工资项目

设置工资项目是为工资计算、汇总和管理服务的，在设置工资项目时，要定义工资项目的名称、类型、长度、小数位和增减项等参数。在设置工资项目时，不仅要定义日常工资结算单中所列的工资项目，而且要定义工资项目计算和汇总过程中所涉及的项目，如日工资、请假天数等。有一些工资项目是固定不变、不可缺少的，如"应发合计""扣款合计"和"实发合计"，系统对这 3 项做了固定设置，并配有计算公式；有一些项目是常用项目，如基本工资、奖金等，系统提供了参照项目列表，供用户选择设置；如果有系统没有设置的项目，用户还可以自行定义设置。

需要注意的是，如果需自设系统里没有的工资项目，必须先关闭所有工资类别，在添加了所有各类别所需要的相关工资项目后，再在各工资类别中，分别选择工资项目和排序。

【例 8-4】　设置上海市 AAA 公司的工资项目。

操作步骤如下。

（1）在【薪资管理】系统菜单中，执行【工资类别】/【关闭工资类别】命令，关闭所有工资类别。

（2）在【薪资管理】系统菜单中，执行【设置】/【工资项目设置】命令，打开【工资项目设置】对话框，如图 8-6 所示。

（3）在工资项目列表中选择需增加项目所在位置的上一行，单击 增加 按钮，会在选定的工资项目下方增加一个工资项目空白行，打开【名称参照】下拉框，选取系统已预设的项目，如果需设的项目在【名称参照】下拉框中没有，则在【工资项目名称】空白栏为深蓝色的状态下，直接输入工资项目名称，然后双击该工资项目的相关栏目，设置相关参数。录入工资项目后，可通过单击 上移 和 下移 按钮，调整工资项目在列表中的位置。

（4）将所有工资项目添加完毕后，单击对话框下方的 确定 按钮。

（5）在【薪资管理】系统菜单中，执行【工资类别】/【打开工资类别】命令，打开"管理岗位工资"类别。

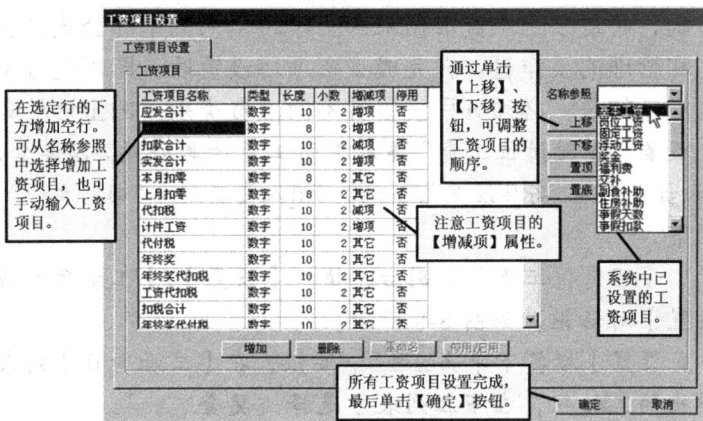

图 8-6 设置工资项目（1）

（6）在薪资管理系统菜单中，执行【设置】/【工资项目设置】命令，打开【工资项目设置】对话框，如图 8-7 所示。

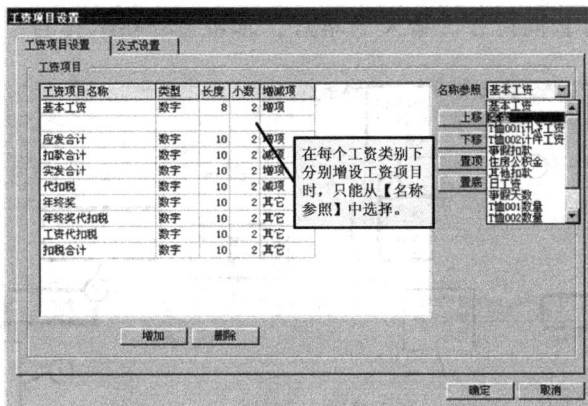

图 8-7 设置工资项目（2）

（7）将光标定位于工资项目所在行的上方，单击 增加 按钮，从【名称参照】下拉框中选择所需的工资项目。

（8）工资项目录入完毕后，对工资项目顺序进行调整。

（9）"管理岗位工资"类别的工资项目设置完毕后，单击 确定 按钮返回。

（10）按步骤（5）～（9）的方法，继续设置"生产工人工资"类别的工资项目。

▎说明▕

• 只有在薪资管理系统的选项设置中选择了【从工资中代扣个人所得税】，系统才在工资项目中自动生成【代扣税】项目。

• 如果在薪资管理系统的选项设置中选择了【扣零处理】，则系统在工资项目中会自动生成【本月扣零】和【上月扣零】两个指定名称的项目。

8.2.5 设置工资计算公式

工资发放有很强的政策性，也就是说存在很明显的规律性。我们可以通过设置工资计算公式的方式，将复杂的工资数据录入工作转化为简单的公式设置，从而大大简化工资数据录入和管理的工作量。在完成工资项目设置后，即可进行工资计算公式的设置。同样需要注意的是，必须分别设置各不同工资类别下的工资计算公式。

【例 8-5】 设置"管理岗位工资"类别下的工资计算公式。以奖金计算公式为例。奖金＝iff（人员类别＝"高层经理"，1 500，iff[人员类别＝"部门主管"，1 000，500）]。操作步骤如下。

（1）在打开"管理岗位工资"类别后，执行【设置】/【工资项目设置】命令，打开【工资项目设置】对话框，如图 8-8 所示。

（2）在【公式设置】标签下单击 增加 按钮，在【工资项目】列表框中增加一行空白栏，单击弹出的 ▼ 按钮，在下拉列表中选择"奖金"。

（3）单击【函数参照】下拉框中的 ▼ 按钮，在下拉列表中选择"iff"，该函数被列入【奖金公式定义】文本框中。

（4）将光标定位于公式中需输入内容的地方，选择【人员类别】列表框中的"人员类别"选项，再单击【运算符】中的 ＝ 按钮，可以看到相关内容被输入公式。以同样的方法输入公式的其他内容。输入完毕后，单击 公式确认 按钮。

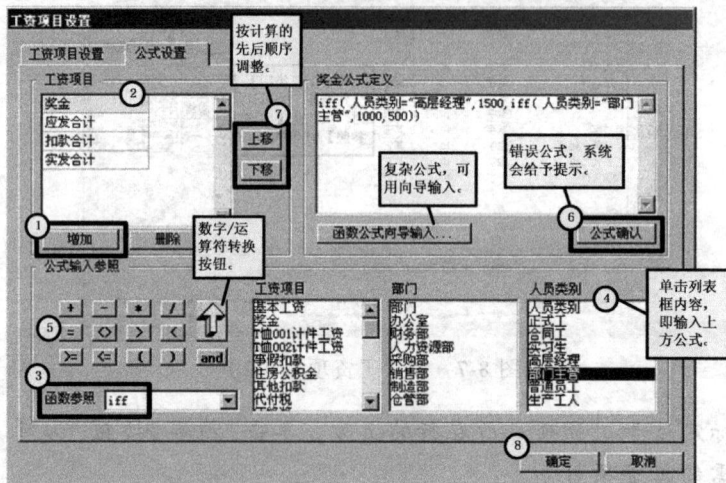

图 8-8 设置工资计算公式

▌ 补充提醒 ▐

• 公式的输入必须在半角英文标点状态下进行。
• 公式中的数字和符号可利用【运算符】上的按钮输入，单击 ↑ 按钮，可以变换【运算符】上的按钮；也可将光标放在公式中，用键盘上的按键输入。
• 公式输入完毕，必须单击 公式确认 按钮进行公式确认。
• 设置的工资项目计算公式要符合公式逻辑，对于不符合逻辑的公式系统将给予错误提示。
• 应发合计、扣款合计和实发合计公式不用设置。
• 系统是按照【公式设置】对话框中【工资项目】列表框中的排列顺序先后进行工资计算的，因此必须注意公式的排列顺序，先得的数应排在前面。

8.3　薪资业务处理

薪资的日常业务主要是对职工薪资数据进行计算和调整，按照计算数据发放工资以及进行凭证填制等账务处理。薪资日常业务的重点是及时根据职工人员变动对人员档案进行调整，根据薪资分配政策的变化及时进行数据更新和准确核算，在此基础上利用系统的报表功能对工资分配进行报表分析，为企业制定和调整分配政策提供参考。

8.3.1　人员变动

在日常经营中，发生人员调入、调出，或由于某些原因停发工资时，要及时对发生的人员变动进行调整。

【例 8-6】　制造部 6013，王平辞职，工资从 2015 年 9 月停发。

操作步骤如下。

（1）打开"生产工人工资"类别，然后执行【设置】/【人员档案】命令，打开【人员档案】窗口，如图 8-9 所示。

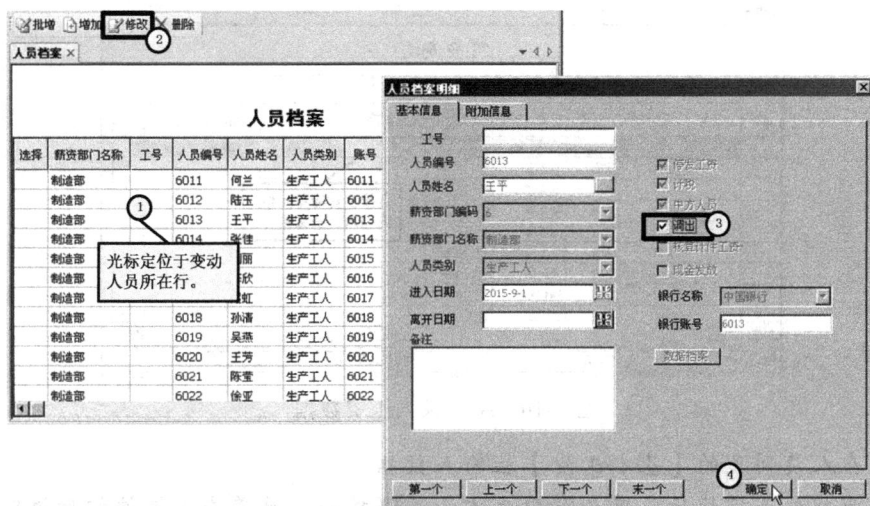

图 8-9　人员变动的调整

（2）在人员列表中选定"王平"所在行，单击 ✔修改 按钮，打开【人员档案明细】对话框，勾选【调出】，【基本信息】标签中的内容即变为灰色，表明该职工已不在工资发放的范围中，单击 确定 按钮。

▎**补充提醒**▍

- 如果打开【人员档案】对话框，原已输入的人员档案无法显示，则需检查【系统服务】/【权限】/【数据权限控制设置】窗口中是否对操作员进行了【工资权限】控制，而又未在【数据权限设置】中进行具体的授权。取消【工资权限】控制设置即可对该操作员显示人员档案的内容。
- 人员档案中的人员编号不能修改，人员被删除后，人员编号不会重新调整。

8.3.2 薪资数据录入与变动调整

薪资数据可分为固定数据和变动数据两类。固定数据一般较为稳定，数值很少变动，在创建薪资账套后，在账套基础设置阶段逐项录入，在日常工作中只有待其发生变化时才重新调整，平时是无需反复输入的，常见的有基本工资、岗位工资等；而变动数据则需每期发放工资时根据实际情况进行调整，如奖金、请假天数、个人所得税等。在变动数据中，有些变动数据的编辑必须通过手工逐项录入完成，如请假天数；有些变动数据则可以成批处理，如奖金；还有一些变动数据则由系统根据既定的公式自动计算生成，如请假扣款、代扣税等。

1. 手动录入工资数据

【例 8-7】 将上海 AAA 公司员工的基本工资和住房公积金数据录入系统。以李立为例，其基本工资为 7 500 元。

操作步骤如下。

（1）打开"管理岗位工资"类别，执行【业务处理】/【工资变动】命令，打开【工资变动】窗口，如图 8-10 所示。

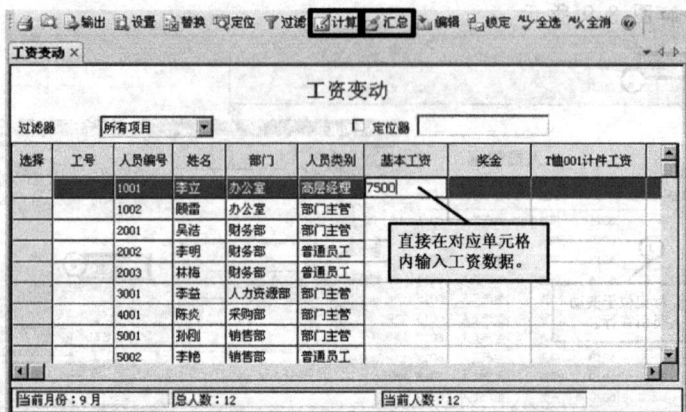

图 8-10 手动录入工资数据

（2）在人员列表的【基本工资】栏输入数据。

（3）业务处理完毕后，单击窗口上方的 计算 按钮，再单击 汇总 按钮后返回。

补充提醒

● 在修改了某些工资数据、进行了数据替换，或者重新定义了计算公式后，必须对个人工资数据重新计算和汇总。

2. 成批编辑工资数据

【例 8-8】 录入制造部生产工人住房公积金数据，每位员工的住房公积金均为 600 元。

操作步骤如下。

（1）打开"生产工人工资"类别，执行【业务处理】/【工资变动】命令，打开【工资变动】窗口，如图 8-11 所示。

（2）单击 全选 按钮，在【选择】栏打上"Y"标记，单击 替换 按钮，打开【工资项数据替换】对话框。

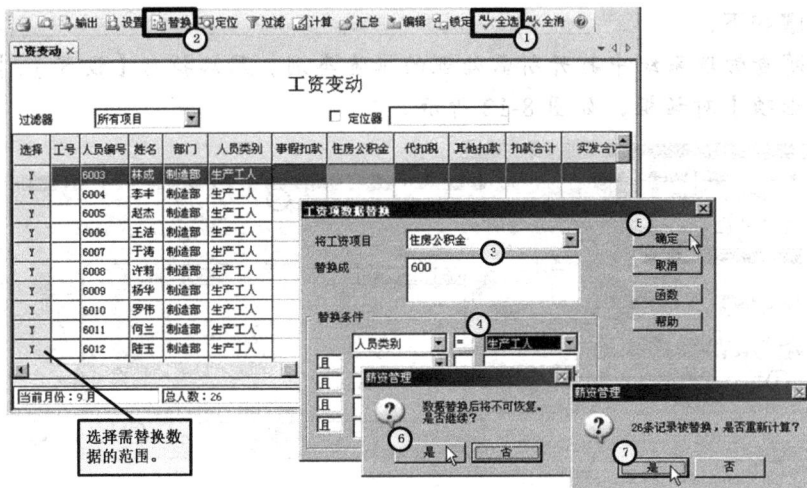

图 8-11　成批编辑工资数据

（3）单击【将工资项目】下拉框中的■按钮，在下拉列表中选择【住房公积金】，在【替换成】文本框中输入"600"，在【替换条件】编辑框中单击文本框中的■按钮，将替换条件定义为"人员类别＝生产工人"，单击　确定　按钮。在弹出的提示框中均单击　是(Y)　按钮。

┃ 补充提醒 ┃

● 在【工资项数据替换】对话框中，如未输入替换条件，则系统默认替换条件为所选替换范围。

● 单击【替换条件】中的"且"字框，可以进行"且"和"或"之间的变换。在逻辑定义上，"且"的含义是两项条件均须满足，"或"的含义是两项条件只须满足其中一项即可。

8.3.3　计算个人所得税

按照现行《个人所得税法》、《税收征收管理法》及其相关实施细则的有关规定，凡向个人支付应纳税所得的单位，都有代扣个人所得税的义务。计算、申报和缴纳个人所得税是薪资管理中的一项重要内容，用友的薪资管理系统设置有自动计算个人所得税的功能，用户只需输入工资数据，并根据职工个人收入的来源构成，在系统中定义好计税基数，系统便会自动计算出每位职工的个人所得税并生成个人所得税申报表。

需要说明的是，系统中的个人所得税计算是为普遍使用的工资薪金所得设置的。在会计实务中，有些用户可能还会遇到向个人发放劳务报酬所得、稿酬所得、特许权使用费所得等其他类型的个人所得的情况。由于各种个人所得的计税方法不同，用户应分清个人所得的归属类型，不能一概用系统中原有的工资所得的计税方法来计算。在个人所得税的计税方法发生改变或税率调整时，用户也应调整系统中的个人所得税的计税设置，使其符合实际的计税要求。

【例 8-9】　按计税基数扣减 3 500 元后，按现行工资薪金所得的规定比率计算个人所得税。

操作步骤如下。

（1）在薪资管理系统中打开所需处理的工资类别，然后执行【设置】/【选项】命令，打开【选项】对话框，如图 8-12 所示。

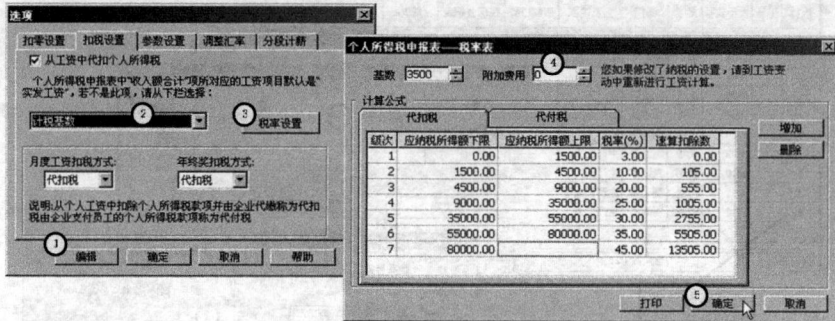

图 8-12　设置个人所得税参数

（2）单击 编辑 按钮，在【扣税设置】标签下，将"收入额合计"项设置为【计税基数】，然后单击 税率设置 按钮，打开【个人所得税申报表—税率表】对话框。

（3）将系统默认的【附加费用】设置为"0"，单击 确定 按钮，系统即按此设置自动计算个人所得税。当个人所得税的计税基数（起征点）、税率发生变动时，应及时在此进行更新设置。

8.3.4　发放工资

在实际工作中，工资的发放有现金发放和银行代发两种方式。采用现金发放方式的用户，可使用系统中的"工资分钱清单"功能，合理筹划现金提取的票面组合；采用银行代发方式的用户，可使用系统中的"银行代发"功能，制作符合银行要求的工资发放文件。

1.　工资分钱清单

工资分钱清单是按单位计算的工资发放分钱票面额清单，会计人员根据此表从银行取款并发给各部门。执行此功能必须在个人工资数据全部输入并计算汇总完成之后。本功能有部门分钱清单、人员分钱清单和工资发放取款单三部分。

操作步骤如下。

（1）在薪资管理系统中打开所需处理的工资类别，然后执行【业务处理】/【工资分钱清单】命令，打开【票面额设置】对话框。

（2）选择工资发放所需票面金额种类，然后单击 确定 按钮。在【工资分钱清单】窗口即显示出工资分钱的具体金额组合清单，如图 8-13 所示。

2.　银行代发工资

银行代发工资业务处理的主要内容是向银行提供规定格式的工资数据文件。银行代发对格式的要求分为文件格式设置和文件方式设置两方面。文件格式设置是指对银行代发一览表栏目的设置及其栏目类型、长度和取值的定义，通常系统默认设置有单位编号、人员编号、账号、金额和录入时间等栏目，用户可根据需要进行增删修改。文件方式设置是指对工资数据文件输出的格式设置，有 TXT、DAT 和 DBF 3 种格式可供选择，并可对数据的显示格式进行定义。

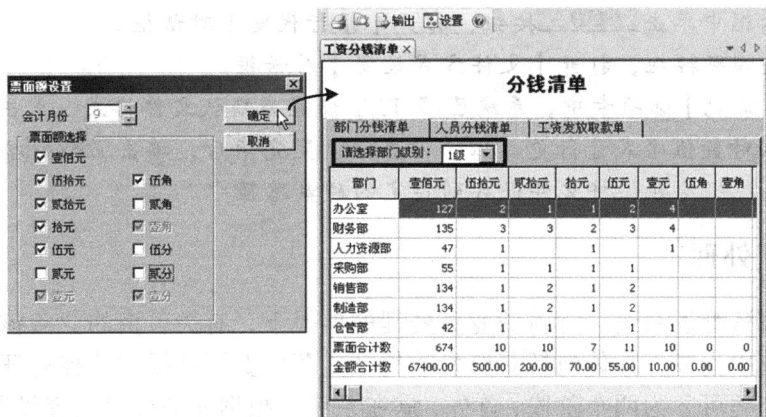

图 8-13 工资分钱清单

在进行了文件格式设置和文件方式设置后，即可将数据输出并发送给银行代发工资。

【例 8-10】 制作"管理岗位工资"类别人员的银行代发文件。由中国银行代发，银行文件格式采用系统默认设置；以 TXT 方式输出银行代发文件。

操作步骤如下。

（1）在【工资】窗口系统菜单中，执行【业务处理】/【银行代发】命令，打开【请选择部门范围】对话框，如图 8-14 所示。

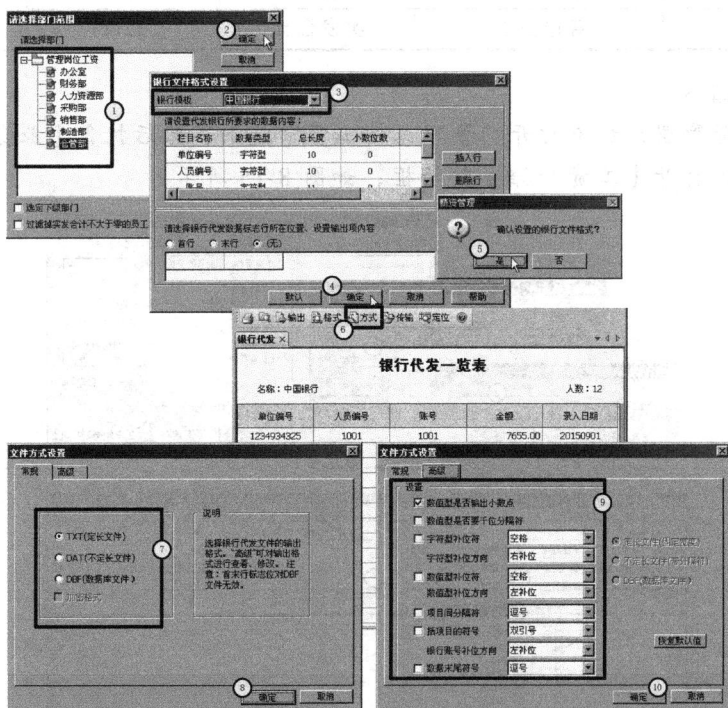

图 8-14 设置银行代发文件格式

（2）选择所有部门，单击 确定 按钮，打开【银行文件格式设置】对话框。

（3）将银行模板设置为"中国银行"，其他采用系统默认设置，单击 确定 按钮，在弹出的提示框中单击 按钮，打开【银行代发】对话框。

（4）单击 按钮，打开【文件方式设置】对话框。

（5）在【常规】选项卡中，系统已将 TXT 设置为默认文件格式，单击【高级】选项卡，还可以对数值格式进行更具体的设置，设置完毕后，单击 按钮。

（6）单击 按钮，将文件保存到指定的硬盘路径中。

8.3.5 凭证处理

在使用薪资管理系统进行薪资业务处理的前提下，有关薪资的业务核算凭证也在薪资管理系统中生成，具体包括薪资发放凭证、薪资费用计提和分摊凭证。

凭证的处理可分为两个阶段：首先，需在系统中根据业务核算内容设置凭证模板；其次，每期根据实际发生的薪资业务数据在系统中生成相应的凭证。

1. 设置凭证模板

【例 8-11】 在系统中设置如表 8-1 所示的"管理岗位工资"类别的银行代发工资凭证模板。

表 8-1　　　　"管理岗位工资"类别的银行代发工资凭证设置

部门名称	人员类别	项目	借方科目	贷方科目
所有部门	高层经理	实发合计	2211	100201
所有部门	部门主管	实发合计	2211	100201
所有部门	普通员工	实发合计	2211	100201

操作步骤如下。

（1）在薪资管理系统中打开"管理岗位工资"类别，然后执行【业务处理】/【工资分摊】菜单，打开【工资分摊】对话框，如图 8-15 所示。

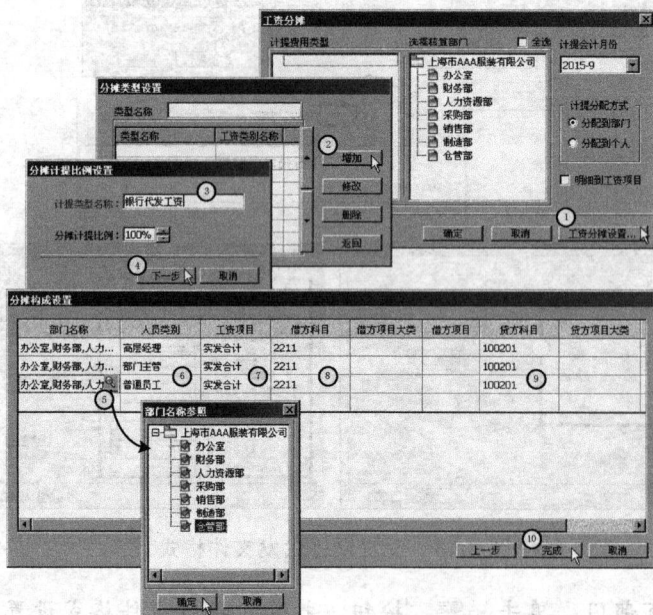

图 8-15　设置工资费用分摊

（2）单击对话框下方的 工资分摊设置... 按钮，打开【分摊类型设置】对话框。

（3）单击 增加 按钮，打开【分摊计提比例设置】对话框，对计提类型名称和分摊计提比例进行设置，然后单击 下一步 按钮，打开【分摊构成设置】对话框。

（4）双击【部门名称】空白栏，再单击随后显示的🔍按钮，打开【部门名称参照】对话框，勾选相关部门。

（5）继续以同样的方法输入其他栏目的内容，最后单击 完成 按钮返回。

2. 生成凭证

在系统中建立了薪资业务核算凭证模板后，在以后的各月中，系统可以根据设置自动进行计算并生成相关凭证。

【例 8-12】 生成 9 月份"管理岗位工资"类别的银行代发凭证。银行代发转账支票号为 12352。

操作步骤如下。

（1）在薪资管理系统中打开"管理岗位工资"类别，然后执行【业务处理】/【工资分摊】命令，打开【工资分摊】对话框，如图 8-16 所示。

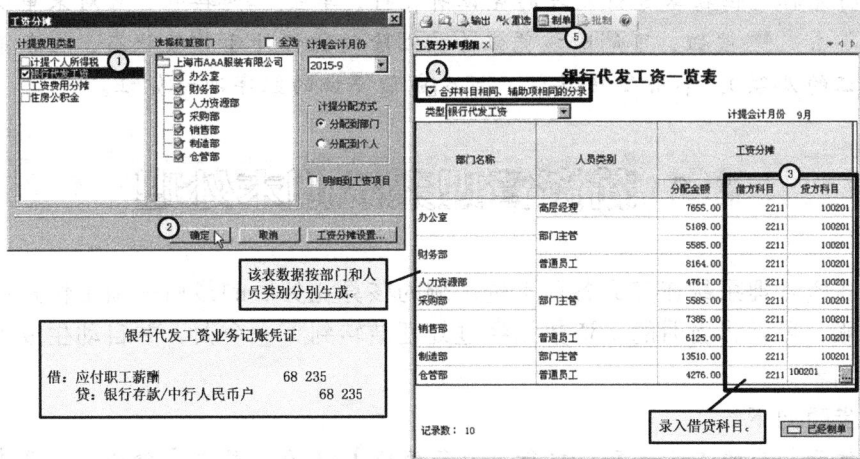

图 8-16 生成薪资凭证

（2）勾选【计提费用类型】列表框中的"银行代发工资"，勾选【选择核算部门】列表框中的适用部门，然后单击 确定 按钮，打开【工资分摊明细】窗口。

（3）重新输入借方和贷方科目，勾选【合并科目相同、辅助项相同的分录】，单击 🗎制单 按钮，系统生成凭证。

（4）将凭证字设置为"付"字，凭证中会计分录的【科目名称】与【金额】已由系统自动生成，补充录入"银行存款/中行人民币户"的辅助项资料，最后单击 🔚 按钮。

3. 修改、删除、冲销薪资凭证

未经审核、记账处理的薪资凭证可在系统中进行修改、删除。在薪资管理系统中被删除的凭证属于作废凭证，应在总账系统中做进一步的凭证整理后才能被彻底删除。如果凭证已在总账系统进行了审核、记账处理，则可在薪资管理系统中红字冲销该凭证。

操作步骤如下。

（1）在薪资管理系统中打开相应的工资类别，然后执行【统计分析】/【凭证查询】命令，打开【凭证查询】窗口，如图 8-17 所示。

业务日期	业务类型	业务号	制单人	凭证日期	凭证号	标志
2015-09-02	银行代发工资	1	李明	2015-09-02	付-1	未审核
2015-09-02	计提个人所得税	2	李明	2015-09-02	转-1	未审核
2015-09-02	工资费用分摊	3	李明	2015-09-02	转-2	未审核
2015-09-02	住房公积金	4	李明	2015-09-02	转-3	未审核

图 8-17　修改、删除、冲销薪资凭证

（2）将光标定位在需进行处理的凭证所在行，单击 **修改** 按钮，可对未审核凭证进行修改；单击 **删除** 按钮，可删除该凭证（被删除的凭证处于作废状态，应在总账系统做整理凭证的处理）；单击 **冲销** 按钮，可生成该凭证的红字冲销凭证。

8.4　薪资管理系统期末处理

期末薪资管理系统在完成各项工资薪酬的核算业务后的最后一项工作是结账。通过月末结账，可以将当月的工资数据经过处理结转到下一个月，并自动生成下月的新的工资明细表。

操作步骤如下。

（1）打开相应的工资类别，执行【业务处理】/【月末处理】命令，打开【月末处理】对话框，如图 8-18 所示。

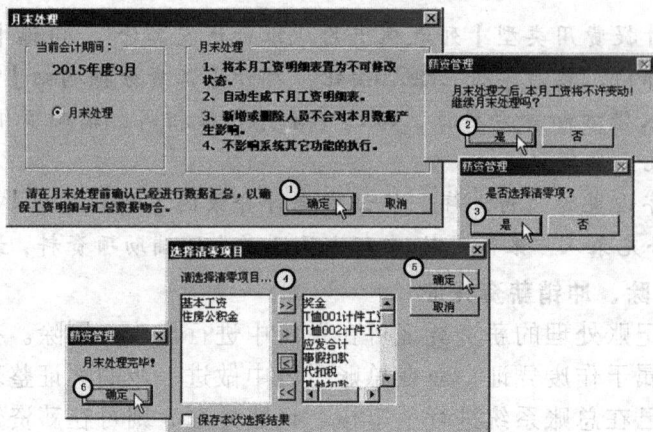

图 8-18　薪资管理系统结账

（2）单击 [确定] 按钮，在系统弹出的提示框中单击 [是(Y)] 按钮，打开【选择清零项目】对话框。

（3）单击 [>>] 和 [<] 按钮，根据实际需要选择清零项目，单击 [确定] 按钮。

（4）在弹出的"月末处理完毕"提示框中单击 [确定] 按钮。

┤ 补充提醒 ├

- 月末结账只有在当月工资数据处理完毕后才能进行。进行月末处理后，当月数据将不再允许变动。

- 结账时，如果选择进行清零处理，则系统会自动将用户所选项目的数据清为零，所以清零适用于工资中的变动项目。但清零时要谨慎，如果删除了工资中的固定数据，则会增加不必要的工作量。

- 在薪资管理系统结账后，若发现还有一些业务或其他事项需要在已结账月进行账务处理，可使用反结账功能，将薪资管理账套恢复至结账前状态。

- 反结账功能只能由账套（类别）主管来执行。

- 不允许反结账的情况：总账系统已结账；成本管理系统上月已结账。

常见问题

（1）生成的应发合计、实发合计等工资数据不准确。

① 系统是按设定的顺序计算工资项目金额的。打开相应的工资类别，在【工资项目设置】对话框的【公式设置】标签下，检查【工资项目】列表框中工资项目的排序。

② 系统是按照工资项目的属性，即是"增项"、"减项"还是"其他"来计算应发合计、扣款合计的，并由此计算出实发合计。关闭工资类别，在【工资项目设置】对话框中，检查相关工资项目的属性。

（2）已录入人员工资数据，但在【银行代发】窗口无法显示人员列表。

人员档案中没有录入人员的银行及账号资料。打开相关人员类别，执行【设置】/【人员档案】命令，补充录入相关人员的银行及账号资料。

（3）设置工资费用分摊凭证时，系统提示设置内容重复。

注意表格中有关部门、人员类别的选择，系统不允许重复设置一样的工资内容。

上机实训

实训十四　薪资管理系统基础设置。

实训十五　薪资管理系统业务处理。

以上实训内容，请详见书后所附《上机实训资料》。

模块九

供应链管理

 学习目标

知识目标：
- 了解供应链、供应链管理、供应链管理系统
- 掌握供应链基础设置方法
- 掌握普通采购业务、采购退回业务、暂估入库业务和接受赠品业务的处理方法
- 掌握普通销售业务、销售退回业务、委托代销业务、分期收款销售业务、提供赠品业务、零售日报业务、直运业务的处理方法
- 掌握生产领料业务、生产完工入库业务、盘点业务、完工产品成本核算业务的处理方法

能力目标：
- 能够按业务要求进行供应链系统的初始化设置
- 能够根据业务要求进行采购业务的管理和核算
- 能够根据业务要求进行销售业务的管理和核算
- 能够根据业务要求进行库存管理和核算
- 能够根据业务要求进行存货成本核算和凭证处理

 工作情景

随着上海市 AAA 服装有限公司业务量的增大，企业的销售订单和采购订单也迅速增多。由于对销售订单跟踪不及时，出现了订单未及时交货、发错货、销售货款结算不及时等问题，

客户投诉增加，影响了公司与客户建立的合作关系。同样，由于采购订单执行不到位，也出现了生产缺料、结算不及时影响企业信用的情况。经过对用友 ERP-U8 系统前段财务模块的运营总结，公司对用友 ERP-U8 系统的供应链模块的运行特点和流程要求进行了深入分析，并结合软件特点对公司业务流程进行了改革。现在，上海市 AAA 服装有限公司决定启用用友 ERP-U8 供应链系统中的采购管理、销售管理、仓存管理、存货核算等系统进行业务管理。

9.1 认知供应链管理

随着市场竞争日益激烈，企业需要不断调整自己的经营管理模式，将管理视野由企业内部扩展到企业外部。具有前瞻性的企业不再单纯着眼于企业内部的成本和收益管理，而是将采购、生产、库存和销售等环节看成一个整体价值链，实施供应链管理。

ERP 系统作为企业资源计划管理平台，其强大的功能不仅局限于本书前面所介绍的财务核算和财务管理业务模块，还更多地体现在对企业采购、生产、销售和库存等日常经营业务的管理。对单个企业内部购销存业务的供应链管理，是对多个相互关联的企业所组成的外部供应管理的基础。

用友 ERP-U8 供应链系统是企业内部供应链的管理平台，涉及企业的采购、生产、销售等主要经营和管理业务。供应链系统的主要模块包括采购管理、销售管理、库存管理、存货核算等，此外，与采购业务相关的模块还包括委外管理、进口管理等；与销售业务相关的模块还包括售前分析、出口管理、售后服务等。这些模块在业务上相互关联，企业可以根据自身业务特点和管理需要，选择单一模块对某方面业务进行专门管理，也可以同时启用多个模块对业务进行专门管理和关联管理。在本书中，主要介绍采购管理、销售管理、库存管理和存货核算这 4 个供应链的主要系统模块。如图 9-1 所示为供应链管理系统的基本构成及其关系。图中暗底标示的模块是本书重点介绍的系统。在其他系统未启用的条件下，采购管理和销售管理直接与库存管理关联，采购管理关联应付管理，销售管理关联应收管理，业务流程相应简化。

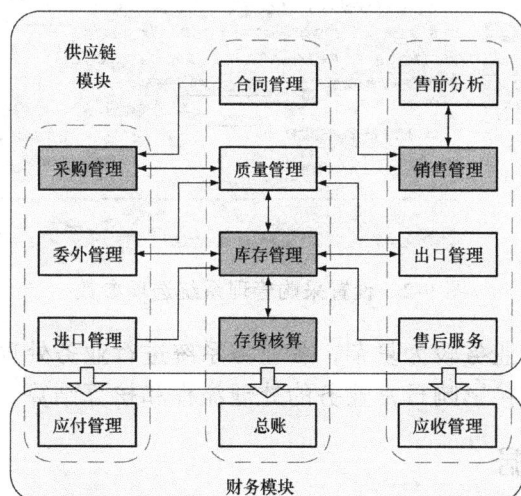

图 9-1 供应链管理系统构成及其关系图

9.2 供应链系统基础设置

供应链管理系统的基础设置包括三部分：系统业务处理参数的设置、基础档案的设置和初始业务数据的录入。完成基础设置、供应链系统进行期初记账后，才能正式进入日常业务管理。

其中，基础档案的设置主要是为满足业务管理和核算的要求，需在系统中补充完善的基础档案，主要包括仓库、收发类别、采购类型、销售类型、费用项目等。其设置方法与"模块三设置基础档案"类似，本节不再赘述。

9.2.1 设置供应链各系统选项参数

供应链管理系统初始化的首要步骤是设置系统选项参数，即对供应链的业务处理方法和核算方法进行定义。

【例 9-1】 设置采购管理系统选项参数，要求普通业务必有订单。

操作步骤如下。

在采购管理系统菜单中，执行【设置】/【采购选项】命令，打开【采购系统选项设置】对话框。根据业务要求进行参数设置，设置完毕，单击 确定 按钮，如图 9-2 所示。

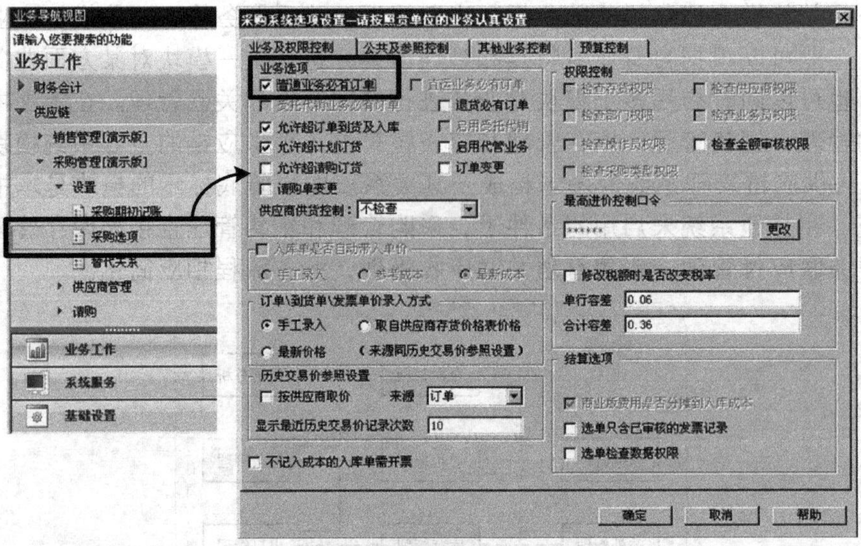

图 9-2 设置采购管理系统选项参数

供应链处理的经济业务较为复杂，各业务系统进行业务处理的方式有多种模式和多种方法。选项设置直接影响日常业务的处理流程和核算结算，必须谨慎设置。

9.2.2 录入初始数据

企业启用供应链系统进行日常业务管理，必须分别将采购、销售、库存的初始业务数据录入系统，并根据所处理的经济业务类型，设置相应的核算会计科目。

1．录入采购业务初始数据

在启用采购管理系统进行采购业务管理前，如果存在上月尚未完成的采购业务，应根据业务进展的情况，录入相应的单据和业务数据。上月已签订但尚未执行的采购合同，需在系统中作为期初采购订单录入；上月已收货，但尚未收到采购发票的业务，需暂估入库，在系统中作为期初采购入库单录入；上月已收到发票，但尚未收到货物的业务，可暂时压票，在本月实际收到货物时再在系统中进行处理。

（1）录入期初采购订单。如果在采购管理系统选项设置中勾选了"普通业务必有订单"，则普通采购业务都应根据采购合同在系统中录入采购订单。录入的采购订单保存后，必须通过审核，否则不能以此订单为依据进行后续的采购业务处理。

【例 9-2】　录入表 9-1 所示的期初采购订单。

表 9-1　　　　　　　　　　　　上海市 AAA 公司期初采购订单

订单日期	采购类型	供应商	付款条件	存货名称	数量（米）	无税单价（元）	计划到货日期
2015-08-30	原材料采购	兴盛公司	02	面料 002	2 000	45	2015-09-01

操作步骤如下。

在采购管理系统菜单中，执行【采购订货】/【采购订单】命令，打开【采购订单】窗口。单击 增加 按钮，录入采购订单，然后单击 按钮，再单击 审核 按钮，如图 9-3 所示。

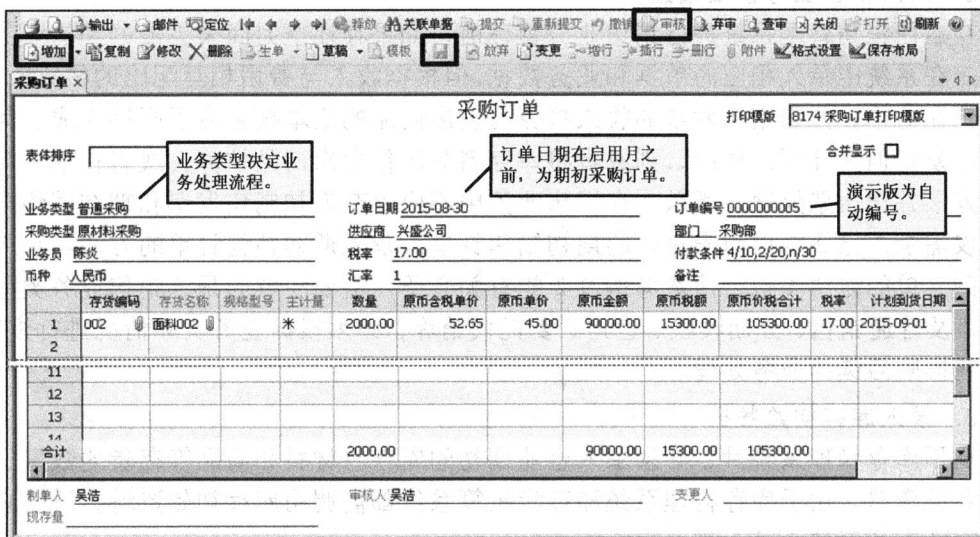

图 9-3　录入期初采购订单并审核

（2）录入期初采购入库单。上月月末已收货但尚未收到发票的采购业务，需暂估入库，在系统中录入期初采购入库单。

【例 9-3】　录入表 9-2 所示的期初采购入库单。

表 9-2 上海市 AAA 公司期初采购入库单

入库日期	仓库	供货单位	部门	业务员	存货编码	数量（粒）	本币单价（元）
2015-08-31	其他原料库	永新公司	采购部	陈炎	005	20 000	1

操作步骤如下。

在采购管理系统菜单中，执行【采购入库】/【采购入库单】命令，打开【采购入库单】窗口。单击 增加 按钮，录入采购入库单，单击 按钮，如图 9-4 所示。

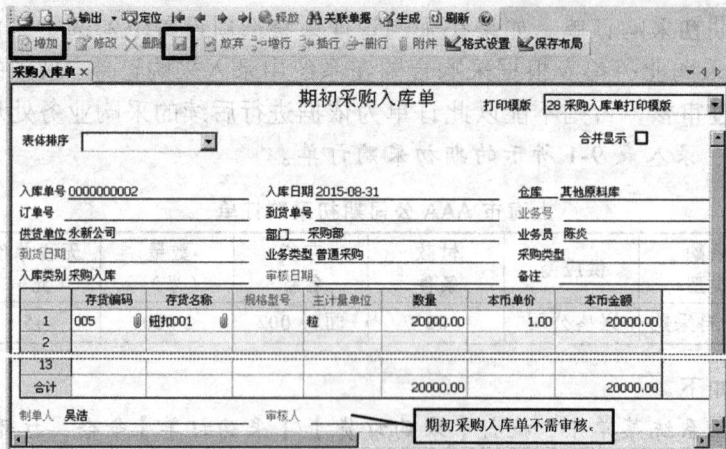

图 9-4 录入期初采购入库单

2. 录入销售业务初始数据

在启用销售管理系统进行销售业务管理前，如果存在上月尚未完成的销售业务，同样应在系统中录入相应的单据和业务数据。但根据收入与费用相互配比的核算原则，在销售业务中，开出销售发票的收入核算与发出商品的成本核算应于同期完成。如果存在已发货但未开票的情况，则或者将库存商品转作发出商品核算，或者在系统中先录入发票并作压票处理。所以，在销售业务中不应存在期初销售发票和期初销售出库单，仅需录入已签订但尚未执行的期初销售订单。录入期初销售订单的方法与录入期初采购订单的方法类似，请参考例 9-2 的有关介绍。需要注意的是，销售业务类型较多，涉及普通销售、分期收款、直运、委托代销等，必须根据业务实际情况进行设置，否则将影响后续的业务处理。

3. 录入库存初始数据

启用库存管理系统时，必须录入企业期初的库存原材料和商品等存货的数量、金额等业务资料。由于库存管理系统和存货核算系统都需调用库存初始资料，所以必须分别在两个子系统中录入相关资料。

【例 9-4】 录入表 9-3 所示的期初库存资料。

表 9-3 上海市 AAA 公司期初库存统计表

仓库	存货编码	存货名称	主计量单位	期初数量	期初金额（元）
面料库	001	面料 001	米	6 000	240 000
面料库	002	面料 002	米	2 000	90 000

操作步骤如下。

（1）在库存管理系统菜单中，执行【初始设置】/【期初结存】命令，打开【库存期初数据录入】窗口，如图9-5所示。

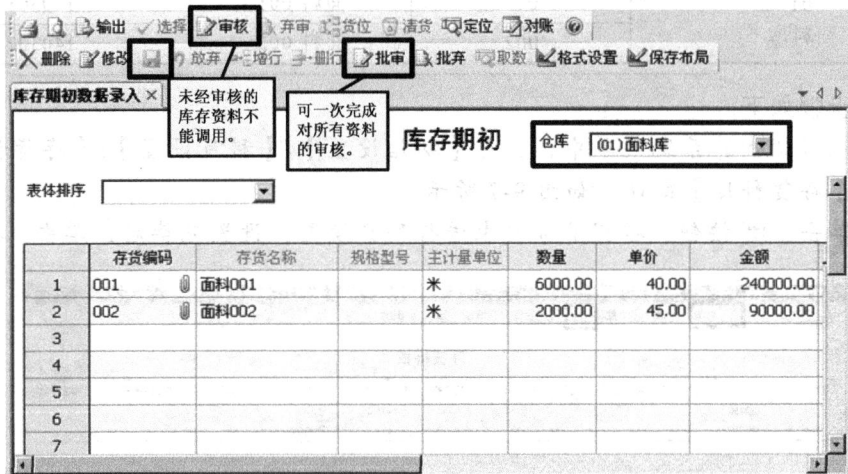

图 9-5　在库存管理系统录入期初库存资料

（2）在【仓库】下拉框中选择"面料库"，录入库存资料，单击 按钮，再单击 审核 按钮。

（3）在存货核算系统菜单中，执行【初始设置】/【期初数据】/【期初余额】命令，打开【期初余额】窗口，如图9-6所示。

图 9-6　在存货核算系统录入期初库存资料

（4）在【仓库】下拉框中选择"面料库"，单击 取数 按钮，系统自动从库存管理系统获取该仓库的存货信息。

（5）所有的存货期初数据录入完毕，单击 对账 按钮，选择目标仓库，可进行存货核算系统与库存管理系统的存货期初数据核对。

4. 设置存货核算科目

存货核算系统是供应链系统中进行存货成本核算和凭证生成的系统，通过在系统设置存货核算的相关科目，可以使系统根据默认设置自动生成相关业务凭证。

【例 9-5】 录入表 9-4 所示的存货科目。

表 9-4 上海市 AAA 公司存货科目表

仓库编码和名称	存货编码	存货名称	存货科目编码
01 面料库	001	面料 001	140301
	002	面料 002	140302

操作步骤如下。

（1）在存货核算系统菜单中，执行【初始设置】/【科目设置】/【存货科目】命令，打开【存货科目】窗口，如图 9-7 所示。

（2）单击⸺增加按钮，根据业务要求进行科目设置，设置完毕后，单击⸺按钮。

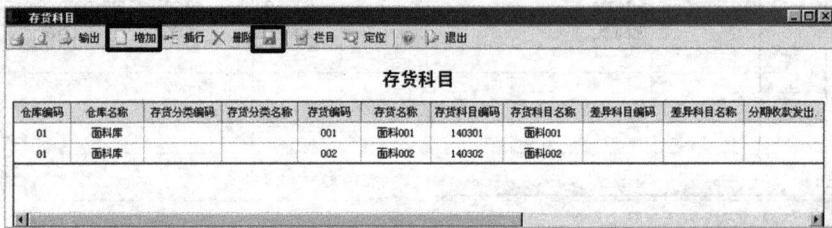

图 9-7 设置存货科目

9.2.3 供应链系统期初记账

供应链系统的选项参数设置完成、初始业务数据录入完毕后，即可通过期初记账，使供应链各子系统正式进入日常业务处理阶段。

操作步骤如下。

（1）在采购管理系统菜单中，执行【设置】/【采购期初记账】命令，打开【期初记账】对话框，单击⸺记账按钮，在弹出的提示框中单击⸺确定按钮，如图 9-8 所示。

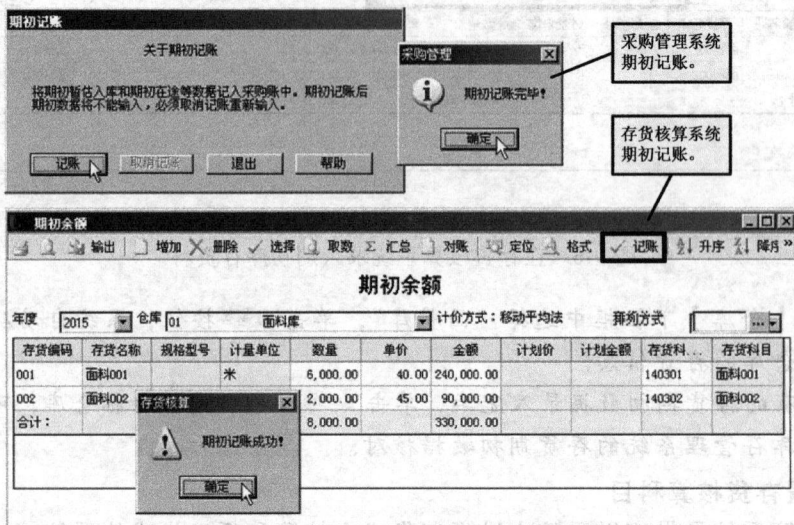

图 9-8 采购管理系统和存货核算系统期初记账

（2）在存货核算系统菜单中，执行【初始设置】/【期初数据】命令，打开【期初余额】窗口，单击 ✓记账 按钮，系统弹出"期初记账成功！"提示框，单击 确定 按钮。

▌补充提醒▐

● 供应链系统必须进行期初记账才能进行日常业务处理。

● 取消期初记账的方法：①在存货核算系统的【期初余额】窗口中单击 ↻恢复 按钮，取消存货核算系统期初记账；②在采购管理系统菜单中，执行【设置】/【采购期初记账】命令，打开【期初对账】对话框，单击 取消记账 按钮，取消采购系统期初记账。

● 以下情况不能取消采购期初记账：采购管理系统已进行月末结账、采购管理系统已经进行了采购结算、存货核算系统已进行期初记账。

● 以下情况不能取消存货核算系统期初记账：存货核算系统已月末结账、有单据已记账、手工增加过入库或出库调整单。需要把存货核算系统中所有的业务都取消后方可取消期初记账。

9.3　采购业务管理

完整的采购业务管理流程节点包括请购、订货、到货、入库、开票、采购结算等。在本书中，采购管理未与生产制造系统相关联，省略了供应商管理和前期请购环节，采购业务管理从采购订货开始。

9.3.1　处理普通采购业务

普通采购业务是企业经营中普遍发生的采购业务类型。以下根据业务处理流程的不同，着重介绍普通采购业务中赊账采购、现付采购和采购运费的处理方法。在实际工作中，一笔采购业务可能同时涉及现付、赊账和采购运费，其业务处理流程也是基于这三个基本业务处理流程的叠加。

1. 赊账采购

赊账采购是指采购的货物已到，但货款未付，其业务处理流程如图9-9所示。其业务处理有以下两个分支。

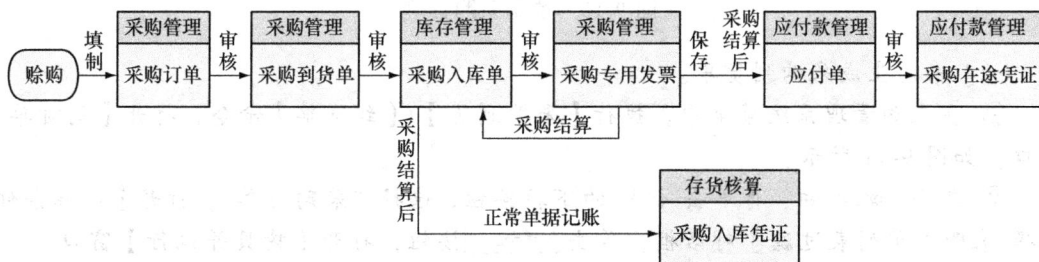

图9-9　赊账采购业务处理流程

（1）与采购货款结算相关的核算。在赊账采购业务中根据采购发票生成应付账款，由此在应付款管理系统生成采购在途凭证。

（2）与采购成本相关的核算。根据采购发票和入库单核算采购成本，由此在存货核算系统中生成采购入库凭证。

采购在途凭证如下。

借：在途物资

应交税费/应交增值税/进项税额

贷：应付账款

采购入库凭证如下。

借：原材料

贷：在途物资

【例 9-6】　采购部陈炎与兴盛公司签订采购合同，采购面料 002 共 3 000 米，不含税单价 45 元/米，交货时间为当天，无付款条件。兴盛公司开具了全额发票，材料当天送达，货款未付。

操作步骤如下。

（1）采购填制采购订单。在采购管理系统菜单中，执行【采购订货】/【采购订单】命令，打开【采购订单】窗口。单击 增加 按钮，录入采购订单。录入完毕后，单击 按钮。审核后，单击 审核 按钮，如图 9-10 所示。

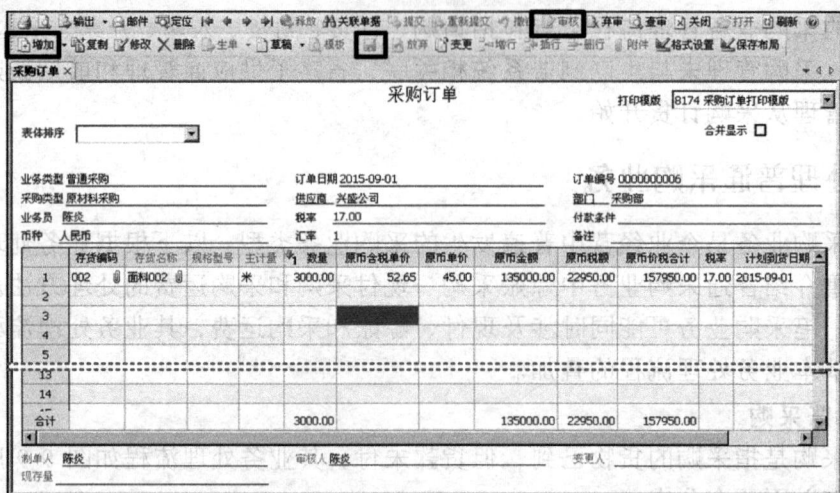

图 9-10　填制采购订单

（2）采购生成采购到货单。

① 在采购管理系统菜单中，执行【采购到货】/【到货单】命令，打开【到货单】窗口，如图 9-11 所示。

② 单击 增加 按钮，再单击 生单 的下拉按钮，选择"采购订单"，打开【过滤条件选择-采购订单列表过滤】对话框，单击 确定(E) 按钮，打开【拷贝并执行】窗口。

③ 在【到货单拷贝订单表头列表】列表框中，双击需要参照的采购订单的【选择】栏，打上"Y"标记，单击 OK 确定 按钮，将该采购订单的相关信息导入采购到货单。

④ 根据业务情况修改到货单，可在此修改到货日期、到货数量等，单击 按钮。审核后单击 审核 按钮。

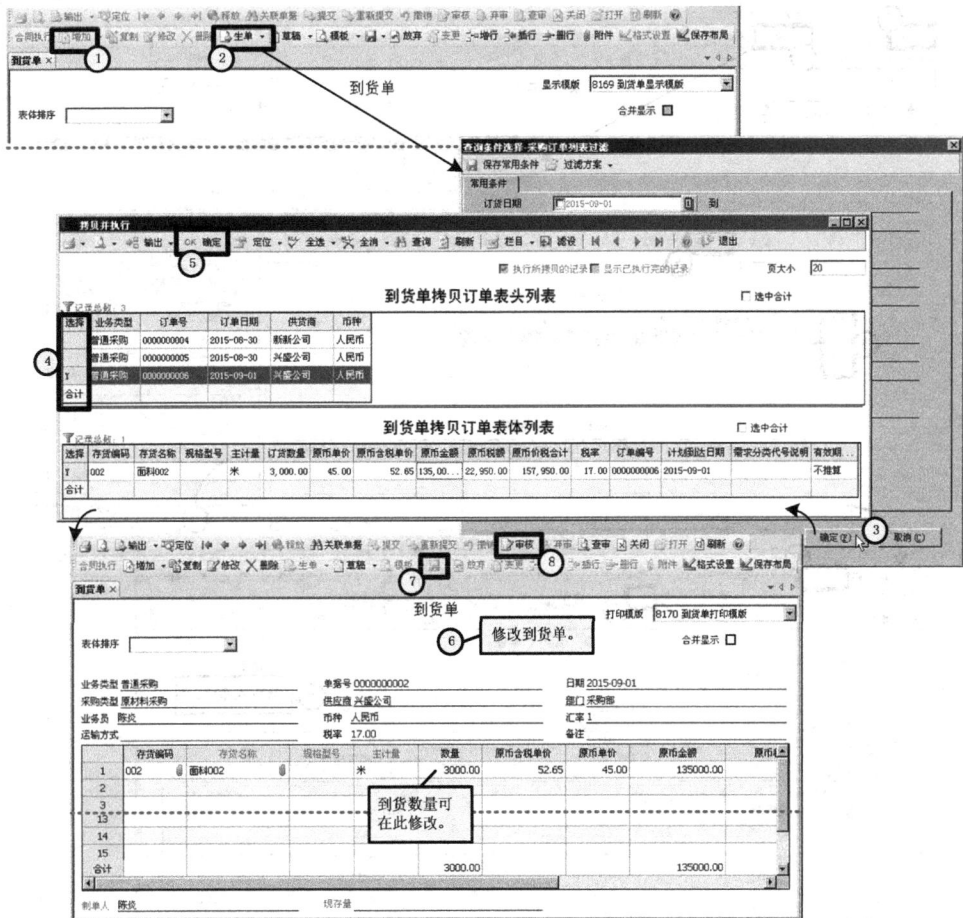

图 9-11　生成采购到货单

▌补充提醒▐

● 只能参照没有入库且未被参照过的采购订单。若已经被参照生成了到货单，且数量达到订单数量，则不能再被参照生成入库单。

● 没有生成下游单据的采购到货单可以在未审核前直接删除；已生成下游单据的采购到货单，需先删除下游单据，弃审后才能被删除。

（3）仓管生成采购入库单。

① 在库存管理系统菜单中，执行【入库业务】/【采购入库单】命令，打开【采购入库单】窗口，如图 9-12 所示。

② 单击 增加 按钮，再单击 生单 下拉按钮，选择"采购到货单（蓝字）"，打开【过滤条件选择-采购到货单列表】对话框，单击 确定(E) 按钮，打开【到货单生单列表】窗口。

③ 在【到货单生单表头】列表框中双击需参照的采购到货单的【选择】栏，打上"Y"标记，单击 OK 确定 按钮，将该采购到货单相关信息导入采购入库单。

④ 根据业务情况修改入库单，可在此修改入库日期，设置仓库等，单击 按钮。审核后单击 审核 按钮。

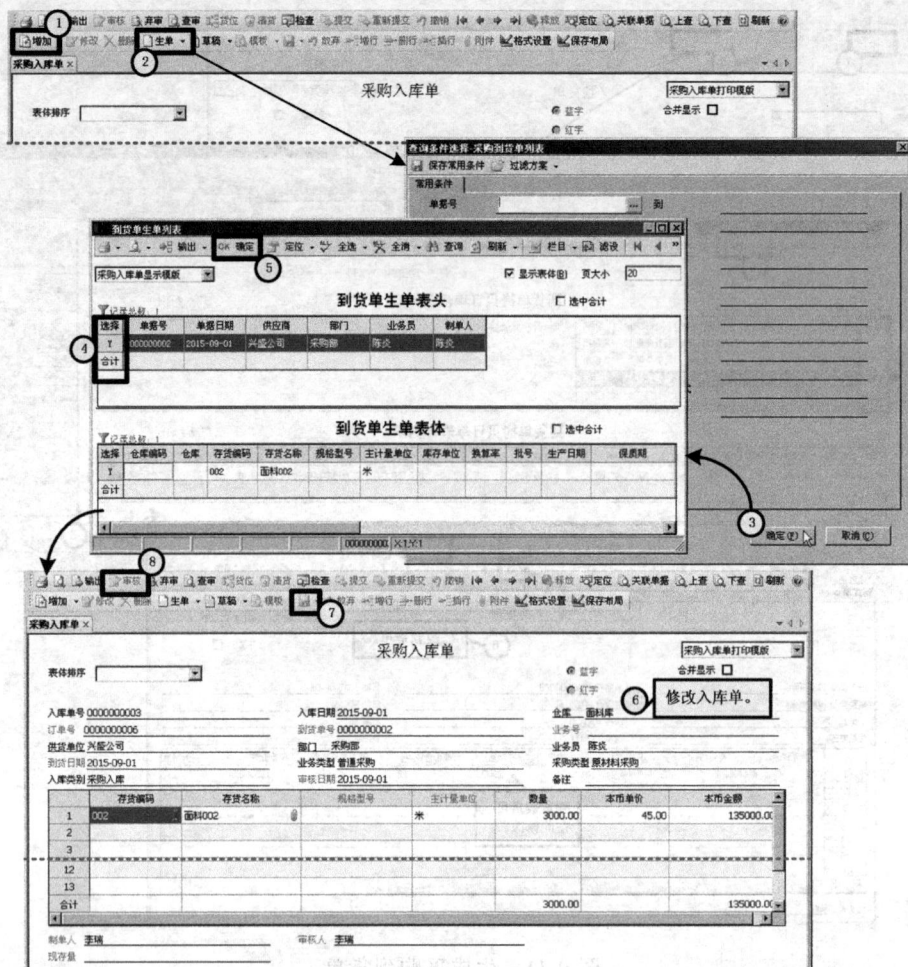

图 9-12　生成采购入库单

▎补充提醒▎

- 采购入库单必须在库存管理系统录入或生成。
- 在库存管理系统录入或生成的采购入库单，可以在采购管理系统查看，但不能修改或删除。
- 如果在采购选项中设置了"普通业务必有订单"，则采购入库单不能手工录入，只能参照生成。
- 采购入库单未审核前可删除；已在存货核算系统生成了入库凭证的采购入库单，需在存货核算系统删除凭证，取消记账，在库存管理中对采购入库单弃审后，才能被删除。

（4）采购生成采购发票。

① 在采购管理系统菜单中，执行【采购发票】/【采购专用发票】命令，打开【采购专用发票】窗口，如图 9-13 所示。

② 单击增加按钮，再单击生单的下拉按钮，选择"入库单"，打开【过滤条件选择-采购入库列表过滤】对话框，单击确定按钮，打开【拷贝并执行】窗口。

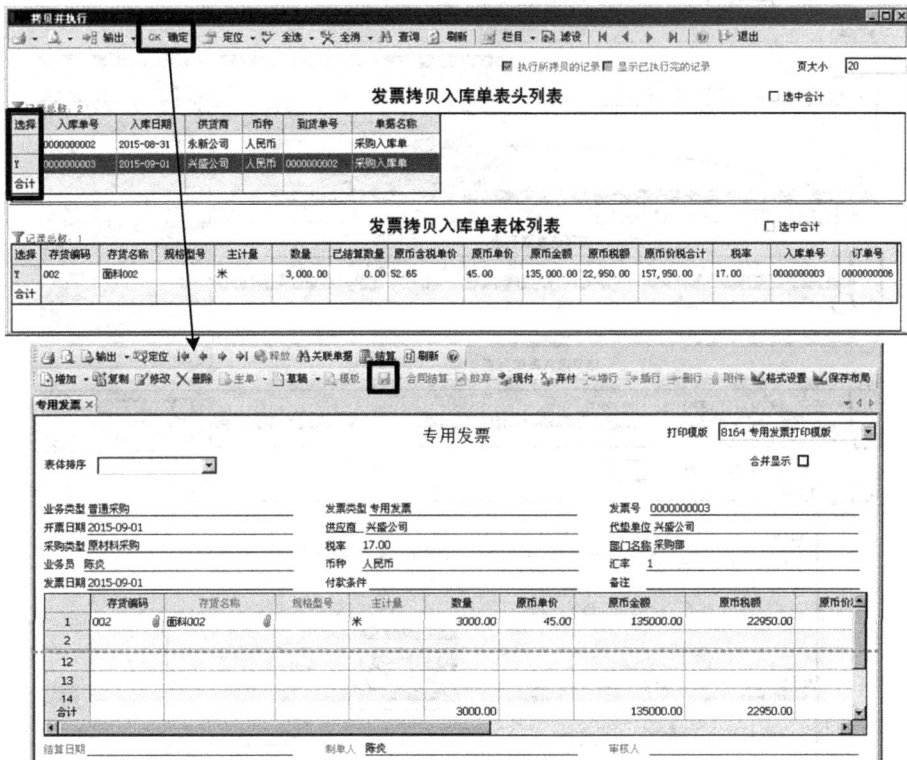

图 9-13　生成采购专用发票

③ 在【发票拷贝入库单表头列表】框中双击需参照的采购入库单的【选择】栏，打上"Y"标记，单击 OK 确定 按钮，将该采购入库单的相关信息导入专用采购发票。

④ 根据业务情况修改发票，可在此修改开票日期、发票日期等，单击 ■ 按钮。

┃ 补充提醒 ┃

- 如果在采购选项中勾选了"普通采购必有订单"，则只能参照生成采购发票。
- 生成采购专用发票必须在基础档案中设置开户银行资料，否则只能生成普通发票。
- 采购发票在下游单据未进行处理前可删除；下游单据已进行了审核、转账、制单等业务处理，必须删除凭证、取消操作后，才能删除该采购发票。

（5）采购进行采购结算。

① 在采购管理系统菜单中，执行【采购管理】/【采购结算】/【手工结算】命令，打开【手工结算】窗口，如图 9-14 所示。

② 单击 ✓选单 按钮，打开【结算选单】窗口。

③ 单击 🔍查询 按钮，打开【查询条件选择-采购手工结算】窗口，单击 确定(E) 按钮。

④ 系统返回【手工结算】窗口，选择相应的"采购发票"和"入库单"，单击 OK 确定 按钮。

⑤ 在刷新的【手工结算】窗口，显示有采购发票和入库单的结算资料，单击 🔲结算 ▾ 按钮，系统提示"完成结算"。

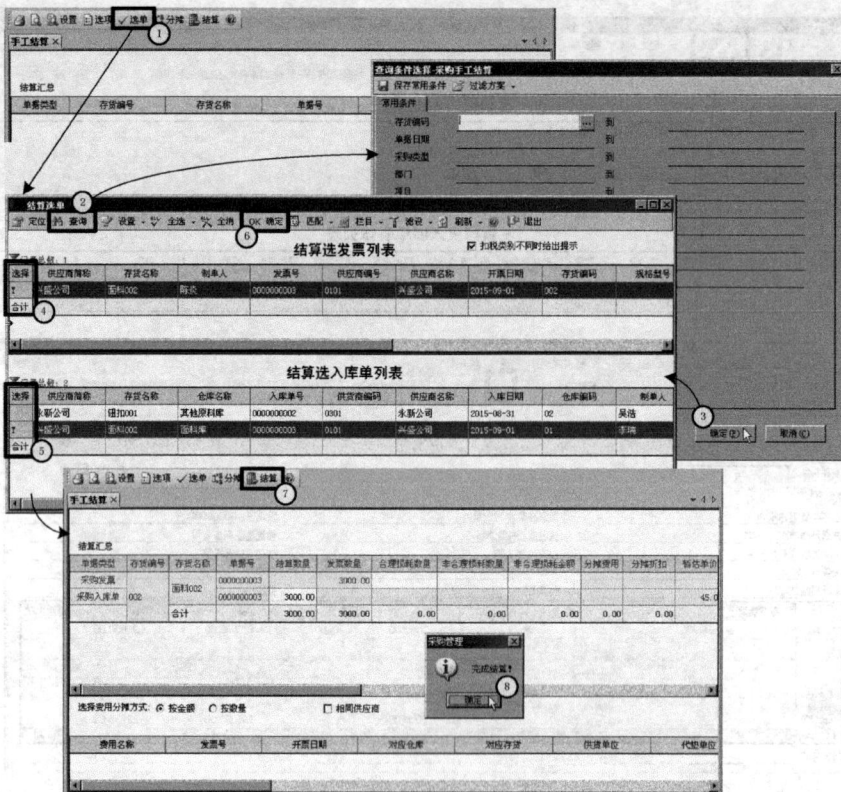

图 9-14　手工采购结算

▐ 补充提醒 ▐

● 保存采购发票后，单击窗口上方的 ▦结算 按钮，可由系统进行自动结算。但如果涉及采购费用分摊的采购结算，应使用手工结算方法。

● 采购结算生成采购结算单。如果需取消采购结算，则可执行【采购结算】/【结算单列表】命令。打开【结算单列表】窗口，选择需取消的采购结算单，单击 ✕ ▦除 按钮。

（6）会计审核应付单并生成采购在途凭证。

① 在应付款管理系统菜单中，执行【应付单据管理】/【应付单据审核】命令，打开【应付单查询条件】窗口，如图 9-15 所示。

② 单击 确定 按钮，打开【单据处理】窗口。

③ 双击需审核的单据所在行，打开【采购发票】窗口。

④ 单击 ▦审核 按钮，系统弹出"是否立即制单"提示框，单击 是 按钮，即生成采购在途凭证。因未在应付款系统设置产品科目，需补充录入"在途物资/面料 002"科目。

▐ 补充提醒 ▐

● 只有采购结算后的采购发票才能自动传递到应付款管理系统，并且需要在应付款管理系统中审核确认，才能形成应付账款。

● 取消应付单审核方法：如已根据应付单制单，则需先在应付款系统中删除凭证，再执行【应付单据管理】/【应付单据审核】命令，打开【应付单据查询条件】窗口，勾选"已审核"，单击 确定 按钮，在【单据处理】窗口选择应付单据后单击 ▦弃审 按钮。

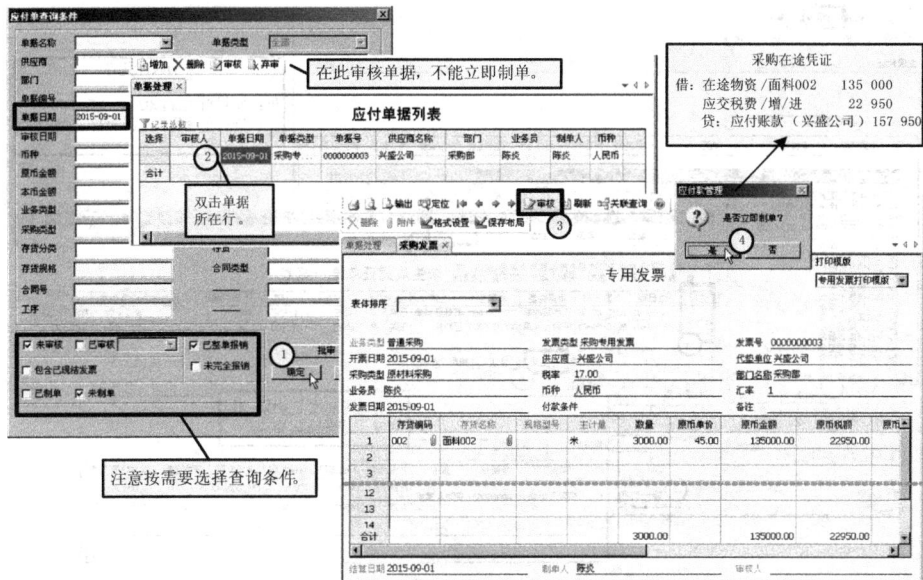

图 9-15　审核应付单并生成采购在途凭证

（7）会计进行正常单据记账并生成采购入库凭证。

① 在存货核算系统菜单中，执行【业务核算】/【正常单据记账】命令，打开【查询条件选择】对话框，如图 9-16 所示。

图 9-16　正常单据记账

② 单击 确定(F) 按钮，打开【未记账单据一览表】窗口。

③ 单击 全选 按钮，或双击需记账单据的【选择】栏，打上"Y"标记，单击 记账 按钮，系统提示"记账成功"，关闭窗口返回。

④ 在存货核算系统菜单中，执行【财务核算】/【生成凭证】命令，打开【生成凭证】窗口，如图 9-17 所示。

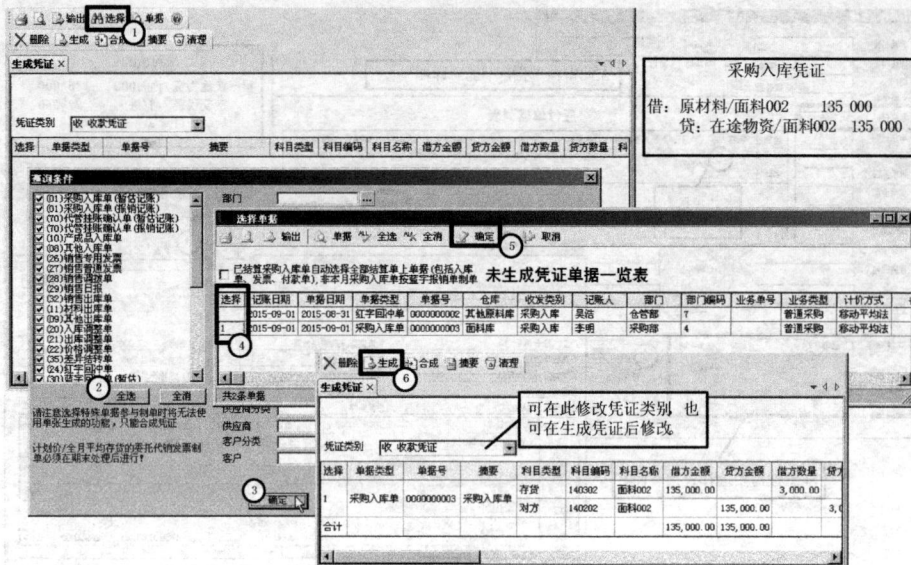

图 9-17　生成采购入库凭证

⑤　单击 选择 按钮，打开【查询条件】对话框，设置查询条件（单据量少时可全选，量多时本例可选择"采购入库单"），单击 确定 按钮，打开【选择单据】窗口。

⑥　单击【选择】栏，选中待生成凭证的单据，单击 确定 按钮，打开【生成凭证】窗口。

⑦　在此可对生成的凭证内容进行修改完善，单击 生成 按钮，系统生成采购入库凭证。

▌补充提醒▐

● 取消单据记账方法：在存货核算系统菜单中，执行【业务核算】/【恢复记账】命令，过滤后选择需要恢复记账的单据，单击 恢复 按钮。

● 在全月平均、计划价/售价、个别计价核算的方式下，可选择一张单据进行恢复记账；在移动平均、先进先出核算的方式下，由于核算方式与记账单据的先后顺序有关，因此不能单独恢复中间的某张单据，应按记账顺序从后向前恢复。

● 已记账并生成了记账凭证的单据，必须先在存货核算系统中删除凭证，再取消单据记账。

● 删除存货核算系统已生成凭证的方法：在存货核算系统菜单中，执行【财务核算】/【凭证列表】命令，过滤后选择需要删除的凭证，单击 删除 按钮，被删除的凭证属于"作废"凭证，需在总账系统中做整理处理后才能被彻底删除。

2. 现付采购

现付采购是指收到采购货物，同时支付货款，其业务处理流程如图9-18所示。与赊账采购相比，两者业务处理方法的不同在于，现付采购在生成采购专用发票后可通过系统的现付功能，直接在应付款管理系统中生成现付应付单，经审核后生成现付采购在途凭证，不需挂应付账款往来账。以下是所生成的采购在途凭证。

借：在途物资
　　应交税费/应交增值税/进项税额
　　贷：银行存款

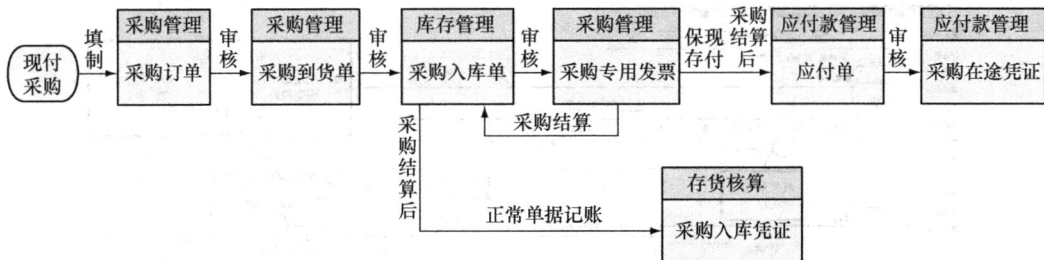

图 9-18 现付采购业务处理流程

【例 9-7】 采购部陈炎与兴盛公司签订采购合同，采购面料 002 共 3 000 米，不含税单价 45 元/米，交货时间为当天，无付款条件。兴盛公司开具了全额发票，材料当天送达，货款以电汇支付（票号 9001）。

操作步骤如下。

现付采购与赊账采购业务处理流程大部分相同，以下仅说明生成采购发票后的现付处理方法。

（1）采购生成采购发票并现付。

① 在采购管理系统菜单中，执行【采购发票】/【采购采购专用发票】命令，打开【采购专用发票】窗口。根据入库单生单生成采购专用发票，如图 9-19 所示。

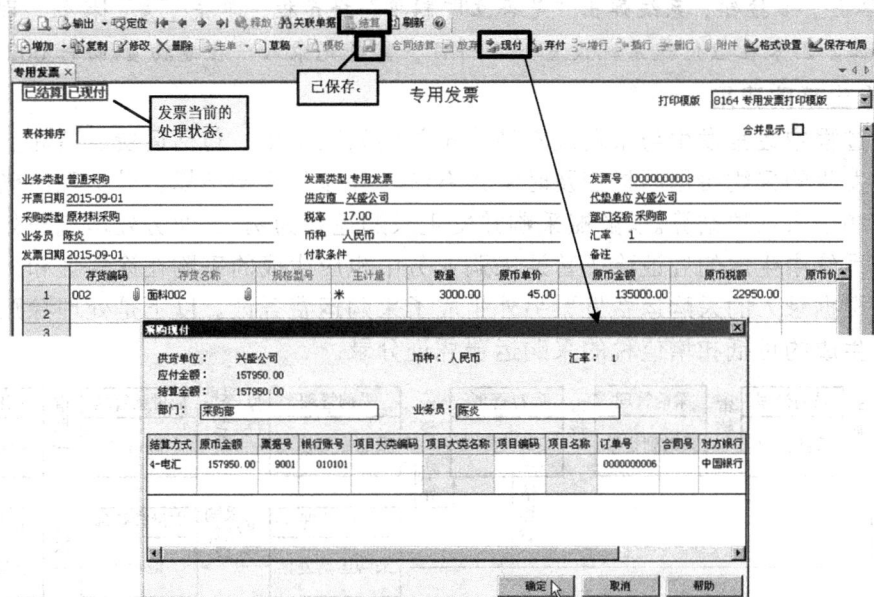

图 9-19 生成采购发票并现付

② 根据业务情况修改发票，单击 按钮。单击 结算 按钮，系统自动进行采购结算，再单击 现付 按钮，打开【采购现付】窗口。

③ 录入现付结算资料，单击 确定 按钮，采购专用发票显示"已现付"。

（2）会计审核付款单并生成采购在途凭证。

① 在应付款管理系统菜单中，执行【应付单据管理】/【应付单据审核】命令，打开【应付单查询条件】对话框，如图 9-20 所示。

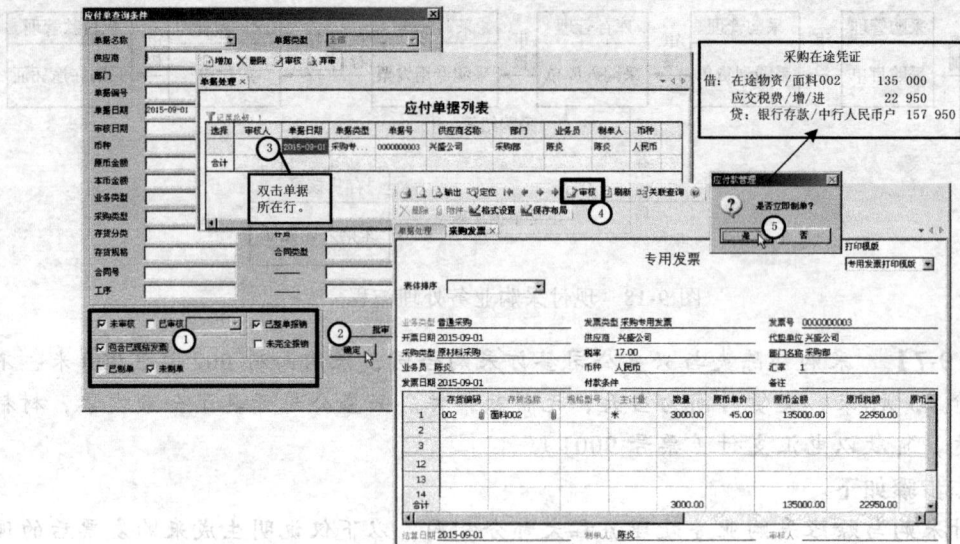

图 9-20　审核付款单并生成采购在途凭证

② 勾选【包含已现结发票】选项，单击 [确定] 按钮，打开【单据处理】窗口。

③ 双击需审核的单据所在行，打开【采购发票】窗口。

④ 单击 [审核] 按钮，系统弹出"是否立即制单"提示框，单击 [是] 按钮，即生成采购在途凭证。因未在应付款系统设置产品科目，需补充录入"在途物资/面料002"科目。

3．发生采购费用

采购过程中经常发生与采购成本核算相关的采购费用，包括运费、装卸费、挑拣费等。所发生的采购费用同样应及时录入系统，并参与采购结算，以实现准确的采购成本核算和往来款项结算。以赊账采购并发生采购运费为例，其业务处理流程如图 9-21 所示。在系统中生成的凭证除了普通采购业务中也应生成的采购在途凭证和采购入库凭证外，根据录入的采购运费发票另外生成了采购运费凭证。以下是处理赊账采购业务中系统生成的可抵扣增值税的采购运费凭证分录。

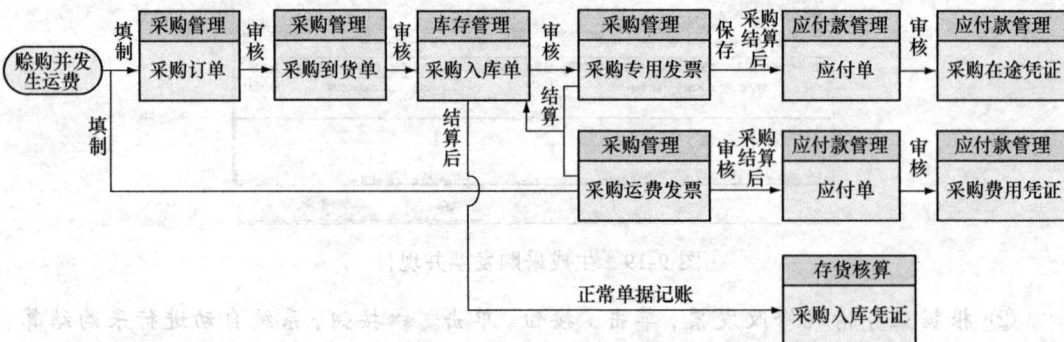

图 9-21　发生采购费用的采购业务处理流程

借：在途物资
　　应交税费/应交增值税/进项税额
　　贷：应付账款

如果采购业务中发生的采购费用已支付，也可在录入采购运费发票后使用现付功能，在应付款系统中审核生成的其他付款单后，生成如下现付采购运费凭证。

借：在途物资

应交税费/应交增值税/进项税额

贷：银行存款（或库存现金）

实际操作中，也可根据采购专用发票生成的应付单、根据采购费用发票生成的其他应付单，在应付款系统中合并生成凭证。

【例 9-8】 上月与新新公司签订的采购订单现到货，同时送来采购发票，发票标明采购辅料 001 共 1 000 套，14.9 元/套，辅料 002 共 4 000 套，14.5 元/套，新新公司代垫运杂费 500 元（不可抵扣增值税，税额为 0），材料已验收入库，货款尚未支付。

操作步骤如下。

录入采购订单、生成采购到货单、生成采购入库单、生成采购专用发票和应付单的操作方法见普通采购的操作步骤说明，以下仅介绍采购运费及其后续的处理方法。

（1）采购填制采购运费发票。

在采购管理系统菜单中，执行【采购发票】/【运费发票】命令，打开【运费发票】窗口，如图 9-22 所示。单击 增加按钮，录入运费采购发票，单击 按钮后关闭【运费发票】窗口。

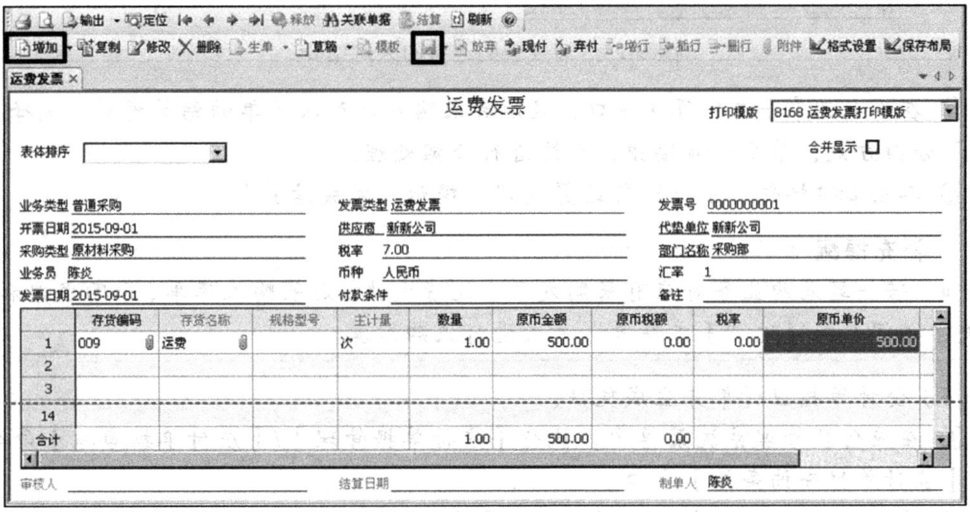

图 9-22 填制采购运费发票

（2）采购进行采购结算。

① 在采购管理系统菜单中，执行【采购结算】/【手工结算】命令，打开【手工结算】窗口。

② 单击 选单按钮，打开【结算选单】窗口。

③ 单击 查询按钮，打开【查询条件选择-采购手工结算】窗口，单击 确定(F) 按钮。

④ 系统返回【结算选单】窗口，选择相应的"采购发票"和"入库单"，如图 9-23所示，单击 OK 确定按钮。

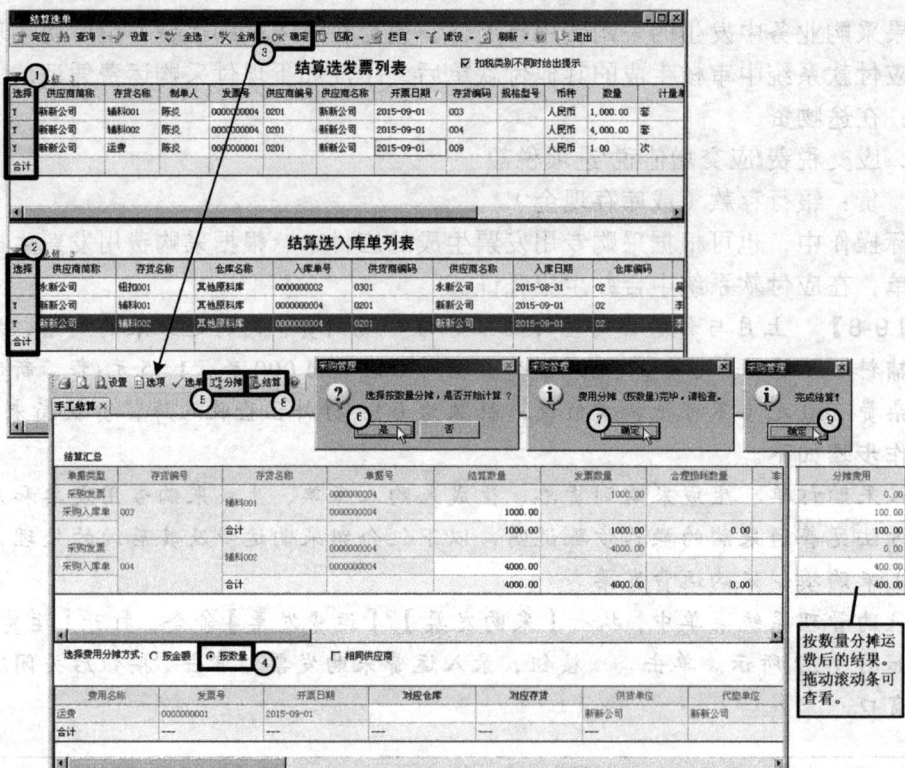

图 9-23　涉及采购运费的采购结算

⑤　在刷新的【手工结算】窗口，显示有采购发票和入库单的结算资料，选择"按数量"分摊方式，单击 分摊 按钮，系统进行分摊处理。

⑥　单击 结算 按钮，系统进行结算处理，提示"完成结算"。

▌ 补充提醒 ▐

● 若一笔采购业务对应有采购发票和运费发票，则采购入库单、采购发票和运费发票之间只能通过"手工结算"方式进行采购结算。

（3）会计审核应付单并生成凭证。

①　在应付款管理系统菜单中，执行【应付单据管理】/【应付单据审核】命令，打开【应付单据查询条件】窗口。

②　单击 确定 按钮，打开【单据处理】窗口，如图 9-24 所示。

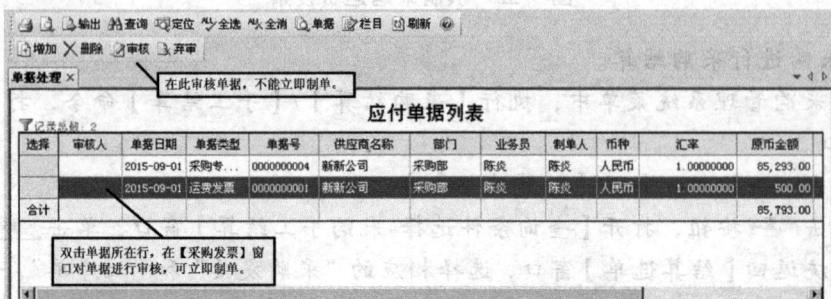

图 9-24　应付单据列表

③ 双击需审核的单据所在行，打开【采购发票】窗口。

④ 单击 审核 按钮，系统弹出"是否立即制单"提示框，单击 是 按钮，可分别生成采购在途凭证和采购费用凭证。因未在应付款系统设置产品科目，需在采购在途凭证中补充录入"在途物资/辅料001"和"在途物资/辅料002"科目。系统生成的采购费用凭证只有贷方应付账款科目和金额，需单击 拆分 按钮，增加一行，分别录入"在途物资/辅料001"和"在途物资/辅料002"科目及其金额。

（4）会计进行正常单据记账后生成采购入库凭证。

① 在存货核算系统菜单中，执行【业务核算】/【正常单据记账】命令，打开【查询条件选择】对话框。

② 单击 确定(F) 按钮，打开【未记账单据一览表】窗口，如图9-25所示。

③ 单击 全选 按钮，或双击需记账单据的

图9-25 正常单据记账

【选择】栏，打上"Y"标记，单击 记账 按钮，系统提示"记账成功"，单击 确定(F) 按钮返回。

④ 在存货核算系统菜单中，执行【财务核算】/【生成凭证】命令，打开【生成凭证】窗口。

⑤ 单击 选择 按钮，打开【查询条件】对话框，全选查询条件，单击 确定 按钮，打开【选择单据】窗口，如图9-26所示。

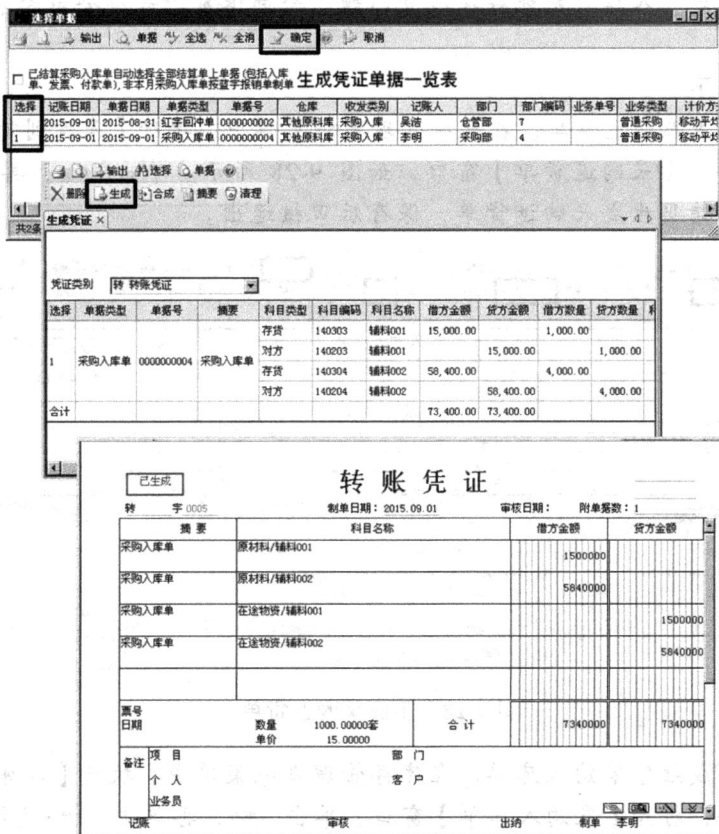

图9-26 生成采购入库凭证

⑥ 单击【选择】栏，选中待生成凭证的单据，单击 确定 按钮，打开【生成凭证】窗口。

⑦ 单击 生成 按钮，系统生成采购入库凭证。

9.3.2 处理采购退回业务

采购的货物如需退货，应根据采购发票是否已认证，进行相应的业务处理。

1. 收到采购发票前退货

收到货物时尚未收到采购发票，如果尚未入库即发现需要退货，则不需要在系统中作处理，待实际收到符合要求的货物后，再进行后续操作；如果货物已入库才发现需要退货，则需要在系统中填制退货单，生成红字入库单，红字冲销原入库记录。其业务处理流程如图 9-27 所示。

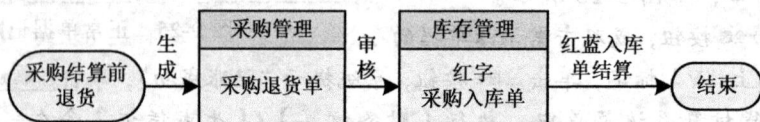

图 9-27 收到采购发票前已入库的退货业务处理流程

【例 9-9】 采购部陈炎与兴盛公司签订采购合同，采购面料 002 共 3 000 米，不含税单价 45 元/米，入库后发现存在质量问题，全部退货。兴盛公司尚未开具增值税专用发票。

操作步骤如下。

（1）采购生成采购退货单。在采购管理系统菜单中，执行【采购到货】/【采购退货单】命令，打开【采购退货单】窗口，如图 9-28 所示。单击 增加 ，再单击 生单 按钮，根据到货单拷贝生成采购退货单，保存后审核退出。

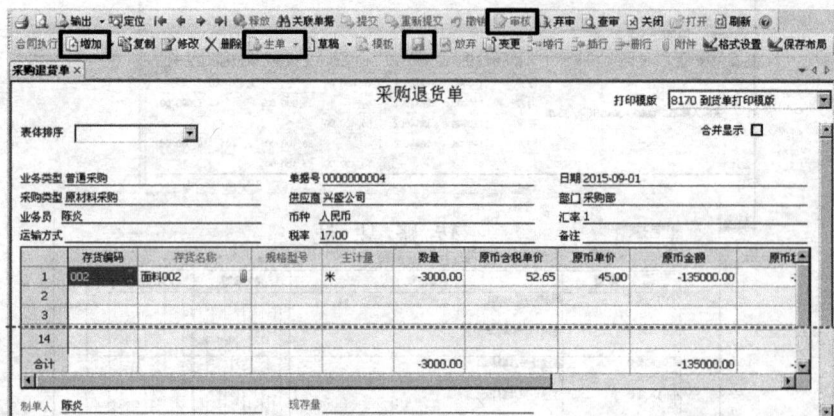

图 9-28 生成采购退货单

（2）仓管生成红字采购入库单。在库存管理系统菜单中，执行【入库业务】/【采购入库单】命令，打开【采购入库单】窗口，单击 增加 ，再单击 生单 按钮，根据"采购到货单（红字）"拷贝生成红字采购入库单，如图 9-29 所示，保存后审核退出。

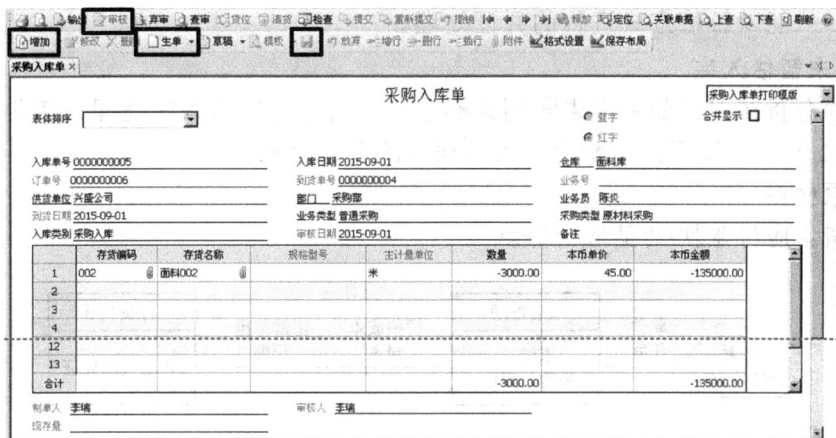

图 9-29　生成红字采购入库单

（3）采购进行红蓝入库单结算。在采购管理系统菜单中，执行【采购结算】/【自动结算】命令，打开【查询条件选择-采购自动结算】对话框，将【结算模式】设置为"红蓝入库单"，单击 确定(E) 按钮。在打开的【采购管理】对话框中系统提示结算结果，如图 9-30 所示。

2．收到经认证的采购发票后退货

收到经认证的采购发票后发生退货，需要由供货方开具红字专用发票，在系统中需同步录入红字采购发票并进行业务核算，其业务处理流程如图 9-31 所示。业务处理方法与普通采购业务类

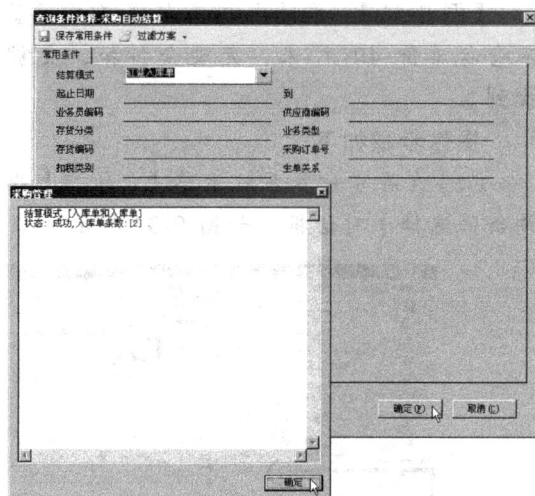

图 9-30　红蓝入库单结算

似，只是所生成单据数量和金额为负数，并且应进行红蓝入库单的结算。具体操作步骤请参见处理普通采购业务和前述收到采购发票前退货业务的相关内容。

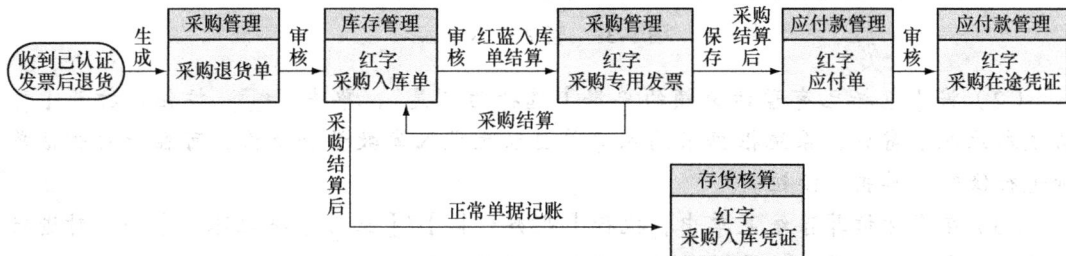

图 9-31　收到已认证的采购发票后退货的业务处理流程

9.3.3　处理暂估入库业务

暂估入库是指月末采购的货物已到，但因尚未收到采购发票，无法准确进行采购

入库核算，只能以暂估方式进行的凭证处理。

1. 月末暂估入库

采购的存货在月末如果尚未收到采购发票，需进行暂估入库处理，其业务处理流程如图 9-32 所示。以下是采购暂估入库凭证的会计分录。

借：原材料

　　贷：应付账款/暂估应付账款

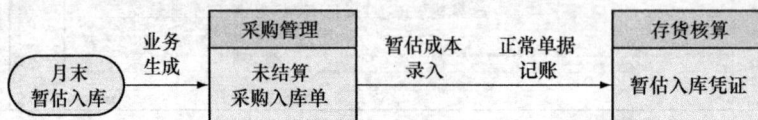

图 9-32　月末暂估入库的业务处理流程

【例 9-10】　采购部陈炎与银狐公司签订的采购合同，采购面料 001 共 2 000 米，不含税单价 40 元/米，无现金折扣，交货时间为当天。材料已送达，月末发票尚未收到。

操作步骤如下。

（1）在存货核算系统菜单中，执行【业务核算】/【暂估成本录入】命令，打开【查询条件选择】对话框，如图 9-33 所示。

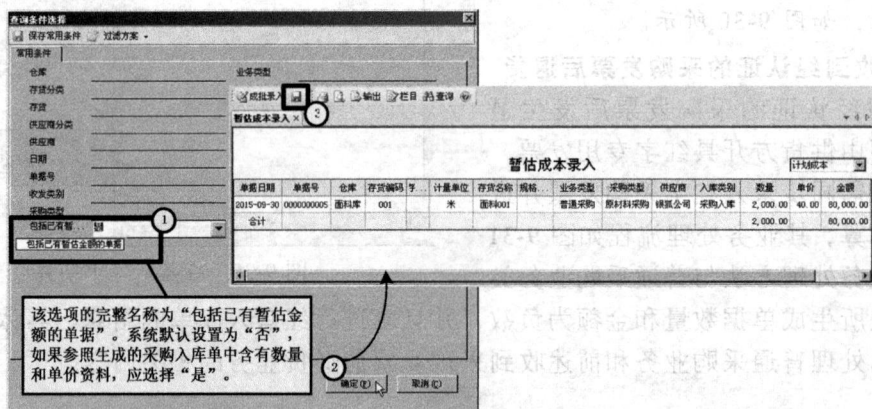

图 9-33　暂估成本录入

（2）将【包括已有暂估金额的单据】选择为"是"，单击 确定(F) 按钮，打开【暂估成本录入】窗口，系统根据采购入库单自动生成入库数量和单价，可在此对暂估单价进行修改，单击 按钮。

（3）在存货核算系统菜单中，执行【业务核算】/【正常单据记账】命令，对进行了暂估成本录入的采购入库单进行正常单据记账处理。

（4）在存货核算系统菜单中，执行【财务核算】/【生成凭证】命令，根据"采购入库单（暂估记账）"生成暂估入库凭证。

2. 暂估业务月初红冲

上月作暂估入库处理的采购业务会在系统中自动生成红字回冲单，在下月初可直接生成红字回冲凭证，其业务处理流程如图9-34所示。所生成的红字回冲凭证分录如下。

借：原材料　　　　　　　　　红字金额

　　贷：应付账款/暂估应付账款　　　红字金额

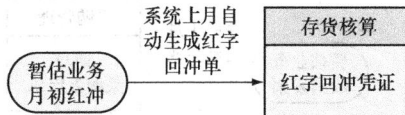

图9-34 暂估业务月初红冲

【例9-11】 月初将上月底暂估入库的200袋纽扣001红字回冲。

操作步骤如下。

（1）在存货核算系统菜单中，执行【财务核算】/【生成凭证】命令，打开【生成凭证】窗口。

（2）单击 选择 按钮，打开【查询条件】对话框，设置查询条件为"红字回冲单"，单击 确定 按钮，打开【选择单据】窗口，如图9-35所示。

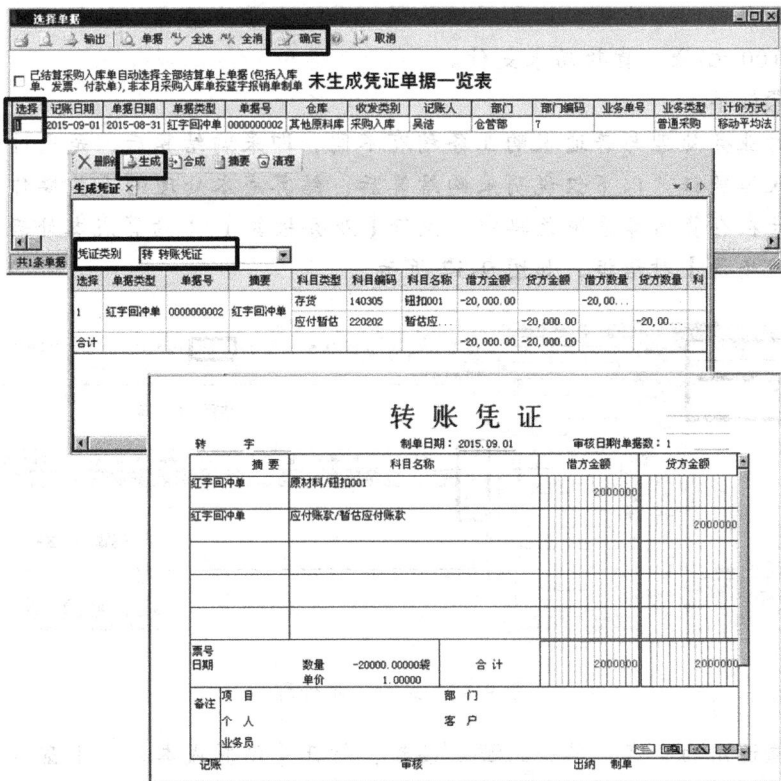

图9-35 生成月初暂估红冲凭证

（3）上月暂估入库业务系统自动生成"红字回冲单"，单击【选择】栏，选中后单击 确定 按钮，打开【生成凭证】窗口。

（4）修改凭证类别，单击 生成 按钮，系统生成红字回冲凭证。

3. 暂估业务收到发票

上月暂估入库的采购业务在本月收到采购发票后，其业务处理流程如图9-36所示。以下是暂估业务收到发票后采购入库凭证的会计分录。

借：原材料

　　贷：在途物资

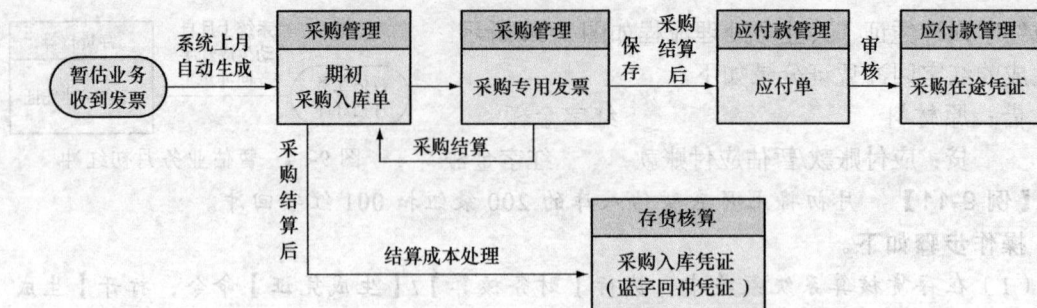

图 9-36　暂估业务收到发票后的业务处理流程

【例 9-12】　从永新公司采购的纽扣 001 上月底已到货未取得增值税发票，进行了暂估入库和月初回冲处理，现取得增值税发票，发票注明采购纽扣 001 共 200 袋，不含税单价 100 元/袋，货款尚未支付。

操作步骤如下。

本例中的业务处理与普通采购业务稍有不同，即采购结算后，是通过结算成本处理生成采购入库凭证。以下仅说明采购结算后，结算成本处理的有关操作方法。

（1）会计在存货核算系统菜单中，执行【业务核算】/【结算成本处理】命令，打开【暂估处理查询】对话框，如图 9-37 所示。

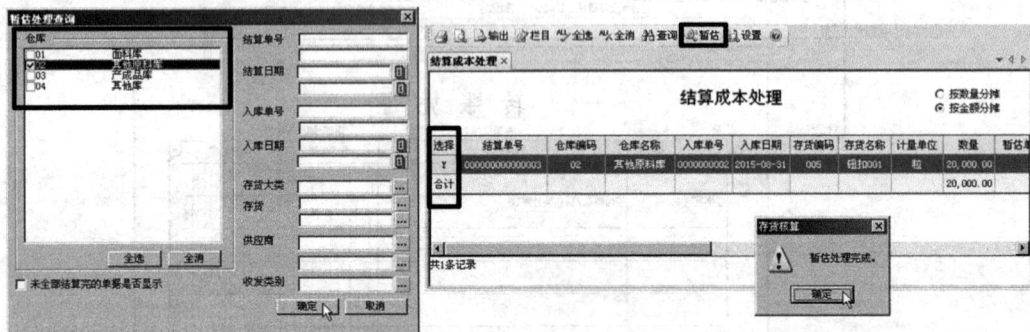

图 9-37　结算成本处理

（2）勾选适用的仓库，单击 确定 按钮，打开【结算成本处理】窗口。

（3）双击单据的【选择】栏，打上"Y"标记，单击 暂估 按钮，系统提示"暂估处理完成"，单击 确定 按钮返回。

（4）在存货核算系统菜单中，执行【财务核算】/【生成凭证】命令，根据"蓝字回冲单（报销）"生成采购入库凭证。

▍补充提醒▍

● 取消结算成本处理的方法：在存货核算系统中，执行【业务核算】/【恢复记账】命令，过滤后选择单据，单击 恢复 按钮。

● "蓝字回冲单（报销）"是以前月的入库单在取得发票后，做结算成本处理时生成的，其数量为结算发票的数量。

9.3.4 处理接受赠品业务

接受赠品业务的特点是不需要支付货款，所以不需要在系统中录入发票，只需要进行商品入库核算。其业务处理流程如图 9-38 所示。

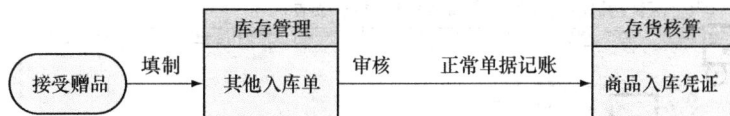

图 9-38 接受赠品的业务处理流程

【例 9-13】 新新公司免费赠送钥匙扣 10 000 个，每个 1 元。货已验收入库。

操作步骤如下。

（1）仓管填制其他入库单。仓管在库存管理系统菜单中，执行【入库业务】/【其他入库单】命令，打开【其他入库单】窗口，如图 9-39 所示。单击 增加 按钮，录入其他入库单内容，单击 按钮，再单击 审核 按钮。

图 9-39 仓管填制其他入库单

（2）会计进行正常单据记账并生成商品入库凭证。

① 在存货核算系统菜单中，执行【业务核算】/【正常单据记账】命令，对其他入库单进行正常单据记账，如图 9-40 所示。

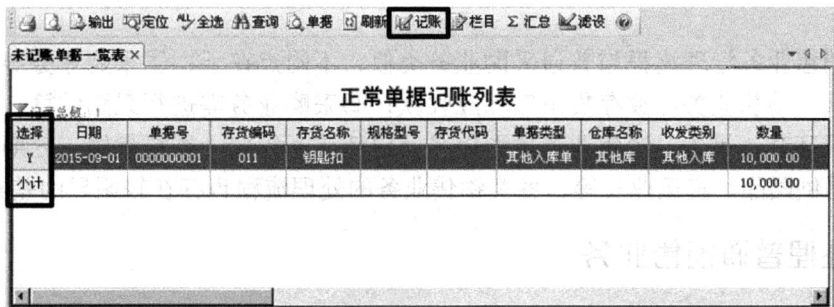

图 9-40 正常单据记账

② 在存货核算系统菜单中，执行【财务核算】/【生成凭证】命令，打开【生成凭证】窗口。

③ 单击 选择 按钮，打开【查询条件】对话框，设置查询条件为"其他入库单"，单击 确定 按钮，打开【选择单据】窗口，如图9-41所示。

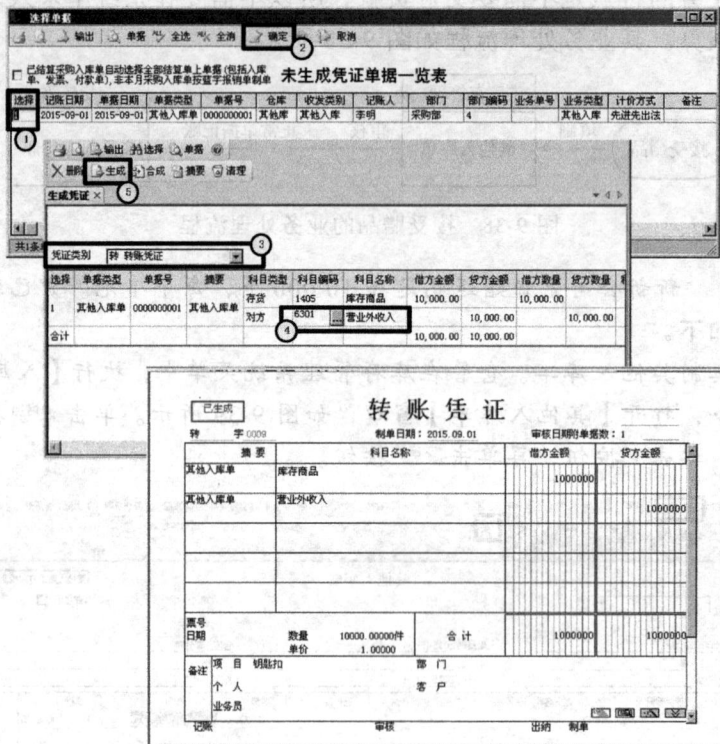

图 9-41　生成商品入库凭证

④ 单击【选择】栏，选中待生成凭证的单据，单击 确定 按钮，打开【生成凭证】窗口。

⑤ 修改凭证类别，补充录入贷方科目，单击 生成 按钮，系统生成采购入库凭证，补充录入库存商品的项目辅助项内容，单击 按钮。

9.4　销售业务管理

普通销售业务管理流程与普通采购业务类似，不同点在于：①采购业务导致存货入库和应付款，销售业务导致存货出库和应收款；②采购业务需进行采购结算，销售业务则无此处理环节。另外，销售业务类型较多，包括普通销售、委托代销、分期收款、零售日报、提供赠品、直运业务等，各类销售业务的处理流程也存在较明显的差异。

9.4.1　处理普通销售业务

普通销售业务是企业经营中普遍发生的销售业务类型。以下根据业务处理流程的不同，着重介绍普通销售业务中赊销并一次发货、赊销并多次发货、现结销售和代垫运费的处理方法。在实际工作中，一笔销售业务可能同时涉及现结、赊账和代垫运费，其业务处理流程也是基于这3个基本业务处理流程的叠加。

1. 赊销并一次发货

赊销并一次发货是指销售的货物一次发出，发票已开具，但尚未收到货款。其业务处理流程如图 9-42 所示。其业务处理有以下两个分支。

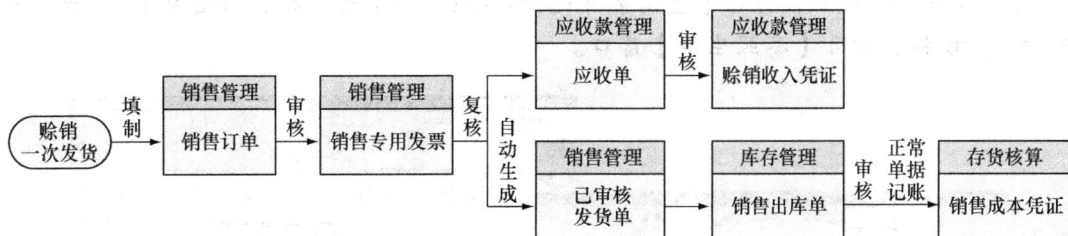

图 9-42　赊销并一次发货的业务处理流程

（1）与销售货款结算相关的核算。在赊销业务中根据销售发票生成应收账款，由此在应收款管理系统生成销售收入凭证。

（2）与销售成本相关的核算。根据销售出库单核算销售成本，由此在存货核算系统中生成销售成本凭证。

销售收入凭证如下。

借：应收账款

　　贷：主营业务收入

　　　　应交税费/应交增值税/销项税额

销售成本凭证如下。

借：主营业务成本

　　贷：库存商品

【例 9-14】　销售部孙刚与国香公司签订销售合同，销售 T恤001 共 1 000 件，不含税单价 100 元/件，无现金折扣，交货时间为当天，当日发货并开具销售发票，货款未收。

操作步骤如下。

（1）销售填制销售订单。在销售管理系统菜单中，执行【销售订货】/【销售订单】命令，打开【销售订单】窗口。单击 增加 按钮，录入销售订单，如图 9-43 所示。录入完毕后，单击 按钮。审核后单击 审核 按钮。

图 9-43　填制采购订单

（2）销售生成销售专用发票。

① 在销售管理系统菜单中，执行【销售发票】/【销售专用发票】命令，打开【销售专用发票】窗口。

② 单击 增加 按钮，打开【查询条件选择-参照订单】对话框，如图 9-44 所示，单击 确定(E) 按钮，打开【参照生单】窗口。

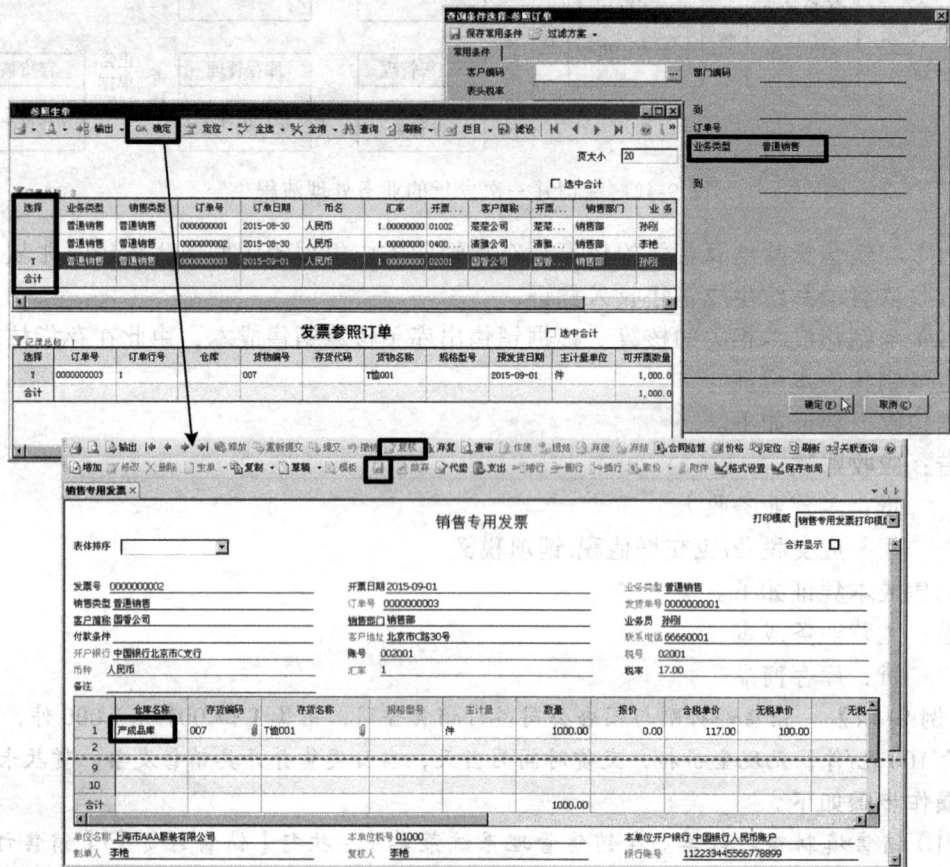

图 9-44　生成销售专用发票

③ 在所需订单的【选择】栏，打上"Y"标记，单击 OK 确定 按钮，将该订单相关信息导入销售专用发票。

④ 根据业务情况修改发票日期，补充录入仓库资料，单击 按钮。审核后再单击 复核 按钮，系统自动生成发货单并将发货单进行了审核。

（3）仓管生成销售出库单。

① 在库存管理系统菜单中，执行【出库业务】/【销售出库单】命令，打开【销售出库单】窗口。

② 单击 生单 下拉按钮，选择"销售生单"，打开【查询条件选择-销售发货单列表】对话框，单击 确定(E) 按钮，打开【销售生单】窗口。

③ 在【销售发货单生单表头】列表框中双击需参照的发货单的【选择】栏，打上"Y"标记，单击 OK 确定 按钮，将该发货单的相关信息导入销售出库单。

④ 根据业务情况修改入库单，可在此修改入库日期、设置仓库等，单击 按钮。审核后单击 审核 按钮，如图9-45所示。

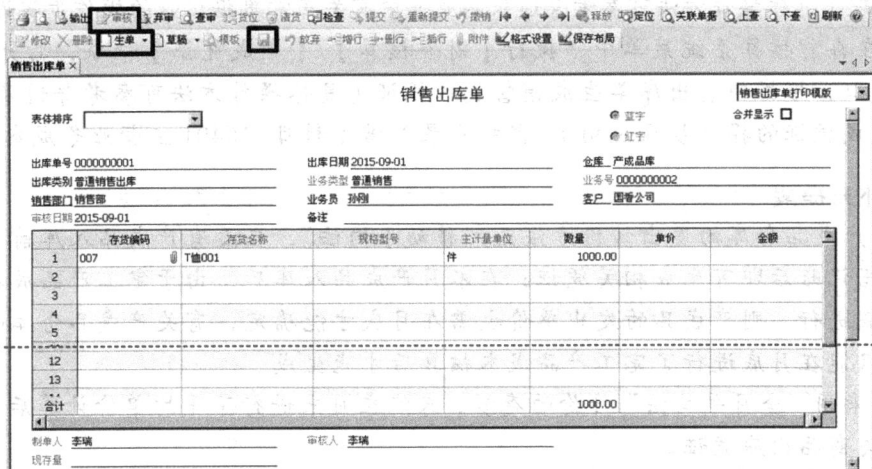

图 9-45 生成销售出库单

（4）会计审核应收单并生成赊销收入凭证。

① 在应收款管理系统菜单中，执行【应收单据管理】/【应收单据审核】命令，打开【应收单查询条件】窗口，如图9-46所示。

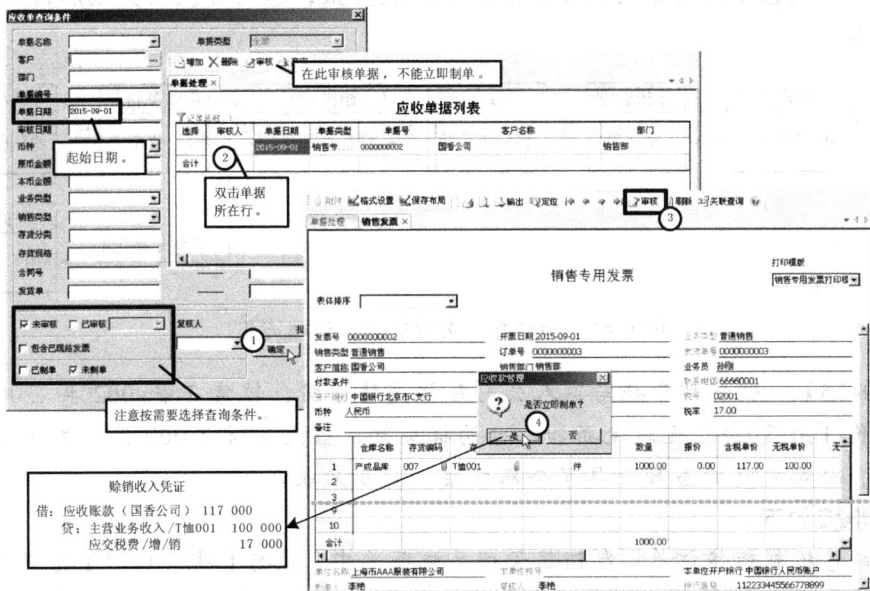

图 9-46 审核应收单并生成赊销收入凭证

② 单击 确定 按钮，打开【单据处理】窗口。

③ 双击需审核的单据所在行，打开【销售发票】窗口。

④ 单击 审核 按钮，系统弹出"是否立即制单"提示框，单击 是 按钮，即生成赊销收入凭证。

（5）会计进行正常单据记账并生成销售成本凭证。

① 在存货核算系统菜单中，执行【业务核算】/【正常单据记账】命令，进行正常单据记账处理（具体操作方法可参考普通采购业务中有关正常单据记账的操作步骤说明）。

② 在存货核算系统菜单中，执行【财务核算】/【生成凭证】命令，打开【生成凭证】窗口，根据销售出库单生成销售成本凭证（具体操作方法可参考普通采购业务中有关生成凭证的操作步骤说明），需补充录入借方科目"6401 主营业务成本"。

▌补充提醒 ▌

- 产成品仓库的发出计价方法为"移动平均法"，在没有产成品入库前，进行正常单据记账后即可生成相关凭证；在本月产成品入库后，由于完工产品成本核算需在月底进行，则产成品的发出单价也需在月底才能确定，有关产成品仓库的出库凭证也只能在月底进行了完工产品成本核算后才能生成。

- 采用"全月平均法"计价的存货，只能在月末进行了平均单价计算后，才能生成有关商品出库凭证。

---

2. 赊销并多次发货

赊销并多次发货是指一笔销售订单需安排多次发货，货款未结算。其业务处理流程如图 9-47 所示。与赊销并一次发货业务处理流程相比较，两者的区别在于：如果一笔销售订单需多次发货，则应先根据销售订单在发货时生成实际发货数量的发货单和销售出库单，销售专用发票可根据每次发货生成多张，也可在发货完成后合并生成一张销售发票。

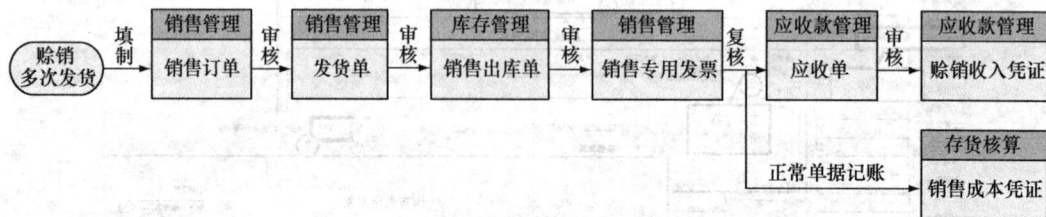

图 9-47　赊销并多次发货业务处理流程

【例 9-15】　销售部李艳与丽人公司签订销售合同，销售 T 恤 002 共 2 000 件，不含税单价 100 元/件，无现金折扣，分两批交货，当天交货 1 000 件，另 1 000 件 2 天后发货，全部发货的当日开具了全额发票，货款未收。

操作步骤如下。

（1）销售填制销售订单。在销售管理系统菜单中，执行【销售订货】/【销售订单】命令，在【销售订单】窗口录入销售订单并审核。

（2）销售生成发货单。

① 在销售管理系统菜单中，执行【销售发货】/【销售发货单】命令，打开【销售发货单】窗口。

② 单击 ▣增加按钮，打开【查询条件选择-参照订单】对话框，单击 ▇确定(F)▇ 按钮，打开【参照生单】窗口，如图 9-48 所示。

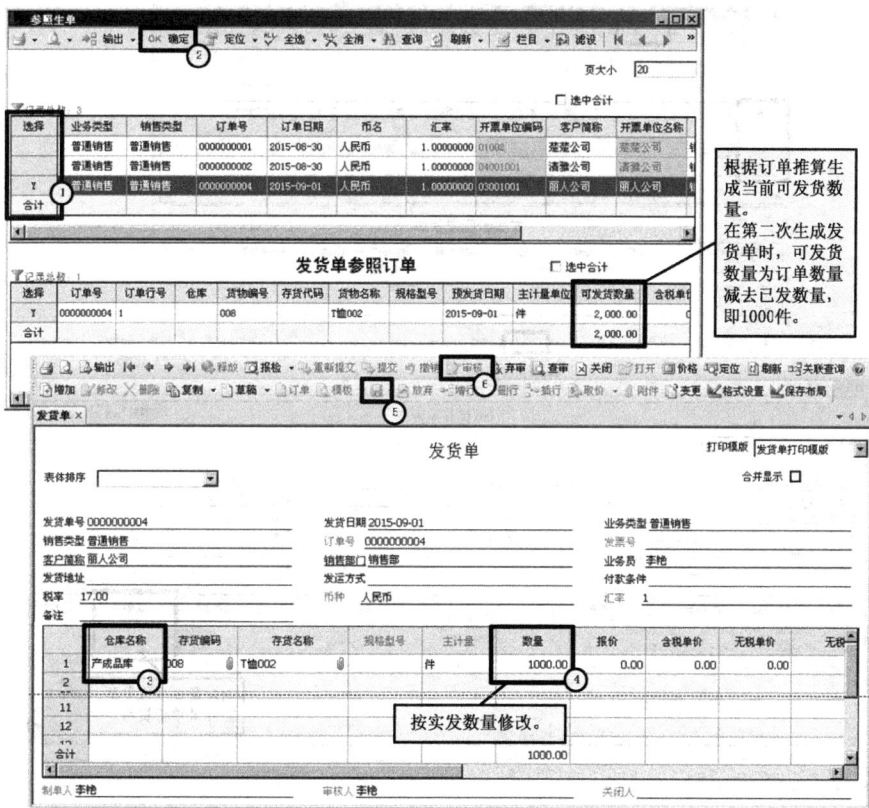

图 9-48　由销售订单生成发货单

③ 在所需订单的【选择】栏，打上"Y"标记，单击 OK 确定 按钮，将该订单的相关信息导入销售发货单。

④ 补充录入仓库资料，根据业务情况修改发货数量，单击🔳按钮。审核后再单击🔳审核按钮。

（3）仓管审核销售出库单。在库存管理系统菜单中，执行【出库业务】/【销售出库单】命令，打开【销售出库单】窗口，单击🔳生单·按钮，根据发货单生成销售出库单并审核。

（4）销售生成销售专用发票。

① 在销售管理系统菜单中，执行【销售发票】/【销售专用发票】命令，打开【销售专用发票】窗口。

② 单击🔳增加按钮，再单击🔳生单·下拉按钮，选择"参照发货单"，打开【查询条件选择-发票参照发货单】对话框，单击 确定(F) 按钮，打开【参照生单】窗口，如图 9-49 所示。

③ 在两张发货单的【选择】栏，打上"Y"标记，单击 OK 确定 按钮，将发货单的相关信息导入销售专用发票。

④ 补充录入销售单价资料，单击🔳按钮。审核后再单击🔳复核按钮。

（5）会计审核应收单并生成赊销收入凭证。在应收款管理系统菜单中，执行【应收单据管理】/【应收单据审核】命令，进行应收单审核并立即制单生成凭证。

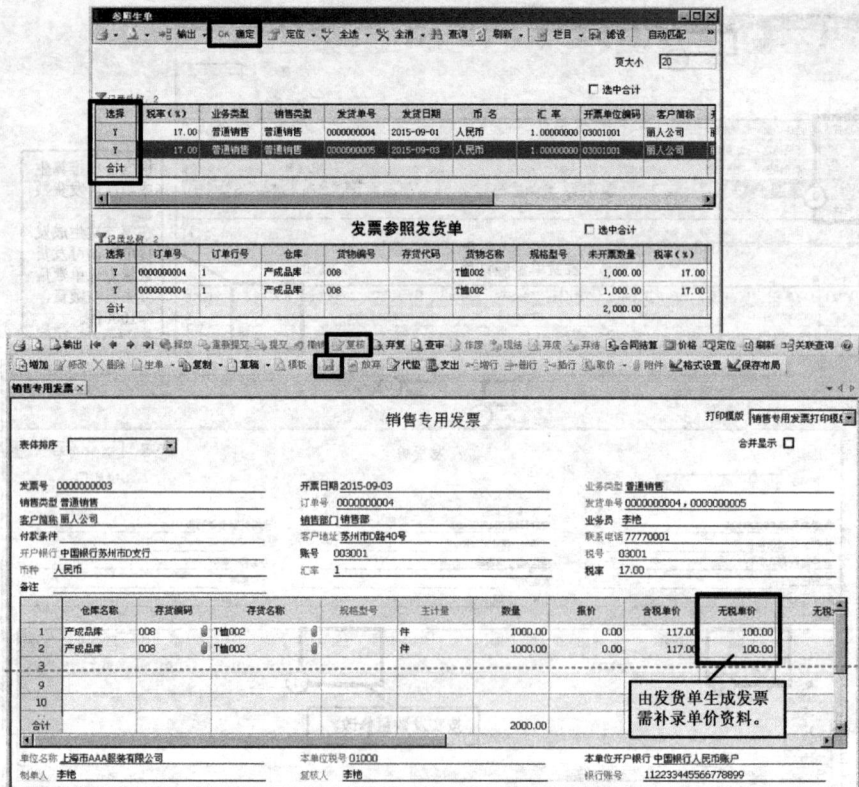

图 9-49　由发货单生成销售专用发票

（6）会计进行正常单据记账并生成销售成本凭证。

① 在存货核算系统菜单中，执行【业务核算】/【正常单据记账】命令，进行正常单据记账处理。

② 在存货核算系统菜单中，执行【财务核算】/【生成凭证】命令，根据销售出库单生成销售成本凭证。

3. 现结销售

现结销售是指销售货物的同时收取货款。其业务处理流程如图 9-50 所示。与赊销业务相比，两者业务处理方法的不同在于，现结销售在生成销售专用发票后可通过系统的现结功能，直接在应收款管理系统中生成现结应收单，经审核后即可生成现销收入凭证，不需挂应收账款往来账。以下是所生成的现销收入凭证。

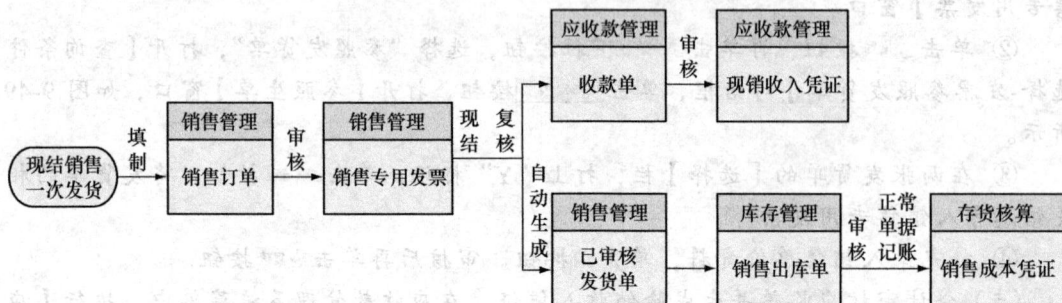

图 9-50　现结销售业务处理流程

借：银行存款

 贷：主营业务收入

  应交税费/应交增值税/销项税额

现结销售业务处理方法与赊销业务处理类似，也可参考现付采购的业务处理方法，这里不再赘述。

4．代垫运费

代垫运费是指销售业务中因代客户办理商品运输而产生的应由客户承担而暂由本公司支付的费用。以赊销并代垫运费业务为例，其业务处理流程如图 9-51 所示。与前述销售业务相比较，除进行销售商品的业务处理外，需根据实际代垫的运费在系统中录入运费发票，生成其他应收单，并生成如下代垫运费凭证。

借：应收账款

 贷：库存现金（或银行存款）

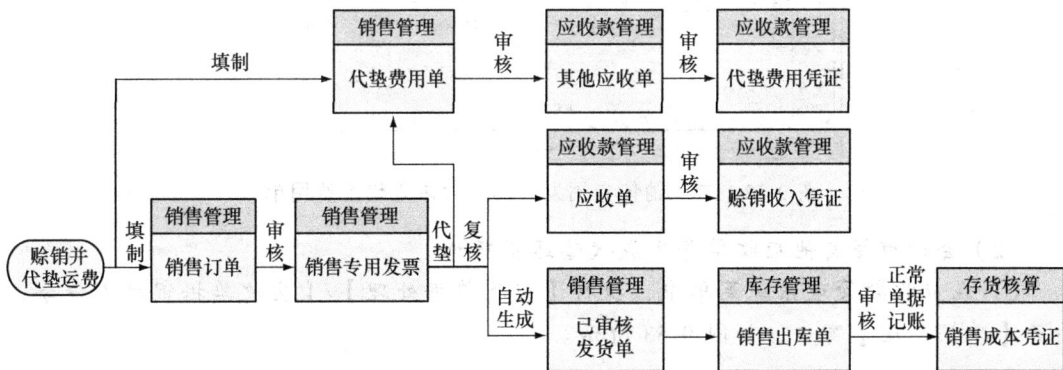

图 9-51 有代垫运费的赊销业务处理流程

【例 9-16】 上月销售部李艳与清雅公司签订的销售合同现从仓库发货，并开具销售发票，发票注明销售 T 恤 002 共 1 000 件，不含税单价 100 元/件，并以现金代垫运费 600 元，货款未收。

操作步骤如下。

赊销业务处理流程请参考前述销售并一次发货业务的相关操作步骤说明。以下仅介绍录入代垫费用单、生成其他应收单及生成代垫费用凭证的相关操作方法。

（1）销售填制代垫费用单。

方法 1：录入销售专用发票的同时录入代垫费用单。

① 在销售管理系统菜单中，执行【销售开票】/【销售专用发票】命令，打开【销售专用发票】窗口，根据销售订单生成销售专用发票并保存，如图 9-52 所示。

② 单击代垫按钮，打开【代垫费用单】窗口。

③ 单击增加按钮，录入代垫费用单，单击保存按钮，审核后单击审核按钮。

④ 关闭【代垫费用单】窗口，在【销售专用发票】窗口审核发票后单击复核按钮返回。

方法 2：发生代垫费用时单独处理。在销售管理系统菜单中，执行【代垫费用】/【代垫费用单】命令，打开【代垫费用单】窗口，单击增加按钮，录入代垫费用单并审核。

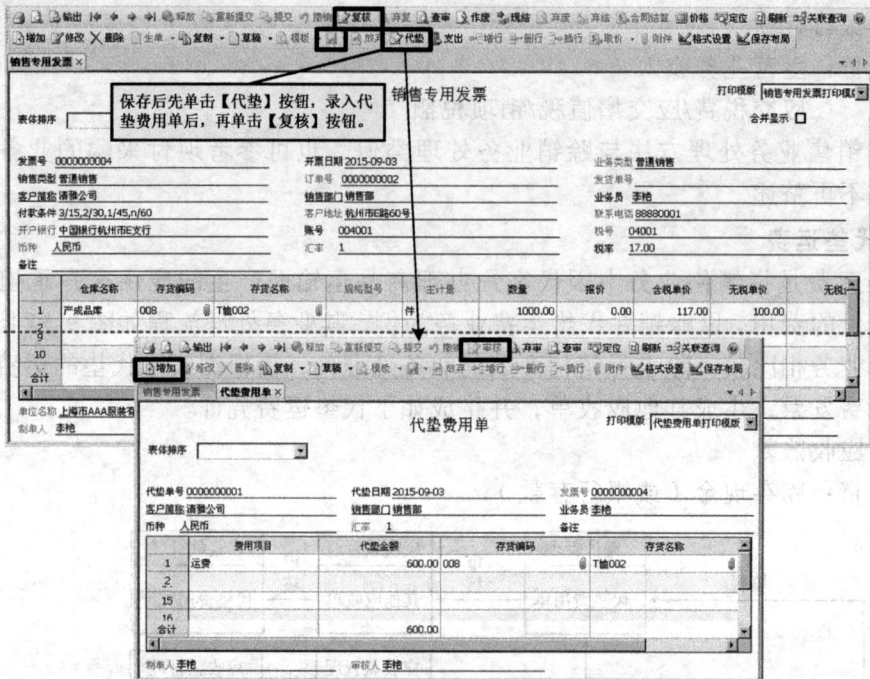

图 9-52　录入销售专用发票的同时录入代垫费用单

（2）会计审核其他应收单并生成代垫运费凭证。

① 在应收款管理系统菜单中，执行【应收单据处理】/【应收单据审核】命令，打开【单据处理】窗口，如图 9-53 所示。

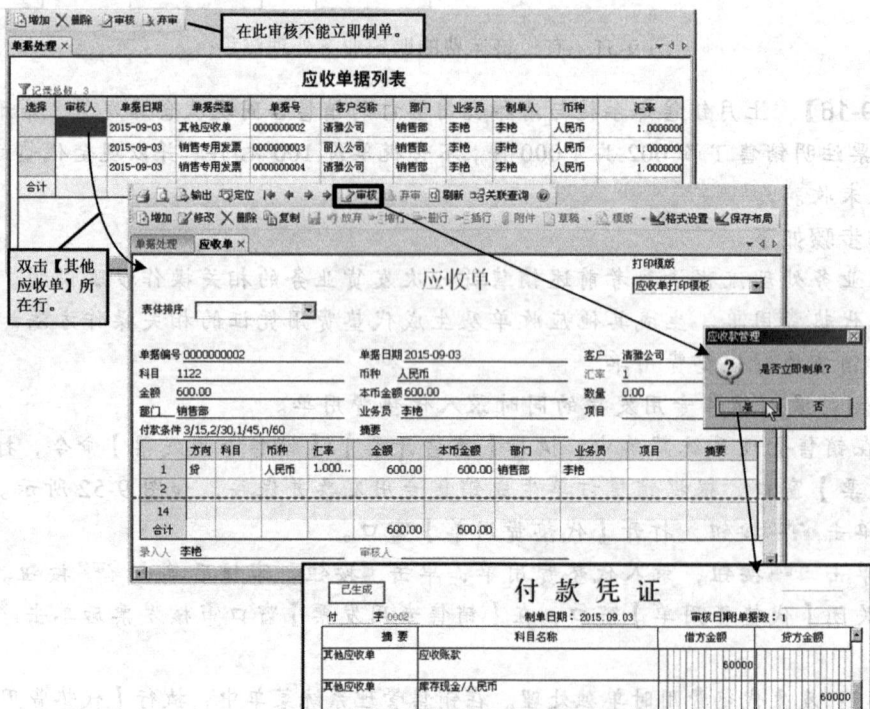

图 9-53　审核其他应收单并生成代垫费用凭证

② 双击【其他应收单】所在行，打开【应收单】窗口。

③ 单击☑审核按钮，在"是否立即制单"提示框中单击 是 按钮。

④ 在【填制凭证】窗口将凭证字调整为付款凭证，补充录入贷方科目"库存现金/人民币"，单击■按钮。

9.4.2 处理销售退回业务

销售业务中发生退货，应根据是否开具销售发票确定其业务处理方法。

1. 未开发票即退货

销售的商品如尚未开具销售发票即被客户要求退货，需在系统中填制销售退货单，生成红字出库单，红字冲销原出库记录。其业务处理流程如图 9-54 所示。

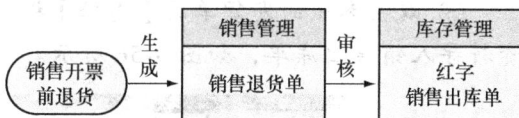
图 9-54 未开销售发票即退货的业务处理流程

【例 9-17】 销售部李艳销售给丽人公司 T 恤 002 共 2 000 件，不含税单价 100 元/件，因质量问题，丽人公司要求退货，尚未开具销售发票。

操作步骤如下。

（1）销售生成销售退货单。

① 在销售管理系统菜单中，执行【销售发货】/【退货单】命令，打开【退货单】窗口。

② 单击☑增加按钮，打开【查询条件选择-退货单参照发货单】对话框，【退货类型】选择"未开发票退货"，如图 9-55 所示，单击 确定(P) 按钮，打开【参照生单】窗口。

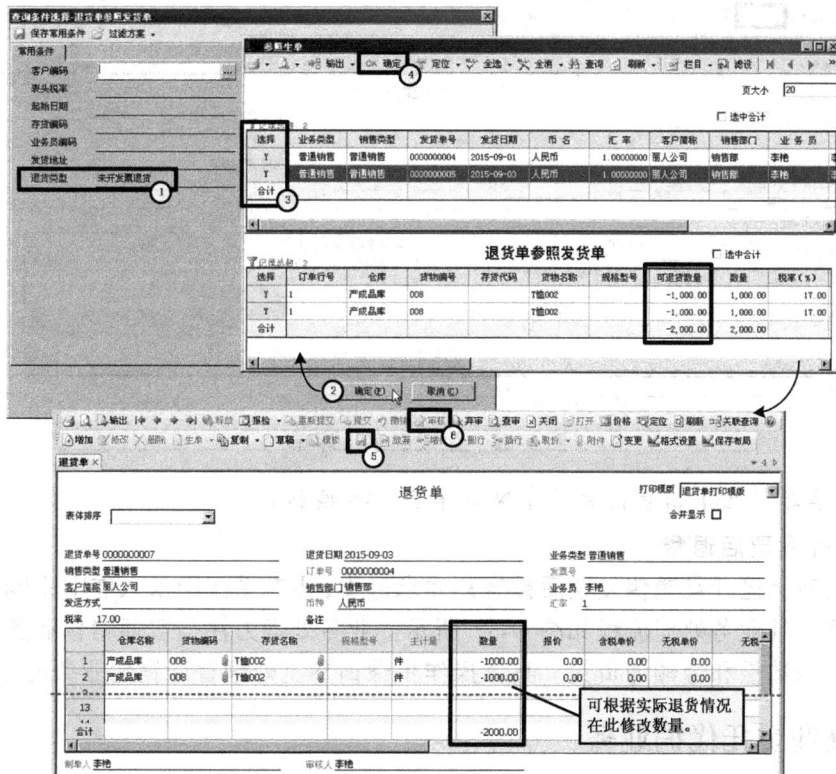
图 9-55 生成销售退货单

③ 双击参照的发货单的【选择】栏，打上"Y"标记，单击 OK 确定 按钮，将发货单资料导入退货单。

④ 在【退货单】窗口可修改退货数量，单击■按钮，再单击 审核 按钮。

（2）仓管生成红字出库单。

① 在库存管理系统菜单中，执行【出库业务】/【销售出库单】命令，打开【销售出库单】窗口。

② 单击 生单 按钮，打开【查询条件选择-销售发货单列表】对话框，单击 确定(F) 按钮，打开【销售生单】窗口。

③ 双击参照的发货单的【选择】栏，打上"Y"标记，单击 OK 确定 按钮，将发货单资料导入销售出库单，如图9-56所示。

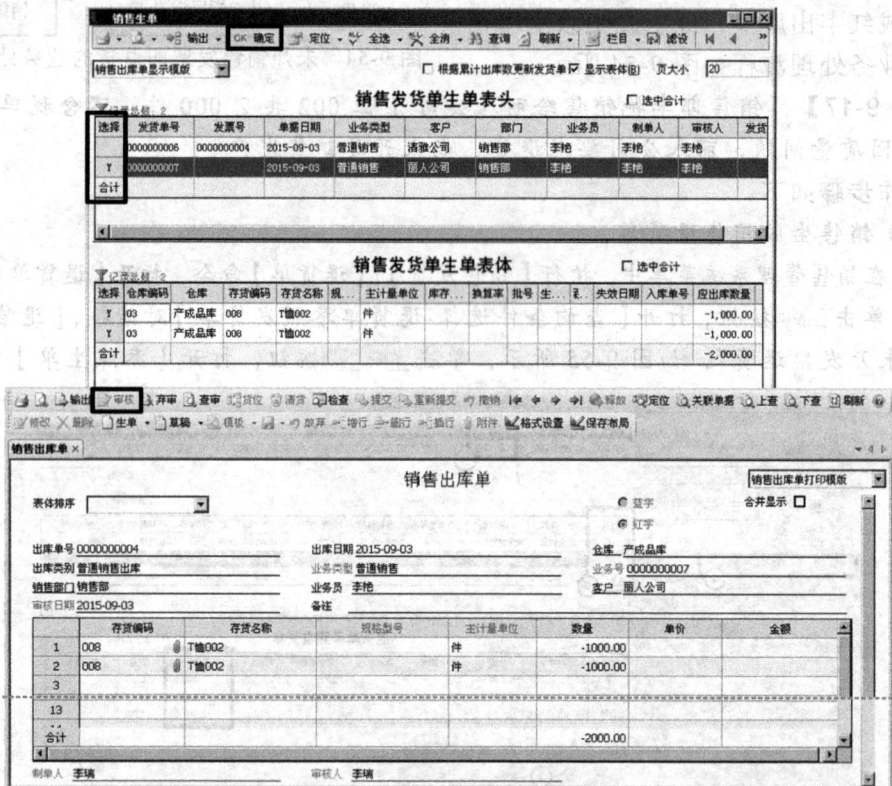

图 9-56　生成红字出库单

④ 生单后，在【销售出库单】窗口单击 审核 按钮。

2. 已开发票后退货

销售的商品已开具销售发票后被客户要求退货，需在系统中录入红字采购发票并进行业务核算，其业务处理流程如图 9-57 所示。业务处理方法与普通销售业务相似，只是所生成单据数量和金额为负数。具体操作步骤请参见处理普通销售业务的相关内容。

9.4.3　处理委托代销业务

委托代销业务不同于普通销售，在委托方将商品发出时，商品所有权并未转移，

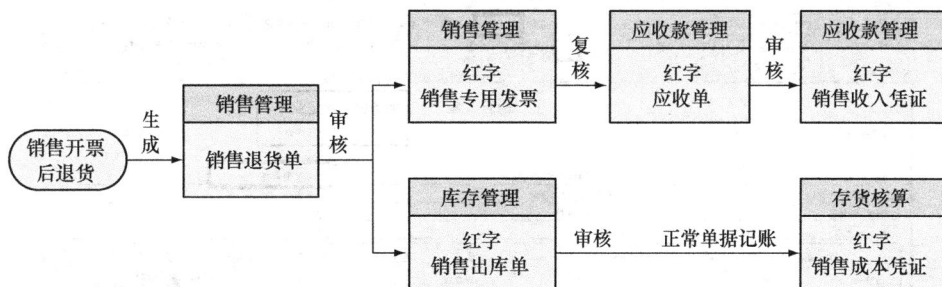

图 9-57　已开销售发票后退货的业务处理流程

只能将"库存商品"转为"发出商品"；在收到受托方的商品代销清单（即受托方实际售出商品的清单）后，才能做销售收入和销售成本核算。由此，委托代销业务处理可分为两个阶段：发出委托代销商品阶段和收到代销清单阶段。在用友 ERP-U8 系统中进行业务处理时，委托代销的销售订单的业务类型应为"委托代销"，系统据此按委托代销的业务流程进行处理。委托代销主要有两种方式：视同买断方式和付手续费方式，由于委托代销方式不同，其业务处理流程和核算方法也有差异。

1. 视同买断委托代销

视同买断方式委托代销是指委托方按协议价收取所代销的货款，实际售价可由受托方自定，实际售价与协议价之间的差额归受托方所有。在此方式下，委托方不需要另付委托代销的手续费。

（1）发出委托代销商品阶段的业务处理。

发出委托代销商品阶段的业务处理流程如图 9-58 所示。该阶段只做发出商品的业务处理，不需要开具销售发票，也不需要进行销售收入核算。会计分录如下。

　　借：发出商品
　　　　贷：库存商品

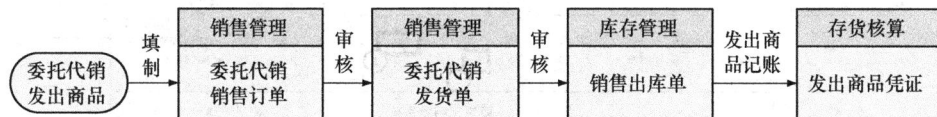

图 9-58　发出委托代销商品阶段业务处理流程

【例 9-18】　销售部李艳采用视同买断的方式委托楚楚公司代销 T 恤 002 共 1 000件，不含税单价 100 元/件。货已全部发出，每月结算一次并开具增值税专用发票。

操作步骤如下。

（1）销售填制委托代销销售订单。

① 在销售管理系统菜单中，执行【销售订货】/【销售订单】命令，打开【销售订单】窗口，如图 9-59 所示。

② 单击 增加 按钮，录入订单，注意将【业务类型】设置为"委托代销"，录入完毕，单击 按钮，审核后单击 审核 按钮。

（2）销售生成委托代销发货单。

① 在销售管理系统菜单中，执行【委托代销】/【委托代销发货单】命令，打开【委托代销发货单】窗口。

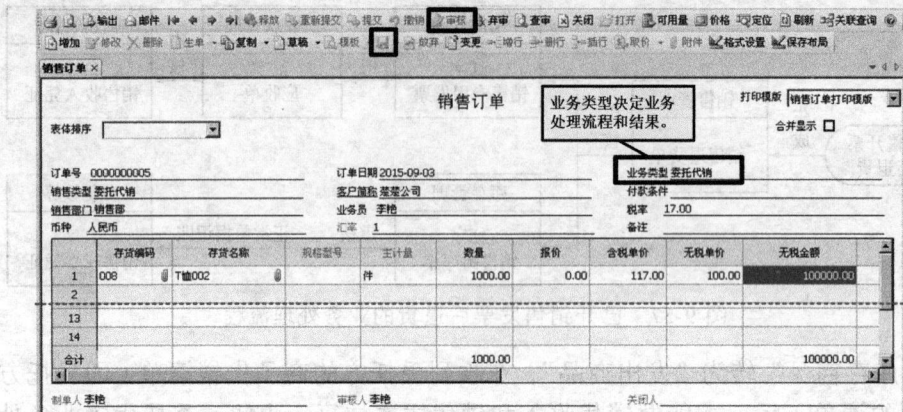

图 9-59　填制委托代销销售订单

② 单击 增加按钮，打开【查询条件选择-参照订单】对话框，单击 确定(E) 按钮，打开【参照生单】窗口，如图 9-60 所示。

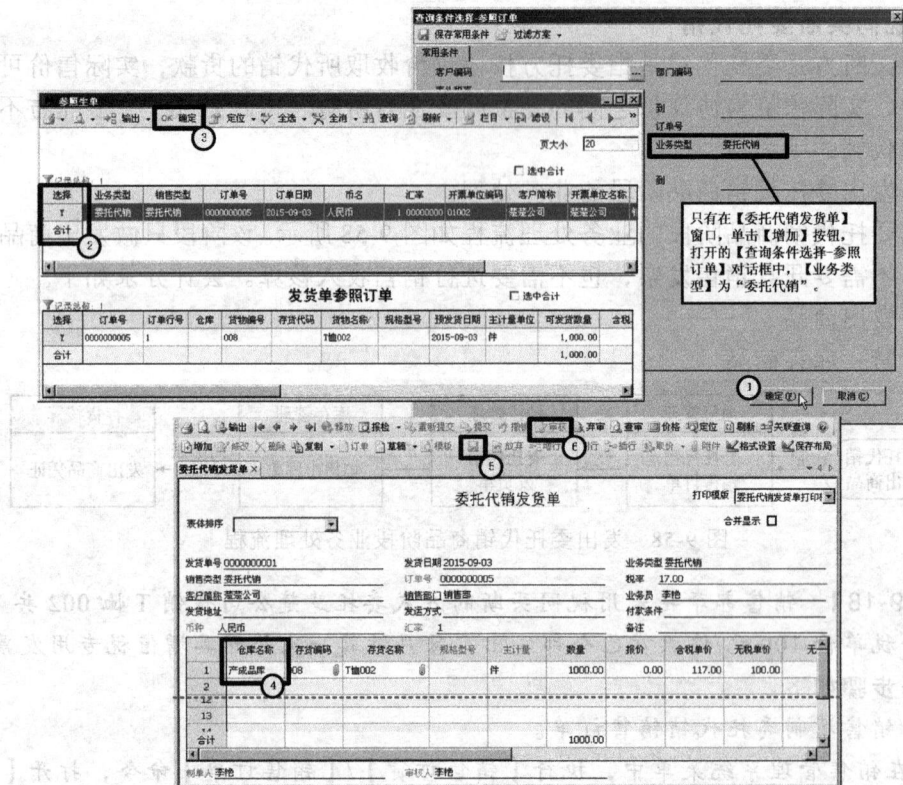

图 9-60　生成委托代销发货单

③ 双击订单的【选择】栏，打上"Y"标记，单击 OK 确定按钮，将订单资料导入委托代销发货单。

④ 在【委托代销发货单】窗口，补充仓库名称资料，单击 按钮，审核后单击 审核按钮。

（3）仓管生成销售出库单。

① 在库存管理系统菜单中，执行【出库业务】/【销售出库单】命令，打开【销售出库单】窗口。

② 单击 □生单 按钮，打开【查询条件选择-销售发货单列表】对话框，如图 9-61 所示，将【业务类型】设置为"委托代销"，单击 确定(E) 按钮，打开【销售生单】窗口。

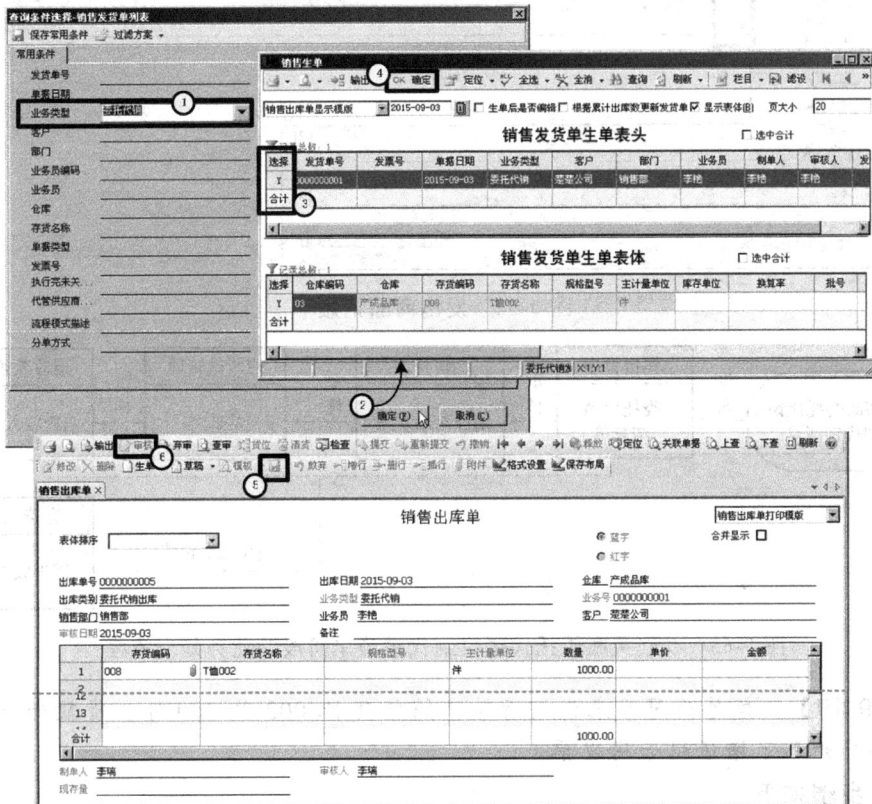

图 9-61　生成销售出库单

③ 选择发货单后，单击 OK 确定 按钮，将发货单资料导入销售出库单。

④ 生成销售出库单后，单击 审核 按钮。

（4）会计进行发出商品记账并生成发出商品凭证。

① 在存货核算系统菜单中，执行【业务核算】/【发出商品记账】命令，打开【查询条件选择】对话框，如图 9-62 所示。

② 单击 确定(Y) 按钮，打开【未记账单据一览表】窗口，双击单据的【选择】栏，打上"Y"标记，单击 记账 按钮。

③ 在存货核算系统菜单中，执行【财务核算】/【生成凭证】命令，根据委托代销发货单生成发出商品凭证。

（2）收到代销清单阶段的业务处理。

收到代销清单阶段的业务处理流程如图 9-63 所示。收到代销清单时，委托方需向受托方开具销售发票，并进行销售收入核算和销售成本核算。

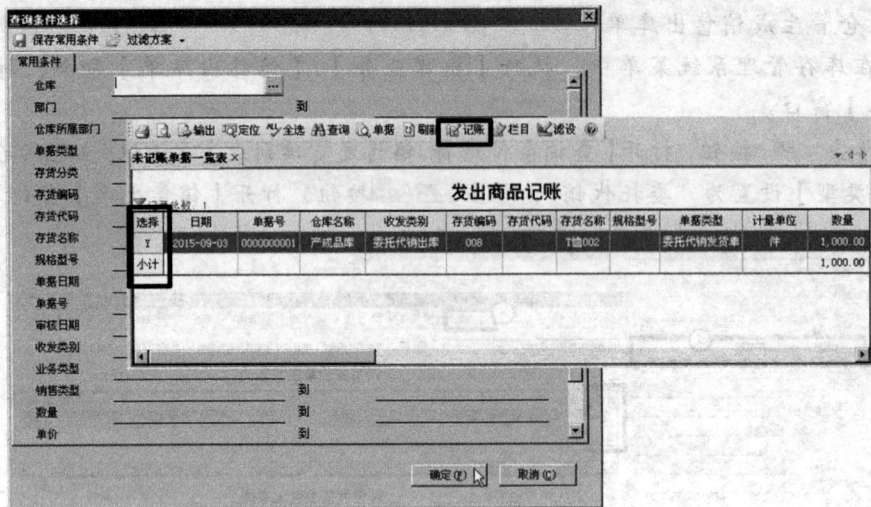

图 9-62 发出商品记账

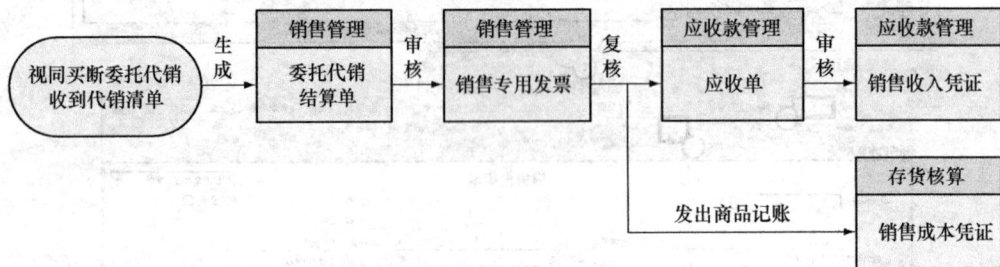

图 9-63 视同买断委托代销收到代销清单阶段的业务处理流程

【例 9-19】 楚楚公司开来代销清单，销售 T 恤 002 共 300 件，货款尚未收到，向楚楚公司开具了增值税专用发票。

操作步骤如下。

与普通销售业务类型相比，视同买断委托代销收到代销清单阶段的业务处理流程在填制委托代销结算单和生成销售发票两个环节稍有不同，以下仅说明这两个环节的操作方法。

（1）在销售管理系统菜单中，执行【委托代销】/【委托代销结算单】命令，打开【委托代销结算单】窗口。

（2）单击 增加 按钮，打开【查询条件选择-委托结算参照发货单】对话框，单击 确定(F) 按钮，打开【参照生单】窗口，如图 9-64 所示。

（3）选择业务单据，单击 OK 确定 按钮，将发货单资料导入委托代销结算单。

（4）单击 按钮，再单击 审核 按钮，在弹出的【请选择发票类型】对话框中选择"专用发票"，单击 确定 按钮。

（5）在销售管理系统菜单中，执行【销售开票】/【销售专用发票】命令，打开【销售专用发票】窗口，单击 按钮，可查找到已生成的委托代销销售专用发票。或在销售管理系统菜单中，执行【销售开票】/【销售专用发票】命令，在【销售发票列表】窗口也可查找到该发票，进而进行后续的业务处理。

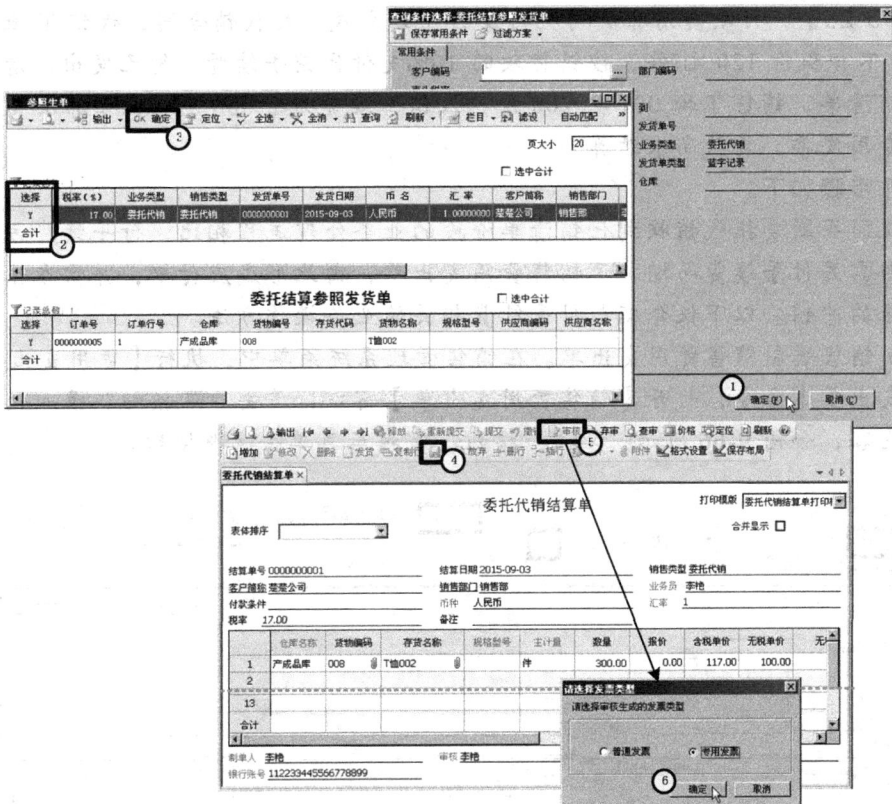

图 9-64　生成委托代销结算单和销售专用发票

2. 付手续费委托代销

付手续费委托代销是指受托方按委托方规定的价格销售商品,受托方根据所代销的商品数量向委托方收取手续费。与视同买断委托代销相比较,在发出委托代销商品阶段,两者的业务处理方法是完全一致的;在收到代销清单阶段,两者的处理流程和核算方法有所不同,付手续费委托代销在收到代销清单阶段的业务处理流程如图 9-65 所示。

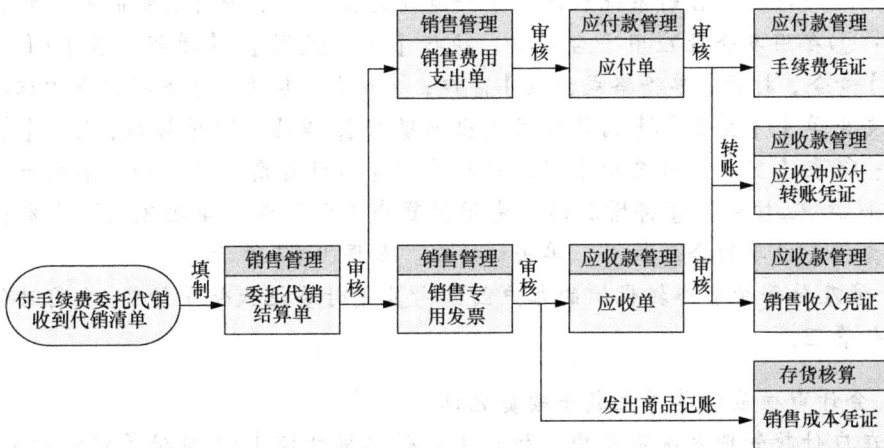

图 9-65　付手续费委托代销收到代销清单阶段的业务处理流程

【例 9-20】　孙刚与清雅公司签订支付手续方式委托代销合同，代销 T恤 001 共 500 件，不含税价 120 元/件，按销售额的 10% 支付代销手续费，货已发出。清雅公司开来代销清单，销售 T恤 001 共 200 件，代销手续费为 2 808 元，向清雅公司开具了增值税专用发票，货款尚未结算。

操作步骤如下。

与视同买断委托代销收到代销清单阶段的业务处理流程相比，付手续费方式的委托代销因需另付手续费而增加了销售费用支出单，由此形成应付单，并需在系统中进行往来账的冲销。以下仅介绍与付手续费相关的业务操作方法。

（1）销售填制销售费用支出单。在销售管理系统菜单中，执行【费用支出】/【销售费用支出单】命令，打开【销售费用支出单】窗口，单击 ⊞增加 按钮，录入销售费用支出单内容，如图 9-66 所示，单击 ⊞ 按钮，审核后再单击 ⊞审核 按钮。

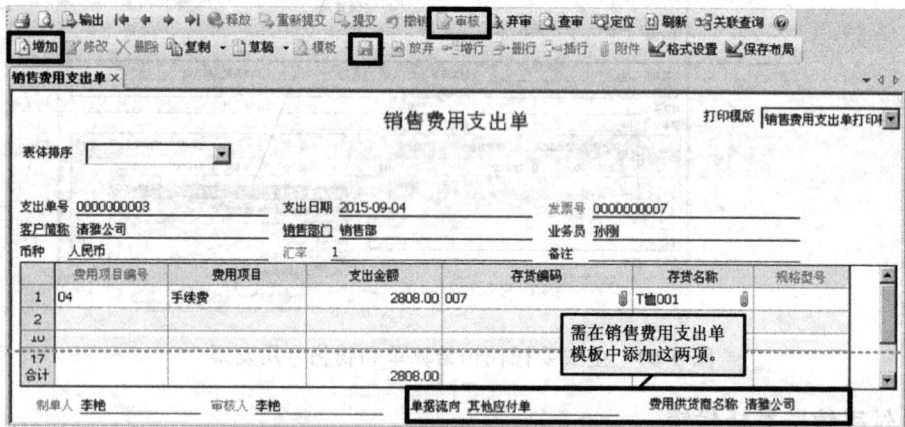

图 9-66　填制销售费用支出单

┃ 补充提醒 ┃

• 销售费用支出单中的"单据流向"和"费用供货商名称"文本框需在单据格式设置中进行勾选，否则系统默认的单据流向为空，不能进行后续的业务处理。操作方法：①在用友企业应用平台窗口，执行【基础设置】/【单据设置】/【单据格式设置】命令，打开【单据格式设置】窗口；②在【销售管理】单据列表中选择【销售费用支出单】/【显示】/【销售费用支出单模板】，单击 ▣表头项目 按钮，打开【表头：】对话框；③在【显示项目名称】列表中勾选"费用供货商名称"和"单据流向"选项，单击 确定(0) 按钮；④将增加的"费用供货商名称"和"单据流向"文本框拖动到销售费用支出单的合适位置，单击 ▣ 按钮。如图 9-67 所示。

• 涉及付手续费委托代销的客户因需向其支付委托代销手续费，应同时作为供应商进行管理。

（2）会计审核应付单并生成手续费凭证。

① 在应付款管理系统菜单中，执行【应付单据处理】/【应付单据审核】命令，打开【单据处理】窗口，如图 9-68 所示。

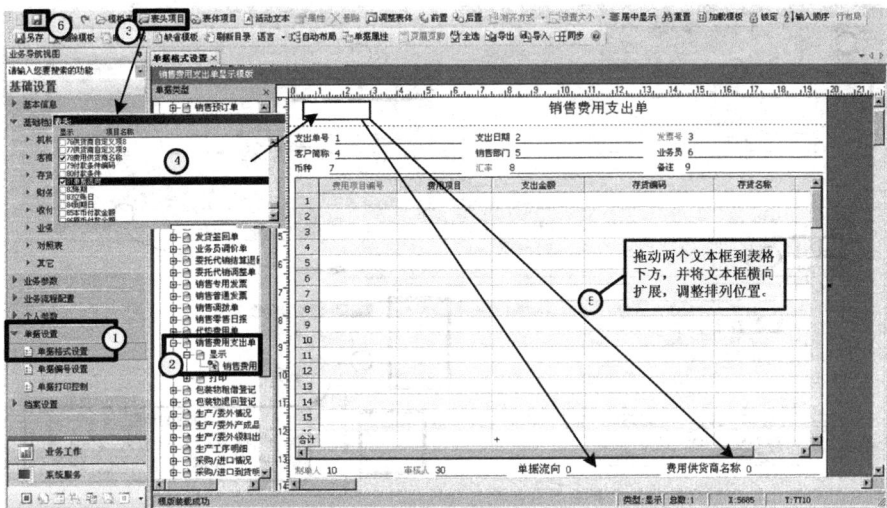

图 9-67　设置销售费用支出单模板格式

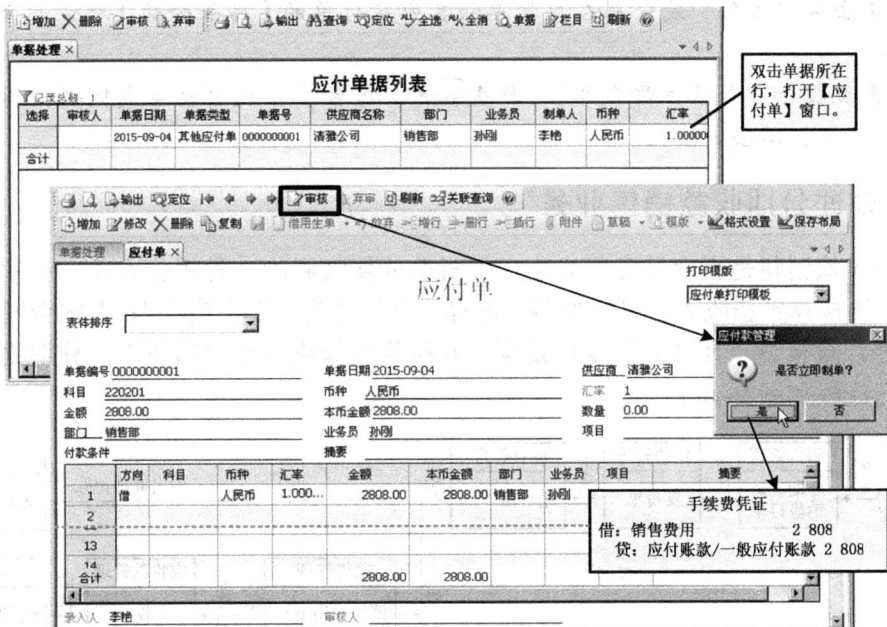

图 9-68　审核应付单并生成手续费凭证

②双击其他应付单所在行，打开【应付单】窗口，单击 ✎审核 按钮，系统提示"是否立即制单"，单击 是 按钮。

③系统自动生成凭证，补充录入借方科目，单击 ⊟ 按钮。

（3）会计进行转账处理并生成应收冲应付转账凭证。

①会计已完成对销售专用发票所生成的应收单的审核后，在应收款管理系统菜单中，执行【转账】/【应收冲应付】命令，打开【应收冲应付】对话框，如图 9-69 所示。

②分别录入【应收】标签下的客户和【应付】标签下的供应商，单击 确定 按钮，打开【应收冲应付】窗口。

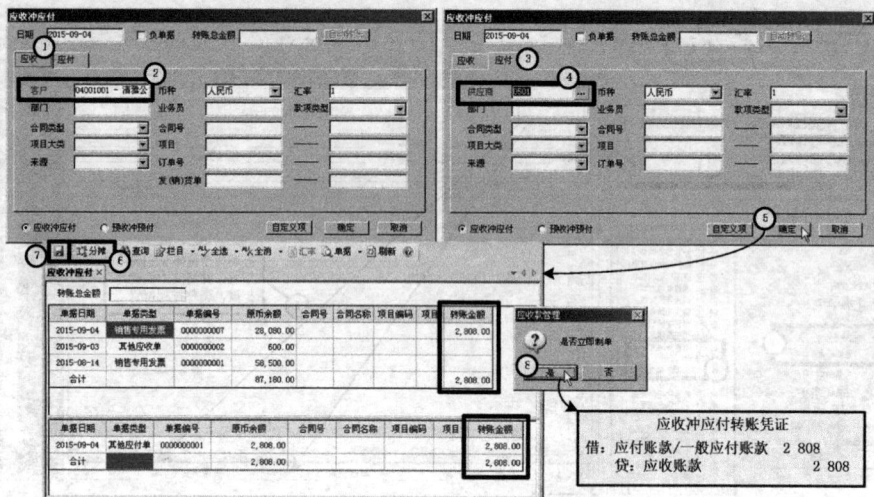

图 9-69　应收冲应付生成转账凭证

③ 单击 分摊 按钮，或分别在应收单和其他应付单的【转账金额】栏录入金额，单击 按钮。

④ 系统提示"是否立即制单"，单击 是 按钮，系统自动生成凭证，调整凭证字为转账凭证，单击 按钮。

9.4.4　处理分期收款销售业务

分期收款销售是指商品已经发出，但货款分期收回的一种销售方式。在发出商品时，不需要核算销售收入，只需要将"库存商品"转为"发出商品"；在按合同约定收到货款时，向客户开具增值税专用发票，并核算销售收入和销售成本。分期收款销售业务处理流程如图 9-70 所示。

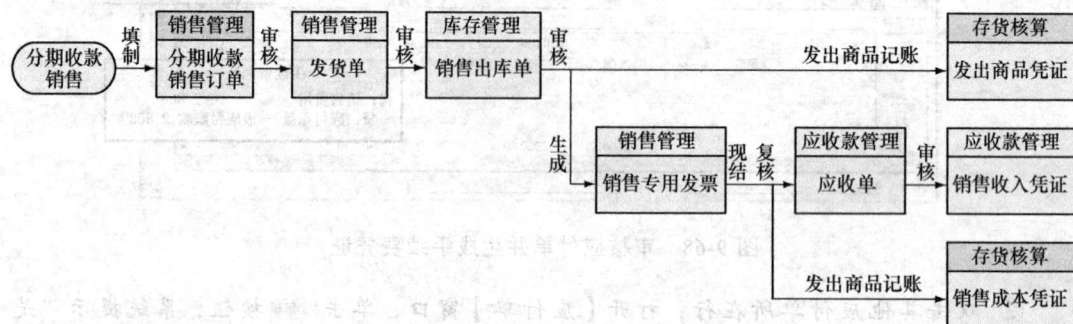

图 9-70　分期收款销售业务处理流程

1. 分期收款发出商品阶段业务处理

此阶段是指从签订分期收款销售合同开始至仓库发出商品为止，不涉及收款业务的管理与核算。

【例 9-21】　孙刚与国香公司签订分期收款销售合同，销售 T 恤 002 共 1 000 件，不含税单价 100 元/件，交货时间为当天，仓库已发货。

操作步骤如下。

（1）销售填制分期收款销售订单。在销售管理系统菜单中，执行【销售订货】/【销售订单】命令，打开【销售订单】窗口，单击 增加 按钮，录入订单，注意将【业务类型】设置为"分期收款"。录入完毕后，单击 按钮，审核后单击 审核 按钮，如图 9-71 所示。

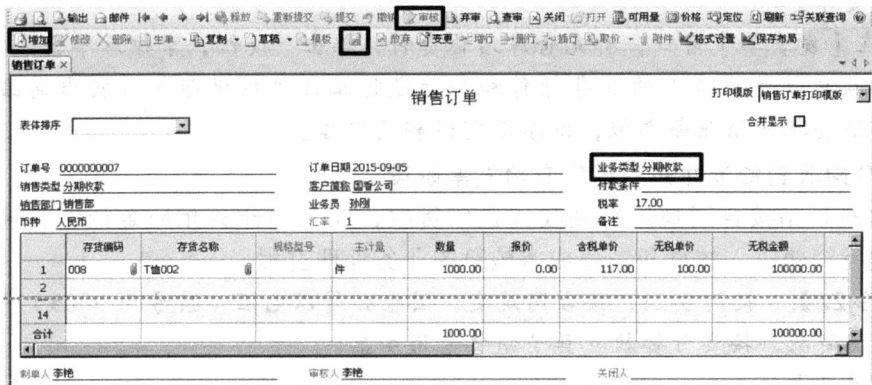

图 9-71 填制分期收款销售订单

（2）销售生成分期收款销售发货单。

① 在【销售管理】系统菜单中，执行【销售发货】/【发货单】命令，打开【发货单】窗口，如图 9-72 所示。

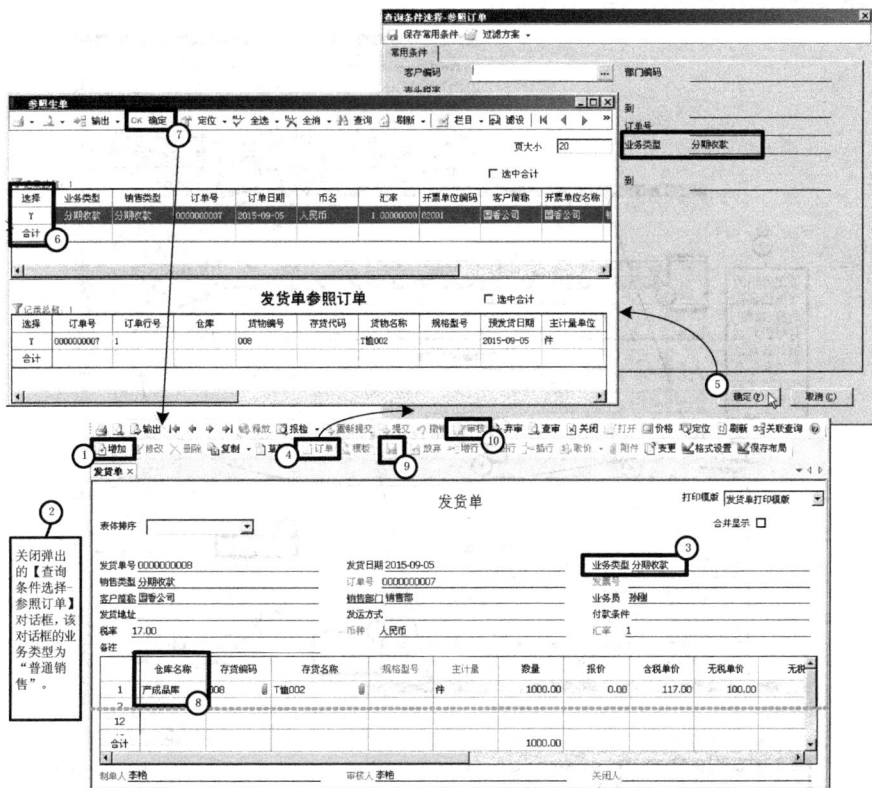

图 9-72 生成分期收款销售发货单

② 单击 🖉增加 按钮，关闭【查询条件选择-参照订单】对话框。

③ 在【发货单】窗口将【业务类型】选择为"分期收款"，单击 🖉订单 按钮，重新打开【查询条件选择-参照订单】对话框，单击 ▢确定(F) 按钮，打开【参照生单】窗口。

④ 双击订单的【选择】栏，打上"Y"标记，单击 OK确定 按钮，将订单资料导入分期收款发货单。

⑤ 在【发货单】窗口，补充仓库名称资料，单击 🖉 按钮，审核后单击 📝审核 按钮。

仓管生成销售出库单的业务操作和会计进行正常单据记账生成发出商品凭证的操作与前述委托代销业务类似，请参考前述相关内容。

2. 分期收到货款并开具销售专用发票阶段

此阶段是指按合同规定每期收到销售货款，向客户开具相应金额的销售专用发票，并进行销售收入核算和销售成本核算的业务处理过程。

【例 9-22】 接例 9-21，按合同规定，国香公司以电汇（票号为 9005）首次支付 300 件 T 恤货款，按实付货款开具了销售专用发票。

操作步骤如下。

以下仅介绍销售生成分期收款销售专用发票的操作方法和生成销售专用发票后的应收单审核。生成销售收入凭证的业务处理与普通销售类似，发出商品记账的业务处理方法与前述视同买断委托代销的业务处理类似。

（1）在销售管理系统菜单中，执行【销售开票】/【销售专用发票】命令，打开【销售专用发票】窗口，如图 9-73 所示。

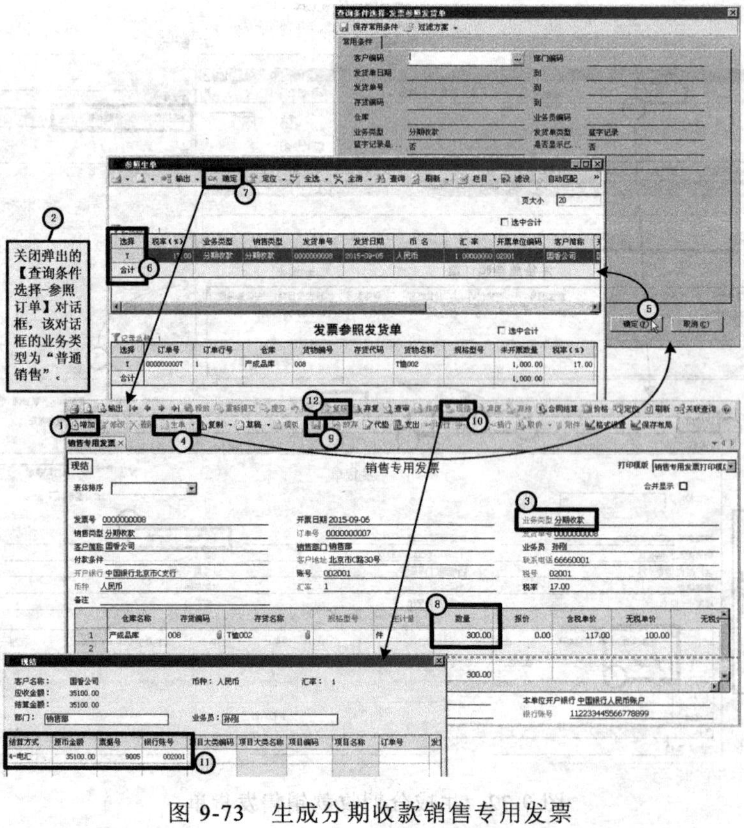

图 9-73　生成分期收款销售专用发票

（2）单击 🔲增加 按钮，关闭【查询条件选择-参照订单】对话框。

（3）在【销售专用发票】窗口将【业务类型】选择为"分期收款"，单击 🔲生单 ▾ 下拉按钮，选择"参照发货单"，打开【查询条件选择-发票参照发货单】对话框，单击 确定(F) 按钮，打开【参照生单】窗口。

（4）双击发货单的【选择】栏，打上"Y"标记，单击 OK 确定 按钮，将发货单资料导入销售专用发票。

（5）在【销售专用发票】窗口，修改存货数量，单击 🔲 按钮。

（6）单击 🔲现结 按钮，录入结算资料，单击 确定 按钮，再单击 🔲复核 按钮。

9.4.5 处理提供赠品业务

在销售业务中为促销有时会向客户提供赠品，此类业务发生时，在仓库发出赠品的当期按商品发出成本计入销售费用。其业务处理流程如图 9-74 所示。

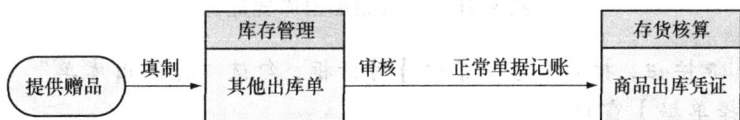

图 9-74 提供赠品业务处理流程

【例 9-23】 经批准，销售部孙刚将 10 000 个钥匙扣作为促销赠品发给丽人公司。操作步骤如下。

（1）仓管填制其他出库单。在库存管理系统菜单中，执行【出库业务】/【其他出库单】命令，打开【其他出库单】窗口，单击 🔲增加 按钮，录入其他出库单资料，保存并审核，如图 9-75 所示。

图 9-75 填制其他出库单

（2）会计进行正常单据记账生成赠品出库凭证。

① 在存货核算系统菜单中，执行【业务核算】/【正常单据记账】命令，进行正常单据记账处理。

② 在存货核算系统菜单中，执行【财务核算】/【生成凭证】命令，打开【生成凭证】窗口，如图 9-76 所示。

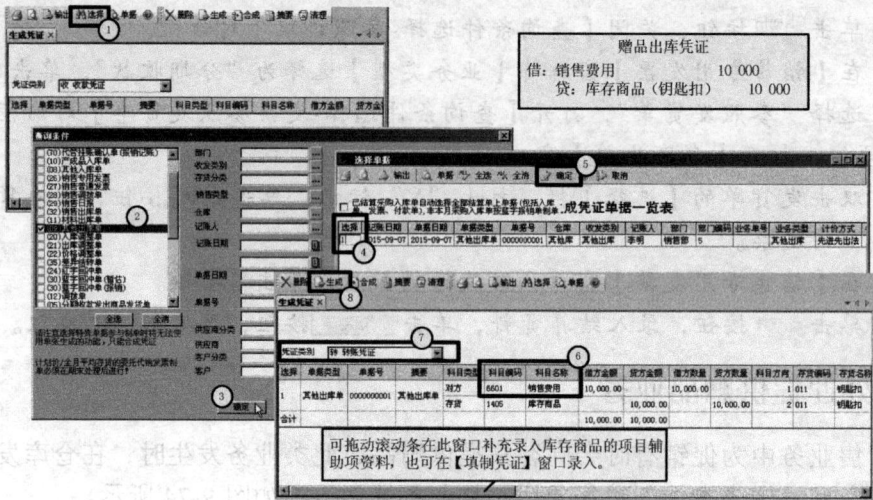

图 9-76　生成赠品出库凭证

③ 单击【选择】按钮，打开【查询条件】对话框，勾选"其他出库单"，单击 确定 按钮，打开【选择单据】窗口。

④ 单击单据的【选择】栏，选择后单击 确定 按钮，打开【生成凭证】窗口。

⑤ 输入借方科目编码"6601"，将凭证类别调整为"转账凭证"，单击 生成 按钮，打开【填制凭证】窗口。

⑥ 补充录入库存商品的项目辅助核算资料，单击 ■ 按钮。

9.4.6　处理零售日报业务

零售日报不是原始的销售单据，是零售业务数据的日汇总。这种业务常见于商场、超市等零售企业，主要用来处理对零散客户的销售。当发生零售业务时，先按日汇总，再录入零售日报进行管理。一张零售日报在销售管理系统中相当于一张普通销售发票，其多数功能与销售发票相同，两者的区别是：零售日报不可参照销售订单生成；零售日报不能处理先发货后开票业务，即零售日报不能参照发货单录入。零售日报业务的处理流程如图 9-77 所示。

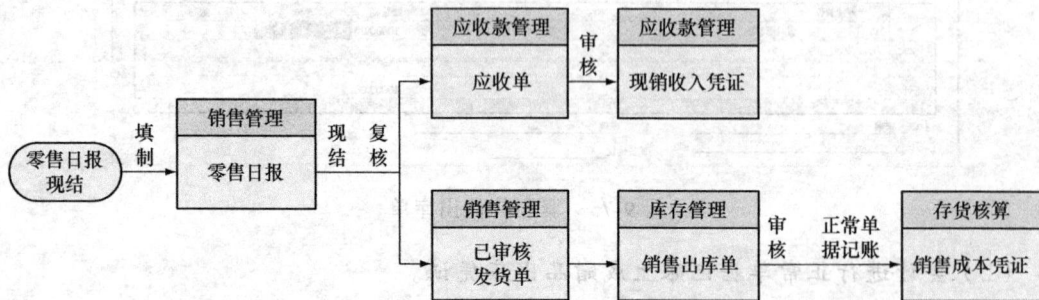

图 9-77　零售日报业务处理流程

【例 9-24】　销售部李艳接到 101 专卖店的订货电话，同时开具普通销售发票，销售 T 恤 001 共 40 件，每件不含税价 150 元，货款对方以转账支票（票号为 3344）支付。

操作步骤如下。

零售日报业务处理流程与现结一次发货普通销售业务类似，不同点在于现结普通销售业务需在系统中填制销售订单，销售专用发票依据销售订单生成，而零售日报只需直接填制。以下仅介绍填制零售日报环节的操作方法。

（1）在销售管理系统菜单中，执行【零售日报】/【零售日报】命令，打开【零售日报】窗口，如图9-78所示。

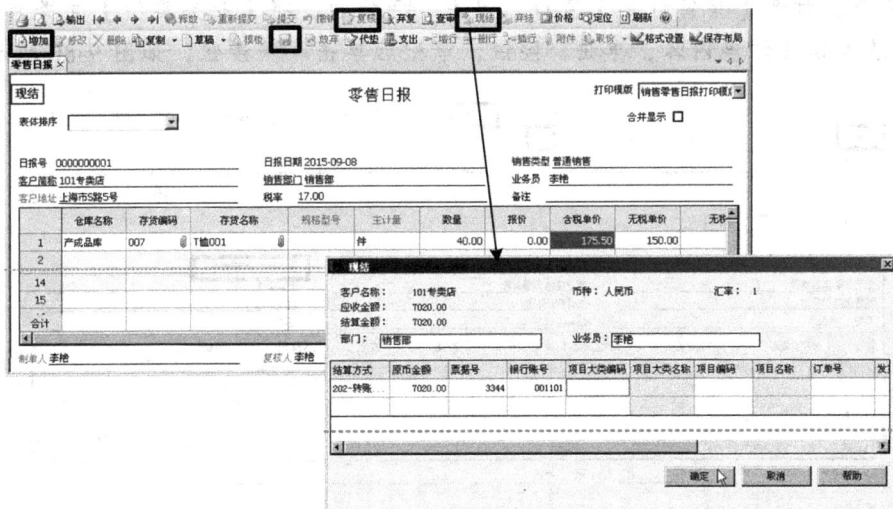

图9-78 填制零售日报

（2）单击 增加 按钮，录入零售业务资料，单击 按钮，再单击 现结 按钮，打开【现结】对话框，录入转账支票结算资料，单击 确定 按钮，再在【零售日报】窗口单击 复核 按钮。

9.4.7 处理直运业务

直运业务是指产品无需入库即可完成购销业务，由供应商直接将商品发给企业的客户；结算时，由购销双方分别与企业结算。直运业务包括直运销售业务和直运采购业务两部分，货物流向是直接从供应商到客户，没有实物的出入库，财务结算通过直运销售发票、直运采购发票解决。直运业务处理流程如图9-79所示。

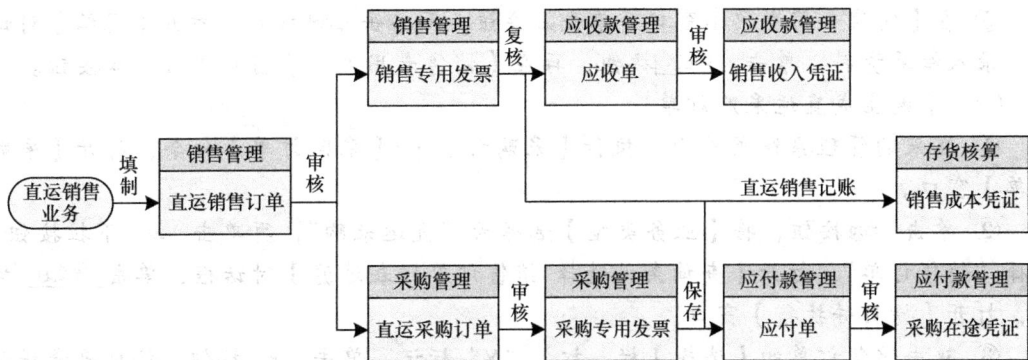

图9-79 直运销售业务处理流程

【例9-25】 销售部孙刚与国香公司签订直运销售合同，销售钥匙扣 20 000 个，每个不含税价 2 元，货当天发出送达，国香公司开出转账支票（票号为 4466）支付货款。采购部陈炎与新新公司签订直运采购合同，采购钥匙扣 20 000 个，每个不含税价 1 元。当天收到直运采购专用发票，款项尚未支付。

操作步骤如下。

（1）销售填制直运销售订单。在销售管理系统菜单中，执行【销售订货】/【销售订单】命令，打开【销售订单】窗口。单击 增加 按钮，将【业务类型】选择为"直运销售"，录入销售订单内容，单击 按钮，审核后单击 审核 按钮，如图 9-80 所示。

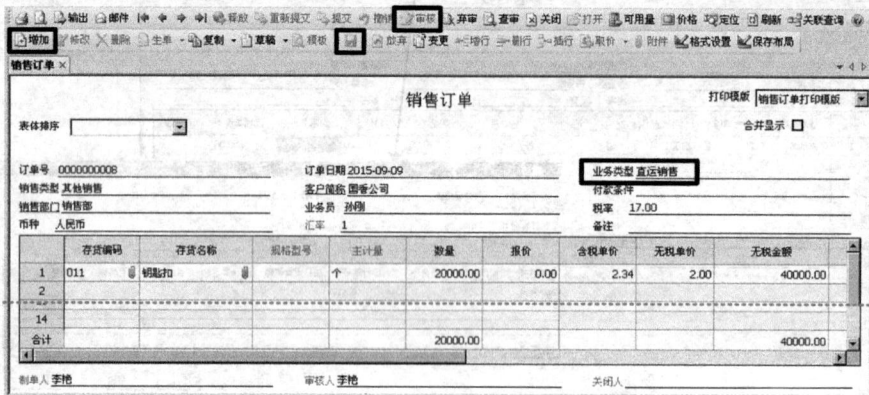

图 9-80　填制直运销售订单

（2）销售生成直运销售专用发票。

① 在销售管理系统菜单中，执行【销售开票】/【销售专用发票】命令，打开【销售专用发票】窗口。

② 单击 增加 按钮，关闭【查询条件选择-参照订单】对话框。

③ 在【销售专用发票】窗口将【业务类型】选择为"直运销售"，单击 生单 · 下拉按钮，选择"参照订单"，重新打开【查询条件选择-参照订单】对话框，如图 9-81 所示，单击 确定(F) 按钮，打开【参照生单】窗口。

④ 双击订单的【选择】栏，打上"Y"标记，单击 OK 确定 按钮，将订单资料导入直运销售专用发票。

⑤ 在【销售专用发票】窗口，单击 按钮，再单击 现结 按钮，打开【现结】对话框，录入结算资料，单击 确定 按钮，再在【销售专用发票】窗口单击 复核 按钮。

（3）采购生成直运采购订单。

① 在采购管理系统菜单中，执行【采购订货】/【采购订单】命令，打开【采购订单】窗口。

② 单击 增加 按钮，将【业务类型】选择为"直运采购"，再单击 生单 · 下拉按钮，选择"销售订单"，打开【查询条件选择-销售订单列表过滤】对话框，单击 确定(F) 按钮，打开【拷贝并执行】窗口。

③ 双击销售订单的【选择】栏，打上"Y"标记，单击 OK 确定 按钮，将订单资料导入直运采购订单。

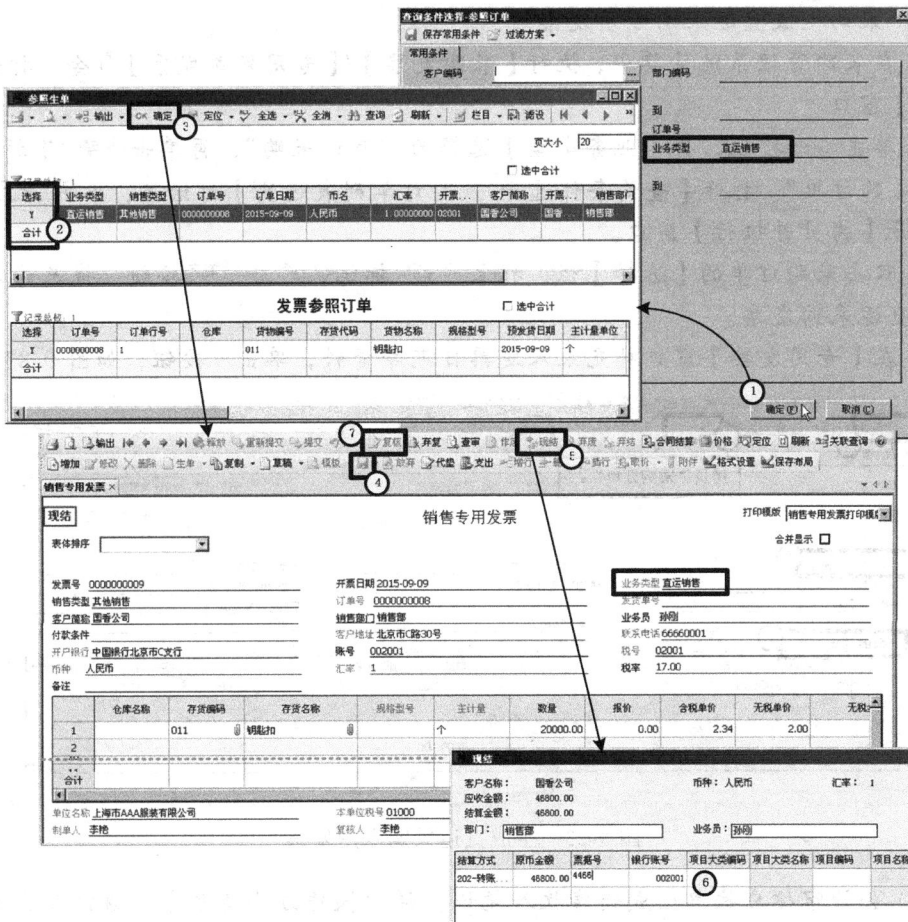

图 9-81 生成直运销售专用发票

④ 在【采购订单】窗口补充录入供应商、采购单价等资料，单击 按钮，审核后再单击 审核 按钮，如图 9-82 所示。

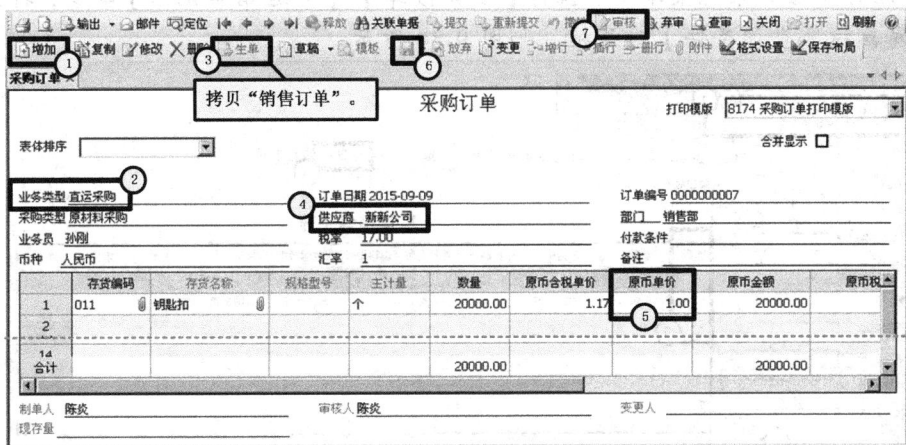

图 9-82 生成直运采购订单

（4）采购生成直运采购专用发票。

① 在采购管理系统菜单中，执行【采购发票】/【专用采购发票】命令，打开【专用发票】窗口。

② 单击 增加 按钮，将【业务类型】选择为"直运采购"，再单击 生单 下拉按钮，选择"采购订单"。打开【查询条件选择-采购订单列表过滤】对话框，单击 确定(F) 按钮，打开【拷贝并执行】窗口。

③ 双击采购订单的【选择】栏，打上"Y"标记，单击 OK 确定 按钮，将采购订单资料导入直运采购发票。

④ 在【专用发票】窗口补充录入发票日期等资料，单击 按钮，如图9-83所示。

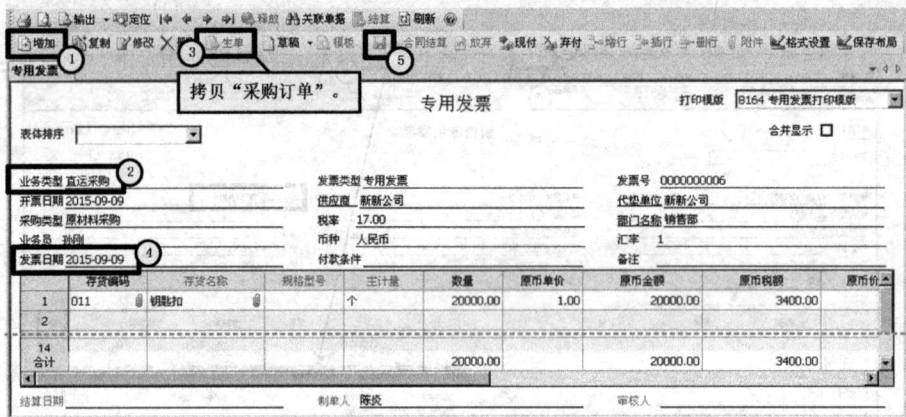

图9-83 生成直运采购专用发票

（5）会计审核应收单生成销售收入凭证。详细操作方法请参考普通销售业务的相关操作步骤说明，注意在【应收单查询条件】对话框中勾选"包含已现结发票"。

（6）会计审核应付单生成采购在途凭证。详细操作方法请参考普通采购业务的相关操作步骤说明。

（7）会计进行直运销售记账生成销售成本凭证。

① 在存货核算系统菜单中，执行【业务核算】/【直运销售记账】命令，打开【直运采购发票核算查询条件】对话框，如图9-84所示。

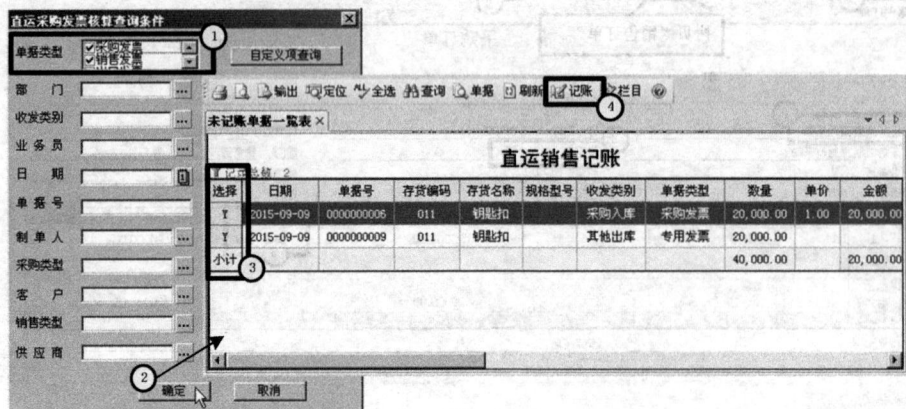

图9-84 进行直运销售记账

② 【单据类型】勾选"采购发票"和"销售发票",单击 [确定] 按钮,打开【未记账单据一览表】窗口。

③ 双击单据的【选择栏】打上"Y"标记,单击 记账 按钮。

④ 在存货核算系统菜单中,执行【财务核算】/【生成凭证】命令,打开【生成凭证】窗口,如图 9-85 所示。

⑤ 单击 选择 按钮,打开【查询条件】对话框,勾选"直运采购发票"和"直运销售发票",单击 [确定] 按钮,打开【选择单据】窗口。

⑥ 单击单据的【选择】栏,选择后单击 确定 按钮,打开【生成凭证】窗口。

⑦ 将凭证类别调整为"转账凭证",输入借方科目编码"6401"和贷方科目编码"140207",单击 生成 按钮,打开【填制凭证】窗口。

⑧ 补充录入主营业务成本的项目辅助核算资料,单击 按钮。

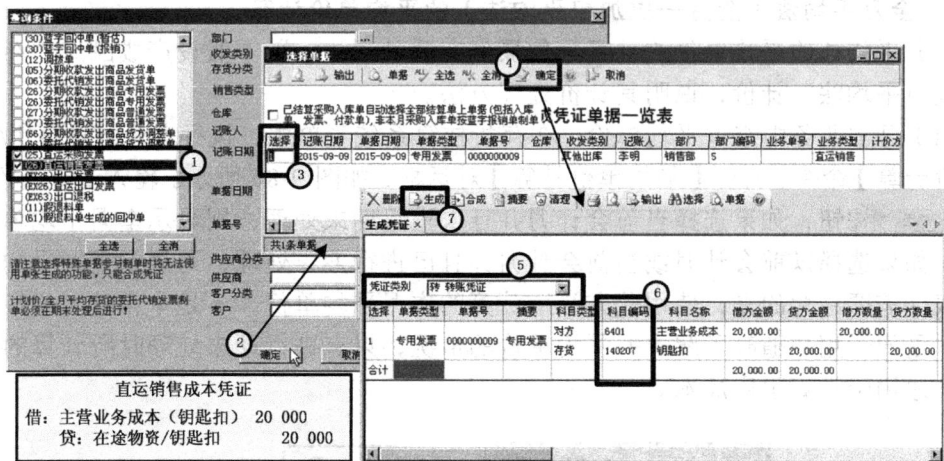

图 9-85 生成直运销售成本凭证

9.5 库存管理和存货核算

库存管理的日常业务就是存货的入库、出库和在库管理。为明确业务经手各方的经济责任,当有存货入库时,需填制相应的入库单据;当有存货出库时,需填制相应的出库单据;根据存货价值、存储特性、收发频繁程度等的不同,还需对存货进行定期盘点,以确定账簿记录与仓库实存数之间是否存在差异。

存货核算主要是计算存货出库成本、存货入库成本及库存存货成本,并据此制作相关凭证。及时、准确的存货入库核算和存货出库核算直接影响到企业的成本核算、利润核算和存货资产核算。

9.5.1 存货发出计价与凭证处理

在存货出库时,必须明确存货具体的发出计价方法。现行企业会计准则规定的计价方法有个别计价法、先进先出法、全月一次加权平均法和移动平均法。企业可以根据存货的业务特点选择适用的计价方法。在设置存货核算系统选项时，可选择按仓库、按部门和按存货三种方式定义存货的计价方法。按仓库核算时，在设置仓库档案时，可统一定义该仓库所属存货的发出计价方法；按部门核算时，则在仓库档案中，还需按部门设置计价方式，并且相同所属部门的各仓库统一核算出库成本；按存货核算时，则需在存货档案中分别定义每种存货的发出计价方法。在进行存货出库核算时，系统是以经审核的出库单为依据，按照该存货既定的发出计价方法进行出库核算的。盘亏的存货按照存货的发出计价方法确定其单位成本，据此调减库存存货的数量和金额。

采用个别计价法、先进先出法、移动平均法、计划价/售价方式计价的存货，在进行了正常单据记账后，即可按系统设定的取价方式生成相应的存货出库凭证。

采用全月一次加权平均法计价的存货，需在月末进行平均单价计算后，再进行相应的凭证处理。

1. 全月平均法（全月一次加权平均法）的平均单价计算

全月平均法的平均单价的计算具体操作有两种方法，以下假设产成品库的存货采用"全月平均法"计价，说明其计价处理方法。

（1）日常业务中查询平均单价。在存货核算系统菜单中，执行【业务核算】/【平均单价计算】命令，打开【平均单价计算】对话框，如图 9-86 所示。输入查询条件后，单击 确定 按钮，如果选择当前会计月并且未进行期末处理，则显示全月平均单价计算表；如果选择以前会计月或当前会计月并且已进行期末处理，则显示全月平均单价查询表。需要注意的是，使用此方法所计算的本月平均单价，不是本会计月的最终结果，只是便于用户随时了解本月平均单价的情况，只有进行期末处理时所计算的平均单价，才用于计算出库成本。

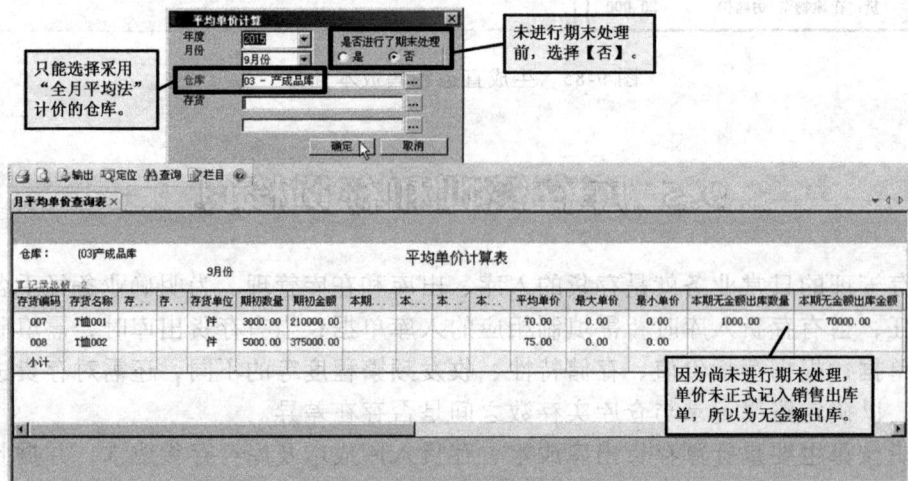

图 9-86 平均单价计算

（2）月末计算平均单价。在存货核算系统菜单中，执行【业务核算】/【期末处理】命令，打开【期末处理-9月】对话框（当前月份为 9 月），如图 9-87 所示。在【未期末处理仓库】列表中系统已勾选所有仓库，单击 处理 按钮，系统即对所选对象进行期末处理，在打开的【月平均单价计算表】窗口显示有平均单价计算结果，单击 确定 按钮。

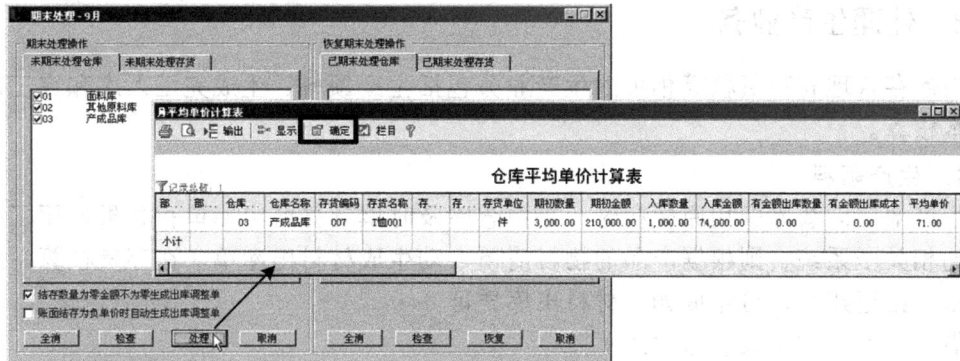

图 9-87　期末处理

▌ 补充提醒 ▌
● 期末处理前应将单据全部记账，否则会影响存货成本计算的正确性。

2. 存货出库业务的凭证处理

存货出库业务在生成凭证前，需进行相应的记账处理。普通销售业务、销售退回业务、提供赠品业务、零售日报业务产生的存货出库，需执行【正常单据记账】命令，进行正常单据记账处理；委托代销业务、分期收款销售业务产生的存货出库，需执行【发出商品记账】命令，进行发出商品记账处理；直运业务不存在实质性的商品入库和出库，但需在存货核算系统中执行【直运销售记账】命令，进行了直运销售记账处理后才能生成销售成本凭证。

存货出库所生成的凭证取决于业务的类型。如果在存货核算系统的科目设置中预先设置了相关科目，系统会自动生成凭证科目和金额。一些特殊业务，则需在生成凭证时手动录入相关会计科目及其辅助资料。以下是各类销售业务所对应的凭证分录。

（1）普通销售、零售日报业务销售成本凭证分录。
借：主营业务成本
　　贷：库存商品
（2）委托代销、分期收款发出商品凭证分录。
借：发出商品
　　贷：库存商品
（3）委托代销收到代销清单、分期收款结转销售成本凭证分录。
借：主营业务成本
　　贷：发出商品
（4）提供赠品凭证分录。
借：销售费用
　　贷：库存商品
（5）直运业务销售成本凭证分录。
借：主营业务成本
　　贷：在途物资
有关存货记账和凭证生成的操作方法请参考相关业务的操作步骤说明。

9.5.2　处理生产业务

与库存管理和存货核算相关的生产业务包括生产领料、生成完工入库和完工产品的成本核算。

1. 生产领料

生产部门向仓库领用原材料时，需由仓库及时填制材料出库单；如果启用了生产模块的相关子系统，则根据产品的物料清单自动生成材料出库单。在存货核算系统进行正常单据记账后，可生成如下材料出库凭证。

借：生产成本（或制造费用）

贷：原材料

【例 9-26】 车间生产 T 恤 001 领用材料：面料 001 共 2 000 米。

操作步骤如下。

（1）仓管填制材料出库单。仓管在库存管理系统菜单中执行【出库业务】/【材料出库单】命令，打开【材料出库单】窗口，单击增加按钮，录入领料内容，单击按钮，审核后单击审核按钮，如图 9-88 所示。

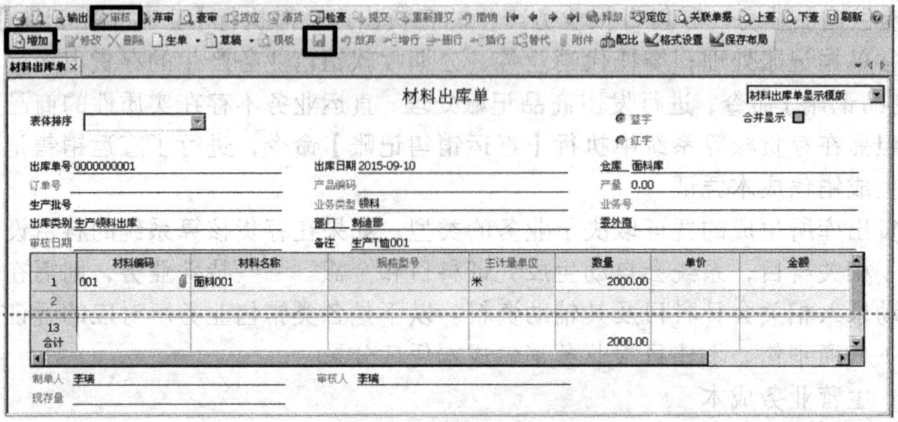

图 9-88　填制材料出库单

（2）会计进行正常单据记账生成材料出库凭证。

① 在存货核算系统菜单中，执行【业务核算】/【正常单据记账】命令，对材料出库单进行正常单据记账处理。

② 在存货核算系统菜单中，执行【财务核算】/【生成凭证】命令，根据材料出库单生成记账凭证。

2. 生产完工入库

生产部门的产品完工后应及时交仓库入库保管，仓库应及时填制产成品入库单，有关产成品的成本核算和凭证处理，需月末完成了有关生产费用的归集与分配后才能进行。

【例 9-27】 生产车间生产完工 T 恤 001 共 1 000 件，经验收入产成品库。

操作步骤如下。

仓管在库存管理系统菜单中执行【入库业务】/【产成品入库单】命令，打开【产成品入库单】窗口，单击增加按钮，录入产品入库内容，单击按钮，审核后单击审核按钮。

3. 完工产品成本核算

自制的产成品的成本是由生产过程中所发生的直接材料、直接人工、制造费用和燃料动力等其他费用汇总分配形成的。如果存货核算系统与成本管理系统相关联，自制产成品或半成品的生产成本可由成本管理系统核算生成，并可传递到存货核算系统，作为自制入库核算的单位成本；如果未启用成本管理系统，则自制产成品或半成品的成本计算需由财务人员汇总计算完成，并通过系统的产成品成本分配处理，计算出单位成本，在此基础上，存货核算系统才能完成对产成品的入库核算。产成品入库的会计分录如下。

借：库存商品

贷：生产成本

【例 9-28】 进行本月完工产品成本核算，T恤 001 完工产品成本为 74 000 元，T恤 002 完工产品成本为 43 000 元。

操作步骤如下。

（1）会计进行产成品成本分配。

① 在存货核算系统菜单中，执行【业务核算】/【产成品成本分配】命令，打开【产成品成本分配表】。

② 单击 查询 按钮，打开【产成品成本分配表查询】对话框，勾选"产成品库"，单击 确定 按钮，如图 9-89 所示。

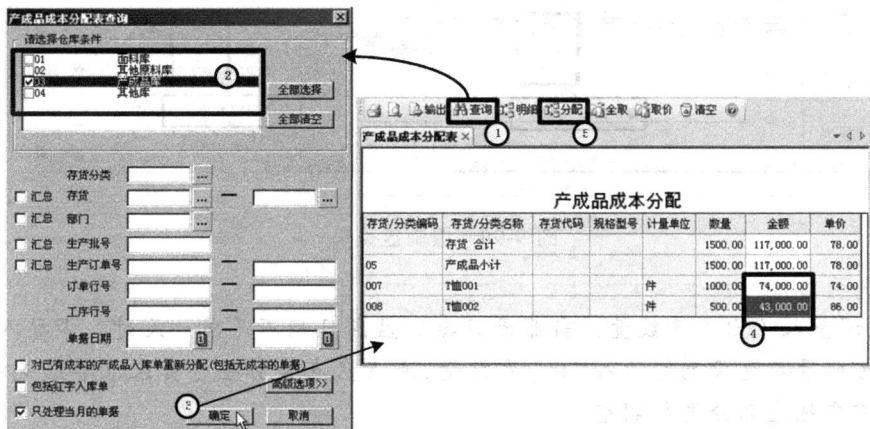

图 9-89 产成品成本分配

③ 在【产成品成本分配表】窗口列示有待分配成本的产成品，在【金额】栏录入完工产品成本，单击 分配 按钮，系统自动将所计算的产成品单价录入产成品入库单。

（2）会计进行正常单据记账。在存货核算系统菜单中，执行【业务核算】/【正常单据记账】命令，进行正常单据记账处理。

（3）会计生成产成品入库凭证。在存货核算系统菜单中，执行【财务核算】/【生成凭证】命令，根据产成品入库单生成记账凭证。在记账凭证中需补充录入生产成本和库存商品的项目核算辅助资料。

9.5.3 处理盘点业务

实物盘点后，应根据盘点的数量和质量，如实填写"盘点单"，并根据盘点结果及时调整存货账面数量和金额。

盘盈业务凭证如下。

　　借：原材料（或库存商品）

　　　　贷：待处理财产损溢

盘亏业务凭证如下。

　　借：待处理财产损溢

　　　　贷：原材料（或库存商品）

【例 9-29】　对面料库进行盘点，面料 001 盘盈 20 米，面料 002 盘亏 5 米，面料 001 按 40 元/米的单价入库。

操作步骤如下。

（1）仓管填制盘点单。在库存管理系统菜单中，执行【盘点业务】命令，打开【盘点单】窗口，如图 9-90 所示。单击 增加 按钮，录入盘点资料，单击 按钮，审核后单击 审核 按钮。

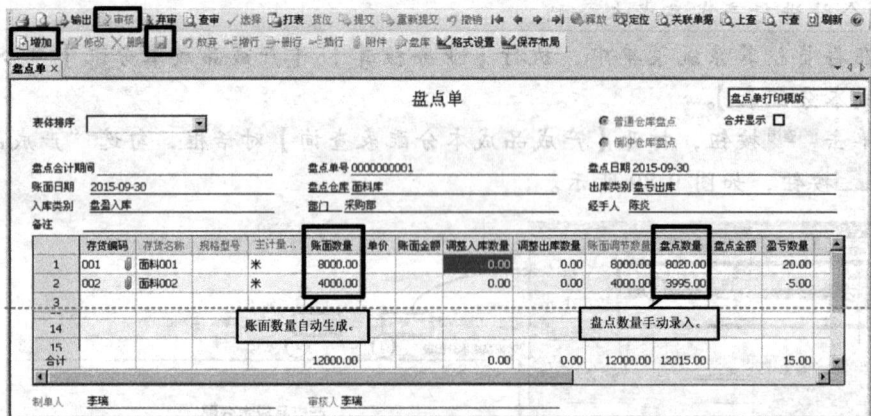

图 9-90　填制盘点单

┃ 说明 ┃

● 调整入（出）库数量：当账面日期和盘点日期不是同一天时，调整入（出）库数量可以录入这段期间的入（出）库数量，或者盘点时有些存货未录单据就入（出）库了，需要把这部分进行调整。

（2）仓管审核盘盈生成的其他入库单、盘亏生成的其他出库单。

① 在库存管理系统菜单中，执行【入库业务】/【其他入库单】命令，打开【其他入库单】窗口，单击 按钮，查找到由盘点单生成的其他入库单，单击 审核 按钮。

② 在库存管理系统菜单中，执行【出库业务】/【其他出库单】命令，查找盘亏生成的其他出库单并进行审核。

（3）会计进行正常单据记账生成盘点凭证。

① 在存货核算系统菜单中，执行【业务核算】/【正常单据记账】命令，打开【查询条件选择】对话框，单击 确定(P) 按钮，打开【未记账单据一览表】窗口，如图 9-91 所示。

② 由盘盈生成的其他入库单为灰底，需补充入库单价资料。将光标定位于"其他入库单"所在行，按鼠标右键，在弹出的菜单中选择【手工输入】命令，打开【手工输入】对话框，输入盘盈入库单价，单击 确定 按钮。

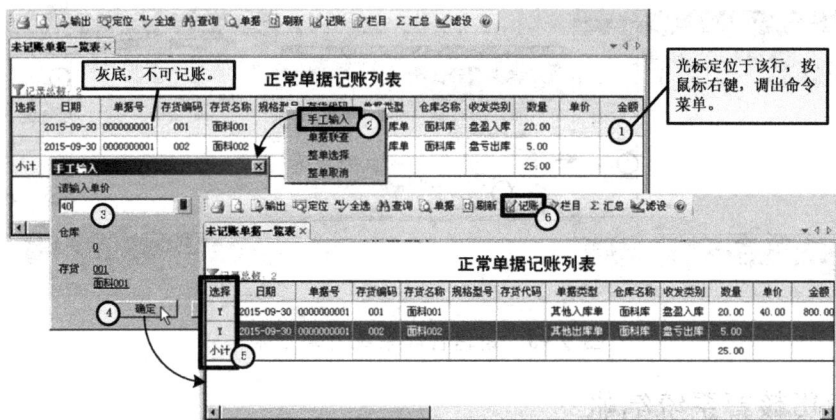

图 9-91　对盘盈生成的其他入库单进行正常单据记账

③ 在【未记账单据一览表】窗口，双击单据的【选择栏】，打上"Y"标记，单击 记账 按钮，进行正常单据记账。

④ 在存货核算系统菜单中，执行【财务核算】/【生成凭证】命令，根据其他入库单和其他出库单生成盘点业务记账凭证。

9.6　供应链系统期末处理

期末处理主要是对本期业务核算进行终结，并将本期期末数据结转到下期。供应链系统涉及多个子系统，期末结账必须按顺序进行，如图 9-92 所示。

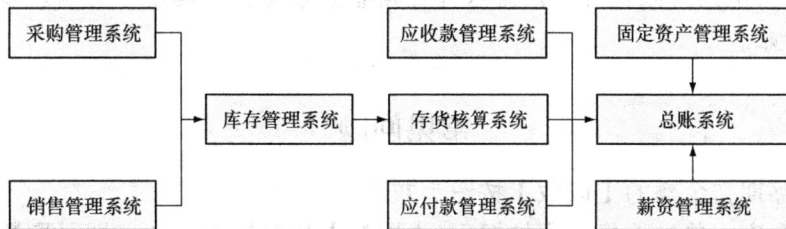

图 9-92　期末结账顺序

期末结账后，本期和以前期间的数据均不能再进行修改。因此，在结账前，系统会自动检查当期工作是否已全部完成，有未完成的业务，系统会给予提示。结账必须逐月进行，上月未结账，本月单据可以正常操作，不影响日常业务处理。

9.6.1　销售管理系统、采购管理系统、库存管理系统结账

这三个业务管理系统的结账方法类似。在顺序上应先进行销售管理系统和采购管理系统的结账，再进行库存管理系统的结账。以下以销售管理系统为例说明其操作方法。

操作步骤如下。

在销售管理系统菜单中，执行【月末结账】命令，打开【结账】对话框，单击 结账 按钮，系统提示"是否关闭订单"，单击 是 按钮，系统即完成对本月的结账，如图 9-93 所示。

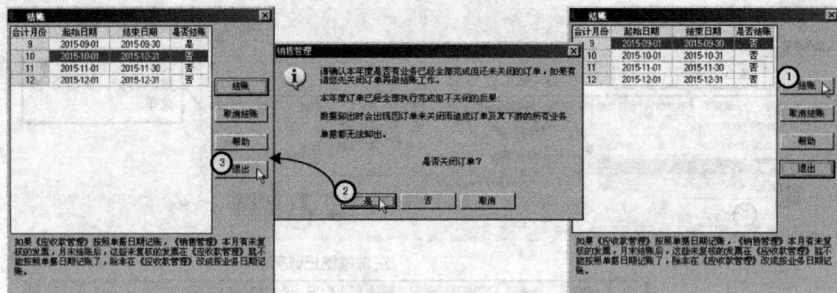

图 9-93　销售管理系统月末结账

9.6.2　存货核算系统结账

存货核算系统在进行月末结账前，需先执行【业务核算】/【期末处理】命令，进行了期末处理后，即对已完成日常业务的仓库和存货做了处理标志后，才能进行月末结账。

存货核算系统结账方法：在存货管理系统菜单中，执行【业务核算】/【月末结账】命令，打开【结账】对话框，单击 结账 按钮，在系统弹出的提示框中单击 确定 按钮，如图 9-94 所示。

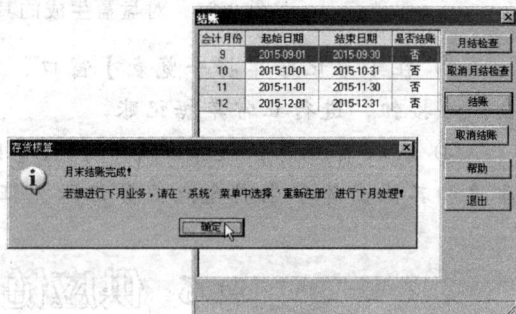

图 9-94　存货核算系统月末结账

| 补充提醒 |

在总账系统未结账之前，以结账月日期登录系统，可按结账的相反顺序对有关系统取消结账。

常见问题

（1）库存期初余额的【取数】按钮为灰色。

要选择仓库，单击【修改】按钮后，【取数】按钮转为黑色，即可取数。

（2）已经录入相关存货的期初数了，但无法调用。

库存管理系统中的期初数据未进行审核。

（3）新增采购订单时无法调用存货档案。

原因：①该存货档案没有采购属性；②该存货档案虽有外购属性，但是还有应税劳动务的属性；③进行了存货的数据权限的控制，但是未对该操作员进行授权；④该存货档案具有受托代销属性，但是采购订单表头项目业务类型选择的是"普通采购"而非"受托代销"。

（4）采购选项中"启用受托代销"为灰色的，不允许修改。

该账套企业性质属于工业企业，只有在建立账套时选择企业类型为"商业"或"医药流通"的账套，该选项才可选。

（5）采购订单执行到半途中，能否修改订单的内容。

可以变更订单内容。找到该订单，单击【变更】按钮。但是，注意变更是有前提条件的：①只能对表体的数量、计划到货日期、价格、金额、备注等内容进行修改操作，不可修改表头内容；②可以增行，未执行的订单行可以删除；③已执行的订单行可以修改数量，但变更后的数量（主辅单位数量）必须大于等于订单累计到货量、订单累计入库量中的任一个；④变更后保存当前订单时会将当前操作员名称写入变更人中。

（6）发票上的【结算】按钮为灰色。

发票类型为运费发票或者发票是手工增加的，或者发票虽然参照入库单生成，但是发票同时关联采购费用时，【结算】按钮即为灰色。

（7）如何取消采购结算？

删除结算单。在采购管理系统中，执行【采购结算】/【结算单列表】命令，找到该结算单，单击【删除】按钮。如果结算单在存货核算系统中进行过记账处理，则系统无法删除结算单。需要将此单据在存货核算系统进行过的业务全部取消后方可删除。

（8）仓库新增的盘点单不能审核。

该仓库以前日期还存在未审核的盘点单，前面的盘点单审核后才可对后面的盘点单进行审核。

（9）如何删除因盘点生成的其他出入库单？

把盘点单弃审即可。

（10）库存中已经做了很多销售出库单，也都审核了，但是正常单据记账时却没有任何销售记录。

存货核算系统选项中销售成本核算方式选择的是"销售发票"，则销售业务在存货核算系统中记账的依据是销售发票，销售管理系统未开具发票前不能对销售出库单记账。

（11）正常单据记账时没有可记账的记录。

原因：①上月存货未结账；②本月记账时仓库已做期末处理；③单据未审核；④设置了数据权限，该操作员无可记账的单据。

（12）存货核算系统生成凭证时，只有金额，科目为空。

未在存货核算系统中进行科目设置。解决方法：在存货核算系统中，执行【初始设置】/【科目设置】命令，分别设置相关科目。

（13）存货核算系统生成凭证保存时，系统提示没有录入项目信息。

解决方法：①在【生成凭证】窗口拖动横向滚动条至最右，录入相关科目的项目辅助项资料；②在【填制凭证】窗口，将光标定位于相关科目所在行，再将光标移至窗口下方的辅助项显示区，当光标变成笔形时双击，调出【辅助项】对话框，录入项目辅助项资料。

上机实训

实训十七　供应链初始设置。

实训十八　日常采购业务处理。

实训十九　日常销售业务处理。

实训二十　日常库存业务处理和存货核算。

以上实训内容，请详见书后所附《上机实训资料》。

参考文献

［1］ 王珠强. 会计电算化与 ERP 应用——应用 U8.72 版. 北京：人民邮电出版社，2013.

［2］ 财政部. 会计从业资格证考试会计电算化考试大纲，2013.

［3］ 赵建新，何晓岗，周宏. 用友 ERP 供应链管理系统实验教程（U872 版）. 北京：清代大学出版社，2012.

［4］ 张琳，李静宜，贺永强. ERP 供应链管理实务. 北京：清华大学出版社，2011.

［5］ 李湘琳、傅仕伟. 供应链管理系统实验教程. 北京：清华大学出版社，2011.

［6］ 汪伟. ERP 系统应用教程. 合肥：中国科学技术大学出版社，2011.

21 世纪高等职业教育财经类规划教材

财务会计类

工业和信息化高职高专"十二五"
规划教材立项项目

◎ 洪建红 主编　　◎ 陆兴凤 刘杰颖 副主编

上机实训资料

中国工信出版集团　　人民邮电出版社
POSTS & TELECOM PRESS

上机实训资料

目 录

实训一 系统管理

一、实训准备

安装 Microsoft SQL Server 和用友 ERP-U8 V10.1,将计算机系统时间调整为 2015 年 9 月 1 日。

二、实训内容

（1）创建账套。
（2）设置操作员（用户）。
（3）设置操作员权限。
（4）备份账套。
（5）引入账套。

三、实训资料

1. 建立账套资料

账套号：001（实训中账套号可按"班级编号+个人编号"方式分配）。
账套名称：上海市 AAA 服装有限公司（简称：上海 AAA）。
启用日期：当前操作月。
单位地址：上海市青年路 10 号。
税号：01000。
联系电话：021-55556666。
企业类型：工业。
行业性质：2007 年新会计制度科目（建账时按行业性质预留会计科目）。
账套主管：建立账套时暂定为系统内置操作员 demo。
进行经济业务处理时，需要对存货、客户、供应商进行分类，需进行外币核算。
科目编码级次为 4-2-2-2，其他编码方案采用系统默认设置。
数据精度定义的小数位采用系统默认设置，均为 2。暂不启用系统。

2. 操作员及其权限资料

所有操作员均没有数据权限和金额权限的限制，以下是有关操作员及其功能权限。

（1）账套主管：吴浩。编号：001（在实训中账套主管姓名可由学生姓名代替，编号为学生学号）。角色：账套主管。在财务软件开发运用的前期阶段，负责完成系统的各项初始化工作；在财务软件的运行阶段，负责财务软件运行的管理工作，检查系统操作员的日常工作，保证财务核算管理系统运行的可靠性、安全性。负责对操作员输入的会计数据、输出的凭证、账簿、报表进行审核，检查其数据和凭证的合法性、完整性和准确性。

（2）操作员：李明。编号：002（在实训中该操作员姓名可由学生姓名舍姓留名代替，编号为学生学号后六位）。具有公共目录设置、总账、应收款系统、应付款系统、固定资产、存货核算、薪资管理系统权限。

（3）出纳员：林梅。编号：003。负责有关现金、银行存款的收支工作。具有如下权限。

① 总账系统的出纳权限和凭证中的查询凭证、出纳签字权限。

② 应收款管理系统中的选择收款；应收单据处理中的卡片编辑、卡片删除和卡片查询；收款单据处理中的卡片编辑、卡片删除和卡片查询；所有的票据管理权限和日常查询权限。

③ 应付款管理系统中的选择付款；应付单据处理中的卡片编辑、卡片删除和卡片查询；付款单据处理中的卡片编辑、卡片删除和卡片查询；所有的票据管理权限和日常查询权限。

（4）操作员：陈炎。编号：004。具有公共单据、采购管理系统权限。

（5）操作员：李艳。编号：005。具有公共单据、销售管理系统权限。

（6）操作员：李瑞。编号：006。具有公共单据、库存管理系统权限。

四、操作步骤

（1）启动注册系统管理（必须以系统管理员 admin 的身份注册登录系统管理）。

（2）建立账套（账套参数设置参照本实训的实训资料，其中账套主管可暂设置为 demo，然后在设置操作员权限时再取消）。

（3）设置操作员（建议操作员中的账套主管由学生自己担任，以学生学号为操作员编号）。

（4）设置操作员权限。先分别设置各操作员的功能权限，再在企业门户中取消系统默认的对数据权限的设置。

（5）备份账套。

（6）引入账套。

| 操作提示 |

实训资料中未提供的信息，在操作中均可省略，不必输入。

实训二　设置基础档案

一、实训准备

完成模块二"实训一　系统管理"的操作。将计算机系统时间调整为 2015 年 9 月 1 日，将相关账套数据引入用友 ERP-U8 系统。

二、实训内容

（1）启动系统。

（2）设置基础档案。

三、实训资料

1. 启动系统

需启动总账系统，启用日期为 2015 年 9 月 1 日。

2. 部门档案（见表1）

表1　　　　　　　　　　　上海 AAA 公司部门档案

编号	名称	编号	名称
1	办公室	5	销售部
2	财务部	6	制造部
3	人力资源部	7	仓管部
4	采购部		

3. 人员档案

（1）人员类别。

001，高层经理；002，部门主管；003，普通员工；004，生产工人。

（2）人员档案（见表2）。

> **说明**
>
> 财务部的吴浩和李明，在实训中可由学生姓名代替，与实训一中设置的用户名相一致。所有人员的雇佣状态均为"在职"，均为"业务员"，生效日期为2015年9月1日，业务或费用部门与其所属的行政部门一致。

表2　　　　　　　　　　　　　上海AAA公司人员档案

编号	姓名	性别	行政部门	职员类别
1001	李立	男	办公室	高层经理
1002	顾雷	男	办公室	部门主管
2001	*吴浩	男	财务部	部门主管
2002	*李明	男	财务部	普通员工
2003	林梅	女	财务部	普通员工
3001	李益	女	人力资源部	部门主管
4001	陈炎	男	采购部	部门主管
5001	孙刚	男	销售部	部门主管
5002	李艳	女	销售部	普通员工
6001	吕忆	男	制造部	部门主管
6002	钱红	女	制造部	部门主管
6003	林成	男	制造部	生产工人
6004	李丰	男	制造部	生产工人
6005	赵杰	男	制造部	生产工人
6006	王洁	女	制造部	生产工人
6007	于涛	女	制造部	生产工人
6008	许莉	女	制造部	生产工人
6009	杨华	男	制造部	生产工人
6010	罗伟	男	制造部	生产工人
6011	何兰	女	制造部	生产工人
6012	陆玉	女	制造部	生产工人
6013	王平	女	制造部	生产工人
6014	张佳	女	制造部	生产工人
6015	刘丽	女	制造部	生产工人
6016	李欣	女	制造部	生产工人
6017	赵虹	女	制造部	生产工人
6018	孙清	女	制造部	生产工人
6019	吴燕	女	制造部	生产工人
6020	王芳	女	制造部	生产工人
6021	陈莹	女	制造部	生产工人
6022	徐亚	女	制造部	生产工人
6023	黄婷	女	制造部	生产工人
6024	杨敏	女	制造部	生产工人
6025	肖怡	女	制造部	生产工人
6026	冯蓉	女	制造部	生产工人
6027	林凤	女	制造部	生产工人
6028	蔡云	女	制造部	生产工人
7001	李瑞	男	仓管部	普通员工

4. 计量单位

（1）计量单位组。

01，纽扣，固定换算率；02，其他，无换算率。

（2）计量单位。

纽扣组的主计量单位：0101，粒；换算率：1。

纽扣组的辅计量单位：0102，袋；换算率：100。

其他组的计量单位：01，米；02，套；03，个；04，件；05，次。

5. 结算方式

该公司的结算方式如表3所示。其中，现金支票和转账支票结算方式需进行票据管理。

表3   上海 AAA 公司结算方式

编码	结算方式	编码	结算方式
1	现金结算	3	商业汇票
2	支票	4	电汇
201	现金支票	5	银行汇票
202	转账支票	6	委托收款

6. 外币及汇率

币名：美元；币符：USD；固定汇率。1 美元 ＝ 6.255 2 元人民币。

7. 客户档案

（1）客户分类。

01，上海市；02，北京市；03，江苏省；03001，苏州市；04，浙江省；04001，杭州市。

（2）客户档案（见表4）。

表4   上海市 AAA 公司客户档案

编码	简称	所属分类	税号	电话	地址	开户银行	银行账号
01001	天丽公司	01（上海市）	01001	55550001	上海市 A 路 10 号	中国银行 上海市 A 支行	001001
01002	楚楚公司	01（上海市）	01002	55550002	上海市 B 路 20 号	中国银行 上海市 B 支行	001002
02001	国香公司	02（北京市）	02001	66660001	北京市 C 路 30 号	中国银行 北京市 C 支行	002001
03001001	丽人公司	03001（江苏苏州）	03001	77770001	苏州市 D 路 40 号	中国银行 苏州市 D 支行	003001
03001002	名达公司	03001（江苏苏州）	03002	77770002	苏州市 D 路 50 号	中国银行 苏州市 D 支行	003002
04001001	清雅公司	04001（浙江杭州）	04001	88880001	杭州市 E 路 60 号	中国银行 杭州市 E 支行	004001

8. 供应商档案

（1）供应商分类。

01，面料；02，辅料；03，配件；04，其他。

（2）供应商档案（见表5）。

表5   上海市 AAA 公司供应商档案

编码	简称	所属分类	税号	开户银行	银行账号	电话	地址
0101	兴盛公司	01（面料）	00101	中国银行 杭州市 A 支行	010101	88880101	杭州市 A 路 10 号

编码	简称	所属分类	税号	开户银行	银行账号	电话	地址
0102	银狐公司	01（面料）	00102	中国银行 上海市 A 支行	010201	55550101	上海市 A 路 20 号
0201	新新公司	02（辅料）	00201	中国银行 上海市 A 支行	020101	55550201	上海市 A 路 30 号
0301	永新公司	03（配件）	00301	中国银行 上海市 A 支行	030101	55550301	上海市 A 路 40 号
0401	宏发公司	04（其他）	00401	中国银行 上海市 A 支行	040101	55550401	上海市 A 路 50 号

9. 存货档案

（1）存货分类。

01，面料；02，辅料；03，配件；04，其他原材料；05，产成品；06，其他。

（2）存货档案（见表 6）。纽扣 001 的主计量单位是"粒"，采购、库存、零售等的默认单位是"袋"。其他存货只涉及一种计量单位，只需设置主计量单位。运费的进项税率为空，其他存货的进项税率为系统默认的 17%。

表 6 　　　　　　　　　　　上海市 AAA 公司存货档案

存货编号	存货名称	计量单位组	主计量单位	存货分类	存货属性
001	面料 001	02（其他组）	米	01（面料）	内销，外购，生产耗用
002	面料 002	02（其他组）	米	01（面料）	内销，外购，生产耗用
003	辅料 001	02（其他组）	套	02（辅料）	内销，外购，生产耗用
004	辅料 002	02（其他组）	套	02（辅料）	内销，外购，生产耗用
005	纽扣 001	01（纽扣组）	粒	03（配件）	内销，外购，生产耗用
006	缝纫线 001	02（其他组）	个	04（其他原材料）	内销，外购，生产耗用
007	T恤 001	02（其他组）	件	05（产成品）	内销，自制
008	T恤 002	02（其他组）	件	05（产成品）	内销，自制
009	运费	02（其他组）	次	06（其他）	应税劳务

10. 会计科目

（1）删除会计科目：1003，存放中央银行款项。

（2）修改会计科目。需修改的会计科目主要是涉及需修改科目名称、设置辅助核算的科目（见表 7）。

表 7 　　　　　　　　　　　上海市 AAA 公司需修改的会计科目

科目编码	中文科目名称	核算类型
1121	应收票据	客户往来（受控系统：无）
1122	应收账款	客户往来（受控系统：无）
1123	预付账款	供应商往来（受控系统：无）
1405	库存商品	项目核算、数量核算（件）
1406	发出商品	项目核算、数量核算（件）
2201	应付票据	供应商往来（受控系统：无）
2203	预收账款	客户往来（受控系统：无）
5001	生产成本	项目核算
6001	主营业务收入	项目核算、数量核算（件）
6401	主营业务成本	项目核算、数量核算（件）
6602	管理费用	部门核算

┃ **注意** ┃

> 修改会计科目时，注意设置科目的核算类型（注意共需修改 7 个会计科目）。

（3）增设会计科目。需增设的会计科目主要是各明细核算科目（见表 8）。

表 8　　　　　　　　　　**上海市 AAA 公司需增设的会计科目**

科目编码	中文科目名称	核算类型
100101	人民币	日记账
100102	美元	日记账、外币核算（美元）
100201	中行人民币户	日记账、银行账
100202	中行美元户	日记账、银行账、外币核算（美元）
122101	差旅费	个人往来、自定义项 4
122102	预付租金	
140201	面料 001	
140202	面料 002	
140203	辅料 001	
140204	辅料 002	
140205	纽扣 001	
140206	缝纫线 001	
140301	面料 001	数量核算（米）
140302	面料 002	数量核算（米）
140303	辅料 001	数量核算（套）
140304	辅料 002	数量核算（套）
140305	纽扣 001	数量核算（袋）
140306	缝纫线 001	数量核算（个）
220201	一般应付账款	供应商往来（受控系统：无）
220202	暂估应付账款	
222101	应交增值税	
22210101	进项税额	
22210112	销项税额	
222106	应交所得税	
222112	应交个人所得税	
410401	未分配利润	
410402	提取法定盈余公积	

（4）指定会计科目。

现金科目：1001，库存现金；银行科目：1002，银行存款。

11．项目核算目录

（1）项目大类：存货项目管理，普通项目。

（2）项目级次：1。

（3）项目栏目：默认系统设置。

（4）核算科目：1405，库存商品；1406，发出商品；5001，生产成本；6001，主营业务收入；6401，主营业务成本。

（5）项目分类：1，产成品。

（6）项目目录：001，T 恤 001；002，T 恤 002。

12．凭证类别

会计凭证按收款凭证、付款凭证和转账凭证分类。

四、实训步骤

（1）启用系统。

（2）设置部门档案。

（3）设置人员档案。

（4）设置计量单位（先设置计量单位组，再分别设置各组的计量单位）。

（5）设置结算方式。

（6）设置外币及汇率。

（7）设置客户档案（先设置客户分类，再分别设置各分类下的客户档案）。

（8）设置供应商档案（先设置供应商分类，再分别设置各分类下的供应商档案）。

（9）设置存货档案（先设置存货分类，再分别设置各分类下的存货档案）。

（10）设置会计科目。

① 删除会计科目。

② 修改会计科目。

③ 增设会计科目。

（11）设置存货项目管理目录。

（12）设置凭证类别。

（13）以"admin"的身份登录系统管理备份账套。

> **注意**
> 实训资料中未提供的信息，在操作中均可省略，不必输入。

实训三　总账系统初始化

一、实训准备

完成模块三"实训二　基础档案设置"的操作。将计算机系统时间调整为账套操作月份，将相关账套数据引入用友 ERP-U8 系统。

二、实训内容

（1）登录总账系统。

（2）设置总账系统功能参数。

（3）录入总账系统期初余额。

三、实训资料

1. 总账系统功能参数

凭证选项中需进行支票控制，不可以使用存货受控科目，其他为系统默认设置。

2. 期初余额

（1）应收票据（1121）期初余额。上海市 AAA 公司应收票据（1121）期初余额如表 9 所示。

表9   上海市 AAA 公司应收票据（1121）期初余额

日期	凭证号	客户	业务员	摘要	方向	金额（元）	票号	票据日期
2015-07-01	略	国香公司	孙刚	货款	借	100 000	12345	2015-07-01

（2）应收账款（1122）期初余额。该公司应收账款（1122）期初余额如表 10 所示。

表10   上海市 AAA 公司应收账款（1122）期初余额

开票日期	客户名称	业务员	摘要	方向	金额（元）
2015-08-27	天丽公司	孙刚	货款	借	30 000
2015-08-14	清雅公司	李艳	货款	借	58 500

（3）预付账款（1123）期初余额。该公司的预付账款（1123）期初余额如表 11 所示。

表11   上海市 AAA 公司预付账款（1123）期初余额

日期	供应商	业务员	摘要	方向	金额（元）
2015-08-30	新新公司	陈炎	货款	借	20 000

（4）其他应收款/差旅费（122101）期初余额。该公司的其他应收款/差旅费（122101）期初余额如表 12 所示。

表12   上海市 AAA 公司其他应收款差旅费（122101）期初余额

借款日期	部门	个人姓名	自定义项 4（日期）	摘要	金额（元）
2015-08-28	办公室	李立	2015-09-28	差旅费	6 000
2015-08-30	销售部	孙刚	2015-09-30	差旅费	4 000

（5）原材料（1403）期初数量和金额。该公司的原材料（1403）期初数量和金额如表 13 所示。

表13   上海市 AAA 公司原材料（1403）期初数量和金额

原材料名称	数量	金额（元）	原材料名称	数量	金额（元）
面料 001	6 000 米	240 000	辅料 002	2 000 套	29 200
面料 002	2 000 米	90 000	纽扣 001	500 袋	50 000
辅料 001	6 000 套	90 000	缝纫线 001	500 个	10 000

（6）库存商品（1405）期初数量和金额。该公司的库存商品（1405）期初数量和金额如表 14 所示。

表14   上海市 AAA 公司库存商品（1405）期初数量和金额

商品名称	数量（件）	金额（元）	商品名称	数量（件）	金额（元）
T 恤 001	3 000	210 000	T 恤 002	5 000	375 000

（7）应付票据（2201）期初余额。该公司的应付票据（2201）期初余额如表 15 所示。

表15   上海市 AAA 公司应付票据（2201）期初余额

日期	供应商	业务员	摘要	方向	金额（元）	票号	票据日期
2015-06-01	银狐公司	陈炎	货款	贷	80 000	54321	2015-06-01

（8）应付账款/一般应付账款（220201）期初余额。该公司的应付账款/一般应付账款（220201）期初余额如表 16 所示。

表16   上海市 AAA 公司应付账款/一般应付账款（220201）期初余额

日期	供应商	业务员	摘要	方向	金额（元）
2015-08-29	兴盛公司	陈炎	货款	贷	117 000

（9）预收账款（2203）期初余额。该公司的预收账款（2203）期初余额如表 17 所示。

表17 上海市 AAA 公司预收账款（2203）期初余额

日期	客户	业务员	摘要	方向	金额（元）
2015-08-25	楚楚公司	李艳	货款	贷	50 000

（10）上海市 AAA 公司期初余额表。该公司的期初余额表如表18所示（日期：2015年9月1日，即操作月的月初）。

表18 上海市 AAA 公司期初余额表 单位：元

科目编码	科目名称	方向	期初余额	科目编码	科目名称	方向	期初余额
100101	库存现金/人民币	借	5 000	2001	短期借款	贷	500 000
100201	银行存款/中行人民币户	借	500 000	2201	应付票据	贷	80 000
100202	银行存款/中行美元户	借	￥62552（USD 10 000）	220201	应付账款/一般应付账款	贷	117 000
1121	应收票据		100 000	220202	应付账款/暂估应付账款	贷	20 000
1122	应收账款	借	88 500	2203	预收账款	贷	50 000
1123	预付账款	借	20 000	2211	应付职工薪酬	贷	235 000
122101	其他应收款/差旅费	借	10 000	222106	应交税费/应交所得税	贷	28 000
122102	其他应收款/租金	借	12 000	4001	实收资本	贷	10 300 000
1231	坏账准备	贷	1 000	4103	本年利润	贷	176 230
1403	原材料	借	509 200	410401	利润分配/未分配利润	贷	14 910
1405	库存商品	借	585 000				
1601	固定资产	借	10 678 000				
1602	累计折旧	贷	1 058 112				
500101	生产成本（T恤001）	借	4 000				
500102	生产成本（T恤002）	借	6 000				5 211 410
	资产合计		5 211 410		负债和所有者权益合计		5 211 410

（注：为简化操作，假设操作月份的月初余额即为该年的年初余额。）

四、实训步骤

（1）以账套主管的身份登录总账系统。
（2）设置总账系统参数。
（3）录入期初余额。
（4）对账。
（5）试算平衡。
（6）以 admin 的身份登录系统管理备份账套。

实训四 总账系统日常业务核算

一、实训准备

完成模块四"实训三 总账系统初始化"的操作。将计算机系统时间调整为账套操作月份，将"实训三 总账系统初始化"账套数据引入用友 ERP-U8 系统。

二、实训内容

（1）填制凭证。
（2）修改凭证。

（3）删除凭证。

（4）审核凭证。

（5）记账。

（6）进行银行对账。

三、实训资料

1．凭证处理

上海市 AAA 服装有限公司 2015 年 9 月（即账套操作月份）发生下列经济业务，要求进行相应的凭证处理。

（1）上月底到货的从永新公司采购的纽扣 001 共 200 袋，每袋 100 粒，按 100 元/袋暂估入账，现进行月初红字回冲。以下是会计分录。

　　借：原材料/纽扣 001　　　　　　　　　　　　　　　　 20 000

　　　　贷：应付账款/暂估应付账款　　　　　　　　　　　　　　　 20 000

（2）收到清雅公司电汇款，金额为 57 330 元，系上月该公司所欠货款，给予应收款总额 2%现金折扣，结算号为 7777。以下是会计分录。

　　借：银行存款/中行人民币户　　　　　　　　　　　　 57 330

　　　　财务费用　　　　　　　　　　　　　　　　　　　　 1 170

　　　　贷：应收账款（清雅公司）　　　　　　　　　　　　　　 58 500

┃ 操作提示 ┃

　　需输入结算方式和结算号；需输入应收账款对应的客户名称。

（3）收到永新公司寄来的发票，购进的纽扣 001 共 200 袋，不含税单价 100 元/袋，每袋 100 粒，增值税率 17%，材料已验收入库，货款以转账支票（结算号为 12351）付讫。以下是会计分录。

　　借：原材料/纽扣 001　　　　　　　　　　　　　　　　 20 000

　　　　应交税费/应交增值税（进项税额）　　　　　　　　 3 400

　　　　贷：银行存款/中行人民币户　　　　　　　　　　　　　 23 400

┃ 操作提示 ┃

　　需输入原材料数量、单价；需输入结算方式和转账支票结算号。

（4）采购部陈炎向新新公司购进辅料 001 共 1 000 套，单价 15 元/套，价款 15 000 元，增值税率为 17%，税额 2 550 元，上月已预付 20 000 元货款。以下是会计分录。

　　借：原材料/辅料 001　　　　　　　　　　　　　　　　 15 000

　　　　应交税费/应交增值税（进项税额）　　　　　　　　 2 550

　　　　贷：预付账款（新新公司）　　　　　　　　　　　　　 17 550

┃ 操作提示 ┃

　　需输入原材料数量、单价；需输入预付账款对应的供应商名称、经办人。

（5）销售部李艳向清雅公司销售 T 恤 002 共 1 000 件，不含税单价 100 元/件，通过转账支票收回货款。结算号为 5555。以下是会计分录。

借：银行存款/中行人民币户　　　　　　　　　　　　　117 000
　　贷：主营业务收入（T恤002）　　　　　　　　　　100 000
　　　　应交税费/应交增值税（销项税额）　　　　　　 17 000

操作提示

需输入主营业务收入的数量和单价；需输入结算方式和转账支票结算号。

（6）采购部陈炎向新新公司购进辅料001共1 000套，辅料002共4 000套，辅料001的单价为14.9元/套，辅料002的单价为14.5元/套，增值税率为17%。新新公司代垫运杂费500元，按采购数量分摊运费。上月预付的货款尚有2 450元未冲销，其余货款和运费尚未支付。以下是会计分录。

借：原材料/辅料001　　　　　　　　　　　　　　　　15 000
　　　　　　/辅料002　　　　　　　　　　　　　　　 58 400
　　应交税费/应交增值税（进项税额）　　　　　　　　12 393
　　贷：预付账款（新新公司）　　　　　　　　　　　 2 450
　　　　应付账款/一般应付账款（新新公司）　　　　　 83 343

操作提示

需输入原材料数量、单价；采购单价等于不含税单价加所分摊的单位运费。

（7）采购部陈炎向兴盛公司购进面料002共4 000米，单价45元/米，增值税率为17%，开出三个月期无息商业承兑汇票一张。以下是会计分录。

借：原材料/面料002　　　　　　　　　　　　　　　 180 000
　　应交税费/应交增值税（进项税额）　　　　　　　　30 600
　　贷：应付票据（兴盛公司）　　　　　　　　　　　210 600

操作提示

需输入原材料数量、单价；需输入应付票据对应的供应商名称、经办人。

（8）采购部陈炎向银狐公司购进面料001共2 000米，单价40元/米，价款80 000元，增值税率为17%，税额13 600元，货款未付。

（9）从银行提取现金3 000元备用，现金支票结算号为10001。以下是会计分录。

借：库存现金/人民币　　　　　　　　　　　　　　　　3 000
　　贷：银行存款/中行人民币户　　　　　　　　　　　3 000

操作提示

填制付款凭证，需输入结算方式、结算号。

（10）开出转账支票由银行代发工资120 000元，转账支票结算号为12352。以下是会计分录。

借：应付职工薪酬　　　　　　　　　　　　　　　　　120 000
　　贷：银行存款/中行人民币户　　　　　　　　　　 120 000

操作提示

需输入结算方式和转账支票结算号。

（11）办公室李立出差回来报销差旅费8 000元，补付现金2 000元。以下是会计分录。

借：管理费用（办公室）	8 000	
贷：库存现金/人民币		2 000
其他应收款/差旅费（李立）		6 000

▌操作提示▐

管理费用需输入部门名称；其他应收款需输入人员名称、报销日期。

（12）用现金支付制造部办公费1 600元。以下是会计分录。

借：制造费用　　　　　　　　　　　　　　　　　1 600
　　贷：库存现金/人民币　　　　　　　　　　　　　　　1 600

（13）以电汇方式支付上月欠兴盛公司货款117 000元，结算号为2233，经办人是陈炎。以下是会计分录。

借：应付账款/一般应付账款（兴盛公司）　　　　117 000
　　贷：银行存款/中行人民币户　　　　　　　　　　　117 000

▌操作提示▐

需输入结算方式和结算号；需输入应付账款/一般应付账款对应的供应商名称。

（14）国香公司的商业承兑汇票款100 000元到期，款项已划入银行账户。结算方式是商业汇票；结算号为12345。以下是会计分录。

借：银行存款/中行人民币户　　　　　　　　　　100 000
　　贷：应收票据（国香公司）　　　　　　　　　　　100 000

（15）欠银狐公司的商业承兑汇票80 000元到期，用银行存款支付。结算方式是商业汇票；结算号为54321。以下是会计分录。

借：应付票据（银狐公司）　　　　　　　　　　　80 000
　　贷：银行存款/中行人民币户　　　　　　　　　　　80 000

▌操作提示▐

需输入结算方式和结算号；需输入应付票据对应的供应商名称。

（16）天丽公司因经营不善破产清算，其所欠货款30 000元已无法收回，经批准做坏账处理。以下是会计分录。

借：坏账准备　　　　　　　　　　　　　　　　　30 000
　　贷：应收账款（天丽公司）　　　　　　　　　　　30 000

（17）名达公司前欠货款25 000元已做坏账处理，现该公司已电汇归还了所欠货款，结算号为2468。以下是会计分录。

凭证一如下。

借：应收账款（名达公司）　　　　　　　　　　　25 000
　　贷：坏账准备　　　　　　　　　　　　　　　　　25 000

凭证二如下。

借：银行存款/中行人民币户　　　　　　　　　　25 000
　　贷：应收账款（名达公司）　　　　　　　　　　　25 000

（18）银行代扣本月水费2 600元，电费30 000元。结算方式是委托收款；结算号为6666、8888。基本为生产车间生产用水电。以下是会计分录。

凭证一如下。

借：制造费用　　　　　　　　　　　　　　　　　　2 600

　　贷：银行存款/中行人民币户　　　　　　　　　　　2 600

凭证二如下。

借：制造费用　　　　　　　　　　　　　　　　　　30 000

　　银行存款/中行人民币户　　　　　　　　　　　　30 000

（19）月末，销售部李艳销售给楚楚公司 T 恤 001 共 7 000 件，不含税单价 100 元/件，增值税率为 17%，该公司于上月预交货款 50 000 元，其余货款尚未收回。以下是会计分录。

借：预收账款（楚楚公司）　　　　　　　　　　　　50 000

　　应收账款（楚楚公司）　　　　　　　　　　　　769 000

　　贷：主营业务收入（T 恤 001）　　　　　　　　　700 000

　　　　应交税费/应交增值税（销项税额）　　　　　119 000

┃ 操作提示 ┃

需输入预收账款和应收账款对应的客户名称、经办人；需输入主营业务收入的数量和单价。

（20）月末，销售部孙刚销售给丽人公司 T 恤 002 共 8 000 件，单价 100 元/件，增值税率为 17%，收到无息银行承兑汇票一张。以下是会计分录。

借：应收票据（丽人公司）　　　　　　　　　　　　936 000

　　贷：主营业务收入（T 恤 002）　　　　　　　　　800 000

　　　　应交税费/应交增值税（销项税额）　　　　　136 000

（21）月末，销售部孙刚向国香公司销售 T 恤 001 共 1 000 件，不含税价为 100 元/件，货款尚未收回。

（22）月末，销售部李艳向天丰制衣厂销售生产多余缝纫线 001 共 40 个，不含税价为 25 元/个，已收到现金货款。以下是会计分录。

借：库存现金/人民币　　　　　　　　　　　　　　1 170

　　贷：其他业务收入　　　　　　　　　　　　　　1 000

　　　　应交税费/应交增值税（销项税额）　　　　　170

（23）计算分摊本月工资费用，其中，T 恤 001 生产工人工资 68 970 元，T 恤 002 生产工人工资 56 430 元，制造部管理人员工资 15 400 元，销售部人员工资 15 500 元，办公室人员工资 15 060 元，财务部人员工资 16 000 元，人力资源部人员工资 5 500 元，采购部人员工资 6 500 元，仓管部人员工资 5 000 元。以下是会计分录。

借：生产成本（T 恤 001）　　　　　　　　　　　　68 970

　　生产成本（T 恤 002）　　　　　　　　　　　　56 430

　　制造费用　　　　　　　　　　　　　　　　　　15 400

　　销售费用　　　　　　　　　　　　　　　　　　15 500

　　管理费用（办公室）　　　　　　　　　　　　　15 060

　　管理费用（财务部）　　　　　　　　　　　　　16 000

　　管理费用（人力资源部）　　　　　　　　　　　6 500

　　管理费用（采购部）　　　　　　　　　　　　　5 500

　　管理费用（仓管部）　　　　　　　　　　　　　5 000

　　贷：应付职工薪酬　　　　　　　　　　　　　　204 360

┃ 操作提示 ┃

需输入生产成本的项目核算资料、管理费用对应的部门名称。

（24）计提本月企业负担的住房公积金。其中，T恤001 生产工人 8 580 元，T恤002 生产工人 7 020 元，制造部管理人员 1 400 元，销售部人员 1 500 元，办公室人员 1 800 元，财务部人员 2 100 元，人力资源部人员 700 元，采购部人员 800 元，仓管部人员 700 元。以下是会计分录。

借：生产成本（T恤001） 8 580
生产成本（T恤002） 7 020
制造费用 1 400
销售费用 1 500
管理费用（办公室） 1 800
管理费用（财务部） 2 100
管理费用（人力资源部） 700
管理费用（采购部） 800
管理费用（仓管部） 700
贷：应付职工薪酬 24 600

（25）本月代扣职工个人所得税 2 289 元，尚未向税务部门上交税款。以下是会计分录。

借：应付职工薪酬 2 289
贷：应交税费/应交个人所得税 2 289

（26）仓库本月发出材料汇总表（见表19）。

表19　　　　　　　　上海市 AAA 公司本月仓库发出材料汇总表　　　　　　　　单位：元

材料	项目	T恤001 耗用	T恤002 耗用	一般性耗用	对外销售	合计金额
面料001	数量（米）	6 000				
	单价（元/米）	40				
	金额（元）	240 000				240 000
面料002	数量（米）		5 000			
	单价（元/米）		45			
	金额（元）		225 000			225 000
辅料001	数量（套）	6 000				
	单价（元/套）	15				
	金额（元）	90 000				90 000
辅料002	数量（套）		5 000			
	单价（元/套）		14.6			
	金额（元）		73 000			73 000
纽扣001	数量（袋）			440		
	单价（元/袋）			100		
	金额（元）			44 000		44 000
缝纫线001	数量（个）			400	40	440
	单价（元/个）			20	20	20
	金额（元）			8 000	800	8 800
合计金额（元）		330 000	298 000	52 000	800	680 800

以下是会计分录。

借：生产成本（T恤001）	330 000
生产成本（T恤002）	298 000
制造费用	52 000
其他业务成本	800
贷：原材料/面料001	240 000
原材料/面料002	225 000
原材料/辅料001	90 000
原材料/辅料002	73 000
原材料/纽扣001	44 000
原材料/缝纫线001	8 800

操作提示

需输入生产成本项目核算资料、原材料的数量和单价。

（27）经计算，本月固定资产折旧费 19 248 元，其中制造部负担 13 600 元，办公室负担 4 064 元，财务部负担 128 元，人力资源部负担 64 元，采购部负担 64 元，销售部负担 464 元（销售部折旧计入销售费用），仓管部负担 864 元。以下是会计分录。

借：制造费用	13 600
销售管理	464
管理费用（办公室）	4 064
管理费用（财务部）	128
管理费用（人力资源部）	64
管理费用（采购部）	64
管理费用（仓管部）	864
贷：累计折旧	19 248

（28）按产品生产产量比例结转本月制造费用（A产品 6 000 件，B产品 5 000 件）。以下是会计分录。

借：生产成本（T恤001）
　生产成本（T恤002）
　贷：制造费用

操作提示

第一步，查询制造费用总分类账的本月发生额，注意勾选"包含未过账凭证"；第二步，按产量比例计算出分摊到 T恤001 和 T恤002 的金额；第三步，填制相应的记账凭证。

（29）结转完工产品的实际成本。本月 T恤001 产品完工 6 000 件，期末在产品金额为 28 150 元；T恤002 产品完工 5 000 件，期末在产品金额为 25 450 元。以下是会计分录。

借：库存商品（T恤001）
　库存商品（T恤002）
　贷：生产成本（T恤001）
　　生产成本（T恤002）

▌ 操作提示 ▐

　　第一步，查询"生产成本（T恤001）"和"生产成本（T恤002）"项目辅助明细账，注意勾选"包含未过账凭证"，取得两种产品各自的生产成本金额；第二步，将生产成本金额扣除期末在产品生产成本金额，计算出本期完工产品的生产成本；第三步，分别将T恤001、T恤002的生产成本除以T恤001、T恤002的完工数量，算出单价；第四步，录入凭证，需输入库存商品的数量和单价。

　　（30）本月期末对面料库进行盘点，T恤001盘盈20米，单价40元/米，T恤002盘亏5米，单价45元/米，属于定额内计量差错，经批准直接计入管理费用。以下是会计分录。

　　凭证一如下。

　　借：原材料/面料001　　　　　　　　　　　　　　　　　　　800
　　　　贷：原材料/面料002　　　　　　　　　　　　　　　　　　　225
　　　　　　待处理财产损益　　　　　　　　　　　　　　　　　　　575

　　凭证二如下。

　　借：待处理财产损益　　　　　　　　　　　　　　　　　　　575
　　　　贷：管理费用（仓管部）　　　　　　　　　　　　　　　　575

　　2. 银行对账

　　（1）期初未达账项。银行对账启用日期为2015年9月1日，中行人民币存款账户期初企业日记账调整前余额为500 000元，银行对账单调整前余额为440 000元，未达账项一笔，系2015年8月31日企业已收银行未收的转账支票60 000元（支票号为2000），为丽人公司支付的剩余货款。

　　（2）银行对账单。上海市AAA公司2015年9月的银行对账单如表20所示。其中对账单日期应与凭证日期保持一致，余额栏数字由系统自动计算生成。

表20　　　　　　　　　上海市AAA公司中行人民币户银行对账单

日期	结算方式	票号	借方金额（元）	贷方金额（元）	余额（元）
2015-09-01	转账支票	20000	60 000		略
当前操作日	转账支票	5555	117 000		
当前操作日	电汇	7777	57 330		
当前操作日	商业汇票	12345	100 000		
当前操作日	电汇	2468	25 000		
当前操作日	转账支票	12351		23 400	
当前操作日	转账支票	12352		120 000	
当前操作日	现金支票	10001		3 000	
当前操作日	电汇	2233		117 000	
当前操作日	商业汇票	54321		80 000	
当前操作日	委托收款	6666		2 600	
当前操作日	委托收款	8888		30 000	
当前操作日	电汇	9999		10 000	

四、操作步骤

　　（1）操作员李明填制凭证。在填制凭证时，业务日期即为当前操作日期，所附单据数可忽略不填，实训资料中未提供的其他内容在凭证填制中均可忽略。凭证摘要可简单以题号代替，第11题涉及两张凭证的，可用"11（1）"和"11（2）"表示。

（2）修改凭证。发现填制错误的凭证，在不同的情况下采取相应的修改方法，具体分为以下三种情况。

① 未经审核的凭证修改。

② 已经审核但未记账的凭证修改。

③ 已记账的凭证修改。

（3）删除凭证。只有未经审核的凭证才能被删除，如果凭证已经审核记账，则需按以上修改凭证的方法对凭证进行相应的处理。

（4）账套管理吴浩审核凭证。

（5）账套管理吴浩记账。

（6）出纳员林梅进行银行对账。

（7）以系统管理员"admin"的身份登录系统管理备份账套。

实训五　总账系统自动转账凭证定义

一、实训准备

完成模块四"实训四　总账系统日常业务核算"的操作。将计算机系统时间调整为账套操作月份，将"实训四　总账系统日常业务核算"账套数据引入用友 ERP-U8 系统。

二、实训内容

进行各种期末自动转账凭证的公式定义。

三、实训资料

1. 自定义结转

（1）计提本月短期借款利息（年利率为6%）。

借：财务费用（6603）　　　　　　　　JG（ ）

　　贷：应付利息（2231）　　　　　　　QM（2001，月，贷）*0.06/12

（2）按本月实现利润的25%计提应交所得税。

借：所得税费用（6801）　　　　　　　JG（ ）

　　贷：应交税费/应交所得税（222106）　（FS（4103，月，贷）

　　　　　　　　　　　　　　　　　　　　－FS（4103，月，借））*0.25

（3）按税后利润的10%计提盈余公积。

借：利润分配/提取盈余公积（410402）　JG（ ）

　　贷：盈余公积（4101）　　　　　　　FS（410401，月，贷）*0.1

2. 对应结转

（1）结转净利润。

编号：0001；凭证类别：转账凭证；摘要：结转本年净利润。

转出科目编码：4103；转出科目名称：本年利润。

转入科目编码：410401；转入科目名称：未分配利润；结转系数：1。

> **注意**
>
> 净利润通常在年末结转，但在实训中仅就一个月的经济业务进行处理，为全面掌握核算业务处理方法，将操作月份视同年末，在操作月末即结转净利润。

（2）结转利润分配明细账户。

编号：0002；凭证类别：转账凭证；摘要：结转利润分配明细账。

转出科目编码：410402；转出科目名称：提取法定盈余公积。

转入科目编码：410401；转入科目名称：未分配利润；结转系数：1。

3. 销售成本结转

库存商品科目：1405；商品销售收入科目：6001；商品销售成本科目：6401。

4. 汇兑损益结转

汇兑损益入账科目：6603；科目 100102，100202 均需计算汇兑损益。

5. 期间损益结转

结转本月损益类科目。本年利润科目：4103。

6. 费用摊销与预提

摊销本月铺面租金（按 6 个月摊销）。

（1）分录内容。

借：销售费用（6601）   2 000

　　贷：其他应收款/租金   2 000

（2）凭证摊销定义内容。

编号：0001；凭证类别：转账凭证；摘要：摊销本月铺面租金；待摊科目：122102，其他应收款/租金；待摊销总额：12 000 元；结转期数：6；结转金额：2 000 元；转入费用科目：6601，销售费用；摊销金额：2 000 元；结转比例：100%。

四、实训步骤

（1）操作员李明进行期末转账凭证定义。

（2）以"admin"的身份登录系统管理备份账套。

实训六　总账系统自动转账凭证生成

一、实训准备

完成模块四"实训五　总账系统自动转账凭证定义"的操作。将计算机系统时间调整为账套操作月份，将"实训五　总账系统自动转账凭证定义"账套数据引入用友 ERP-U8 系统。

二、实训内容

根据经济业务，运用系统自动转账功能自动生成会计凭证。

三、实训资料

1. 结转已销售商品成本

在所有记账凭证均已记账的前提下，通过"销售成本结转"自动生成 T恤 001、T恤 002 已售成本结转凭证。

2. 计提本月短期借款利息

通过"自定义结转"自动生成凭证。

3. 摊销本月铺面租金

通过"费用摊销与计提"自动生成凭证。

4. 核算本月的汇兑损益

月末1美元=6.2592元人民币。

通过"汇兑损益结转"自动生成凭证。

5. 结转本月损益类账户到本年利润

第一步，对上述凭证进行审核和记账处理；第二步，通过"期间损益结转"自动生成凭证，操作中分别勾选类型中的"收入"和"支出"，分两次操作生成两张凭证。

6. 按本月实现利润的25%计提应交所得税

第一步，对上述凭证进行审核和记账处理；第二步，通过"自定义结转"自动生成凭证。

7. 结转所得税费用

第一步，对上述凭证进行审核和记账处理；第二步，通过"期间损益结转"自动生成凭证，无需选择类型，可直接进行自动转账的操作。

8. 结转净利润

第一步，对上述凭证进行审核和记账处理；第二步，通过"对应结转"自动生成凭证。

9. 按税后利润的10%计提盈余公积

第一步，对上述凭证进行审核和记账处理；第二步，通过"自定义结转"自动生成凭证。

10. 结转利润分配明细账户

第一步，对上述凭证进行审核和记账处理；第二步，通过"对应结转"自动生成凭证。

四、操作步骤

（1）会计李明期末自动转账凭证的生成操作。

（2）账套主管吴浩进行凭证审核和记账。

> **注意**
>
> 最后一张凭证生成后，同样需要进行审核和记账。

（3）以"admin"的身份登录系统管理备份账套。

实训七 UFO会计报表的编制

一、实训准备

完成模块四"实训六 总账系统自动转账凭证生成与审核记账"的操作。将计算机系统时间调整为账套操作月份，将"实训六 总账系统自动转账凭证生成与审核记账"账套数据引入用友ERP-U8系统。

二、实训内容

（1）根据要求编制会计报表。

（2）利用会计报表模板生成资产负债表和利润表。

三、实训资料

自定义报表。

编制一张如图 1 所示格式的产品销售分析表，并生成上海市 AAA 公司的操作月份产品销售分析表，具体要求如下。

上海市 AAA 公司产品销售分析表

单位：元

	T恤001	T恤002
产品销售收入		
产品销售成本		
毛利		
毛利率		

制表人：

图 1 上海市 AAA 公司产品销售分析表示例

（1）标题行高设置为 15mm，表头行高为 5mm，表体行高为 6mm，表尾行高为 5mm。

（2）第一列列宽为 45mm，第二列和第三列列宽为 35mm。

（3）将标题行所有单元进行合并。

（4）将表格数值区域中除毛利率所属的 B7、C7 单元外的其他单元设置为数值单元，并要求不保留小数点，数值用千位分隔符表示；将毛利率所在数值单元 B7 和 C7 设置为百分号格式，保留四位小数。

（5）按以下要求设置表格格式。

将表格标题"上海市 AAA 公司产品销售分析表"设置为黑体加粗，14 号字，水平和垂直方向均为居中。

将表头"单位：元"设置为宋体 10 号字，水平居右，垂直居下。

将纵栏标题"T恤001"和"T恤002"设置为黑体 12 号字，水平居中。

将横行标题"产品销售收入"等设置为宋体 12 号字，水平居左。

将表尾"制表人："设置为宋体 10 号字，水平居左。

（6）将"年""月"设置为关键字，并将"年""月"放在表头中间位置，与"单位：元"同一行。

（7）按以下要求设置单元公式。

T恤001 产品销售收入 = 取 6001 科目贷方月发生额，项目编码取"T恤001"编码，账套号和年度为默认。

T恤002 产品销售收入 = 取 6001 科目贷方月发生额，项目编码取"T恤002"编码，账套号和年度为默认。

T恤001 产品销售成本 = 取 6401 科目借方月发生额，项目编码取"T恤001"编码，账套号和年度为默认。

T恤002 产品销售成本 = 取 6401 科目借方月发生额，项目编码取"T恤002"编码，账套号和年度为默认。

T恤001 毛利 = T恤001 产品销售收入 - T恤001 产品销售成本 = B4 - B5。

T恤002 毛利 = T恤002 产品销售收入 - T恤002 产品销售成本 = C4 - C5。

T恤001 毛利率 = T恤001 毛利 / T恤001 产品销售收入 = B6/B4。

T恤002 毛利率 = T恤001 毛利 / T恤002 产品销售收入 = C6/C4。

四、操作步骤

（1）操作员吴浩编制上海市 AAA 公司产品销售分析表。

① 进行报表格式编辑。

② 进行报表公式定义。

③ 生成报表数据。

④ 保存报表数据。

（2）操作员吴浩分别编制上海市 AAA 公司资产负债表和利润表。

① 引入报表模板。

② 修改报表模板。

③ 生成报表数据。

④ 保存报表数据。

实训八　应付款管理系统基础设置

一、实训准备

1. 引入备份账套

完成模块四"实训三　总账系统初始设置"的操作。将计算机系统时间调整为实训账套的操作月份，将"实训三　总账系统初始设置"的备份账套数据引入用友 ERP-U8 系统。

2. 启动系统

启动应收款管理、应付款管理、固定资产和薪资管理 4 个子系统，系统启动时间为 2015年 9 月 1 日。

3. 修改会计科目

修改表 21 所示的往来科目的受控系统。

表 21　　　　　　　　　上海市 AAA 公司需修改往来科目表

科目编码	中文科目名称	核算类型
1121	应收票据	客户往来（受控系统：应收系统）
1122	应收账款	客户往来（受控系统：应收系统）
1123	预付账款	供应商往来（受控系统：应付系统）
2201	应付票据	供应商往来（受控系统：应付系统）
220201	应付账款/一般应付账款	供应商往来（受控系统：应付系统）
2203	预收账款	客户往来（受控系统：应收系统）

（说明：只需修改以上科目的受控系统，其他科目的设置与实训三资料相同。）

操作步骤如下。

请参照修改会计科目的有关内容。在修改了受控系统后，在系统弹出的"此科目已使用，修改受控系统可能会造成数据错误！是否继续？"提示框中，单击 确定 按钮。

二、实训内容

（1）设置基础档案。

（2）设置账套参数。

（3）进行初始设置。

（4）录入期初余额。

三、实训资料

1. 日常业务处理涉及的基础档案

（1）本单位开户银行（见表 22）。

表 22   上海市 AAA 公司开户银行

开户银行编码	银行账号	开户银行	所属银行编码	机构号	联行号
01	1122334455566778899	中国银行人民币账户	00002	05	06
02	9988776655544332211	中国银行美元账户	00002	05	06

（2）付款条件（见表 23）。

表 23   上海 AAA 公司付款条件

编码	信用天数	优惠天数 1	优惠率 1	优惠天数 2	优惠率 2	优惠天数 3	优惠率 3
01	60	15	3	30	2	45	1
02	30	10	4	20	2	—	—

操作步骤如下。

在【用友 ERP-U8 门户】的【基础设置】功能列表中，执行【基础档案】/【收付结算】/【本单位开户银行】(【付款条件】)命令，在打开的相应窗口中增设相关基础档案。

（3）收发类别。因未启用供应链系统，需在录入销售发票时单击 ⋯ 按钮，在打开的窗口中进行编辑（见表 24）。

表 24   上海市 AAA 公司收发类别表

一级编码及名称	二级编码及名称	一级编码及名称	二级编码及名称
编码：1 名称：入库 收发标志：收	11 采购入库	编码：2 名称：出库 收发标志：发	21 普通销售出库
	12 产成品入库		22 委托代销出库
	13 盘盈入库		23 分期收款销售出库
	14 采购退货		24 生产领料出库
	15 其他入库		25 盘亏出库
			26 销售退货

（4）采购类型和销售类型。因未启用供应链系统，需在录入销售发票时单击参照按钮，在打开的窗口中进行编辑（见表 25）。

表 25   上海市 AAA 公司采购类型和销售类型

采购类型				销售类型			
编码	名称	出库类别	是否默认值	编码	名称	出库类别	是否默认值
1	原材料采购	采购入库	是	1	普通销售	普通销售出库	是
2	采购退回	采购退货	否	2	委托代销	委托代销出库	否
				3	分期收款	分期收款销售出库	否
				4	销售退回	销售退货	否

2. 应付款账套参数

需修改选项：自动计算现金折扣；登记支票。其他采用系统默认设置。

3. 应付款初始设置

（1）基本科目设置。按表 26 所示内容对应付款系统基本科目进行设置，币种均为人民币。

表 26   应付款系统基本科目设置

科目	编码	科目	编码
应付科目	220201	商业承兑科目	2201
预付科目	1123	票据利息科目	6603
税金科目	22210101	票据费用科目	6603
银行承兑科目	2201	现金折扣	6603

（2）控制科目设置。不需设置。

（3）产品科目设置。不需设置。

（4）结算方式科目设置。现金结算科目：100101；其余各结算方式科目均为：100201。币种均为人民币。除现金结算无需设置本单位账号外，其他各结算方式的本单位账号为人民币账户。

（5）账龄区间设置。总天数分隔为30天、60天、90天、120天、121天以上。

（6）报警级别设置。总比率为70%，五级；总比率为80%，四级；总比率为90%，三级；总比率为100%，二级；总比率为100%以上，一级。

4．期初余额

应付款系统期初余额的相关数据如表27～表29所示。

表27　　　　　　　　应付账款/一般应付账款（220201，正向）期初余额

单据名称	单据类型	开票日期	供应商名称	付款条件	部门	业务员	货物名称	数量（米）	单价（元）	价税合计（元）
采购发票	专用发票	2015-08-29	兴盛公司	无	采购部	陈炎	面料001	2 000	50	117 000

表28　　　　　　　　应付票据（2201，正向）期初余额

单据名称	单据类型	票据编号	收票单位	科目	票据面值（元）	票面利率	签发日	到期日	部门	业务员
应付票据	商业承兑汇票	54321	银狐公司	2201	80 000	0	2015-06-01	2015-09-01	采购部	陈炎

表29　　　　　　　　预付账款（1123，正向）期初余额

单据名称	单据类型	结算日期	供应商	结算方式	金额（元）	部门名称	业务员
预付款	付款单	2015-08-30	新新公司	电汇	20 000	采购部	陈炎

四、实训步骤

（1）以账套主管的身份注册登录应付款系统进行基础设置。

① 设置账套选项。

② 进行初始设置。

③ 录入期初余额。

如果账套启用和业务操作采用操作的自然月份，请注意调整期初余额的相关时间。

（2）以"admin"的身份登录系统管理备份账套。

实训九　应收款管理系统基础设置

一、实训准备

完成模块六"实训八　应付款管理系统基础设置"的操作。将计算机系统时间调整为实训账套的操作月份，将"实训八　应付款管理系统基础设置"的备份账套数据引入用友 ERP-U8 系统。

二、实训内容

（1）设置账套参数。

（2）进行初始设置。

（3）录入期初余额。

三、实训资料

1．应收款账套选项

需修改选项：坏账处理方式：应收余额百分比法；自动计算现金折扣；登记支票。其他

采用系统默认设置。

2. 应收款初始设置

（1）基本科目设置。按表30所示内容对应收款系统基本科目进行设置。

表30 　　　　　　　　　　　应收款系统基本科目设置

科目	编码	科目	编码
应收科目（本币）	1122	票据费用科目	6603
预收科目（本币）	2203	票据利息科目	6603
商业承兑汇票	1121	现金折扣科目	6603
银行承兑科目	1121	税金科目	22210112

（2）控制科目设置。不需设置。

（3）产品科目设置。产成品销售收入科目：6001；其他各种原材料的销售收入科目：6051。应交增值税科目：22210112。销售退回科目与该存货的销售收入科目相同。

（4）结算方式科目设置。现金结算科目：100101；其余各结算方式科目：均为100201。币种均为人民币。除现金结算无需设置本单位账号外，其他各结算方式的本单位账号为人民币账号。

（5）坏账准备设置。提取比率：0.5%；坏账准备期初余额：1000；坏账准备科目：1231；对方科目：6701。

（6）账期内账龄区间设置。总天数分隔为30天、60天、90天、120天、121天以上。

（7）报警级别设置。总比率为70%，5级；总比率为80%，4级；总比率为90%，3级；总比率为100%，2级；总比率为100%以上，1级。

3. 期初余额

应收款系统期初余额的相关数据如表31～表33所示。

┃ **注意** ┃

以下各项日期设置是按账套启用月（2015年9月）为核算起点设置的，操作时如采用操作的自然月份，请做相应调整。例如，操作月份为2016年5月，则表31应收账款开票日期"2015-08-27"宜修改为"2016-04-27"，其他日期设置以此类推。

表31 　　　　　　　　　　　应收账款（1122，正向）期初余额

单据名称	单据类型	开票日期	客户名称	部门	业务员	付款条件	货物名称	数量（件）	无税单价（元）	金额（元）
应收单	其他应收款	2015-08-27	天丽公司	销售部	孙刚	01	——	——	——	30 000
销售发票	专用发票	2015-08-14	清雅公司	销售部	李艳	01	T恤002	500	100	58 500

表32 　　　　　　　　　　　应收票据（1121，正向）期初余额

单据名称	单据类型	票据编号	开票单位	票据面值（元）	票面利率	科目	签发和收到日	到期日	销售部门	业务员
应收票据	商业承兑汇票	12345	国香公司	100 000	0	1121	2015-07-01	2015-09-01	销售部	孙刚

表33 　　　　　　　　　　　预收账款（2203，正向）期初余额

单据名称	单据类型	结算日期	客户名称	结算方式	结算科目	金额（元）	部门名称	业务员
预收款	收款单	2015-08-25	楚楚公司	银行汇票	100201	50 000	销售部	李艳

四、实训步骤

（1）以账套主管的身份注册登录应收款系统进行基础设置。

① 设置账套选项。

② 进行初始设置。

③ 录入期初余额。

如果账套启用和业务操作采用操作的自然月份，请注意调整期初余额的相关时间。

（2）以"admin"的身份登录系统管理备份账套。

实训十　应付款管理系统业务处理

一、实训准备

完成模块六"实训九　应收款管理系统基础设置"的操作。将计算机系统时间调整为实训账套的操作月份，将"实训九　应收款管理系统基础设置"的备份账套数据引入用友 ERP-U8 系统。

二、实训内容

（1）日常应付款业务处理。

（2）期末应付款业务处理。

（3）应付款系统结账。

三、实训资料

（1）以电汇方式（票号为 2233），支付上月欠兴盛公司货款 117 000 元。系统自动生成的会计凭证如下。

借：应付账款（兴盛公司）　　　　　　　　117 000

　　贷：银行存款/中行人民币户　　　　　　　　　117 000

操作提示

出纳需录入付款单据，会计进行核销和制单。

（2）采购部业务员陈炎向新新公司购进辅料 002 共 10 000 套，单价为 15 元/套，价款为 150 000 元，增值税率为 17%，货款未付，不享受现金折扣。系统自动生成的会计凭证如下。

借：原材料/辅料 002　　　　　　　　　　150 000

　　应交税费/应交增值税/进项税额　　　　25 500

　　贷：应付账款（新新公司）　　　　　　　　　175 500

操作提示

会计需录入应付单据，并进行审核和制单。

（3）向兴盛公司购进面料 002 共 4 000 米，单价为 45 元/米，增值税率为 17%，开出 3 个月期无息商业承兑汇票一张。票据编号：23456；收票单位：兴盛公司；票据面值：210 600 元；出票日期和收到日期：2015 年 9 月 1 日（当前操作月 1 日），到期日：2015 年 11 月 1 日（当前操作月顺延 2 个月）。系统自动生成的会计凭证如下。

凭证一如下。

借：原材料/面料 002   180 000

应交税费/应交增值税/进项税额   30 600

贷：应付账款/一般应付账款（兴盛公司）   210 600

凭证二如下。

借：应付账款/一般应付账款（兴盛公司）   210 600

贷：应付票据（兴盛公司）   210 600

‖ 操作提示 ‖

第一步，会计先录入应付单据，并进行审核和制单，系统自动生成凭证一；第二步，出纳登记商业承兑汇票，其中票据日期为当前操作月的 1 日，到期日也请注意调整；第三步，会计进行付款单据审核，然后进行核算和制单，系统自动生成凭证二。

（4）欠银狐公司的商业承兑汇票 80 000 元到期，用银行存款支付。结算方式：商业汇票；票号：54321。会计凭证如下。

借：应付票据（银狐公司）   80 000

贷：银行存款/中行人民币户   80 000

‖ 操作提示 ‖

出纳对到期票据进行结算处理，会计进行制单。

（5）将新新公司的预付款和应付款 20 000 元相互冲销。

‖ 操作提示 ‖

会计先进行转账处理，然后制单生成凭证。

四、实训步骤

（1）进行日常应付款业务和期末结账的操作。

① 会计李明和出纳林梅处理应付款业务，根据上述实训资料填制有关单据并生成凭证。

② 会计李明进行期末结账。

（2）以 "admin" 的身份登录系统管理备份账套。

实训十一　应收款管理系统业务处理

一、实训准备

完成模块六 "实训十　应付款管理系统业务处理" 的操作。将计算机系统时间调整为实训账套的操作月份，将 "实训十　应付款管理系统业务处理" 的备份账套数据引入用友 ERP-U8 系统。

二、实训内容

（1）日常应收款业务处理。

（2）期末应收款业务处理。

（3）应收款系统结账。

三、实训资料

（1）月初（15 日前），收到清雅公司电汇款，金额为 57 330 元，票据号为 7777，系上月该公司所欠货款。按规定可享受现金折扣 2%。系统自动生成的会计凭证如下。

凭证一如下。

借：银行存款/中行人民币户   57 330

  贷：应收账款（清雅公司）   57 330

凭证二如下。

借：财务费用   1 170

  贷：应收账款（清雅公司）   1 170

┃ 操作提示 ┃

  登录应收款系统时间调整为当前操作月 15 日之前。第一步，出纳录入收款单据，会计进行审核、制单，生成凭证一；第二步，会计进行核销，系统自动计算出现金折扣；第三步，会计制单处理，通过核销制单，生成凭证二。

（2）销售部李艳销售给楚楚公司 T 恤 001 共 7 000 件，不含税单价为 100 元/件，增值税率为 17%，账款未收，不享受现金折扣。系统自动生成的会计凭证如下。

借：应收账款（楚楚公司）   819 000

  贷：主营业务收入（T 恤 001）   700 000

    应交税费/应交增值税/销项税额   119 000

┃ 操作提示 ┃

  会计需录入应收单据，并进行审核和制单。

（3）销售部孙刚销售给丽人公司 T 恤 002 共 8 000 件，单价 100 元/件，收到 2 个月无息商业承兑汇票一张，票据编号：13579，付款人银行：中国银行，承兑单位：丽人公司，票据面值 936 000 元，出票日和收到日均为 2015 年 9 月*日（当前操作月），到期日为 2015 年 12 月*日（当前操作月顺延 3 个月）。系统自动生成的会计凭证如下。

凭证一如下。

借：应收账款（丽人公司）   936 000

  贷：主营业务收入/T 恤 002   800 000

    应交税费/应交增值税/销项税额   136 000

凭证二如下。

借：应收票据（丽人公司）   936 000

  贷：应收账款（丽人公司）   936 000

┃ 操作提示 ┃

  第一步，会计先录入应收单据，并进行审核和制单，系统自动生成凭证一；第二步，出纳登记商业承兑汇票，其中票据日期为当前操作月的操作日，到期日也请注意调整；第三步，会计进行收款单据审核，然后进行核销和制单，系统自动生成凭证二。

（4）国香公司的商业承兑汇票款 100 000 元到期，款项已划入银行账户。结算方式：商业汇票；票号：12345。会计凭证如下。

借：银行存款/中行人民币户　　　　　　　　　　　　　　100 000
　　贷：应收票据（国香公司）　　　　　　　　　　　　　　　　100 000

> **操作提示**
> 第一步，出纳对到期票据进行结算处理；第二步，会计制单。

（5）将楚楚公司的预收款和应收款50 000元相互冲销。系统自动生成的会计凭证如下。

借：预收账款（楚楚公司）　　　　　　　　　　　　　　50 000
　　贷：应收账款（楚楚公司）　　　　　　　　　　　　　　　　50 000

> **操作提示**
> 会计先进行转账处理，然后制单生成凭证。

（6）销售部孙刚向国香公司销售T恤001共1 000件，不含税单价100元/件，货款尚未收回，并用现金代垫装卸费100元。会计分录如下。

凭证一如下。

借：应收账款（国香公司）　　　　　　　　　　　　　　117 000
　　贷：主营业务收入（T恤001）　　　　　　　　　　　　　　100 000
　　　　应交税费——应交增值税（销项税额）　　　　　　　　17 000

凭证二如下。

借：应收账款（国香公司）　　　　　　　　　　　　　　100
　　贷：库存现金——人民币　　　　　　　　　　　　　　　　100

> **操作提示**
> 第一步，会计先录入销售增值税发票，并进行审核、制单；第二步，出纳录入其他应收单；第三步，会计进行审核、制单，需补充录入库存现金科目。

（7）天丽公司因经营不善破产清算，其所欠货款30 000元已无法收回，经批准做坏账处理。系统自动生成的会计凭证如下。

借：坏账准备　　　　　　　　　　　　　　　　　　　　30 000
　　贷：应收账款（天丽公司）　　　　　　　　　　　　　　　　30 000

（8）名达公司前欠货款25 000元已做坏账处理，现该公司已电汇（票据号为2468）归还了所欠货款。系统自动生成的会计凭证如下。

借：银行存款/中行人民币户　　　　　　　　　　　　　　25 000
　　应收账款（名达公司）　　　　　　　　　　　　　　　25 000
　　贷：应收账款（名达公司）　　　　　　　　　　　　　　　　25 000
　　　　坏账准备　　　　　　　　　　　　　　　　　　　　　　25 000

> **操作提示**
> 第一步，出纳录入收款单据；第二步，会计进行坏账收回的处理。注意：会计无需对收款单据进行审核。

（9）在进行了上述业务处理后，计提坏账准备。系统自动生成的会计凭证如下。

借：资产减值损失　　　　　　　　　　　　　　　　　　8 430.50
　　贷：坏账准备　　　　　　　　　　　　　　　　　　　　　　8 430.50

四、实训步骤

（1）进行日常应收款业务和期末结账的操作。

① 会计李明和出纳林梅处理应收款业务。根据上述实训资料填制有关单据并生成凭证。

② 会计李明进行期末结账。

（2）以"admin"的身份登录系统管理备份账套。

实训十二 固定资产管理系统基础设置

一、实训准备

完成模块四"实训三 总账系统初始设置"的操作，将计算机系统时间调整为实训账套的操作月份，按"实训八 应付款系统初始设置"的实训准备要求进行操作准备；或直接将"实训八 应付款管理系统基础设置"或"实训九 应收款系统初始设置"的备份账套数据引入用友 ERP-U8 系统。

二、实训内容

（1）设置账套参数。

（2）进行固定资产系统基础设置。

三、实训资料

1. 固定资产系统账套参数

按平均年限法（一）计提折旧，折旧分配周期为 1 个月，固定资产编码方式：按"类别编码 + 部门编码 + 序号"自动编码，类别编码规则为 2-1-1-2，卡片序号长度为 2；固定资产对账科目：1601 固定资产；累计折旧对账科目：1602 累计折旧；要求与账务系统进行对账，在对账不平情况下允许固定资产月末结账。

固定资产缺省（默认）入账科目：1601，固定资产；累计折旧缺省入账科目：1602，累计折旧；固定资产减值准备缺省入账科目：1603；增值税进项税额缺省入账科目：22210101；固定资产清理缺省入账科目：1606。业务发生后要立即制单，月末结账前一定要完成制单登账业务，已注销的卡片 5 年后删除，录入固定资产卡片时自动连续增加卡片。

2. 固定资产类别

某公司固定资产类别如表 34 所示。

表 34 　　　　　　　　　上海市 AAA 公司固定资产类别表

编码	类别名称	使用年限	净残值率（%）	计量单位	卡片样式
01	房屋及构筑物	50	4	幢	通用样式（二）
02	交通运输工具	10	4	辆	含税卡片样式
03	机器设备	5	4	台	含税卡片样式
04	电子设备	5	4	台	含税卡片样式

3. 部门对应折旧科目

办公室、财务部、人力资源部、采购部、仓管部：6602，管理费用。

销售部：6601，销售费用。

制造部：5101，制造费用。

4. 增减方式对应入账科目

（1）固定资产增加方式对应入账科目。该公司固定资产增加方式对应入账科目（见表 35）。

表 35　　　　　　上海市 AAA 公司固定资产增加方式对应入账科目表

固定资产增加方式	对应入账科目
直接购入	100201，银行存款/中行人民币户
投资者投入	4001，实收资本
捐赠	6301，营业外收入
盘盈	6901，以前年度损益调整
在建工程转入	1604，在建工程
融资租入	2701，长期应付款

（2）固定资产减少方式对应入账科目。固定资产盘亏对应入账科目为"1901，待处理财产损益"，固定资产出售、投资转出、捐赠转出、报废、毁损等减少方式对应入账科目均为"1606，固定资产清理"。

5. 固定资产原始卡片

该公司固定资产原始卡片（见表 36）。固定资产的净残值率均为 4%。表 36 所列固定资产编码由系统自动生成，不必输入；增加方式均为直接购入；使用状况均为在用。其中缝纫机涉及多台，出于实训操作中简化的考虑，做合并处理。开始使用日期以 2015 年 9 月为标准，根据实际操作月顺延，也可直接使用表 36 所示日期，但不能修改累计折旧金额，保证录入的累计折旧额与总账相符。

表 36　　　　　　　上海市 AAA 公司固定资产原始卡片

编码	名称	所在部门	使用年限	开始使用日期	原值（元）	累计折旧（元）	增值税（元）	对应折旧科目
01101	办公楼	办公室	50	2010-08-30	2 500 000	240 000	0	管理费用
01601	厂房	制造部	50	2010-08-30	7 500 000	720 000	0	制造
01701	仓库	仓管部	50	2010-08-30	500 000	48 000	0	管理
02501	货车	销售部	10	2014-08-30	50 000	4 800	8 500	销售
03601	缝纫设备	制造部	5	2013-08-30	100 000	38 400	17 000	制造
04101	计算机01	办公室	5	2011-08-30	4 000	3 072	680	管理
04201	计算机02	财务部	5	2014-10-30	4 000	640	680	管理
04202	计算机03	财务部	5	2014-10-30	4 000	640	680	管理
04301	计算机04	人力资源部	5	2014-10-30	4 000	640	680	管理
04401	计算机05	采购部	5	2014-10-30	4 000	640	680	管理
04501	计算机06	销售部	5	2014-10-30	4 000	640	680	管理
04701	计算机07	仓管部	5	2014-10-30	4 000	640	680	管理

四、实训步骤

（1）以账套主管的身份注册登录固定资产系统进行固定资产基础设置。

① 设置固定资产系统账套。
② 设置固定资产类别。
③ 设置部门对应折旧科目。
④ 设置增减方式对应入账科目。
⑤ 录入固定资产原始卡片。
⑥ 与总账系统对账。

（2）以"admin"的身份登录系统管理备份账套。

实训十三　固定资产管理系统业务处理

一、实训准备

完成模块七"实训十二　固定资产管理系统基础设置"的操作。将计算机系统时间调整为实训账套的操作月份，将"实训十二　固定资产管理系统基础设置"的备份账套数据引入用友 ERP-U8 系统。

二、实训内容

（1）日常固定资产业务处理。

（2）期末固定资产业务处理。

三、实训资料

（1）经批准采购部陈炎从华腾电子科技有限公司购入计算机 2 台，不含税价为 3 000 元/台，增值税为 510 元/台，货款以转账支票（支票号为 12353）付讫。两台计算机分别交付给办公室和制造部保管使用，固定资产名称分别为"计算机 08""计算机 09"，资产编码分别为"04102""04601"，采购和折旧方法与其他电子设备类固定资产相同。其他相关业务资料如表 37 所示。

表 37　　　　　　　　　　上海市 AAA 公司固定资产新增卡片

编码	名称	所在部门	使用年限	开始使用日期	原值（元）	累计折旧（元）	增值税（元）	对应折旧科目
04102	计算机 08	办公室	5	2015-09-01	3 000	0	510	管理费用
04601	计算机 09	制造部	5	2015-09-01	3 000	0	510	制造费用

借：固定资产　　　　　　　　　　　　　　　　　　6 000
　　应交税费——应交增值税（进项税额）　　　　　1 020
　　贷：银行存款/中行人民币户　　　　　　　　　　　　　7 020

操作提示

录入新固定资产卡片后，对生成的凭证不予保存，通过批量制单，合并生成一张凭证，并需在凭证中录入转账支票号。

（2）计提本月的固定资产折旧。会计分录由系统自动生成。

（3）经批准将办公室原有的旧计算机（资产编号为 04101）售出，收到现金 200 元，需计增值税 29 元。

借：固定资产清理　　　　　　　　　　　　864
　　累计折旧　　　　　　　　　　　　　　3 136
　　库存现金　　　　　　　　　　　　　　200
　　固定资产清理　　　　　　　　　　　　29
　　贷：固定资产　　　　　　　　　　　　　　4 000
　　　　固定资产清理　　　　　　　　　　　　200
　　　　应交税费/应交增值税/销项税额　　　　　29

（4）因毁损计提厂房（资产编号为 01601）20 000 元减值准备。

借：资产减值损失　　　　　　　　　　　　20 000
　　贷：固定资产减值准备　　　　　　　　　　　　20 000

四、实训步骤

（1）会计李明进行以下日常固定资产业务和期末对账结账的操作。

① 计提折旧。

② 增加固定资产。

③ 减少固定资产。

④ 计提固定资产减值准备。

⑤ 期末对账和结账。

（2）以"admin"的身份登录系统管理备份账套。

实训十四 薪资管理系统基础设置

一、实训准备

完成模块四"实训三 总账系统初始设置"的操作，将计算机系统时间调整为实训账套的操作月份，按"实训八 应付款系统初始设置"的实训准备要求进行操作准备。或直接将"实训八 应付款管理系统基础设置"或"实训九 应收款系统初始设置"的备份账套数据引入用友 ERP-U8 系统。

二、实训内容

（1）设置账套参数。

（2）进行工资管理系统基础设置。

三、实训资料

1. 工资管理账套参数

工资类别：多个；币别：人民币；代扣个人所得税；不进行扣零处理。

2. 工资类别

设置两个工资类别：管理岗位工资，适用于所有部门；生产工人工资，适用于制造部。

3. 人员档案

上海 AAA 公司的人员档案如表 38 和表 39 所示。人员进入日期为操作月的 1 日。员工的开户银行均为中国银行。

表 38　　　　　　　　　上海市 AAA 公司"管理岗位工资"类别人员档案

编号	姓名	所属部门	人员类别	银行账号	基本工资（元）	住房公积金（元）	单位计件工资（元）
1001	李立	办公室	高层经理	1001	7 500	1 000	
1002	顾雷	办公室	部门主管	1002	5 500	800	
2001	吴浩	财务部	部门主管	2001	5 500	800	
2002	李明	财务部	普通员工	2002	4 500	700	
2003	林梅	财务部	普通员工	2003	4 000	600	
3001	李益	人力资源部	部门主管	3001	4 500	700	
4001	陈炎	采购部	部门主管	4001	5 500	800	
5001	孙刚	销售部	部门主管	5001	3 500	800	0.5
5002	李艳	销售部	普通员工	5002	3 000	700	0.5

续表

编号	姓名	所属部门	人员类别	银行账号	基本工资（元）	住房公积金（元）	单位计件工资（元）
6001	吕忆	制造部	部门主管	6001	4 500	700	0.4
6002	钱红	制造部	部门主管	6002	4 500	700	0.4
7001	李瑞	仓管部	普通员工	7001	4 500	700	

表39　　　　　　　　　　上海市 AAA 公司"生产工人工资"类别人员档案

编号	姓名	所属部门	人员类别	银行账号	基本工资（元）	住房公积金（元）	单位计件工资（元）
6003	林成	制造部	生产工人	6003	2 000	600	0.2
6004	李丰	制造部	生产工人	6004	1 800	600	0.2
6005	赵杰	制造部	生产工人	6005	1 800	600	0.6
6006	王洁	制造部	生产工人	6006	1 800	600	0.6
6007	于涛	制造部	生产工人	6007	1 800	600	0.6
6008	许莉	制造部	生产工人	6008	1 800	600	2
6009	杨华	制造部	生产工人	6009	1 800	600	2
6010	罗伟	制造部	生产工人	6010	1 800	600	2
6011	何兰	制造部	生产工人	6011	1 800	600	2
6012	陆玉	制造部	生产工人	6012	1 800	600	2
6013	王平	制造部	生产工人	6013	1 800	600	2
6014	张佳	制造部	生产工人	6014	1 800	600	2
6015	刘丽	制造部	生产工人	6015	1 800	600	2
6016	李欣	制造部	生产工人	6016	1 800	600	2
6017	赵虹	制造部	生产工人	6017	1 800	600	2
6018	孙清	制造部	生产工人	6018	2 000	600	0.6
6019	吴燕	制造部	生产工人	6019	1 800	600	0.6
6020	王芳	制造部	生产工人	6020	1 800	600	0.6
6021	陈莹	制造部	生产工人	6021	2 000	600	0.6
6022	徐亚	制造部	生产工人	6022	1 800	600	0.6
6023	黄婷	制造部	生产工人	6023	1 800	600	0.6
6024	杨敏	制造部	生产工人	6024	1 800	600	1
6025	肖怡	制造部	生产工人	6025	1 800	600	1
6026	冯蓉	制造部	生产工人	6026	1 800	600	1
6027	林凤	制造部	生产工人	6027	1 800	600	1
6028	蔡云	制造部	生产工人	6028	1 800	600	1

4．工资项目

"管理岗位工资"和"生产工人工资"的工资项目（见表40），表40中带"#"的是需从参照列表中增设的工资项目，带"*"的是需手工输入的工资项目。注意按表40的顺序排列。

表40　　　　　　　　　　　上海市 AAA 公司工资项目表

项目名称	类型	长度	小数位数	工资增减项
#基本工资	数字	8	2	增项
#奖金	数字	8	2	增项
*T恤001计件工资	数字	8	2	增项
*T恤002计件工资	数字	8	2	增项
应发合计	数字	10	2	增项
#事假扣款	数字	8	2	减项
*住房公积金	数字	8	2	减项
代扣税	数字	10	2	减项
*其他扣款	数字	8	2	减项

项目名称	类型	长度	小数位数	工资增减项
扣款合计	数字	10	2	减项
实发合计	数字	10	2	增项
年终奖	数字	10	2	其他
年终奖代扣税	数字	10	2	其他
工资代扣税	数字	10	2	其他
扣税合计	数字	10	2	其他
*日工资	数字	8	2	其他
#事假天数	数字	8	2	其他
*T恤001数量	数字	8	2	其他
*T恤002数量	数字	8	2	其他
*单位计件工资	数字	8	2	其他
*工资总额	数字	8	2	其他
*计税基数	数字	8	2	其他

5. 计算公式（注意公式顺序）

（1）"管理岗位工资"类别的工资计算公式。

奖金=iff（人员类别="高层经理"，1 500，iff（人员类别="部门主管"，1 000，500））

T恤001计件工资＝T恤001数量×单位计件工资

T恤002计件工资＝T恤002数量×单位计件工资

日工资＝基本工资/25

事假扣款＝事假天数×日工资

计税基数=基本工资+奖金+T恤001计件工资+T恤002计件工资-事假扣款-住房公积金

工资总额＝基本工资+奖金+T恤001计件工资+T恤002计件工资-事假扣款

（2）"生产工人工资"类别的工资计算公式。

T恤001计件工资＝T恤001数量×单位计件工资

T恤002计件工资＝T恤002数量×单位计件工资

日工资＝基本工资/25

事假扣款＝事假天数×日工资

计税基数=基本工资+奖金+T恤001计件工资+T恤002计件工资-事假扣款-住房公积金

工资总额＝基本工资+奖金+T恤001计件工资+T恤002计件工资-事假扣款

（在"管理岗位工资"类别中的奖金公式的含义是高层经理奖金1 500元，部门主管奖金1 000元，普通员工奖金500元；在"生产工人工资"类别中，生产工人奖金按产量和企业效益分月确定，每月在业务处理时进行奖金数据的批量录入）。

6. 代扣个人所得税设置

个人所得税为计税基数减3 500元基数后，以系统默认的计税比率计算。

四、实训步骤

（1）账套主管吴浩进行工资管理系统基础设置。

① 设置工资管理系统账套。

② 设置工资类别。

③ 设置各工资类别的人员档案。

④ 设置各工资类别的工资项目。

⑤ 设置各工资类别的计算公式。

⑥ 设置个人所得税。

（2）以"admin"的身份登录系统管理备份账套。

实训十五　薪资管理系统业务处理

一、实训准备

完成模块八"实训十四　薪资管理系统基础设置"的操作。将计算机系统时间调整为实训账套的操作月份，将"实训十四　工资管理系统基础设置"的备份账套数据引入用友ERP-U8系统。

二、实训内容

（1）日常薪资业务处理。

（2）期末薪资业务处理。

（3）工资管理系统结账。

三、实训资料

1. 录入员工的基本工资、住房公积金和单位计件工资数据

详细数据见"实训十四　工资管理系统基础设置"中表38和表39有关人员档案。

2. 工资人员变动

制造部"6013，王平"辞职，工资从当前操作月起停发。

新招聘生产工人李清，代码6029，女，基本工资1 800元，住房公积金300元，单位计件工资2元/件。中国银行账号为6029。

┃ 操作提示 ┃

第一步，在基础档案中录入新员工的人员档案；第二步，在薪资管理系统的人员管理中导入该人员档案并修改补充进入日期；第三步，录入工资数据。

3. 考勤情况

办公室顾雷请假2天。

4. 奖金

制造部生产工人本月每人奖金800元。

5. 计件统计

上海市AAA公司本月计件统计数据（见表41）。

表41　　　　　　　　　上海市AAA公司计件统计表　　　　　　　　　单位：件

职员姓名	T恤001数量	T恤002数量	职员姓名	T恤001数量	T恤002数量
孙刚		8 000	刘丽	600	500
李艳	7 000		李欣	600	500
吕忆	4 000	2 000	赵虹	600	500
钱红	2 000	3 000	孙清	2 400	2 000
林成	6 000	5 000	吴燕	1 800	1 500
李丰	6 000	5 000	王芳	1 800	1 500

续表

职员姓名	T恤001数量	T恤002数量	职员姓名	T恤001数量	T恤002数量
赵杰	2 400	2 000	陈莹	2 400	2 000
王洁	1 800	1 500	徐亚	1 800	1 500
于涛	1 800	1 500	黄婷	1 800	1 500
许莉	600	500	杨敏	1 200	1 000
杨华	600	500	肖怡	1 200	1 000
罗伟	600	500	冯蓉	1 200	1 000
何兰	600	500	林凤	1 200	1 000
陆玉	600	500	蔡云	1 200	1 000
张佳	600	500	李清	600	500

6. 代扣个人所得税

代扣个人所得税凭证设置如表 42 和表 43 所示。

表 42　　　　　　　"管理岗位工资"类别的代扣个人所得税凭证设置

部门名称	人员类别	项目	借方科目	贷方科目
所有部门	高层经理	代扣税	2211	222112
所有部门	部门主管	代扣税	2211	222112
所有部门	普通员工	代扣税	2211	222112

表 43　　　　　　　"生产工人工资"类别的代扣个人所得税凭证设置

部门名称	人员类别	项目	借方科目	贷方科目
制造部	生产工人	代扣税	2211	222112

7. 银行代发工资

本月工资通过银行发放，管理岗位工资银行代发转账支票号为 12352，生产工人工资银行代发转账支票号为 12353。编制有关 TXT 格式工资发放文件到指定文件夹，文件名为"本月工资发放（***制作）"。在薪资管理系统编制发放工资的记账凭证。银行代发工资凭证设置如表 44 和表 45 所示。

表 44　　　　　　　"管理岗位工资"类别的银行代发工资凭证设置

部门名称	人员类别	项目	借方科目	贷方科目
所有部门	高层经理	实发合计	2211	100201
所有部门	部门主管	实发合计	2211	100201
所有部门	普通员工	实发合计	2211	100201

表 45　　　　　　　"生产工人工资"类别的银行代发工资凭证设置

部门名称	人员类别	项目	借方科目	贷方科目
制造部	生产工人	实发合计	2211	100201

8. 期末薪资费用分摊

（1）"管理岗位工资"类别的薪资费用分摊。

① "管理岗位工资"类别的工资费用分摊（按工资总额的 100%分摊），如表 46 所示。

表 46　　　　　　上海市 AAA 公司"管理岗位工资"类别的工资费用分摊

部门名称	人员类别	项目	借方科目	贷方科目
办公室、财务部、人力资源部、采购部、仓管部	高层经理	工资总额	6602	2211
办公室、财务部、人力资源部、采购部、仓管部	部门主管	工资总额	6602	2211
办公室、财务部、人力资源部、采购部、仓管部	普通员工	工资总额	6602	2211
销售部	部门主管	工资总额	6601	2211
销售部	普通员工	工资总额	6601	2211
制造部	部门主管	工资总额	5101	2211

② "管理岗位工资"类别的住房公积金计提（按住房公积金的100%计提），如表47所示。

表47　　　　　　上海市 AAA 公司"管理岗位工资"类别的住房公积金计提

部门名称	人员类别	项目	借方科目	贷方科目
办公室、财务部、人力资源部、采购部、仓管部	高层经理	住房公积金	6602	2211
办公室、财务部、人力资源部、采购部、仓管部	部门主管	住房公积金	6602	2211
办公室、财务部、人力资源部、采购部、仓管部	普通员工	住房公积金	6602	2211
销售部	部门主管	住房公积金	6601	2211
销售部	普通员工	住房公积金	6601	2211
制造部	部门主管	住房公积金	5101	2211

（2）"生产工人工资"类别的薪资费用分摊（T恤001和T恤002分别设置）。

① T恤001分摊的薪资费用（分配计提比例为55%），如表48所示。

表48　　　　　　上海市 AAA 公司"生产工人工资"类别的住房公积金计提

部门名称	人员类别	项目	借方科目	借方项目大类	借方项目	贷方科目
制造部	生产工人	工资总额	5001	存货项目管理	T恤001	2211
制造部	生产工人	住房公积金	5001	存货项目管理	T恤001	2211

② T恤002分摊的薪资费用（分配计提比例为45%），如表49所示。

表49　　　　　　上海市 AAA 公司"生产工人工资"类别的住房公积金计提

部门名称	人员类别	项目	借方科目	借方项目大类	借方项目	贷方科目
制造部	生产工人	工资总额	5001	存货项目管理	T恤002	2211
制造部	生产工人	住房公积金	5001	存货项目管理	T恤002	2211

四、实训步骤

（1）会计李明进行日常工资业务、期末工资业务和结账的操作。

① 录入工业数据。

② 人员变动调整。

③ 登记考勤情况。

④ 登记奖金数据。

⑤ 登记计件岗位员工计件数量。

⑥ 代扣个人所得税。需分别打开"管理岗位工资"和"生产工人工资"类别，分别进行代扣个人所得税的运算和凭证处理，注意录入转账支票号。

⑦ 通过银行代发工资。需分别打开"管理岗位工资"和"生产工人工资"类别，分别进行银行代发工资的业务处理。

⑧ 分摊薪资费用。需分别打开"管理岗位工资"和"生产工人工资"类别，核算各个类别下员工的薪资费用。先设置薪资费用分摊类型，再进行薪资费用分摊并生成凭证。

⑨ 工资管理系统结账。

（2）以"admin"的身份登录系统管理备份账套。

实训十六　财务链一体化综合实训

一、实训准备

安装好用友 ERP-U8 软件，将系统时间调整到要求的月份。

二、实训内容

进行总账系统、会计报表系统、应收款管理系统、应付款管理系统、固定资产管理系统、薪资管理系统的综合应用能力训练。

三、实训资料

1. 系统管理

系统管理参照"实训一　系统管理"资料。

2. 系统初始化和基础设置

（1）基础档案设置参照"实训二　基础档案设置"资料，但在修改会计科目时做以下修改（见表50）。

表50　　　　　　　　　　　上海市 AAA 公司需修改往来科目表

科目编码	中文科目名称	核算类型
1121	应收票据	客户往来（受控系统：应收系统）
1122	应收账款	客户往来（受控系统：应收系统）
1123	预付账款	供应商往来（受控系统：应付系统）
2201	应付票据	供应商往来（受控系统：应付系统）
2202	应付账款	供应商往来（受控系统：应付系统）
2203	预收账款	客户往来（受控系统：应收系统）

（其他会计科目的修改和增设请参照"实训二　基础档案设置"的有关资料。）

（2）总账系统初始化参照"实训三　总账系统初始化"资料。

（3）自动转账凭证定义参照"实训五　总账系统自动转账凭证定义"资料。

（4）应付款系统基础设置参照"实训八　应付款系统基础设置"资料。

（5）应收款系统基础设置参照"实训九　应收款系统基础设置"资料。

（6）固定资产系统基础设置参照"实训十二　固定资产系统基础设置"资料。

（7）薪资管理系统基础设置参照"实训十四　工资管理系统基础设置"资料。

3. 日常业务

（1）应付款日常业务参照"实训十　应付款系统业务处理"。

（2）应收款日常业务参照"实训十一　应收款系统业务处理"。

（3）固定资产日常业务参照"实训十三　固定资产系统业务处理"。

（4）薪资日常业务参照"实训十五　薪资管理系统业务处理"。

（5）总账日常核算业务。

① 上月底到货的从永新公司采购的纽扣 001 共 200 袋，每袋 100 粒，按 100 元/袋暂估入账，月初进行红字回冲。

② 永新公司寄来发票，购进纽扣 001 共 200 袋，不含税单价 100 元/袋，每袋 100 粒，增值税率为 17%，材料已验收入库，货款以转账支票（结算号为 12351）付讫，该转账支票为新购置支票，起止号为 12351～12375。

③ 办公室李立出差回来报销差旅费 8 000 元，补付现金 2 000 元。

④ 从银行提取现金 3 000 元备用，现金支票结算号为 10001。该现金支票为刚购置的支票，起止号码为 10001～10025。

⑤ 销售部李艳向清雅公司销售 T 恤 002 共 1 000 件，不含税价为 100 元/件，通过转账支票收回货款，支票号为 5555。

⑥ 销售部李艳向天丰制衣厂销售生产多余缝纫线 001 共 40 个，不含税价为 25 元/个，已收到现金货款。

⑦ 银行代扣本月水费 2 600 元，结算号为 6666；银行代扣本月电费 30 000 元，结算号为 8888。基本为生产车间生产用水电。

⑧ 用现金支付制造部办公费 1 800 元。

⑨ 经批准将办公室一台旧电脑售出，收到现金 200 元。编制固定资产系统尚未完成的会计分录。

凭证一如下。

借：库存现金 200

　　贷：固定资产清理 200

凭证二如下。

借：营业外支出 580

　　贷：固定资产清理 580

⑩ 仓库本月发出材料汇总表（见表 51）。

表 51　　　　　　　　上海市 AAA 公司本月仓库发出材料汇总表　　　　　单位：元

材料	项目	T恤 001 耗用	T恤 002 耗用	一般性耗用	对外销售	合计金额
面料 001	数量（米）	6 000				
	单价（元/米）	40				
	金额（元）	240 000				240 000
面料 002	数量（米）		5 000			
	单价（元/米）		45			
	金额（元）		225 000			225 000
辅料 001	数量（套）	6 000				
	单价（元/套）	15				
	金额（元）	90 000				90 000
辅料 002	数量（套）		5 000			
	单价（元/套）		14.6			
	金额（元）		73 000			73 000
纽扣 001	数量（粒）			44 000		
	单价（元/粒）			1		
	金额（元）			44 000		44 000
缝纫线 001	数量（个）			400	40	
	单价（元/个）			20	20	
	金额（元）			8 000	800	8 800
合计金额（元）		330 000	298 000	52 000	800	680 800

⑪ 按产品生产产量比例结转本月制造费用（A 产品 6 000 件，B 产品 5 000 件）。

⑫ 结转完工产品的实际成本。本月 T恤 001 产品完工 6 000 件，期末在产品金额为 4 530 元；T恤 002 产品完工 5 000 件，期末在产品金额为 6 070 元。

⑬ 本月期末对面料库进行盘点，T恤 001 盘盈 20 米，T恤 002 盘亏 5 米，属于定额内计量差错，经批准直接计入管理费用。

⑭ 进行银行存款对账。

上海市 AAA 公司 2015 年 9 月（账套操作月）银行对账单（见表 52）。

表 52   上海市 AAA 公司中行人民币户银行对账单

日期	结算方式	结算号	借方金额（元）	贷方金额（元）
当前月1日	转账支票	2000	60 000	
当前操作日	电汇	2233		117 000
当前操作日	商业汇票	54321		80 000
当前操作日	电汇	7777	57 330	
当前操作日	商业汇票	12345	100 000	
当前操作日	电汇	2468	25 000	
当前操作日	转账支票	12352		46 621.40
当前操作日	转账支票	12353		88 974.20
当前操作日	转账支票	12351		23 400
当前操作日	现金支票	10001		3 000
当前操作日	转账支票	5555	117 000	
当前操作日	委托收款	6666		2 600
当前操作日	委托收款	8888		30 000
当前操作日	电汇	9999		10 000

4．期末自动凭证生成业务

期末自动凭证生成业务参照"实训六　总账系统期末凭证处理"。

（1）结转本月已销售产品的销售成本。

（2）计提本月短期借款利息。

（3）摊销本月铺面租金

（4）核算本月汇兑损益。

（5）结转本月损益类账户到本年利润。

（6）按本月实现利润的 25% 计提应交所得税。

（7）结转所得税费用。

（8）结转净利润。

（9）按税后利润的 10% 计提盈余公积。

（10）结转利润分配明细账户。

5．会计报表编制

会计报表编制参照"实训七　会计报表的编制"资料中的资产负债表和利润表。

四、实训步骤

（1）系统管理设置。根据"实训一　系统管理"的实训步骤建立账套，设置操作员及其权限。

（2）账套主管进行系统初始化和基础设置。

① 参照"实训二　基础档案设置"的实训步骤启动相关子系统和设置基础档案。注意在综合实训中，往来科目受控系统的设置须参照综合实训的资料。

② 参照"实训三　总账系统初始化"的实训步骤设置总账选项，录入期初余额，并进行对账和试算平衡。

③ 参照"实训五　总账系统自动转账凭证定义"的实训步骤进行自动转账凭证的定义。

④ 参照"实训八　应付款系统基础设置"的实训步骤进行应付款系统选项设置和基础设置。

⑤ 参照"实训九　应收款系统基础设置"的实训步骤进行应收款系统选项设置和基础设置。

⑥ 参照"实训十二　固定资产系统基础设置"的实训步骤进行固定资产系统账套设置

和基础设置。

⑦ 参照"实训十四 工资管理系统基础设置"的实训步骤进行工资管理系统的账套设置和基础设置。

（3）会计员和出纳员进行日常业务处理。

① 参照"实训十 应付款系统业务处理"的业务资料进行单据和凭证处理（暂不期末结账）。

② 参照"实训十一 应收款系统业务处理"的业务资料进行单据和凭证处理（暂不期末结账）。

③ 参照"实训十三 固定资产系统业务处理"的业务资料进行实务处理（暂不期末对账和结账）。

④ 参照"实训十五 工资管理系统业务处理"的业务资料进行实务处理（暂不期末结账）。

⑤ 将上述业务管理系统生成的凭证在总账系统中进行凭证审核和记账。

⑥ 根据本综合实训资料中的"日常核算资料"进行凭证填制和审核记账。

⑦ 根据本综合实训资料中的"期末自动转账业务"生成相应的自动转账凭证。

（4）会计员进行期末业务处理。

① 应收款系统期末结账。

② 应付款系统期末结账。

③ 固定资产系统期末对账和结账。

④ 工资管理系统期末结账。

⑤ 总账系统期末结账。

（5）会计员进行会计报表编制。利用会计报表模板生成资产负债表和利润表。

实训十七 供应链初始设置

一、实训准备

1. 引入账套

完成"实训八 应付款管理系统初始设置"和"实训九 应收款管理系统初始设置"的操作。将计算机系统时间调整为 2015 年 9 月 1 日，将有关的备份账套数据引入用友 ERP-U8 系统。

2. 启用系统

由账套主管启用销售管理、采购管理、库存管理和存货核算 4 个系统，启用时间为 2015 年 9 月 1 日。

3. 修改科目

将原材料明细账科目 140301～140306、库存商品科目、发出商品科目的受控系统修改为"存货核算系统"。

操作步骤请参照修改会计科目的有关内容。在修改了受控系统后，在系统弹出的"此科目已使用，修改受控系统可能会造成数据错误！是否继续？"提示框中，单击 确定 按钮。

二、实训内容

（1）设置供应链各系统的选项参数。

（2）录入供应链各系统的业务资料。

三、实训资料

（一）系统选项设置

上海市 AAA 公司的供应链各系统需修改的选项参数（见表53），其他选项采用系统默认设置。

表53　　　　　　　　　　　上海市 AAA 公司系统参数设置表

系统模块	选项标签	设置内容
销售管理	业务控制	有零售日报业务、委托代销业务、分期收款业务、直运销售业务，普通销售必有订单、分期收款必有订单、委托代销必有订单
	其他控制	新增退货单默认参照发货
采购管理	业务及权限控制	普通业务必有订单
库存管理	通用设置	有委托代销业务、采购入库审核时改现存量、销售出库审核时改现存量、产成品入库审核时改现存量、材料出库审核时改现存量、其他出入库审核时改现存量
存货核算	核算方式	委托代销成本核算方式为按发出商品核算
	控制方式	结算单价与暂估单价不一致时调整出库成本

（二）基础档案

1. 仓库（见表54）

表54　　　　　　　　　　　上海市 AAA 公司仓库档案

仓库编码	仓库名称	计价方式	部门	负责人
01	面料库	移动平均法	仓管部	李瑞
02	其他原料库	移动平均法	仓管部	李瑞
03	产成品库	移动平均法	仓管部	李瑞
04	其他库	先进先出法	仓管部	李瑞

2. 收发类别

出库类别中，"销售退货""其他出库"适用零售（见表55）。

表55　　　　　　　　　　　上海市 AAA 公司收发类别表

一级编码及名称	二级编码及名称	一级编码及名称	二级编码及名称
	11 采购入库		21 普通销售出库
	12 产成品入库		22 委托代销出库
编码：1	13 盘盈入库	编码：2	23 分期收款销售出库
名称：入库	14 采购退货	名称：出库	24 生产领料出库
收发标志：收	14 其他入库	收发标志：发	25 盘亏出库
			26 销售退货
			27 其他出库

3. 采购类型和销售类型（见表56）

表56   上海市 AAA 公司采购类型和销售类型

采购类型				销售类型			
编码	名称	出库类别	是否默认值	编码	名称	出库类别	是否默认值
1	原材料采购	采购入库	是	1	普通销售	普通销售出库	是
2	采购退回	采购退货	否	2	委托代销	委托代销出库	否
				3	分期收款	分期收款销售出库	否
				4	销售退回	销售退货	否
				5	其他销售	其他出库	否

4. 费用项目（见表57）

表57   上海市 AAA 公司收发类别表

费用项目分类编码及名称	所属费用项目编码及名称
1 运费	01 运输费
2 其他	02 装卸费
	03 运杂费
	04 手续费

5. 存货档案

存货编码：011；存货名称：钥匙扣；计量单位组：02；主计量单位：个；存货分类：其他；存货属性：内销、外购；进项税率：17%。

6. 客户档案

编码：01101；简称：101专卖店；所属分类：上海市；税号：01101；电话：55550101；地址：上海市 S 路 5 号；开户银行：中国银行上海市 S 支行；银行账号：001101。

7. 供应商档案

编码：0501；简称：清雅公司；所属分类：产成品；税号：04001；开户银行：中国银行杭州市 E 支行；银行账号：004001；地址：杭州市 E 路 60 号。

8. 项目目录

项目分类：2，其他；项目编号：201；项目名称：钥匙扣；所属分类码：2。

9. 会计科目

增设会计科目。科目编码：140207；科目名称：钥匙扣。

10. 单据设置

"销售费用支出单"表头需增加"单据流向"和"费用供货商名称"选项。

▌操作提示▐

① 在用友企业应用平台窗口，执行【基础设置】/【单据设置】/【单据格式设置】命令，打开【单据格式设置】窗口。

② 在【销售管理】单据列表中选择【销售费用支出单】/【显示】/【销售费用支出单模板】，单击 表头项目 按钮，打开【表头：】对话框。

③ 在【显示项目名称】列表中拖动纵向滚动条至下方，勾选列表中的"单据流向"和

"费用供货商名称"选项，单击 **确定(Q)** 按钮。

④ 将增加的"单据流向"和"费用供货商名称"文本框从单据的左上角拖动到销售费用支出单的下方，与"制单人"和"审核人"并排，单击 ■按钮，如图 2 所示。

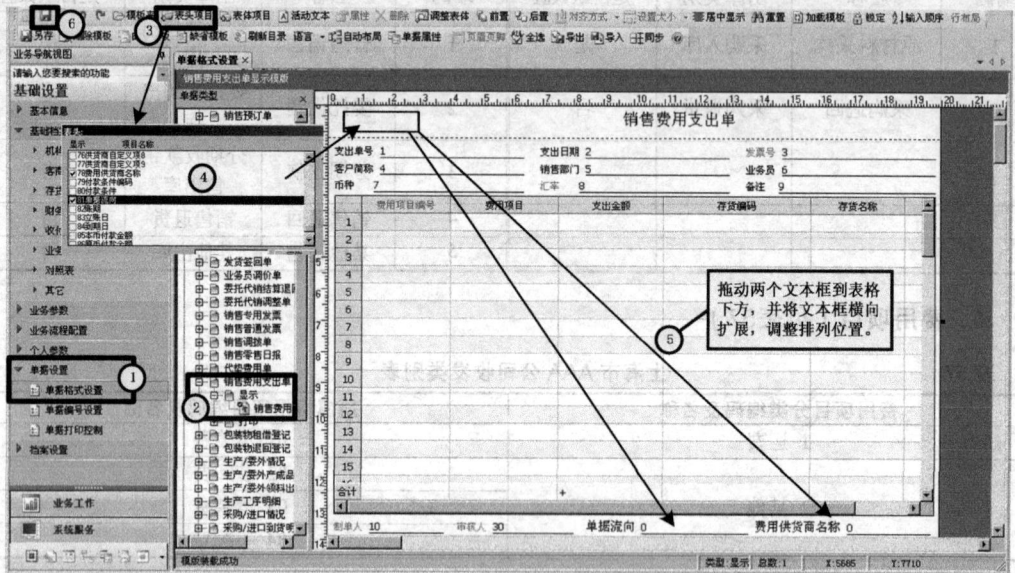

图 2　设置销售费用支出单模板格式

（三）初始数据

1. 采购业务初始数据

（1）期初采购入库单。上海市 AAA 公司上月底向永新公司采购的纽扣 001 已收货但未取得采购发票，采购入库单（见表 58）。不需录入订单号和到货单号。

表 58　　　　　　　　　　上海市 AAA 公司期初采购入库单

入库日期	仓库	供货单位	部门	业务员	存货编码	数量（粒）	本币单价（元）
2015-08-31	其他原料库	永新公司	采购部	陈炎	005	2 000	1

（2）期初采购订单。采购部陈炎上月签订的尚未执行完毕的采购订单（见表 59）。

表 59　　　　　　　　　　上海市 AAA 公司期初采购订单

订单日期	采购类型	供应商	付款条件	存货名称	数量	无税单价（元）	计划到货日期
2015-08-30	原材料采购	新新公司	无	辅料 001	1 000 套	14.9	2015-09-01
				辅料 002	4 000 套	14.5	2015-09-01
2015-08-30	原材料采购	兴盛公司	02	面料 002	2 000 米	45	2015-09-01

2. 销售业务初始数据

销售部上月签订的尚未执行完毕的销售订单（见表 60）。

表60 上海市 AAA 公司期初销售订单

订单编号	订单日期	业务类型	销售类型	客户	付款条件	业务员	存货名称	数量（件）	无税单价（元）	预发货日期
00000 00001	2015-08-30	普通销售	普通销售	楚楚公司	无	孙刚	T恤001	2 000	100	2015-08-30
00000 00002	2015-08-30	普通销售	普通销售	清雅公司	01	李艳	T恤002	1 000	100	2015-09-01

3. 库存期初结存和存货核算系统期初余额

上海市 AAA 公司期初库存资料（见表61）。

表61 上海市 AAA 公司期初库存统计表

仓库	存货编码	存货名称	主计量单位	期初数量	期初金额（元）
面料库	001	面料001	米	6000	240 000
面料库	002	面料002	米	2000	90 000
其他原料库	003	辅料001	套	6000	90 000
其他原料库	004	辅料002	套	2000	29 200
其他原料库	005	纽扣001	粒	50000	50 000
其他原料库	006	缝纫线001	个	500	10 000
产成品库	007	T恤001	件	3000	210 000
产成品库	008	T恤002	件	5000	375 000

4. 存货核算科目设置

（1）存货科目（见表62）。

表62 上海市 AAA 公司存货科目表

仓库编码和名称	存货编码和名称	存货科目编码	分期收款发出商品科目	委托代销发出商品科目	直运科目编码
01 面料库	001 面料001	140301			
	002 面料002	140302			
02 其他原料库	003 辅料001	140303			
	004 辅料002	140304			
	005 纽扣001	140305			
	006 缝纫线001	140306			
03 产成品库	007 T恤001	1405	1406	1406	
	008 T恤002	1405	1406	1406	
04 其他库	011 钥匙扣	1405			140207

（2）对方科目（见表63）。

表63 上海市 AAA 公司存货核算对方会计科目

收发类别编码（名称）	存货分类编码（名称）	存货编码（名称）	项目大类名称	项目编码（名称）	对方科目编码	暂估科目编码
11（采购入库）		001（面料001）			140201	220202
11（采购入库）		002（面料002）			140202	220202
11（采购入库）		003（辅料001）			140203	220202

续表

收发类别编码（名称）	存货分类编码（名称）	存货编码（名称）	项目大类名称	项目编码（名称）	对方科目编码	暂估科目编码
11（采购入库）		004（辅料002）			140204	220202
11（采购入库）		005（纽扣001）			140205	220202
11（采购入库）		006（缝纫线001）			140206	220202
12（产成品入库）		007（T恤001）	存货项目管理	001（T恤001）	5001	
12（产成品入库）		008（T恤002）	存货项目管理	002（T恤002）	5001	
13（盘盈入库）	01（面料）				1901	
15（其他入库）		011（钥匙扣）	存货项目管理	201（钥匙扣）	6301	220202
21（普通销售出库）	01（面料）				6402	
21（普通销售出库）	02（辅料）				6402	
21（普通销售出库）	03（配件）				6402	
21（普通销售出库）	04（其他原材料）				6402	
21（普通销售出库）		007（T恤001）	存货项目管理	001（T恤001）	6401	
21（普通销售出库）		008（T恤002）	存货项目管理	002（T恤002）	6401	
22（委托代销出库）		007（T恤001）	存货项目管理	001（T恤001）	1406	
22（委托代销出库）		008（T恤002）	存货项目管理	002（T恤002）	1406	
23（分期收款销售出库）		007（T恤001）	存货项目管理	001（T恤001）	1406	
23（分期收款销售出库）		008（T恤002）	存货项目管理	002（T恤002）	1406	
25（盘亏出库）	01（面料）				1901	
27（其他出库）		011（钥匙扣）	存货项目管理	201（钥匙扣）	6601	

四、实训步骤

（1）以账套主管的身份登录供应链系统进行供应链初始设置。

① 设置供应链各系统选项参数。

② 录入供应链各系统初始业务数据。

③ 进行期初记账。

（2）以"admin"的身份登录系统管理备份账套。

实训十八　日常采购业务处理

一、实训准备

完成"实训十七　供应链初始设置"的操作。将计算机系统时间调整为实训账套的操作月份，将"实训十七　供应链初始设置"的备份账套数据引入用友 ERP-U8 系统。

二、实训内容

进行日常采购业务处理。

三、实训资料

根据本月发生的经济业务进行相关单据处理，并进行会计核算。

（1）月初将上月底暂估入库的 200 袋纽扣 001 红字回冲。

借：原材料/纽扣 001 　　　　　　　　　　　　　　　　　　　20 000

　　贷：应付账款/暂估应付账款 　　　　　　　　　　　　　　　　20 000

操作提示

会计在存货核算系统生成红字回冲凭证。

（2）从兴盛公司采购的面料 002 到货，收到相关采购发票，发票注明采购面料 002 共 2 000 米，不含税价为 45 元/米，根据合同约定可享受全部货款 4%的现金折扣，以电汇方式支付了货款。会计分录如下。

凭证一（采购在途凭证）如下。

借：在途物资/面料 002 　　　　　　　　　　　　　　　90 000

　　应交税费/应交增值税/进项税额 　　　　　　　　　　15 300

　　　贷：应付账款/一般应付账款（兴盛公司） 　　　　　　　105 300

凭证二（货款结算凭证）如下。

借：应付账款/一般应付账款（兴盛公司） 　　　　　　　105 300

　　贷：财务费用 　　　　　　　　　　　　　　　　　　　　4 212

　　　银行存款/中行人民币户 　　　　　　　　　　　　　101 088

凭证三（采购入库凭证）如下。

借：原材料/面料 002 　　　　　　　　　　　　　　　　90 000

　　贷：在途物资/面料 002 　　　　　　　　　　　　　　　90 000

操作提示

采购部陈炎在采购管理系统生成到货单并审核；仓管部李瑞在库存管理系统生成入库单并审核；出纳员在应付款管理系统录入付款单；采购部陈炎在采购管理系统生成采购发票，进行采购结算；会计在应付款系统审核应付单和付款单，进行核销，生成凭证一和凭证二；会计在存货核算系统进行正常单据记账，并生成凭证三。

（3）从永新公司采购的纽扣 001 上月底已到货未取得增值税发票，进行了暂估入库和月

初回冲处理，现取得增值税发票，发票注明采购纽扣 001 共 200 袋，不含税单价为 100 元/袋。以转账支票（票号为 2001）支付了货款。要求使用现付功能进行业务处理。

凭证一（采购在途凭证）如下。

借：在途物资/纽扣 001	20 000	
应交税费/应交增值税/进项税额	3 400	
贷：银行存款/中行人民币户		23 400

凭证二（采购入库凭证）如下。

借：原材料/纽扣 001	20 000	
贷：在途物资/纽扣 001		20 000

┃ **操作提示** ┃

采购部陈炎在采购管理系统生成采购发票，并进行现付处理，然后进行采购结算；会计在应付款管理系统进行应付单据审核，生成凭证一；会计在存货核算系统进行结算成本处理，并生成凭证二。

（4）上月与新新公司签订的采购订单现到货，同时送来采购发票，发票标明采购辅料 001 共 1 000 套，14.9 元/套，辅料 002 共 4 000 套，14.5 元/套，新新公司代垫运杂费 500 元（不可抵扣增值税，税额为 0），材料已验收入库，货款尚未支付。

凭证一（采购在途凭证）如下。

借：在途物资/辅料 001	14 900	
在途物资/辅料 002	58 000	
应交税费/应交增值税/进项税额	12 393	
贷：应付账款/一般应付账款（新新公司）		85 293

凭证二（采购运费凭证）如下。

借：在途物资/辅料 001	100	
在途物资/辅料 002	400	
贷：应付账款/一般应付账款（新新公司）		500

凭证三（采购入库凭证）如下。

借：原材料/辅料 001	15 000	
原材料/辅料 002	58 400	
贷：在途物资/辅料 001		15 000
在途物资/辅料 002		58 400

┃ **操作提示** ┃

采购部陈炎在采购管理系统生成到货单并审核；仓管部李瑞在库存管理系统生成入库单并审核；采购部陈炎在采购管理系统生成采购发票、运费发票，进行采购结算；会计在应付款管理系统进行应付单据审核，生成凭证一和凭证二（凭证二需手动拆分处理）；会计在存货核算系统进行正常单据记账，并生成凭证三。

（5）发现从兴盛公司采购的面料 002 存在质量问题，现全部进行退货，并于当日收到红字发票。

凭证一（红字采购在途凭证）如下。

借：在途物资/面料 002   90 000
  应交税费/应交增值税/进项税额   15 300
    贷：应付账款/一般应付账款（兴盛公司）   105 300
凭证二（红字采购入库凭证）如下。
借：原材料/面料 002   90 000
    贷：在途物资/面料 002   90 000

操作提示

采购部陈炎在采购管理系统根据到货单生成采购退货单并审核；仓管部李瑞在库存管理系统根据红字到货单生成采购入库单并审核；采购部陈炎在采购管理系统根据红字采购入库单生成红字采购发票，进行采购结算；会计在应付款管理系统进行红字应付单据审核，生成凭证一；会计在存货核算系统进行正常单据记账，并生成凭证二。

（6）采购部陈炎与兴盛公司签订采购合同，采购面料 002 共 3 000 米，不含税单价为 45 元/米，交货时间为当天，无付款条件。兴盛公司开具了全额发票，材料分两批派送，第一批材料 2 000 米当天送达，第二批材料 1 000 米于 2 天后送达，货款未付。
凭证一（采购在途凭证）如下。
借：在途物资/面料 002   135 000
  应交税费/应交增值税/进项税额   22 950
    贷：应付账款/一般应付账款（兴盛公司）   157 950
凭证二（采购入库凭证）如下。
借：原材料/面料 002   135 000
    贷：在途物资/面料 002   135 000

操作提示

采购部陈炎在采购管理系统录入采购订单并审核，分两个时间点登录系统生成两张收货单并审核；仓管部李瑞分两个时间点在库存管理系统分别生成两张入库单并审核；采购部陈炎登录系统进行采购结算；采购部陈炎在全部材料到货后，在采购管理系统根据采购入库单生成采购发票，进行采购结算；会计在应付款系统进行应付单据审核，生成凭证一；会计在存货核算系统进行正常单据记账，并生成凭证二。

（7）新新公司免费赠送锁匙扣 10 000 个，每个 1 元。货已验收入库。
借：库存商品（钥匙扣）   10 000
    贷：营业外收入   10 000

操作提示

仓管部李瑞在库存管理系统生成其他入库单并审核；会计在存货核算系统进行正常单据记账，并生成商品入库凭证。

（8）采购部陈炎与银狐公司签订采购合同，采购面料 001 共 2 000 米，不含税单价为 40 元/米，无现金折扣，交货时间为当天。材料已送达，月末发票尚未收到。
借：原材料/面料 001   80 000
    贷：应付账款/暂估应付账款   80 000

> **┃操作提示┃**
>
> 采购部陈炎在采购管理系统录入采购订单并审核、生成收货单并审核；仓管部李瑞在库存管理系统生成采购入库单并审核；会计在存货核算系统进行暂估成本录入，再进行正常单据记账，并生成暂估入库凭证。

四、实训步骤

（1）进行各项采购业务的处理。
（2）以"admin"的身份登录账套管理备份账套。

实训十九　日常销售业务处理

一、实训准备

完成"实训十七　供应链初始设置"的操作。将计算机系统时间调整为实训账套的操作月份，将"实训十七　供应链初始设置"或"实训十八　日常采购业务处理"的备份账套数据引入用友 ERP-U8 系统。

二、实训内容

进行日常销售业务处理。

三、实训资料

根据本月发生的经济业务进行相关单据处理，并进行会计核算。

（1）销售部孙刚与国香公司签订销售合同，销售 T 恤 001 共 1 000 件，不含税单价为100 元/件，无现金折扣，交货时间为当天，当日发货并开具销售发票，货款未收。
凭证一（赊销收入凭证）如下。

借：应收账款（国香公司）	117 000
贷：主营业务收入（T 恤 001）	100 000
应交税费/应交增值税/销项税额	17 000

凭证二（销售成本凭证）如下。

借：主营业务成本（T 恤 001）	70 000
贷：库存商品（T 恤 001）	70 000

> **┃操作提示┃**
>
> 销售部李艳在销售管理系统录入销售订单并审核，生成销售发票并复核；仓管部李瑞在库存管理系统生成销售出库单并审核；会计在应收款管理系统进行应收单据审核，并生成凭证一；会计在存货核算系统进行正常单据记账，并生成凭证二。

（2）上月与楚楚公司签订的销售合同于月初发货，已预收楚楚公司 50 000 元货款，现楚楚公司以转账支票（票号为 3333）支付了剩余货款 184 000 元，同时开具了销售发票，发票注明销售 T 恤 001 共 2 000 件，不含税单价为 100 元/件。要求使用现结功能进行业务处理。

凭证一（现销收入凭证）如下。

借：银行存款/中行人民币户　　　　　　　　　　184 000

　　应收账款（楚楚公司）　　　　　　　　　　　50 000

　　　贷：主营业务收入（T恤001）　　　　　　　　　200 000

　　　　　应交税费/应交增值税/销项税额　　　　　　34 000

凭证二（预收冲应收转账凭证）如下。

借：预收账款（楚楚公司）　　　　　　　　　　　50 000

　　　贷：应收账款（楚楚公司）　　　　　　　　　　50 000

凭证三（销售成本凭证）如下。

借：主营业务成本（T恤001）　　　　　　　　　140 000

　　　贷：库存商品（T恤001）　　　　　　　　　　140 000

| 操作提示 |

　　销售部李艳在销售管理系统生成销售发票并进行现结、复核；仓管部李瑞在库存管理系统生成销售出库单并审核；会计在应收款系统进行应收单据审核，并生成凭证一；会计在应收款系统中进行转账处理，并生成凭证二；会计在存货核算系统进行正常单据记账，并生成凭证三。

（3）上月销售部李艳与清雅公司签订的销售合同现从仓库发货，并开具销售发票，发票注明销售T恤002共1 000件，不含税单价为100元/件，并以现金代垫运费600元，货款未收。

凭证一（赊销收入凭证）如下。

借：应收账款（清雅公司）　　　　　　　　　　117 000

　　　贷：主营业务收入（T恤002）　　　　　　　　100 000

　　　　　应交税费/应交增值税/销项税额　　　　　　17 000

凭证二（代垫运费凭证）如下。

借：应收账款（清雅公司）　　　　　　　　　　　600

　　　贷：库存现金/人民币　　　　　　　　　　　　600

凭证三（销售成本凭证）如下。

借：主营业务成本（T恤002）　　　　　　　　　75 000

　　　贷：库存商品（T恤002）　　　　　　　　　　75 000

| 操作提示 |

　　销售部李艳在销售管理系统生成销售专用发票、录入代垫运费发票并审核，在录入代垫运费发票后对销售发票进行复核；仓管部李瑞在库存管理系统生成销售出库单并审核；会计在应收款系统，进行应收单据审核并生成凭证一，进行其他应收单审核并生成凭证二；会计在存货核算系统进行正常单据记账，并生成凭证三。

（4）销售部李艳与丽人公司签订销售合同，销售T恤002共2 000件，不含税单价为100元/件，无现金折扣，分两批交货，当天交货1 000件，另1 000件2天后发货，当日开具了全额发票，并按合同要求分两批发出了商品，货款未收。

凭证一（赊销收入凭证）如下。

```
借：应收账款（丽人公司）                                234 000
    贷：主营业务收入（T恤002）                           200 000
        应交税费/应交增值税/销项税额                       34 000
```

凭证二（销售成本凭证）如下。

```
借：主营业务成本（T恤002）                              150 000
    贷：库存商品（T恤002）                               150 000
```

▌操作提示▐

　　销售部李艳在销售管理系统录入销售订单并审核，分两次在销售管理系统按实际发货量生成发货单并审核；仓管部李瑞分两次登录系统进行销售出库单审核；在最后一次发货后，销售部李艳在销售管理系统生成销售发票并复核；会计在应收款管理系统进行应收单据审核，并生成凭证一；会计在存货核算系统进行正常单据记账，并生成凭证二。

（5）销售给国香公司的T恤001因质量问题被全部退货，并于当天开出红字发票。

凭证一（红字销售收入凭证）如下。

```
借：应收账款（国香公司）                                117 000
    贷：主营业务收入（T恤001）                           100 000
        应交税费/应交增值税/销项税额                       17 000
```

凭证二（红字销售成本凭证）如下。

```
借：主营业务成本（T恤001）                               70 000
    贷：库存商品（T恤001）                                70 000
```

▌操作提示▐

　　销售部李艳在销售管理系统录入销售退货单并审核，生成红字销售发票并复核；仓管部李瑞在库存管理系统进行红字销售出库单审核；会计在应收款系统进行应收单据审核，并生成红字销售收入凭证；会计在存货核算系统进行正常单据记账，并生成凭证二。

（6）销售部李艳采用视同买断的方式委托楚楚公司代销T恤002共1 000件，不含税单价为100元/件。货已全部发出，每月底结算一次并开具增值税专用发票。

```
借：发出商品（T恤002）                                  75 000
    贷：库存商品（T恤002）                               75 000
```

▌操作提示▐

　　销售部李艳在销售管理系统录入委托代销订单并审核，生成发货单并审核；仓管部李瑞在库存管理系统生成销售出库单并审核；会计在存货核算系统进行发出商品记账，并生成凭证。

（7）与国香公司签订分期收款销售合同，销售T恤002共1 000件，不含税单价为100元/件，交货时间为当天，仓库已发货。按合同规定，国香公司以电汇（票号为9005）首次支付了300件T恤货款，按实付货款开具了销售专用发票。

```
借：发出商品（T恤002）                                  75 000
    贷：库存商品（T恤002）                               75 000
```

销售部李艳在销售管理系统录入分期收款销售订单并审核，生成发货单并审核；仓管部李瑞在库存管理系统生成销售出库单并审核；会计在存货核算系统进行发出商品记账，并生成凭证。

（8）孙刚与清雅公司签订支付手续方式委托代销合同，代销 T 恤 001 共 500 件，不含税价为 120 元/件，按销售额的 10%支付代销手续费。货全部发出，每月底结算一次并开具增值税专用发票。

　　借：发出商品（T 恤 001）　　　　　　　　　　　　　　　　　35 000
　　　　贷：库存商品（T 恤 001）　　　　　　　　　　　　　　　　　35 000

销售部李艳在销售管理系统录入委托代销订单并审核，生成发货单并审核；仓管部李瑞在库存管理系统生成销售出库单并审核；会计在存货核算系统进行发出商品记账，并生成凭证。

（9）经批准，销售部孙刚将 10 000 个钥匙扣作为促销赠品发给丽人公司。

　　借：销售费用　　　　　　　　　　　　　　　　　　　　　　　　10 000
　　　　贷：库存商品/钥匙扣　　　　　　　　　　　　　　　　　　　　10 000

仓管部李瑞在库存管理系统生成其他出库单并审核；会计在存货核算系统进行正常单据记账，并生成凭证。

（10）销售部李艳接到 101 专卖店的订货电话，同时开具普通销售发票，销售 T 恤 001 共 40 件，每件不含税价为 150 元，货款对方以转账支票（票号为 3344）支付。

凭证一（现销收入凭证）如下。

　　借：银行存款/中行人民币户　　　　　　　　　　　　　　　　　7 020
　　　　贷：主营业务收入（T 恤 001）　　　　　　　　　　　　　　　6 000
　　　　　　应交税费/应交增值税/销　　　　　　　　　　　　　　　　1 020

凭证二（销售成本凭证）如下。

　　借：主营业务成本（T 恤 001）　　　　　　　　　　　　　　　　2 800
　　　　贷：库存商品（T 恤 001）　　　　　　　　　　　　　　　　　2 800

销售部李艳在销售管理系统录入零售日报并现结、复核；仓管部李瑞在库存管理系统生成销售出库单并审核；会计在应收款系统进行应收单据审核，并生成凭证一；会计在存货核算系统进行正常单据记账，并生成凭证二。

（11）销售部孙刚与国香公司签订直运销售合同，销售钥匙扣 20 000 个，每个不含税价为 2 元，货当天发出送达，国香公司开出转账支票（票号为 4466）支付货款。采购部陈炎与新新公司签订直运采购合同，采购钥匙扣 20 000 个，每个不含税价为 1 元。当天收到直运采购专用发票，款项尚未支付。

凭证一（直运销售收入凭证）如下。

借：银行存款/中行人民币户	46 800
贷：主营业务收入（钥匙扣）	40 000
应交税费/应交增值税/销项税额	6 800

凭证二（直运采购在途凭证）如下。

借：在途物资/钥匙扣	20 000
应交税费/应交增值税/进项税额	3 400
贷：应付账款/一般应付账款（新新公司）	23 400

凭证三（直运销售成本凭证）如下。

借：主营业务成本（钥匙扣）	20 000
贷：在途物资/钥匙扣	20 000

┃ 操作提示 ┃

　　销售部李艳在销售管理系统录入直运销售订单并审核，生成销售专用发票并现结、复核；采购部陈炎在采购管理系统生成直运采购订单并审核，生成采购专用发票并保存；会计在应收款系统审核收款单，并生成凭证一；会计在应付款系统审核应付单，并生成凭证二；会计在存货核算系统进行直运销售记账，并生成凭证三。

（12）楚楚公司月底开来代销清单并以转账支票（票号为 44455），销售 T 恤 002 共 300 件，向楚楚公司开具了增值税专用发票。

凭证一（委托代销销售收入凭证）如下。

借：银行存款/中行人民币户	35 100
贷：主营业务收入（T 恤 002）	30 000
应交税费/应交增值税/销项税额	5 100

凭证二（委托代销销售成本凭证）如下。

借：主营业务成本（T 恤 002）	22 500
贷：发出商品（T 恤 002）	22 500

┃ 操作提示 ┃

　　销售部李艳在销售管理系统填制委托代销结算单并审核，生成销售发票并进行现结、复核；会计在应收款系统进行应收单据审核，并生成凭证一；会计在存货核算系统进行发出商品记账，并生成凭证二。

（13）清雅公司月底开来代销清单，销售 T 恤 001 共 200 件，代销手续费为 2 808 元，向清雅公司开具了增值税专用发票，货款尚未结算。

凭证一（委托代销手续费凭证）如下。

借：销售费用	2 808
贷：应付账款（清雅公司）	2 808

凭证二（委托代销销售收入凭证）如下。

借：应收账款（清雅公司）	23 400
贷：主营业务收入（T 恤 001）	20 000
应交税费/应交增值税/销项税额	3 400

凭证三（应付冲应收转账凭证）如下。

借：应付账款（清雅公司）　　　　　　　　　　2 808

　　贷：应收账款（清雅公司）　　　　　　　　　　　2 808

凭证四（委托代销销售成本凭证）如下。

借：主营业务成本（T恤001）　　　　　　　　14 000

　　贷：发出商品（T恤001）　　　　　　　　　　　14 000

▌操作提示▌

　　销售部李艳在销售管理系统填制委托代销结算单并审核，生成销售专用发票并审核，生成销售费用支出单并审核；会计在应付款系统审核应付款，并生成凭证一；会计在应收款系统审核应收单，并生成凭证二；会计在应收款系统进行应付冲应收转账处理，并生成凭证三；会计在存货核算系统进行发出商品记账，并生成凭证四。

四、实训步骤

（1）进行各项销售业务的处理。

（2）以"admin"的身份登录账套管理备份账套。

实训二十　日常库存业务处理和存货核算

一、实训准备

　　完成"实训十七　供应链初始设置"的操作。将计算机系统时间调整为实训账套的操作月份，将"实训十七　供应链初始设置"、"实训十八　日常采购业务处理"、"实训十九　日常销售业务处理"中的任意一个的备份账套数据引入用友ERP-U8系统。

二、实训内容

（1）进行日常库存业务处理。

（2）进行供应链系统月末结账。

三、实训资料

　　根据本月发生的经济业务进行相关单据处理，并进行会计核算。

1. 生产领料

（1）车间生产T恤001领用材料：面料001共2 000米、辅料001共2 000套。

（2）车间生产T恤002领用材料：面料002共1 000米、辅料002共1 000套。

（3）车间领用一般性耗用材料：纽扣001共200袋，每袋100粒；缝纫线001共20个。

▌操作提示▌

　　仓管部李瑞在库存管理系统录入材料出库单并审核；会计在存货核算系统进行正常单据记账，并生成凭证。

2. 生产完工入库

生产车间生产完工T恤001共1 000件、生产完工T恤002共500件，经验收入产成品库。

┃ 操作提示 ┃

仓管部李瑞在库存管理系统录入产成品入库单并审核。

3. 进行本月完工产品成本核算

T 恤 001 完工产品成本为 74 000 元，T 恤 002 完工产品成本为 43 000 元。

┃ 操作提示 ┃

会计在存货核算系统进行产成品成本分配，再进行正常单据记账，最后生成产成品入库凭证。

4. 仓库盘点

期末对面料库进行盘点，面料 001 盘盈 20 米，按 40 元/米入账；面料 002 盘亏 5 米。

┃ 操作提示 ┃

仓管部李瑞在库存管理系统录入盘点单并审核、生成其他入库单、其他出库单并审核；会计在存货核算系统进行正常单据记账，并生成盘点业务凭证。

四、实训步骤

（1）进行各项库存业务和存货核算业务的处理。

（2）进行供应链系统的月末结账。

（3）以"admin"的身份登录账套管理备份账套。

会计电算化实务——用友 ERP-U8 V10.1（财务链、供应链）

Application of Computerized Accounting-UFIDA ERP-U8 V10.1(Financial Chain & Supply Chain)

作者简介

狄建红，常州轻工职业技术学院管理系，副教授，会计教研室主任，注册会计师，长期从事会计电算化、税务会计、财务会计、基础会计等会计专业核心课程的教学和理论研究工作，主持参与各级各类教研、科研课题 10 余项，近 3 年主编教材 4 部，其中，"'十二五'职业教育国家规划教材" 1 部，发表核心期刊论文 3 篇。

基础课系列
- ◆ 经济学基础（第2版）
- ◆ 现代企业管理（第2版）
- ◆ 基础会计（第2版）
- ◆ 基础会计习题与实训（第2版）
- ◆ 实用商务礼仪（第2版）
- ◆ 管理理论与实务（第2版）
- ◆ 管理学基础（第2版）
- ◆ 实用商务英语综合教程（第2版）
- ◆ 经济法理论与实务（第2版）
- ◆ 国际贸易理论与实务（第2版）
- ◆ 统计学基础及应用（Excel 2010版）

市场营销类
- ◆ 商务谈判实务（第2版）
- ◆ 销售管理实务（第2版）
- ◆ 广告策划实务（第2版）
- ◆ 客户关系管理实务（第2版）
- ◆ 营销策划技术（第2版）
- ◆ 消费者行为（第2版）
- ◆ 商品学基础（第2版）
- ◆ 现代商品学（第2版）
- ◆ 市场营销实务

财务会计类
- ◆ 会计职业基础（第2版）
- ◆ 会计职业基础实训（第2版）
- ◆ 成本核算实务（第2版）
- ◆ 审计原理与实务
- ◆ 审计基础与实训
- ◆ 财经法规与会计职业道德（第2版）
- ◆ 纳税实务（第2版）
- ◆ 纳税基础与实务（第2版）
- ◆ 税法（第2版）
- ◆ 税收筹划（第2版）
- ◆ 出纳实务（第2版）

- ◆ 财经基本技能与出纳实务
- ◆ 预算会计
- ◆ 管理会计实务（第2版）
- ◆ 会计电算化及实训——用友U8.
- ◆ 会计电算化实务
  ——用友ERP-U8 V10.1（财务链、
- ◆ Excel 在会计与财务管理中的应用（第
- ◆ Excel 2010在会计与财务管理中的应用
- ◆ Excel财务应用教程（第2版）

免费提供 PPT等教学相关资料

人民邮电出版社 教学服务与资源网 www.ptpedu.com.cn

教材服务热线：010-81055256
反馈/投稿/推荐信箱：315@ptpress.com.cn
人民邮电出版社教学服务与资源网：www.ptpedu.com.cn

ISBN 978-7-115-39869-7
定价：42.00 元（附小册子）

封面设计：董志桢